JN411665

유럽민사법의 공통기준안
(비계약편)
-DCFR 제5권~제10권-

비교민법총서
4
유 럽
민사법의
공 통
기 준 안
비 계 약 편
D C F R
제5권~제10권
Christian von Bar 외
10인 편저
가정준 역

법무부
MINISTRY OF JUSTICE

발간사

민법은 재산관계와 가족관계를 일반적으로 규율하는 국민 생활의 기본법입니다. 민법의 소관부서인 법무부는 민법의 중요성을 깊이 인식하여 그간 민법 개정을 심도있게 논의하였을 뿐만 아니라, 그 연구 성과를 담아 『법무부 민법총서』 시리즈를 출간해 왔습니다. 『법무부 민법총서』는 민법 개정 논의 과정에서 축적된 자료 등을 담은 『민법개정총서』와 외국민법전 및 해외자료 등을 번역 · 해설한 『비교민법총서』로 구분되어 출간되고 있습니다.

이번에 추가로 발간하는 『비교민법총서』 4권 「유럽민사법의 공통기준안 - 비계약편」에서는 DCFR 제1장~제4장에 대한 번역 및 이에 대한 연구를 담아 2012년에 출간한 비교민법총서 1권 「유럽민사법의 공통기준안 - 총칙 · 계약편」에 이어 DCFR 제5장~제10장에 해당하는 "비계약편" 에 관한 내용을 수록하였습니다. 앞으로도 법무부는 『법무부 민법총서』의 발간을 통해 국민들의 민사법에 대한 이해를 높이고, 한국 법학의 발전에 기여할 것을 약속합니다. 학계와 국민 여러분들의 많은 관심과 지원을 기대합니다.

2015. 4.

법무부장관 황교안

Vorwort zu der koreanischen Ausgabe der Bücher V-X des DCFR

Ich empfinde es als großes Privileg, im Namen seiner Autoren auch den zweiten Teil der koreanischen Ausgabe des DCFR mit einem Vorwort begleiten zu dürfen. Das Team hat Herausragendes geleistet. Eine Übersetzung wie diese setzt nicht nur ungewöhnliche Sprachkenntnisse, sondern ein tiefes Verständnis für die Komplexität europäischer Denktraditionen, Rechtsfiguren und Darstellungsstile voraus. Gleichzeitig setzt dieses Werk unsere europäischen Modellregeln zu dem aktuellen koreanischen BGB und zu den Vorschlägen zu seiner Novellierung in Beziehung. Das ist ein außerordentlich wichtiger Vorgang. Denn er fördert den asiatisch-europäischen Diskurs über die Erneuerung unserer Privatrechtsordnungen. In beiden Teilen der Welt sind nicht wenige Gesetzbücher veraltet. Man darf den Kodifikationen aber ihre Führungsrolle nicht nehmen. Sie sind das Grundgesetz unserer Zivilgesellschaften.

Ich bin besonders froh, dass nunmehr *alle* Modellregeln des DCFR in koreanischer Sprache zur Verfügung stehen. Denn der DCFR bildet eine gedankliche Einheit. Seine vertragsrechtlichen Teile lassen sich ohne seine Partien zu den gesetzlichen Schuldverhältnissen und zum Sachenrecht nicht abschließend würdigen. Bislang haben, vor allem auf dem Hintergrund des Entwurfs für ein Gemeinsames Europäisches Kaufrecht, seine vertragsrechtlichen Teile im Vordergrund gestanden. Das delikts-, das bereicherungs- und das kreditsicherungsrechtliche Modernisierungspotential des DCFR sind indes nicht geringer. Diese koreanische Ausgabe legt das in aller Klarheit dar.

Ich gratuliere dem Herausgeber-, Autoren- und Übersetzerteam von ganzem Herzen. Ihr Werk ist Ausdruck jahrelanger Zusammenarbeit in freundschaftlicher Verbundenheit über Kontinente hinweg. Was hier entstanden ist, sollte in einen gemeinsamen asiatisch-europäischen Verbund der dem Privatrecht verpflichteten Juristen münden.

Osnabrück, im November 2014

Christian von Bar

서문

유럽민사법의 공통기준안(DCFR) 제5권~제10권의 한국어판 발행에 즈음하여 집필진들을 대신하여 DCFR 한국어판의 Part II 서문을 쓰게 된 것은 특별한 영광이 아닐 수 없습니다. 연구진은 훌륭한 업적을 이루었습니다. 이러한 문서를 번역한다는 것은 탁월한 언어능력을 필요로 하는 일일 뿐만 아니라 유럽의 철학적 전통과 법률학자 및 법률문서의 기술양식이 보여주는 고난도의 복합성에 대한 심도 깊은 이해가 있어야만 가능한 일입니다. 이와 동시에 한국어판은 유럽의 모델 규칙이라 할 수 있는 DCFR을 한국 민법과 비교, 검토한 결과도 수록하고 있습니다. 이것은 극히 중요한 일입니다. 이를 통해 아시아와 유럽 간에 사법私法 질서를 혁신하기 위한 담론이 촉진될 수 있기 때문입니다. 아시아와 유럽의 법률서들이 낡은 경우가 적지 않습니다. 그러나 법령집이 갖는 주도적 역할은 매우 중요하며, 법령집이야말로 우리 시민사회의 기본법인 것입니다.

마침내 DCFR의 모델규칙들이 전체적으로 한국어로 번역되어 읽히게 된 것을 매우 기쁘게 생각합니다. DCFR은 하나의 통합된 사고단위를 형성하고 있습니다. 따라서 DCFR의 계약법 부분(역주 : 기존 발간한 DCFR 한국어판 Part I, DCFR 제1권~제4권)은 비계약편(역주 : 이번에 발간하는 DCFR 한국어판 Part II, DCFR 제5권~제10권), 즉 채권 관계법(역주 : 사무관리, 부당이득, 불법행위) 및 물권법(역주 : 소유권 취득, 상실, 동산담보, 신탁 등)에 대한 조항들이 없이는 그 진가를 발휘하지 못합니다. 지금까지는 특히 공동의 유럽 상법 초안을 배경으로 DCFR의 계약법 부분이 가장 주목 받아 왔습니다. 그럼에도 불법행위법, 부당이득법 및 신용담보법 부분도 이를 개선해야 여지가 적지 않아, DCFR의 나머지 부분도 중요하다고 판단됩니다. 한국어판은 이러한 부분을 명쾌하고 기술하고 있습니다.

한국어판의 발행인과 집필진들 그리고 연구진에게 진심으로 축하를 드립니다. DCFR 한국어판은 양 대륙의 거리를 초월한 오랜 우정을 기반으로 수년에 걸쳐 이루어진 협업의 산물입니다. 이러한 노력의 결실은 사법私法에 일생을 바쳐 몰두한 아시아와 유럽의 법조인들을 공동의 끈으로 연결해주는 역할을 할 것입니다.

2014년 11월, 오스나브뤼크에서

크리스티안 폰 바

머리말

우리 민법이 시행된 이래 50 여년이 흐르는 동안 우리 사회는 급격히 변화하였고, 국민 생활의 기본법인 민법을 변화된 환경에 맞게 개정해야 한다는 요청이 지속되었습니다.

이에 법무부는 지난 2009년부터 저명 학자 및 실무가로 구성된 법무부 민법개정위원회를 운영하면서 해외 선진국들의 입법례를 폭넓게 연구하고 참고하여 2014년 2월 민법 재산편 전체에 대한 개정시안을 최종 확정한 바 있습니다.

입법례 참고과정에서 확인된 유럽의 움직임은 많은 시사점을 제공합니다. 유럽연합(EU) 시대가 도래한 이래 유럽 국가들 사이에서는 통일된 사법私法을 만들기 위한 움직임이 활발하게 일어나고 있습니다. 이 중 주목할 만한 최근의 성과는 유럽민법전연구회(Study Group on a European Civil Code)의 주도 하에 채권법 전반에 걸쳐 만들어진 유럽민사법의 공통기준안[Draft Common Frame of Reference(DCFR)]입니다. 유럽대륙의 이러한 동향은 향후 한·중·일을 중심으로 한 동아시아 사법私法 법제 발전을 위해서도 크게 도움이 될 것으로 생각됩니다.

법무부는 2012년, DCFR 중 제1편부터 제4편에 해당하는 총칙과 계약편 부분을 번역하고 그 자료적 가치 및 중요내용을 해설하여 비교민법총서 제1권으로 발간한 바 있습니다.

이번에 비교민법총서 제4권으로 발간하게 된 이 책은, 제1권에 이어서 DCFR 중 제5편부터 제10편에 해당하는 부당이득, 사무관리 등 비계약편 부분의 번역, 중요내용 해설 및 현행 민법과의 비교 해설을 담고 있습니다. 이는 향후 우리 민사법 분야에 대한 비교법적 연구와 동아시아 차원에서의 통합사법統合私法 체계 연구에 중요한 참고자료가 될 것입니다.

이 책을 직접 번역하고 해제解題를 작성해 주신 가정준 교수님, 독일에서 축사를 보내주신 크리스티안 폰 바Christian Von Bar 교수님, 한국어 번역판의 출간을 승낙해주신 독일 젤리어 유럽법출판사(Sellier. european law publishers)의 관계자 분들, 책의 앞머리에 '아시아 계약법 원칙[Principle of Asian Contract Law(PACL)]과 모델법'에 대해 상세히 설명해주신 이영준 변호사님께 깊은 감사의 말씀을 드립니다.

2015. 4.

법무부 법무실장 봉 욱

| 차례 |

비교민법총서 04
유럽민사법의 공통기준안(비계약편)
－DCFR 제5권~제10권－

비교민법총서 04

유럽민사법의 공통기준안(비계약편)
—DCFR 제5권~제10권—

아시아 계약법 원칙과 모델법

-DCFR번역에 즈음하여-

이영준*

제1절 들어가며

필자는 DCFR의 작성경위, 구성, 적용범위, 지도원리, 다른 모델법과의 관계 등에 관하여 설명한 후 우리 민법의 '대개정'에 관하여 언급한 바 있다.[1] 거기서도 강조하였지만, DCFR은 모든 모델법을 염두에 두고 유럽 각 법역의 실정법, 학설·판례를 총 집대성한 최신자료이다. 이 점에서 DCFR은 분쟁해결을 위한 Draft Law 이상의 의미를 갖는다고 말할 수 있다. 그것은 유럽법역 뿐 아니라 아시아에서도 민상법의 제정이나 개정에 커다란 참조가 될 수 있기 때문이다.

필자는 오래전부터 아시아 계약법의 통일 내지는 조화를 위하여 노력하여 왔다.[2] 이제 아시아 계약법 원칙(Principles of Asian Contract Law)의 일반규정, 계약의 성립, 효력(이상

* (재)한중일민상법통일연구소장, 전한국민사법학회장

1 법무부, 유럽민사법의 공통기준안, 총칙·계약편, Christian von Bar, 안태용역(2012), 17~41면.

2 이영준, 동아시아매매법통일에 관한 구상, 中日韓民法制度同道路的探索會(중국청도 2004.11.19.) 등 자세한 것은 이영준, 아세아계약법원칙의 기본방향, 아세아민상법학, 제3호, 2009, 325~39면 참조.

일본팀), 채무이행(중국팀), 채무불이행(한국팀)의 초안이 성안되었다. 안태용 변호사가 DCFR의 총칙과 계약편을, 가정준 교수가 그 나머지 부분을 번역 출간하게 된 것을 계기로 아시아계약법원칙(이하PACL이라고 약칭한다)의 채무불이행편을 소개하고 DCFR 등 국제모델법에 언급하는 것은 의미 있는 일이다. PACL 초안은 아시아 법역의 계약관계를 조화있게 규율하여 세계 사법질서를 지향한다는 점에서 CISG, PICC, PECL, DCFR과 맥을 같이 하고 있다.

또한 초안의 제정과정 및 이에 대한 위와 같은 일련의 학술회의 과정에서 적지 않은 의문점이나 문제점이 제기되었는데 본고는 초안의 제정 및 심의에 적극적으로 관여하였고 특히 채무불이행 초안을 기초한 필자로서 이에 대한 대답을 시도할 수 있는 기회이기도 하다.

제2절 채무불이행편의 성립과 개요

(1) 2009. 10. 10. 북경청하대학 학술대회에서 아세아 계약법원칙(Principles of Asian Contract Law)을 제정하기로 한 후 필자는 11. 4. 서울대학에서 "동아시아계약법" 학술대회[3]를 열었고 이 자리에서 한국 학자들로부터 한국측의 PACL 초안의 기초를 위임받았고 나는 수년전부터 이를 준비하여 오던 터라 이를 수락하였다.

2010. 3. 7. PACL 게이오대학 포럼에서 "채무불이행" 장章을 한국팀이 초안하기로 결정되자 나는 80개 문항에 달하는 상세한 캐쇼나리를 만들어 한국의 지원림池元林, 캄보디아의 Ly Tayseng, 중국의 한세원韓世遠 · Li shigang · Geng Lin, 일본의 Isao Kitai · Masayuki Kato, 싱가포르의 Alexander F H Loke · Mindy Chen-Wishart, 타이완의 Sheng-Lin Jan, 베트남의 Le Net · Nguyen Ngoc Dien 등 여러 학자로부터 상세한 내쇼날

3 자료는 亞細亞民商法學 第3號 2009. 12. 財團法人 韓中日民商法統一硏究所, 1 내지 436면에 수록되다.

리포트를 받아서 종래 준비하여 오던 가안假案에 이를 반영하여 총總 7개절(일반규정, 이행청구, 감액청구, 보완청구, 해제, 손해배상, 불가항력과 사정변경) 30개 조문으로 정리, 한국팀의 동의하에 이를 2010. 12. 14. ~ 16. 개최된 PACL 서울대학 Forum의 대체토론에 공하였다.[4]

(2) 이 초안의 특징은 ① 넓은 의미의 의무위반이라고 하는 공통의 "채무불이행" 개념으로부터 출발하고 ② 구제수단으로 이행지체 · 이행불능 · 불완전이행이라고 하는 3유형 체제로부터 이탈하여 본질적 불이행과 비본질적 불이행에 따라 그 구제수단을 달리하고 ③ 하자담보책임을 채무불이행에 흡수하고 ④ 원시적 불능의 경우에도 계약이 유효함을 전제로 법률효과를 구성하고 ⑤ 채권자가 채무자의 채무이행에 협조할 의무를 규정하고 ⑥ 고의 · 과실을 채무불이행의 요건으로 하지 않고 ⑦ 사정변경의 원칙을 도입하고 ⑧ 불가항력의 경우 이행의무 및 손해배상의무를 면하게 하고 ⑨ 특정이행을 제한하고 손해배상을 주된 구제수단으로 하며 ⑩ 해제를 본질적 불이행의 경우에만 인정하고 ⑪ 동시이행의 항변권을 독립된 구제수단으로 규정하고 ⑫ 대금감액, 보수청구권을 모든 불완전이행에 허용한다는 것이다. 이러한 입장은 국제모델법과 대단히 접근되어 있다.

(3) 이 초안에 대해 일본팀이 2011. 11. 카운터 프로포설을 내놓았고 이에 대한 한국측의 Reply를 내놓았으며,[5] Hong Kong[6] 및 태국[7]도 의견서를 제출하였다. 2011. 12. 12. 17~19. 서울대학 Forum에서 불가항력(제29조) 및 사정변경(제30조)을 제외한 28개 조항이 심의 통과되고 위 제외 부분은 2012. 3. 3.~7. PACL 게이오대학

---

4 이 코멘트附 전조문, 케쇼나리, 내셔날 리포트 등 자료는 Asia Private Law Review No. 4 special Draft Article Non-Performance of Contract for Principle of Asian Contract Law, Dec. 2010. Research Institute for Asia Private law(1-446면)에 수록되어 있다.

5 (재)한중일민상법통일연구소(www.kcjlaw.co.kr) 참조.

6 Lei Chen, Reply of Hongkong on Dratf PACL Non-Performance, Asia Private Law Review No. 5, pp.5~36. 이하 Lei Chen, pp.5~36으로 인용.

7 Pattarapas Tudsri, Answer of Thailand for Questionnaire Non-performance, Asia Private Law Review, No. 5, pp.37~78. 이하 Tudsri, pp.37~78으로 인용.

Forum에서 심의를 마침으로써 전 30개 조문이 일응 모두 심의 통과되었다.

"아시아계약법원칙 서울포럼－채무이행 · 불이행편 초안연구"가 2013. 12. 15.~17. 서울대학교 법학원에서 개최되었다. 그간의 회의가 네팔, 캄보디아, 중국, 홍콩, 일본, 인도네시아, 미안마, 한국, 싱가포르, 태국, 대만, 베트남 학자가 포함된 스터디그룹 중심이었다면 위 초안연구 포럼은 한국 학자들이 중심이었다.[8]

제3절 기본체계

제1. 채무불이행 일반 (제1조)

1. 열린 개념

초안이 말하는 채무불이라 함은 "계약상의 의무가 이행되지 않은 경우"(제1조 제1항 제1문), 즉 "정해진 시기와 불일치하거나, 흠결이 있거나, 불완전한 여하한 형태의 이행을 포함하여, 관련된 의무에 관한 계약내용과 일치하지 않는 모든 경우"(제1조 제1항 제2문)를 말한다. 이행이 가능하냐 불가능하냐를 묻지 않고, 전혀 이행이 되지 않는 경우는 물론, 일단 이행되었더라도 목적물에 하자가 있거나, 부수의무가 이행되지 않거나, 이행기전에 또는 후에 이행하거나, 이행기전이라도 불이행이 의심되거나 불확실한 경우를 모두 포함한다.

이러한 "열린 불이행개념"내지 "포괄적 개념"은 국제모델법(PECL 제1:301조, PICC 제7.1.1조, DCFR 제Ⅲ-1:102조)과 같은 기초에 있다. 뿐만 아니라 아시아 여러 법역의 민법규정에

8 이상욱(채무이행), 이영준(채무불이행 일반), 임건면(채권자지체), 백태승(하자담보, 나중에 참여), 김동훈(계약체결상의 과실), 제철웅(본질적 불이행, 이행장애 등), 서희석(이행청구권), 안태용(대금감액, 추완청구권), 최봉경(계약의 해제사유 등), 이연갑(원상회복 등), 김영두(손해배상의 범위), 가정준(대체거래), 김재형(손해배상액의 예정), 김성수(사정변경) 등 여러 교수가 초안의 이행과 불이행을 나누어 발표하였고 이를 중심으로 집약적으로 토론하였다.

부합된다.[9] 아시아 각 법역의 학설이나 판례가 그럼에도 불구하고 불이행을 "이행지체·이행불능·불완전이행의 3유형"으로 분류하는 폐쇄적 입장을 취하고 있는데[10] 위와 같은 열린 불이행개념은 근래 유력한 학설을 통하여 점차 위 전통적 입장을 잠식하고 있다.

유형론을 말하자면 채무불이행은 원래 이행지체와 이행불능의 2유형론으로 출발하였다. 2유형으로 부족함이 노정되자 불완전이행 내지 "계약의 적극적 침해"유형이 개발되어 3유형으로 되었다. 그러나 고정된 유형을 가지고 복잡 다단하여지는 계약과 그 불이행현상을 규율하기 어렵다. 그렇다고 하여 새로운 유형을 자꾸 만들어 추가하는 것도 어렵다. 결국은 "관련된 의무에 관한 계약내용과 일치하지 않는 여하한 불이행"을 포함하는 포괄개념으로 가는 수밖에 없다. 이러한 포괄개념이 차별화 작업에 의하여 구체화되면 채무불이행의 범위가 자의적으로 확장되는 것을 막을 수 있다.

2. 예상가능한 계약위반

"당사자 일방이 계약상의 의무를 이행하지 않겠다고 명시하거나 행위로 표시한 때에는 상대방은 이행기 전이라도 구제수단을 행사할 수 있다"는 제1조의 1의 규정은 위에서 말한 의미의 "차별화"를 위한 것이다. 이행거절은 ① 강제집행이 가능하다는 점에서 이행불능과 다르고 ② 거절만으로 이행지체라 할 수 없고 ③ 급부가 행하여 지지 않았다는 점에서 불완전이행과 다르다. 원래 제1조의 1은 제1조 제1항에서 규정되도록 추가되었던 것이다. PACL 2011. 12. 16. 포럼에서 이것 역시 제1조의 「불일치」에 당연히 포함된다는 전제로 제21조(예상가능한 계약위반)로 족하다는데 의견이 모아졌다.[11]

---

9 Young June Lee, Draft Articles Non-Performance of Contract, Article 1, Comment 2, 14면; Asia Private Law Review No. 4 special, Draft Articles Non-Performence of Contract for Principles of Asian Contract Law (2010), 14면.이하 Draft, Article 1(1) comment 2, 14면"으로 단축표시함); 홍콩에 관하여는 Lei Chen, 5면, 태국에 관하여는 Tudsri. p.37 참조.

10 National Report, 1-1-2, p.88.

11 BongKyung Choi & Kay Ming, Minute of Draft Non-performence PACL Seoul Forum, Asia Private Law Review No 5, p.80.이하 Minute, 8면으로 표시함.

3. 하자담보책임

이행기 전이라든가 일단 이행이 있었다는 것은 초안에서는 결정적 의미를 갖지 않는다. 한국을 포함하여 아시아의 많은 법역은 일단 '이행'이 있었으면 그것이 계약의무와 일치되지 않더라도 채무불이행으로 다루지 않고 이 불일치는 하자담보책임이라고 하는 별개의 법정책임에 의하여 규율하려는 2원적 체재를 갖고 있다.[12] 이러한 체재는 하자담보책임을 채무불이행에 포섭하고 구제수단 행사를 조정하는 체재보다 합리적이 아니다.

한국 민법의 하자담보책임은 권리하자담보책임(제570조~제579조)은 물론, 물건하자담보책임(제586조~제581조)도 채무불이행의 효과로 구성하고 있다.[13] 그럼에도 불구하고 한국의 학설은 하자담보책임의 본질에 관하여 법정책임설 · 채무불이행책임설 · 절충설 등으로 나뉘어 있다. 이것은 다분히 연혁에 기초하고 있는 독일학설의 영향이다. 그러나 근래 판례는 물건하자를 원인으로 한 손해배상청구에 이행이익의 배상을 명한다.[14] 또한 민법 제462조가 매도인은 이행기의 현상대로 매매목적물을 인도하여야 한다고 규정하고 있는 것은 "매도인이 매매계약 후 매매목적물을 선량한 관리자의 주의로써 보관하다가 이행기에 현상 그대로 인도하여야 할 의무가 있다는 취지일 뿐, 매도인이 하자있는 채로 인도한 것만으로써 이행의 책임을 면한다는 취지는 아니다"고 판시한다.[15] 또한 하자로 인한 확대손해에 관하여 채무불이행책임을 인정한다.[16] 이러한 판결들은 채무불이행책임설로 설명할 수 있는 것이다. 초안이 하자담보책임을 채무불이행에 포함시킨 것은 이처럼 한국법과 조화되는 것이고 국제적인 모델법의 경향에 부합한다. 초안은 하자담보책임을 불완전이행으로 다루면서 채권자에게 이행의 유보(제5조), 이행

---

12 National Report, 1-3-1, p.103 이하; 1-3-7, p.121; Lei Chen, p.5; Tudsri, p.43.

13 이미 Young June Lee, Das japanische und koreanische Gewährleistungrecht in seiner gesetzlichen Entwicklung und in den Formularbedingungen der Praxis unter dem Einfluss des duetschen Rechts, 1968, p.10.

14 대법원 1989. 11. 14, 89다카15298.

15 대법원 2004. 7. 22. 선고 2002다51586.

16 대법원 2003. 7. 22. 선고 2002다35676.

청구(제7조), 대금감액(제11조), 추완(제12조, 제13조), 계약의 해제(제15조 이하), 손해배상(제22조 이하), 대체거래(제24조)의 권리를 부여하는 반면 채권자에게 널리 하자통지의무(제3조) 등을 부과하여 통상의 채무불이행과 차별화를 꾀한다.

그렇다 하더라도 담보책임의 고유한 특질을 부정할 수는 없을 것이므로 매매, 도급 등에 각론적인 규정을 두어야 할 것이다. DCFR도 같은 입장이다(Ⅳ. A.-2 : 301 이하 참조).

4. 부수의무

부수의무는 급부의무에 수반되는 의무이다. 급부의무가 당해 계약의 형을 정하는 징표로 되고 계약에 의하여 처음부터 특정되는 반면 부수의무는 계약의 진행상황에 따라 (또는 계약체결 전이나 후에) 발생하는 부동적인 의무이다. 부수의무의 불이행도 채무불이행지만 채권자는 특정이행이나 계약해제를 할 수 없고 단지 감액청구나 손해배상을 청구할 수 있다는 점에서 급부의무불이행과 차별화된다.

5. 채권자지체

채권자지체도 채무불이행에 해당한다(제1조 제2항). 즉 채권자가 전적으로 또는 부분적으로 불이행을 야기한 경우 그 범위 내에서 불이행을 이유로 하는 구제수단을 행사할 수 없다(제1조 제2항 1문). 반면 채무자는 채권자에 대하여 그 의무의 이행을 청구할 수 있다(제1조 제2항 제2문). 채권자가 이를 이행하지 않을 경우 채무자는 특정이행, 손해배상, 감액, 해제 등 구제수단을 행사할 수 있다.

제1조 제2항은 아시아 여러 법역과는 다른 입장이다. 이 법역에서는 채권자에게 신의칙에 의한 일정한 협력의무를 인정하지만 그 협력의무 위반의 경우 채무자에 대하여 위와 같은 광범위한 구제수단을 허용하지 않는다.[17] 이 법역에서 채권자 지체책임의 본질에 관하여 대립되고 있는 법정책임설과 채무불이행책임설에서 본다면 초안은 보

17 National Report, 1-5-1, p.132 이하; Tudsri, p.49 참조.

다 완전한 채무불이행책임설에 입각하고 있다고 말할 수 있다. 초안은 모델법(CISG 제80조, PICC 제7.1.2조, PECL 제8:101조 제3항, DCFR 제Ⅲ-3:101조 제3항)과 같은 입장이다.

실무에서 채권자의 수령거절은 자기채무의 이행거절을 수반하는 수가 많다. 이 경우 채무자는 이행거절에 대한 구제수단(특히 해제・손해배상청구)을 행사할 수도 있다.[18] 따라서 그 범위 내에서는 채권자지체 자체를 채무불이행으로 구성할 실익이 감소되겠지만 초안은 교리적인 정리를 시도하고 국제모델법의 경향에도 동조하는 의미로 채권자지체를 채무불이행으로 구성한 것이다.

6. 엄격책임

초안은 엄격책임을 택한다. 고의・과실은 초안의 채무불이행의 요건이 아니다. 각 법역의 보고에 의하면 fault(캄보디아), imputability(일본), accountable(대만) 등 용어는 다양하지만 고의・과실을 채무불이행의 요건으로 한다(no liability without fault).[19] 그러나 홍콩・싱가포르・태국[20] 또는 국제모델법의 영향을 받는 중국은 그렇지 않다. 중국 계약법에는 명문의 규정이 없지만 다수설은 엄격책임으로 이해한다.[21]

계약을 체결한 이상 불이행자는 불가항력이 아닌 한 그 불이행에 관하여 고의・과실이 없더라도 손해배상을 하여야 한다는 것이 사적 자치 내지 계약정의에 부합된다. 불가항력이 아닌 한 약속은 지켜져야 한다.

원래 영미법에서는 물론 독일을 비롯한 대륙법에 있어서도 엄격책임이 지배하였다. 근대에 이르러 독일법이 과실책임주의를 취하게 된 것은 엄격책임이 채무불이행자에게 가혹하기 때문이었다. 이는 독일 손해배상법이 무제한하게 원상회복주의를 취하

18 대법원 1993. 6. 25, 93다11821 참조.

19 National Report, 1-6-1, 136면; 3-2-1, p.166 참조.

20 특히 Tudsri, p.51 참조.

21 National Report, 3-2-1, p.166 참조.

는 것과 관련된다. 따라서 과실책임주의는 예상가능성에 의하여 손해배상의 범위를 제한하는 한중일의 법제와는 원래 어울리지 않는 것이었다. 이 법역에서 과실책임주의를 취한다면 이는 채무자를 2중으로 보호하는 것으로 되어 채권자와의 관계에서 균형이 맞지 않는다. 초안이 엄격책임을 채택하여도 이행장애(제29조), 사정변경(제30조) 및 채권자가 알 수 있었던 불이행에 대한 면책(제1조 제3항)에 의하여 완화되므로 채무자에게 가혹하지 않다.

한중일의 실무는 채무불이행자의 과실을 매우 넓게 인정하여 사실상 엄격책임에 가깝다. 한국 법원은 무과실의 입증책임을 채무자에게 부과하고 거의 입증의 성공을 인정하지 않는 방법으로 엄격책임과 유사하게 운용한다. 예컨대 "IMF사태 및 그로 인한 자제수급의 차질 등은 불가항력적인 사정"으로 인정되지 않았다.[22] 실제로 거래에서 자주 등장하는 금전채무(한민 제397조 제2항), 이행보조자에 대한 책임(한민 제391조), 하자담보책임(한민 제591조 이하)은 실정법상 무과실책임이다. 법무부 민법개정시안 제544조는 채무불이행을 이유로 하는 계약해제를 채무자의 귀책사유로부터 해방시키고 있다.[23] 과실책임주의의 관철은 심도있는 논의를 요한다. 법체계의 일관성을 위하여서도 국제거래 뿐만 아니라 국내거래도 엄격책임에 의하여 규율될 필요가 있다. 한국 민법 제390조 단서, 제397조 제2항, 제401조, 제537조, 제538조, 제546조를 손질하면 족할 것이다.[24]

7. 원시적 불능

원시적 객관적 불능을 목적으로 하는 계약은 무효이고 이를 알 수 있었던 자가 신뢰이익을 배상할 의무를 질 뿐이라는 로마법의 원칙은 초안이 채택하지 않는다. 이 원칙은 독일 구민법에 이르러 더욱 확고하여 졌으나 이미 Ernst Rabel에 의하여 재조명

22 대법원 2002. 9. 4, 2001다1386.

23 법무부, 민법개정총서 6권(2013), 167면.

24 이영준, DCFR과 한국민법의 대개정, 법무부, 비교민법총서, 1권(2012), 39면.

되었었다. 이 원칙은 아직도 일본 · 한국 · 대만 등 많은 아시아 법역을 지배하고 있다.[25] 일본민법은 구 독일민법 제306조와 같은 규정이 없는데도 독일학설을 받아들여 무효의 원칙이 확립되었고 한국 민법 제535조는 구 독일민법 제307조를 계수하여 이 원칙이 법으로 규정되었다. 그러나 원시적불능을 후발적 불능과 구별할 필요가 없다는 견해가 근래 유력하다.[26] 중국 1999년 계약법은 원시적 불능 무효의 원칙을 따르지 아니하였다. 내쇼날 리포트에 의하면 중국의 학설은 이를 착오의 문제도 염두에 두고 있다.[27] 일본의 "채권법 개정의 기본방침(2009)"은 원시적 불능을 목적으로 하는 계약을 당사자의 '의사에 반하지 않는 한' 유효로 한다. 한국 법무부 민법개정시안 제535조는 원시적 불능 유효의 원칙을 선언하고 이행불능을 과실로 알지 못한 채무자의 손해배상 의무를 규정한다.[28]

초안은 원시적 불능과 후발적 불능을 구별하지 않고 위험을 부담하는 자가 손해배상책임을 지도록 하는 구상이다. 배상의 범위는 신뢰이익 · 이행이익의 구별보다는 "예상가능한 손해"인가의 여부에 의할 것이다(제23조). 원시적 불능의 경우 착오에 의한 취소가 가능하냐의 문제가 있으나 위험을 부담한 자는 착오를 이유로 취소할 수 없을 것이다. 원시적 불능과 후발적 불능을 구별할 논리적 · 실천적 필요가 없다. 어떠한 의무라도 일단 계약상의 의무로 편입된 이상 원시적 불능의 독자적 의미는 사라지기 때문이다. 후발적 불능의 경우 채무자는 불가항력(제29조)의 요건을 입증하지 않는 한 과실의 유무를 불구하고 손해배상의무를 부담하도록 한다는 것이 초안의 구상이다.

---

25 National Report, 1-4-1, 125면; 1-4-3, 129면; Tudsri, p.47, p.49 참조.

26 한국법에 관하여는 이영준, 민법총칙(2007), 199면, 이미 (1987) 203면 참조.

27 National Report, 1-4-1, p.126.

28 법무부, 민법개정총서 6권, 164면.

제 2. 본질적 불이행(제2조)

1. 계약상 기대의 실질적 박탈

초안은 채무불이행을 본질적 불이행과 비본질적 불이행으로 분류하여 구제수단에 차이를 두는 등 취급을 달리한다. 초안은 당사자의 계약상 의무의 불이행은 그것이 상대방 당사자에게 그가 계약상 기대할 수 있는 바를 실질적으로 박탈할 정도의 손실을 초래하는 경우 본질적으로 본다(제2조).

2. 계약목적의 달성불능

초안은 본질적 불이행을 적어도 이행기 후의 추완(제13조), 해제(제16조)와 예상가능한 계약위반(제21조)에 관련시키고 있다. 홍콩팀은 본질적 불이행은 홍콩에서 '조건(condition)'과 유사하다고 한다.[29] 일본팀은 본질적 채무불이행은 해제와만 관계되기 때문에 이를 일반규정에 둘 필요가 없고 해제의 장에 "당사자는 상대방의 불이행으로 인하여 계약의 목적을 달성할 수 없을 때 계약을 해제할 수 있다"고 규정하자고 제안을 하였나. 2011. 12. 16. 포럼에서 다양한 견해가 제출되었으나 초안 제2조를 원안대로 의결하였다. 그리고 이 규정을 해제의 장에 옮기자고 하는 일본팀의 제안은 받아 들여지지 않았고 원안과 같이 "일반규정"(general provisions)으로 두기로 의결하였다.

이미 전술한 바와 같이[30] 본질적 채무불이행의 개념은 영미법에서 발달한 것이지만 내쇼날 리포트에 의하면 한중일, 캄보디아, 베트남 법에도 유사하게 '계약의 목적을 달성할 수 없는 불이행'의 개념이 존재하고 있는 것을 확인할 수 있었다.[31] 다만 캄보디아 계약법은 근래의 국제모델법과 같이 본질적 계약위반을 여러 개의 유형으로 정의하고 있어 흥미롭다.[32]

---

29 Lei Chen, p. 7.

30 Darft, Article 2, Comment 1, p.19 이하.

31 National Report 1-1-4, p.96; 1-3-5, p.117; 4-1-1, p.209; Tudsri, p.41, p.71.

32 National Report, 4-1-2, p.212.

3. 포괄적 규정

본질적 불이행의 경우를 열거할 것인가? 예컨대, "계약의 목적을 달성할 수 없는 경우"또는 CISG와 같이 "계약상 기대할 수 있는 바를 실질적으로 박탈할 정도의 손실을 초래한 경우"라고 포괄적으로 규정할 것인가. 그렇지 않으면 PECL, DCFR, PICC와 같이 유형화하여 다원적 · 예시적으로 규정할 것인가는 고민하게 하는 문제였다.[33]

일반적으로 유형을 법정하는 것은 해석에 의한 탄력적인 운영을 저해할 우려가 있다. 바로 그렇기 때문에 PICC는 본질적 채무불이행을 정의하는 대신 본질적 채무불이행이 되는가를 판단함에 있어서 "특히 고려할 사항들"을 나열하는 형식을 취하고 있는 것 같다. 그러나 그렇다고 하여 '법정화(numberus)의 폐해'가 배제되는 것은 아니다. 단순한, '참조사항'의 제시라면 주석에서 언급하는 편이 낫다. 초안은 본질적 불이행을 포괄적으로 규정하고 법원 또는 중재자가 여러 정황을 참조하여 계약의 목적을 자유롭게 결정하도록 하는 편을 선택하였다.

더욱이 유형화는 다분히 자의적이어서 구체적인 적용을 혼란스럽게 할 수 있다. 예컨대 PECL은 불이행으로 인한 결과의 중대성(PECL 제8:103조)(b)조)의 사례로 다음과 같이 설명한다.[34]

> 수급인 A는 B의 화물자동차가 들어갈 수 있도록 5개의 차고를 짓고 그 진입로를 건설하여 포장하기로 약정하면서, B가 창고를 여는 날짜인 10월 1일 이전에 모든 작업을 마치기로 한다. 10월 1일에 A는 차고를 완성하고 도로도 건설하였으나 미처 도로를 포장하지는 못했고, 이로 인하여 B는 결국 차고를 사용할 수 없었다. A의 불이행은 본질적인 것이다.

---

33 제철웅 교수는 PACL이 예시적 규정을 포함할 것을 제안한다(이하 이영준 편, 아시아계약법원칙 채무불이행편 초안연구(2014), 한중일 민상법통일연구소, '제2조 해설'2, (2) 참조(이하 '제철웅, 제2조 해설 2. (2) 참조'로 단축표시함)).

34 김재형 역, 올란도 · 휴빌편, 유럽계약법원칙(2013), 554면.

그러나 이 사례는 한중일 대만에서 최고 없이 해제할 수 있는 정기행위로서 PECL이 말하는 '계약상 의무의 엄격한 준수'(PECL 제8:103조 (a)조)에도 해당되는 것이다.

유형화의 시도는 다분히 자의적일 수 밖에 없다는 점은 각 모델법의 유형화가 다음과 같은 많은 차이를 보이는 점에서도 분명하다.

본질적 채무불이행이 되는 경우들	PACL	CISG	PECL	DCFR	PICC
채무불이행이 상대방이 계약 하에서 기대할 수 있는 것을 실질적으로 박탈하는 경우(단, 계약체결시 예상가능 하였어야 함)	○	○	○	○	○
당해 의무의 엄격한 준수가 계약의 핵심인 경우	×	×	○	×	○
채무불이행이 고의적, 중과실에 의한 것이고 장래 이행을 신뢰할 수 없는 경우	×	×	○	○	×
채무불이행이 고의적, 중과실에 의한 것이거나 장래 이행을 신뢰할 수 없는 경우	×	×	×	×	○
계약이 해제될 경우 채무불이행 당사자가 이행이나 그 준비의 결과로 인해 과다한 손해를 입게 되는 경우에는 본질적 채무불이행이 되지 않음	×	×	×	×	○

뿐만 아니라 같은 유형에도 상세한 점에 관하여는 많은 차이가 있다.[35]

많은 모델법은 "채무불이행이 고의적, 중과실에 의한 것이고 장래 이행을 신뢰할 수 없는 경우"를 독자적인 본질적 채무불이행의 경우로 규정하고 있으나, 이러한 비난가능성의 요소는 한중일 대만법에서는 이질적이다. 초안은 채무불이행자의 손해배상의무를 예상가능한 범위로 제한하고 있고(제23조 4항), 이러한 요소는 여기서 고려되면 족할 것이다. PACL 2011. 12. 16. 포럼은 고의·중대한 과실의 경우 이러한 제한을 배

35 PECL은 중과실은 제외하고 오로지 고의만을 규정하고 있는 반면에 DCFR은 "채무불이행이 고의적, 중과실에 의한 것이고 장래 이행을 신뢰할 수 없는 경우"라고 하여 중과실을 포함시키면서 고의, 또는 중과실의 채무불이행이 있고 그래서 장래 이행을 신뢰할 수 없는 상황이 되어야 본질적 채무불이행이 된다고 하고 있으며, PICC는 고의 또는 중과실에 의한 채무불이행이거나 또는 장래 이행을 신뢰할 수 없는 경우를 본질적 채무불이행으로 하여야 한다고 규정한다.

제하자는 일본의 수정제안을 받아 들이지 않았다.[36] 초안은 이러한 비난가능성의 요소를 되도록 멀리하려는 태도로 일관하고 있다.

4. 한국법의 '계약의 목적의 달성불능'

본질적 채무불이행의 중핵은 그 채무불이행으로 인해 "계약의 목적달성"이 곤란해지는 사정이 있다는 것에 있고, 이점은 다른 법역의 보고서에서와 같이 한국의 판례에서 확인되고 있다.

대법원 2012. 3. 29. 2011다102301판결은 "계약으로부터 발생하는 부수적 채무의 불이행을 원인으로 하여 계약을 해제할 수 있는 것은 그 불이행으로 인하여 채권자가 계약의 목적을 달성할 수 없는 경우 또는 특별한 약정이 있는 경우에 한정된다"고 판시하면서 대법원 1998. 11. 5, 68다1808판결과 2005다53705판결을 인용하고 있다. 이 판결이 말하는 부수의무와 주된의무의 구별 기준은 영미법에 속하는 홍콩의 내쇼날 리포트[37]가 지적하는 warranty와 condition의 결정요소와 유사하다는 점은 대단히 흥미롭다. 뿐만 아니라 한국법은 정기행위의 이행지체(제545조)와 하자담보에 의한 해제에서만 하자로 인하여 계약의 목적을 달성할 수 없는 것"을 요건으로 하고 있는데(제572조, 제575조, 제580조) 위 판결은 이행지체 · 이행불능 · 채무불이행에 인한 해제에도 명문에 반함에도 불구하고(제544조, 제546조) 이러한 요건을 요구하고 있다는 점에서 위 판결은 중요한 의미를 가진다.

위 대법원 판결이 인용하는 대법원 2005. 11. 25. 2005다 53705판결에 의하면 "민법 제544조에 의하여 채무불이행을 이유로 계약을 해제하려면, 당해 채무가 계약의 목적 달성에 있어 필요불가결하고 이를 이행하지 아니하면 계약의 목적이 달성되지 아니하여 채권자가 그 계약을 체결하지 아니하였을 것이라고 여겨질 정도의 주된 채무이어야

---

36 후술 Ⅳ, 6. (2), (다) 참조.

37 Lei Chen, p. 7.

하고 그렇지 아니한 부수적 채무를 불이행한 데에 지나지 아니한 경우에는 계약을 해제할 수 없다. 또한, 계약상의 의무 가운데 주된 채무와 부수적 채무를 구별함에 있어서는 급부의 독립된 가치와는 관계없이 계약을 체결할 때 표명되었거나 그 당시 상황으로 보아 분명하게 객관적으로 나타난 당사자의 합리적 의사에 의하여 결정하되, 계약의 내용·목적·불이행의 결과 등의 여러 사정을 고려하여야 한다."고 한다.

5. 계약의 목적달성불능과 본질적 불이행

여기서 "계약의 목적"을 제철웅 교수의 제안대로[38] '실현된 급부를 채권자의 경제적, 사회적 계획에 배치시키겠다는 것'으로 이해한다면 '계약의 목적을 달성할 수 없는 경우'는 "계약상 기대할 수 없는 바를 실질적으로 박탈할 정도의 손실을 초래한 경우"(제2조 본문)로 크게 접근할 것이다. 다만 이러한 '급부의 배치는 여전히 추상적이다. PECL 제8:103이 시도하고 있는 이행의무의 엄격함(a항)과 불이행으로 인한 결과의 중대성(b항)은 실제에 있어서 중복되는 사례가 대부분일 것이다. 제2조의 본질적 불이행의 유무는 당사자의 명시적 의사 내지 규범적·보충적 해석[39]에 의하여 도출되는 당사자의 의사에 의하여 결정하여야 한다. 위 보충적 해석을 위하여는 계약의 내용·목적·불이행의 결과 등의 여러 사정을 고려하여야 함은 물론이다. 이러한 발상은 사적 자치에 그 기초를 두고 있는 것이다.

제2조는 결과적으로 그 표현에 있어서 CISG에 가까워졌지만 전술한 바에 의하여 아시아 여러 법역 특히 한중일 대만 베트남 홍콩의 보고서에 터잡아 이루어졌다는 것이 분명하다.

38 제철웅, 제2조 해설 2. (2)..

39 이에 관하여는 이영준, 민법총칙(2007), 206~324면 참조.

제3. 하자통지 (제3조)

1. 하자담보법에서 채무불이행법으로 확대

초안은 채권자에 대하여 채무자의 채무불이행 사실을 고지할 의무를 과하고 이 의무를 위반한 채권자에 대하여 불이익을 과한다(제3조). 이로써 채무자를 이행행위 후의 부동적인 상황으로부터 구제하여 형평을 기한다. 원래 이 제도는 하자담보법에서 발달된 것이다. 예컨대 한국 상법 제69조는 매수인에게 지체 없는 목적물의 검사의무와 하자가 있는 경우 즉시 통지의무를 과하고 이 의무 위반시 모든 하자담보청구권(계약해제・감액청구・손해배상청구권)을 상실하도록 규정하고 있고, 나아가 즉시 발견할 수 없는 하자라도 "매수인이 6개월 이내에 이를 발견한 때에도 같다"고 규정한다. 판례는 이 규정은 임의규정이지만[40] 위 상법 제69조 제2항을 엄격하게 해석하여 설령 매매의 목적물에 상인에게 통상 요구되는 객관적인 주의의무를 다하여도 즉시 발견 할 수 없는 하자가 있는 경우에도 매수인은 6월 내에 그 하자를 발견하여 지체 없이 이를 통지하지 아니하면 매수인은 과실의 유무를 불문하고 매도인에게 하자담보책임을 물을 수 없다고 해석한다.[41]

제3조는 이러한 하자담보법상의 제도를 채무불이행 전체에 확장하려는 것이다. 이러한 발상은 이 초안이 하자담보책임을 채무불이행의 효과로 흡수한 것(제1조 제1항)과 상응한다. 이러한 발상은 그 선례가 국제모델법에 없는 것은 아니지만(특히 DCFR 제Ⅲ-3:107조 참조) 상당히 과감한 것이다.

2. 합리적인 기간

일본팀은 이 조문을 삭제하여야 한다고 제안하였다. 또한 이 조문이 모든 구제수단에 아무런 차이 없이 적용될 것인가, 또한 이 조문이 서비스계약에도 수정 없이 적용될

40 대법원 2008. 5. 15, 2008다3671.

41 대법원 1999. 1. 29, 98다1584.

것인가를 토의하여야 하고 이 조문을 존치하더라도 단순화하여야 한다고 하였다.[42]

이러한 논의는 대단히 유익하다. 그러나 PACL 2011. 12. 16. 포럼에서 제안된 "이 규정은 제18조, 제13조에서 충분히 취급되고 있으므로 불필요하다"는 견해는 초안의 의도와 거리가 멀다. 제3조가 규정하는 합리적인 기간은 채무자가 채무불이행이 있는지 없는지를 알게 하려는데 반하여 제13조가 규정하는 합리적인 기간은 예외적으로 인정되는 채무자의 이행 후의 추완권 행사의 제한을 정한 것이고 제18조는 해제권의 행사에 의하여 계약관계가 종료되어 당사자로 하여금 계약의 목적을 달성치 못하게 하므로 그 행사를 제한하기 위한 규정 즉 이른바 대륙법체계에서 말하는 해제권에 대한 제척기간에 상당하는 개념이다. 따라서 제3조와 제13조, 제18조의 합리적인 기간은 전혀 별개의 것으로서 양자는 병행하여 인정되어야 하는 것이다. 제3조의 합리적 기간은 제13조, 제18조가 규정하는 합리적 기간보다 통상 길어야 할 것이라고 한다.[43]

3. 이해관계의 조정

제3조는 초안 제1조가 '모든 불일치'로 채무불이행의 범위를 확장하는 반면 채무자가 불확실 상태로부터 해방되도록 채권자에게 통지의무를 넓게 과한 것이다. 제3조는 모든 채무불이행에 대하여 적용될 것을 전제하지만 실제에 있어서는 주로 대륙법에서 말하는 하자담보책임의 경우를 포함하는 불완전이행에 관하여 적용되게 될 것이다. 사전의 이행거절 · 이행지체 · 이행불능은 대체로 제3조 제2항에 의하여 제3조 제1항의 적용이 배제될 것이기 때문이다. 그럼에도 불구하고 제3조는 유지되어야 제1조와 논리체계에 맞고 나아가 일단 이행이 된 후에 있어서 채무자 · 채권자의 이해관계를 재조정하고 제1조, 제4조가 채권자에게 광범위한 구제수단을 준데 대한 채무자에 대한 보답이 될 것이다.

---

42 Home page 참조.

43 이연갑, 제18조 해설 Ⅱ.2. 참조

제 4. 중첩적 구제수단 (제4조)

초안에 의하면 채권자는 상호양립할 수 없는 것이 아닌 한 이행청구, 이행유보, 추완청구, 감액, 해제, 손해배상 등을 중첩적으로 행사할 수 있고 다만 이에 의하여 채권자가 피해를 초과하여 배상받아서는 안될 뿐이다(제4조). 본조는 구제수단 중첩행사의 원칙 외에 손해배상이 궁극적인 구제수단임을 선언하고 있다.[44]

중첩행사의 원칙은 많은 모델법에서 인정되어 있다(예컨대 PECL 제8:102조, DCFR 제Ⅲ-3.102조). 이 원칙은 한[45]중・일은 물론 캄보디아, 베트남 법에도 인정되어 있다.[46] 다만 해제의 경우 손해배상이 신뢰이익에 그쳐야 하는가에 관하여는 법역에 따라 논의가 있다.[47] 특히 베트남의 내쇼날 리포트는 치유가 불가능한가, 계약의 목적을 달성할 수 있는가를 묻지 않고 손해배상청구가 가능하다고 언급하고 있다.[48] 민법 전체에서 독일 민법의 영향을 크게 받고 있는 한중일 등 아시아법이 이 원칙을 수용하고 있는 것은 흥미롭다. 독일 민법은 전통적으로 해제와 손해배상을 선택적으로만 행사할 수 있도록 하고 있다.

제4절 구제수단

제1. 이행의 유보 (제5조)

아시아의 각 법역은 대체로 쌍무계약에 있어서의 동시이행,[49] 선이행의무자의 동시

44 Draft, Articles, Article 4, Comment 2, p.24.

45 판례에 관하여는 제철웅, 제4조 해설 3. 참조.

46 National Report, 1-2-3, p.101; Tudsri, 1-2-3, p.42.

47 National Report, 4-3-3, p.224; Tudsri, p.74.

48 Draft, Articles, Article 4, comment 1, p.25.

이행 및 불안의 항변[50]을 인정하는데 일치하고 있다. 특히 베트남의 보고서에 의하면 i) 당사자 일방이 계약위반 또는 이행기 전 위반이 있을 것, ii) 이 위반이 해제할 수 있는 조건(condition)일 것, iii) 채권자가 이 사실을 지체 없이 채무자에게 통지할 것(통지를 결하면 그로 인한 손해를 배상하여야 한다)이 요건이다.[51]

한국 민법 제536조 제2항은 선이행 의무를 지고 있는 당사자가 상대방의 이행이 곤란한 현저한 사유가 있는 때에는 자기의 채무이행을 거절할 수 있다고 규정하고 있다. 여기서 "그러한 경우란 선이행의무를 지게 된 채권자가 계약성립 후 채무자의 신용불안이나 재산상태의 악화 등의 사정으로 반대급부를 이행받을 수 없는 사정변경이 생기고 이로 인하여 당초의 계약내용에 따른 선이행의무를 이행케 하는 것이 공평과 신의칙에 반하는 경우를 말한다.[52]

이러한 법리에 기초하여 제5조가 기초되었고 그것은 나아가 모델법의 입장과도 일치된다(PECL 제9:201(1)조, PICC 제7.1.3조, DCFR 제Ⅲ.-3:401조).

제2. 이행청구권 (제6조 내지 제10조)

1. 제1차적 구제수단

초안은 채권자의 이행청구권을 금전채권과 비금전적 채권을 구별하여 전자는 제6조 및 제25조에서, 후자는 제7조에서 규정한다. 그 규정방식은 모델법(PECL 제9:101~102조, PICC 제7.2.1~2조, DCFR 제Ⅲ-3:301조)과 같다. 이처럼 초안이 이행청구권을 명문으로 규정하는데 대하여 대륙법계인 일본이나 영미법계인 홍콩측에서 별다른 반대가 없었다. 이것은 대륙법에서 이행청구권이 채권의 속성으로서 당연히 인정되는 제1차적인 구제수단

49 National Report, 5-1, p.228; Tudsri, p.75; Lei Chen, p.10.

50 National Report, 5-2, p.230; Tudsri, p.76.

51 Draft, Article 5, comment 2, p.25.

52 대법원 2002. 11. 26, 2001다833.

인 반면 영미법에서는 손해배상이 제1차적인 구제수단으로 인정되고 있는 것과 관련하여 의미가 있다.[53]

2. 금전적 의무의 이행

금전적 이행청구에는 제한이 없다(제6조). 아시아 각 법역도 그러하다.[54] 다만 일본팀은 제6조를 이행의 장에 규정할 것을 제안하였으나 PACL 2011. 12. 16. 포럼에서 받아 들여지지 않았다.

3. 비금전적 채무의 이행

제7조는 금전을 지급할 의무 이외의 의무 즉 비금전적 채무를 다룬다. 이 경우 원칙적으로 그 이행을 청구할 수 있는 것으로 하되 5개항의 예외를 규정하고 있다. 그 예외는 ① 이행이 법률상·사실상 불능인 경우 ② 이행이 전적으로 인적 성질의 것인 경우 ③ 이행이 불합리한 부담을 요하는 경우 ④ 합리적인 대체거래가 가능한 경우 ⑤ 채권자가 합리적인 기간 내에 이행을 청구하지 않는 경우이다. 여기서 비금전적 채무라 함은 예컨대 대륙법계서 흔히 말하는 하는채무, 주는채무, 의사표시를 목적으로 하는 채무를 포함한다.

제7조가 규정하고 있는 예외는 한중일 등 아시아의 여러 법역에서 대체로 인정되고 있다.[55] 다만 이 법역에서는 이행청구권은 채권의 속성상 당연한 것이므로 그 예외를 인정함에는 대단히 조심스럽다.

홍콩법에서는 이행청구는 예외적으로 부여된다고 한다.[56] 중국의 계약법(1999)은 모델법과 대단히 유사하여 이행청구권을 행사할 수 없는 경우를 열거한다. 그러면서

53 서희석, 제6조 내지 제10조의 후주, Ⅱ. 4. 참조.

54 National Report, 2-2, p.149; Tudsri, p.55.

55 National Report, 2-3, p.151.

56 Lei Chen, p.12 참조.

중국의 보고서는 이행청구가 채무자에게 심하게 비용부담을 주지 않는 한 채권자는 이행청구권을 상실하지 않고 대체거래가 가능하다는 이유만으로 대체거래를 할 수 없다고 설명한다. 이에 대하여 캄보디아 민법 제542조는 "주위사정에 비추어 매도인에게 부당한 부담을 주는 경우"를 예외로 규정하고 캄보디아팀의 보고서는 단순하게 "채무의 성질상 이행청구가 타당하지 않은 경우"를 예외로 들고 있다.[57]

4. 합리적인 기간

특히 PECL 제9:102(3)조 등 모델법에서 흔히 "합리적인 기간에 의한 제한"을 두고 있는데 초안도 이렇게 규정할 것인가는 고심거리였다. 아시아 각 법역의 입장도 일치되어 있지 않다.[58] 제3조는 채무자의 채무불이행 전반에 걸쳐서 채권자에게 불이행 사실에 대하여 합리적인 기간 내의 통지의무를 부과하고 채권자가 이를 이행치 않을 경우 모든 구제수단을 상실한 것으로 규정하고 있다. 여기에 더하여 합리적인 기간에 의한 제한을 두는 것은 이행청구권의 제1차적인 구제수단의 성질에 부합치 않고 채권자와 채무자의 이익교량에도 맞지 않을 수 있다.

그렇다고 하여 이행청구권에 관하여 "합리적인 기간에 의한 제한"을 두지 않으면 이행청구권의 소멸시효기간까지 이행청구권을 행사할 수 있는 것으로 되어 부당하다. 특히 한국에 있어서는 계약이 무효이거나 취소 또는 해제된 것을 이유로 인도와 물건의 반환을 청구하는 것은 소유권의 반환청구권으로 되고 이것은 소멸시효에 걸리지 않는 것으로 된다. 또한 이 경우 실효(Verwirkung)를 적용하는데[59] 판례는 소극적이다. 결국 피침해 당사자가 상당한 기간 내에 이행을 청구하지 않을 경우를 이행청구권을 행사할 수 없는 사유로 열거하게 된 것이다. PACL 2011. 12. 16. 포럼에서 제7조의 예외규정 중 '대체거래가 가능한 경우'는 삭제하고 '합리적인 기간에 의한 제한'은 존속케 하였다.

57 Draft, Article 7, Comment 3, p.28; National Report, 2-1, p.148; Tudsri, p.54 참조.

58 National Report, 2-4, p.153; Tudsri, p.56; Lei Chen, p.12.

59 이영준, 물권법(2009), 51면은 그 때문에 실효를 적용할 것은 제안한다.

따라서 특정이행청구권은 합리적인 기간 내에 행사하지 않으면 행사할 수 없게 된다.

5. 다른 가능한 구제수단

2010. 10. 초안에 의하면 특정 이행이 실현되지 않은 경우 이행청구권은 다른 청구권으로 전이한다. 초안은 채권자가 채무자로부터 특정 이행을 받지 못한 경우 본항에 규정된 손해배상, 해제 등 다른 구제수단을 행사할 수 있다는 것을 경우를 나누어 규정한다. 즉 제8조 제1항은 제7조의 예외사유에 해당하여 이행청구를 할 수 없는 경우, 제2항 전단은 채무자가 이행하지 않는 경우, 제2항 후단은 채무자가 법원의 이행명령을 이행하지 않은 경우를 규정한다. 제8조에 의하여 다른 구제수단을 행사하는 경우에도 제4조가 적용된다. 따라서 이 경우에도 다른 구제수단이 양립할 수 없는 것인 때에는 중첩적 행사가 허용되지 않는다.

일본팀은 제8조의 취지는 이미 제4조에 규정되어 있으므로 삭제되어야 한다고 주장하였다. 그러나 이 주장은 타당하지 않다.

제4조는 채무불이행이 있으면 채권자는 행사할 수 있는 여러 구제수단을 가지고 있으며 예컨대 이행지체에 대하여는 이행청구와 동시에 손해배상을 청구할 수 있다는 것을 규정할 뿐이다. 이에 대하여 제8조는 채권자가 특정이행청구가 여러 이유 때문에 허용되지 않을 경우 이를 손해배상청구로 바꿀 수 있다는 것을 명료하게 하는 것이다. 예컨대 제8조는 특정이행청구가 너무 부담을 준다는 이유로 허용되지 않는다면 채권자는 그 대신 손해배상을 청구할 수 있다는 것이다. 이러한 취지는 초안 제4조만으로는 명료치 않은 것이다.[60]

PACL 2011. 12. 16. 포럼에서 제8조를 존치하되 "제7조에 의하여 이행청구권을 행사할 수 없는 자는 본 장에 규정된 다른 권리를 행사할 수 있다"로 수정하였다. 이 수정

60 www.kcjlaw.co.kr 참조.

안에는 동의하기 어렵다. 전술한 바와 같이 제8조는 ① 이행청구를 할 수 없는 경우(제8조 제1항) 뿐만 아니라 ② 채무자가 이행하지 않은 경우(제8조 제2항 전단) 및 ③ 법원명령이 이행되지 않은 경우(제8조 제2항 후단) 모두를 규정하고 ④ 행사기간(제8조 제3항)을 규정하고 있는데 위 수정안은 합리적 이유의 제시 없이 제1항만을 존치하자는 것이다.

이러한 제안은 이행청구권을 금전채무 및 비금전채무를 묻지 않고 모든 채권의 속성으로 파악하고 제1차적 구제수단으로 인정하고 있는 한중일 법역에서는 이해할 수 있는 여지가 있다. 그러나 영미법계 예컨대 홍콩법역에서는 특정이행청구는 금전배상이 적절치 않은 경우에만 허용되는 것이고, 또한 법원에 의한 강제이행명령이 집행될 수 없는 경우에 다른 구제수단을 행사할 수 있도록 명문의 규정이 있어야 한다. 따라서 특정이행청구는 이행을 청구할 수 없는 경우(제8조 제1항)외의 모든 불이행의 경우(제8조 제2항)에 대하여 다른 구제수단을 행사할 수 있도록 특별규정을 두어야 하고 그 행사기간에 관하여 기산점(제8조 제3항)을 명시할 필요가 있다. 그것은 영미법계와 대륙법계 사고의 조화이다. PACL 2011. 12. 16. 포럼의 수정안은 재심의되어야 한다.

6. 채권자에 의한 이행기의 연장 (제9조)

채권자에 의한 이행기의 연장은 채무불이행으로 인한 교착상태를 타개하는 방법으로 흔히 실무에서 나타난다. 불이행이 본질적인 경우에는 채권자가 구제수단을 쓰기 전에 연장기간을 주어야 하는 것은 아니다. 연장기간을 줄 것인가는 채권자의 재량이지만 일단 연장기간이 주어진 경우에는 그동안 채권자는 이행을 거절하고 지연손해배상을 청구할 수 있을 뿐이다.

모델법(CISG 제47조 제1항, DCFR Ⅲ-3:103조, PECL 제8:106조, PICC 제7.1.5조)에서 유사한 규정을 본다. 한국 민법 및 캄보디아 신민법 및 중국의 보고서에도 유사한 원칙이 있다.[61] 일본

61 Draft, Article 9, Comment 3, p.31; National Report, 2-6, p.156; Lei Chen, p.13; Tudsri, p.57 참조.

팀은 초안이 명백한 것을 규정하고 있다는 이유로 삭제하거나 단순화하여야 한다고 제안하였다. 홍콩에서는 채무자가 이 기간내에 이행되지 않는 경우 본질적 채무불이행(a breach of condition)으로 되고 채권자는 해제할 수 있다고 한다.[62] PACL 2011. 12. 16. 포럼에서는 이 규정을 제2조(본질적 불이행)의 다음에 규정하도록 의견이 모아졌다. 그러나 본조는 본질적 불이행인지 여부를 넘어서 모든 채무불이행에 적용함으로써 채권자의 너그러움에 의하여 계약목적이 달성되도록 하는 것이다. 따라서 본질적 불이행과 지나치게 관련 시킬 필요는 없다고 생각한다.

7. 간접강제 (제10조)

많은 나라가 특정이행의 이행을 간접적으로 강제하기 위하여 법원이 채무자에게 이행할 때까지 일정한 금원을 지급하도록 명하는 제도를 가지고 있다. PICC 제7.2.4조가 이 제도를 채택하고 있다. 한국 및 일본도 그러하다.[63]

그러나 초안에 대하여 일본팀이 민사소송절차법에 규정하자는 이유로 반대하였다. 홍콩에서는 이행판결에 따르지 않는 경우 법정모욕으로 다스린다고 한다. PACL 2011. 12. 16. 포럼에서는 이러한 이유를 받아들여 이 조문을 삭제키로 하였다. 민사소송법은 재판절차에 관한 공법이어서 법역적 고유성이 강하여 통일조항을 두기 더 어려울 것이 염려된다.

제3. 대금감액 (제11조)

초안은 감액청구권을 일부해제가 아니라 별개의 청구권으로 규정한다. 본조는 채

62 Lei Chen, p.13 참조. 다른 법역에 관하여는 National Report, 2-7, p.159; Tudsri p.58 참조.

63 Draft Article 10, Comment, p.32 참조.

권자가 계약목적물을 수령한 경우에만 적용된다. 감액청구권은 수량품질이 계약과 합치되지 않는 경우는 물론 인도시기가 지체된 경우에도 행사할 수 있다. 여기의 비율은 다음과 같이 계산할 것이다. 하자 없는 물건의 시가(A): 하자 있는 물건의 시가(B) = 실제매매가격(C): 감액되어 지급되어야 할 가격(X), ∴ X = B×C / A이다. 제11조 제1항이 규정하는 초과액은 위와 같은 방법으로 계산된 지급되어야 할 가액과 지급된 가액의 차액이다.

제3항에 의하여 행사할 수 있는 구제수단 중 손해배상청구는 가치감소에 의한 손해 외에 채권자가 입은 손해의 배상을 포함한다. 채무불이행이 면책되는 경우에도 감액청구권을 행사할 수 있다(제29조 제4항).

대금감액청구권은 널리 모델법(PECL 제9:401조, DCFR 제Ⅲ-3:601조, CISG 제50조)에서 인정되고 있다. 아시아 여러 법역은 감액청구권을 하자담보법에서 인정하고 있다. 다만 중국계약법 제111조는 「품질위반에 의한 채무불이행책임」으로 규정하면서 채권자가 수리, 교환, 재이행, 반품, 감액 또는 보상 등을 합리적으로 선택하여 청구할 수 있도록 하고 있다. 중국 보고서에 의하면 감액이 일부 해제인가에 관하여 논의가 있다고 한다.[64]

일본팀은 초안의 내용에 동의하면서 간결화를 제안한 바, 이에 따라 PACL 2011. 12. 16. 포럼은 초안 제11조를 정리하였다.[65]

64 Draft, Article 11, Comment 1, p.33; National Report, 1-3-3, p.114.

65 Minute, p.88.

제4. 추완 (제12조 내지 제14조)

1. 이행기 전의 추완(제12조)

채무자가 채무자불이행을 치유하면 채권자의 이익에도 부합하는 수가 많다. 초안은 이행기 전의 추완(제12조)을 이행기 후의 추완(제13조)과 구별하여 이를 채무자의 권리로 구성하여 채무자가 이행기 후의 추완보다 용이하게 행사할 수 있도록 규정한다.

채권자에게 불편하지 않을 것, 본질적 불이행이 아닐 것을 채무자가 이행기 전에 추완하기 위한 요건으로 할 것인가. 초안에서는 이것은 요건이 아니다. 이행기 후의 추완은 채무자의 불이행이 본질적 불이행이 아닌 때에만 허용되는데(제14조) 이행기 전의 추완은 이와 차별화를 시도하는 것이다. 다소 불편이 있더라도 채무자의 추완은 계약목적을 달성하는데 다른 어떤 구제수단보다 더 적합하다. 그리고 제12조 제2문이 규정하고 있는 이행기 전의 추완의 경우에는 채권자의 손해배상청구권으로 족하다고 생각하기 때문이다. 가령 채무자가 이행기 전에 인도한 기계를 채권자가 조립라인에 설치한 후에 채무자가 수리해 주겠다고 제안하였다 하더라도 대체 거래를 하거나 계약을 해제하는 것보다 추완이 대개 채권자의 이익에 부합되는 것이다.

이행기 전의 채무자의 추완권은 국제모델법(DCFR 제Ⅲ-3:202조, PECL 제8:104조, CISG 제37조, PICC 제7.1.4조)에 널리 규정되어 있다. CISG와 PICC는 채무자의 추완권 행사가 채권자에게 불합리한 불편이나 비용이 발생하지 않을 것 등을 조건으로 하고 있다. 한국 민법이나 중국계약법에는 이러한 규정이 없다. 중국의 보고서는 신의칙상 이러한 채무자의 추완권을 인정하여야 한다고 한다.[66] 다만 캄보디아 신민법 제541조 제1항은 채권자의 이익이 부당히 침해되지 않는다는 조건 하에 이 추완권이 허용되어 있다.[67]

66 National Report, 1-3-2, p.111 이하.

67 Draft, Article 13, Comment 1, p.36; Tudsri, p.43, p.47; National Report, 1-3-2, p.112; 1-3-4, p.116; 1-3-8, p.124 참조.

PACL 2011. 12. 16. 포럼에서는 이를 채권자의 권리로 구성하자는 논의가 있었다. 한국 민법 제581조(매도인의 하자담보책임), 제677조(수급인의 담보책임)와 맥을 같이 하는 발상이다. 초안은 이행기 전의 이행이든 이행기 후의 이행이든 그것이 채무의 내용과 일치하지 않으면 언제나 불이행이고 채권자는 이행을 청구할 수 있다는 전제에 서 있다(초안 제1조). 다만 구제수단은 계약형에 따라 다를 수 있다. 앞으로 계약각론에서 논의할 가치가 있다.[68]

일본팀은 초안 제12조(이행기 전의 추완)와 제13조(이행기 후의 추완)을 합쳐서 규정할 것을 제안하였다.[69] 본조가 계약의 해제 및 본질적 불이행과 관계된다는 이유였다. 이것은 PECL 제8:104조와 비슷한 발상이다. 2011. 12. 16. 포럼에서는 일본팀의 제의를 논의한 끝에 이를 받아들이지 않고 단지 원래의 초안표현을 단순화하였다.[70]

2. 이행기 후의 추완 (제13조)

채무자에게 이행기 후의 추완을 허용할 것인가, 허용한다면 어떤 요건 하에 할 것인가는 어려운 문제이다.

채무자에 의한 추완은 당사자가 체결한 계약의 목적을 달성하는데 초점을 두어 보면 해제 · 대금감액 · 손해배상 어느 것보다도 가장 효율적인 것이다. 채권자는 이러한 구제수단에 의하여 얻은 것을 가지고 다른 거래처를 발굴하여 그와 새로운 협상을 거쳐 새로운 계약을 체결하거나 수리하지 않으면 안된다. 이것은 많은 시간과 비용을 소요할 수 있다. 손해 본 거래가 아니었던 한 채무자 역시 새로운 거래를 트는 것보다 채권자와의 거래를 유지하는 것이 훨씬 이롭다. 뿐만 아니라 채무자는 스스로 대체물

68 Minute, Article 12, p.88.

69 www.kcjlaw.co.kr 참조.

70 www.kcjlaw.co.kr 참조.

건을 생산하거나 흠을 제거할 수 있는 수리능력을 가지고 있는 수가 많고 그렇지 않다 하더라도 생산 및 수리능력을 가진 자와 근접하여 있다. 이러한 것들을 고려한다면 당연히 이행기 후에도 채무자에게 추완하여 채무불이행을 면할 수 있는 길을 넓게 열어 주어야 할 것이다. 그런데 거래실제에 있어서는 채무자에 의한 추완이 당초부터 자기에게 불리하게 체결된 계약이나 계약체결 후에 불리하게 된 계약을 회피하기 위한 구실로 악용되는 수도 적지 않다. 채무자는 교체와 수리를 지연하거나 반복하는 수도 많고 합리적인 기간 내에 교체 · 수리가 불가능한 데도 시간을 벌거나 유리한 협상을 유도할 목적으로 교체 · 수리를 제안하는 수도 많다.

뿐만 아니라 채무자에 의한 교체 · 수리 등은 채권자에게 많은 불편과 비용을 야기하는 수가 많고 이들을 손해배상에 의하여 전보하여 준다 하더라도 채권자에게 발생한 부담을 완전히 불식하기 어렵다. 또한 이행기 후라는 것이 거래관계를 전체로서 본다면 이행기 전과 단절된 새로운 전기는 아니지만 채권자에게는 커다란 의미를 갖는 수가 많다. 채권자는 이행기를 기준으로 하여 재화의 새로운 활용을 기획하고 재배치한다. 이러한 관점에서 보면 이행 후에 채무자에게 추완권을 부여한다 하더라도 극히 조심스럽게 접근하지 않으면 안된다. 모델법(CISG 제37조, PECL 제8:104조, PICC 제7.1.4.조, DCFR Ⅲ-3:202조)을 보면 이행기 후 채무자의 추완권을 인정하는데 엄격한 요건을 다양하게 요구하고 있는 것[71]도 이러한 고민의 반영이라고 생각된다.

초안은 이러한 여러 관점을 고려하고 또한 아시아에서의 추완권에 대한 인식을 참작하여 그 요건을 매우 엄격하게 정하였다. 홍콩과 같은 영미법계에도 초안 제12조, 제13조는 채권자에게 제2의 이행을 받아드릴 의무를 부과한다는 점에서 홍콩법에 맞지 않는다고 한다.[72] 사실 CISG가 매수인에게 불합리한 불편 또는 비용을 초래하지 않는 한 획일적으로 매도인의 이행기 후의 추완권을 허용하고 있는 것은 다소 지나친 감이 있다.

71 안태용, 제11조 해설 2. 도표 참조.

72 Lei Chen, p.17.

한국 민법만 보더라도 이행 후의 추완은 채무자의 권리가 아니라 채권자의 권리로서 하자담보법에서 종류물매매에만 규정되어 있고(제581조), 특정물매매에 관하여는 규정이 없고 단지 채권자의 수리권이 있다는 학설이 있을 뿐이다. 물론 캄보디아 신민법과 같은 예외가 있지만 한·중·일·대만에 있어서는 이행기 전이든 후이든 채무자의 추완권은 명문으로 인정되지 않고 학설상으로만 극히 예외적으로 하자담보법 영역에서 산견될 뿐이다. 그것은 권리로서가 아니라 채권자가 채무자의 추완을 거절하는 것이 신의칙에 반하는 경우에 인정되는 소극적·반사적인 형태이다. 이러한 아시아의 법역의 특수성이 초안에 반영되지 않으면 안된다.

여기서 초안은 이행 후에 채무자의 추완권이 인정되기 위하여는 "① 채권자가 추완을 받아들이는 것과 양립할 수 없는 다른 구제수단을 행사하기 전에 ② 채무자가 지체없이 추완의 방식과 시기를 통지하여야 한다(제12조)."라고 규정한다. 초안은 채무자의 이러한 통지에 대하여 채권자가, 불이행이 본질적 불이행에 해당한다거나 추완이 채권자의 정당한 이익을 해한다는 이유를 들어 추완을 명시적으로 거절할 수 있는 권한을 인정하였다. 따라서 채무자가 ①②의 절차를 거쳐 추완을 어렵게 제안한 데 대하여 채권자는 자기이익에 부합치 않을 경우 간단히 이를 거절할 수 있는 것이다.

이처럼 초안이 채무자의 추완권 행사를 위하여 채권자가 이와 양립할 수 없는 다른 구제수단을 행사하지 않았을 것을 요건으로 명시하고 있는 것은 이례적이다. 그것은 CISG, PECL, PICC, DCFR 어디에서도 볼 수 없는 엄격한 것이다. 여기의 양립할 수 없는 다른 구제수단에 해제 외에 감액도 포함시킬 것인가가 PACL 2011. 12. 16. 포럼에서 많이 논의 되었으나 포함시킬 것으로 결의되었고[73] 이것은 그만큼 이행기 후의 채무자의 추완권에 비호의적임을 의미한다.

또한 초안이 채무자가 지체 없이 추완의 방식과 시기를 통지하도록 명시하고 있는

73 Minute, p.90.

것도 이례적이다. CISG, PECL, 요건을 가장 망라적으로 열거하고 있는 DCFR에서도 이러한 요건을 볼 수 없다. 무엇보다도 PECL이 채권자가 추완을 거절할 수 있도록 한 것은 채권자에게 유리한 지위를 부여한 것이다. 실제로는 채권자가 자기 이익에 부합치 않는 추완을 봉쇄할 수 있는 포괄적인 규정으로 기능할 우려가 없지 않다. 그러나 거절하는 이유로 채권자는 불이행이 본질적 불이행에 해당한다든가 추완이 채권자의 정당한 이익을 해한다는 것을 주장하여야 하고 이러한 사실의 존재에 관한 입증책임을 채권자가 부담하여야 할 것이다. 이러한 점에서 보면 초안이 채권자에게 추완거절권을 부여하였다 하여 그것이 채무자의 추완권을 형해화할 우려가 있다고까지 할 것은[74] 아니다. 이행기 후의 채무자의 추완권은 이행기 전의 그것과 달리 엄격하게 제한되어야 할 이유에 관하여는 전술하였다. 요컨대 이행 후의 추완권은 되도록 채권자의 이익에 부합되는 범위 내에서만 허용되어야 그 제도의 취지에 맞는다.

2011. 12. 16. 포럼에서 초안은 그 내용을 그대로 유지한 채 어순 및 자구 정리를 거쳐 통과되었다.[75]

3. 추완에 대한 채권자의 협력 (제14조)

초안은 채무자의 추완에 대한 채권자의 협력의무를 규정한다. 즉 채무자가 제13조에 따라 추완의 방법과 시기를 채권자에게 통지한 데 대하여 채권자가 합리적인 기간 내에 아무런 대응을 하지 않는 경우 채무자는 추완을 할 수 있고(제14조 제1항 제1문) 채권자는 이 기간 동안 추완과 양립할 수 없는 구제수단을 행사할 수 없으며(제14조 제1항 제2문) 채권자는 채무자가 추완권을 행사하는데 협력하여야 하고(제14조 제2항 제1문) 채무자가 제12조, 제13조에 따라 추완을 시작하였음을 채권자가 알았거나 알 수 있었을 때에는 해제할 수 없다(제14조 제2항 제2문).

74 안태용, 제13조 해설 4. 참조.

75 수정된 초안은 Minute, p.89.

이 규정은 법률적인 부동상태를 방치하지 않으려는 배려도 있지만 무엇보다도 당사자 간의 이해조정을 꾀하려는 것이다. 즉, 채무자의 추완 특히 이행기 후의 추완을 전술한 바와 같이 엄격한 요건 하에서 허용함으로써 채권자의 이익을 우선하는데(제12조, 제13조) 부응하여 제14조는 채권자에게 위와 같은 의무를 부과함으로써 채무자의 이익을 고려하는 것이다. 즉 채권자·채무자 양자 간의 이익을 조정하려는 의도에서 모델법에서 별로 흔하지 않은 제14조를 둔 것이므로 그 범위내에서 제14조는 적어도 제13조와 표리관계에 있다. 만약 제14조를 삭제하거나 크게 수정한다면 제13조를 그대로 두어서는 안되고 이에 맞추어 채무자의 추완권행사의 요건이 재조정되어야 한다.

2011. 12. 16. 포럼에서는 제14조를 "채권자는 채무자가 제12조, 제13조의 권리를 행사하는데 불합리하게 협력을 유보해서는 안된다"고 수정하면서 추가논의가 필요하다고 언급하였다. 이러한 추상적인 수정안은 초안의 의도를 손상케 한다. 다음의 논의에서는 초안과 같은 내용을 담는 구체적인 규정이 이루어지기를 기대한다.

제5. 계약의 해제 (제15조 내지 제21조)

1. 계약해제의 방식 (제15조)

초안은 이른바 법정해제와 약정해제에 공통으로 적용되는 해제의 방식으로 상대방에 대한 통지를 선택하였다(제15조 제1항 제1문). 해제를 위하여 반드시 소를 제기하여야 하는 것은 아니다. 모든 법역이 그러하다.[76] 해제는 통지가 상대방에게 도달한 때 효력을 발생한다(제15조 제1항 제2문). 이것은 도달주의를 명백히 한 것이다. 이러한 원칙은 널리 모델법(CISG 제26조, DCFR 제Ⅲ-3:507조, PICC 제7.3.2.조, PECL 제9:303조)에 통용되고 있다. 또한 이 원칙은 아시아 여러 법역에도 적용된다.[77] 일본은 발신주의를 취하는 수정안을

76 National Report, 4-2-1, p.218; Tudsri, p.73; Lei Chen, p.15.

77 Draft, Articles, Article 15, Comment 2, p.40 참조.

제출하였으나[78] 2011. 12. 16. 포럼에서 채택되지 않았다.

초안은 조건부해제의 특칙, 즉 "해제의 통지에서 일정한 조건이 성취될 때 계약이 해제되는 것으로 하였을 때에는 그러한 조건이 성취되었을 때 해제의 효력이 있다"라는 규정을 두었으나(초안 제15조 제1항 제3문) PACL 2011. 12. 16. 포럼에서 삭제하기로 했다. 그러나 해제는 형성권의 행사로서 조건이나 기한에 친하지 않지만 위와 같은 조건부해제는 상대방의 지위를 부동적으로 만드는 것이 아니므로 허용되어 마땅하다. 이른바 정지조건부 해제의 의사표시 또는 실권약관부 계약해제의 의사표시는 유효하다. 계약당사자의 일방이 상대방에 대하여 일정한 기간을 정하여 채무이행을 최고함과 동시에 그 기간 내에 이행이 없을 때에는 계약을 해제하겠다는 의사표시를 한 경우에는 위의 기간경과로 인하여 그 계약은 해제된다. 또한 매수인이 중도금을 약정한 일자에 지급하지 않으면 해제되는 것으로 하는 특약이 있는 경우에는 매수인이 의무를 이행하지 않으면 그 계약은 그 일자에 자동적으로 해제된 것으로 간주된다. 이러한 것은 한[79] 중일의 확고한 법리이다.

모델법에서도 조건부 해제가 허용되고 있음을 볼 수 있다(PECL 제8:106조 제3항, DCFR 제Ⅲ-3:503조, 제Ⅲ-3:507조 제2항). 위 조항을 삭제키로 한 결의가 해제의 의사표시에 조건을 붙일 수 없다는 법리에 기초한 것이라면 따르기 어렵다. 이것은 영미법계와 대륙법계의 인식의 차이로 풀 문제가 아니라 사적자치의 원칙으로부터 해결할 문제이다. 뿐만 아니라 초안은 조건부 · 기한부 해제가 유효임을 전제로 한 규정을 두고 있다. 예컨대 제16조 제2항 제2문, 제3문이 그러하다. 또한 제15조 제2항은 조건부 해제를 포함하는 약정해제를 규정하는데 이 규정은 별로 의미 있는 수정 없이 위 포럼에서 그대로 통과되었다. 그러면서 위 제15조 제1항 제3문을 삭제한 것은 자기모순이다. 위 삭제는 재고되어야 한다고 생각된다.

78 www.kcjlaw.co.kr 참조

79 한국법에 관하여는 이영준, 민법총칙(2007), 760면 이하 참조.

2. 계약해제의 사유 (제16조)

초안은 해제를 계약관계의 소멸사유로 규정하는 방법보다 채무불이행의 한 구제수단으로 규정하는 방법을 취하였다. 이 규정방법은 한중일, 대만, 베트남의 입장과는 다소 다른 것이다.[80] 채무불이행의 효과를 구제수단에 따라 열거적으로 규정하는 것이 편리하다는 기술적인 이유 때문이지 해제가 계약관계의 소멸사유 중 중요한 하나임을 부정하기 때문이 아니다. 초안은 채무불이행책임을 묻기 위하여 채무자의 고의·과실을 요건으로 하지 않는다. 한국이나 일본과 같이 과실책임주의를 취하는 법역에서는 해제권행사에 채무자의 고의·과실을 요하는가가 특히 논의되고 있다. 초안은 채무불이행전반(이른바 이행지체·이행불능·불완전이행)에 관하여 엄격책임주의를 취하고 있고 그 구제수단(이행청구·감액청구·동시이행의 항변·손해배상·해제)에 관하여 별다른 취급을 하지 않는 입장을 취하고 있다.

초안은 본질적인 불이행(초안 제2조)의 경우에 추가기간의 부여 등의 절차 없이 해제할 수 있는 것으로 한다(초안 제16조 제1항). 이러한 입장은 대개의 모델법은 물론 대부분의 아시아법 특히 하자담보법에 타당하다.[81] 초안은 "당사자는 상대방 당사자의 본질적인 채무불이행이 예상되는 경우 제21조 제2항에 따라 계약을 해제할 수 있다"는 규정을 두었다(제16조 제1항 제2문). PACL 2011. 12. 16. 포럼에서 일본 측의 "제21조에 규정이 있고 당연한 것"이므로 삭제하자는 제안이 받아들여졌다.[82] 원래 제16조는 제21조의 경우를 포함한 모든 해제사유를 열거하려 하였던 것이다.

비본질적 채무불이행의 경우에도 해제가 가능하다. 즉 채권자가 채무자에게 합리적인 추가기간을 주고 그 기간 내에 채무자가 이행하지 않을 때에는 채권자는 계약을

80 Draft, Articles, Article 16, Comment 1, p.41; National Report, 1-1-3, p.91.

81 National Report, 4-1-1, p.209; Tudrsi, p.71; Lei Chen, p.19.

82 Minute, p.93.

해제할 수 있고(제16조 제2항 제1문) 해제의 통지에 그 기간종료 시 계약이 자동적으로 해제될 것으로 기재하면 그때 계약이 자동적으로 해제된다(제16조 제2항 제2문). 이러한 원칙은 모델법(PECL 제8:106조 제3항, PICC 제7.1.5조 제3항, DCFR 제Ⅲ-3:503조) 뿐 아니라 한중일, 대만, 베트남 법역에 통용된다.[83]

언급할 것은 제16조 제2항과 제9조 및 제13조 제1항이 규정하고 있는 기간의 상관관계이다.[84] 이행기 후에 채무자가 추완할 것을 합리적인 기간을 정하여 청구하고 채권자가 이를 거절하지 않았는데 그 기간이 도과되도록 추완이 행하여지지 않은 경우(제13조 제1항) 채권자는 해제하기 위하여 다시 상당한 기간의 유예기간(제16조 제2항 제1문)을 주어야 해제할 수 있는가? 초안은 당연히 다시 유예기간을 주어야 한다고 구상되었다. 추안을 위한 기간은 교체 및 수리 등 완전한 이행을 하는데 필요한 기간이고 해제를 위한 기간은 계약관계를 종국적으로 소멸시키기 위한 기간이므로 당연히 중복되어 부여되어야 하는 것이다. 다만 추완을 위한 기간이 주어졌던 경우에는 해제를 위한 기간은 짧아도 합리적일 것이다. 실무에서는 채권자가 채무자의 추완을 허락하면서 그 기간 내에 추완하지 않으면 계약은 자동적으로 해제된다고 언급하는 수가 많다. 또 그와 같이 해석될 사례는 더 많을 것이다. 그 기간이 합리적이면 이 해제는 자동적으로 효력을 발생한다.

위와 같은 맥락에서 생각하면 제16조 제2항과 제9조(이를 제2조의 뒤에 제2-1조로 옮기자는 제안이 PACL 2011. 12. 16. 포럼에서 있었다) 사이에도 아무런 충돌이 없다. 원래 제9조가 규정하고 있는 이행기간의 연장은 채권자가 안주어도 될 것을 은혜적으로 채무자에게 주는 것이다. 은혜적으로 주었더라도 일단 준 이상 연장기간 동안 채권자는 해제를 할 수 없고(제9조 제2항) 그 기간이 지나도록 이행이 없는 경우 해제할 수 있으나(제9조 제3항) 이때에는 당연히 제16조 제2항의 합리적인 기간이 주어져야 한다. 다만 전술한 바와 같이

83 Minute, p.98 참조.

84 최봉경, 제16조 해설 1. (2) 참조.

이 경우 합리적인 기간은 짧을 수 있고 실무상 위 은혜기간은 해제기간을 겸하는 것으로 해석되는 사례가 많을 것이다.

3. 해제의 일반적 효과 (제17조)

초안은 해제는 계약관계를 소급하여 무효로 만들지 않고 단지 이행되지 않은 채무로부터 당사자를 해방시킨다는 기본입장을 가진다.

이러한 입장은 모델법(PECL 제9:305조, PICC 제7.3.5조, DCFR 제Ⅲ-3:509조, CISG 제81조 제1항)과 같다. 해제에 의하여 당사자는 계약관계의 무효화에 따른 원상회복의무를 부담하는 체재는 홍콩이나 싱가포르를 제외한[85] 한중일, 대만, 베트남 등 아시아 여러 나라의 법제에서 확인할 수 있다.[86] 그러나 동시에 이로 인한 부작용을 제거하기 위한 노력이 여러 가지 학설의 형태로 행하여지고 있다. 한국을 예로 들면 이른바 직접효과설, 간접효과설, 절충설, 청산관계설 등이 그러하다. 초안은 이러한 이론에 치중하기 보다 해제에 의하여 그 계약의 불이행으로 인한 손해의 배상을 청구할 수 있고(제4조 제2문) 자신이 급부한 물건이나 그 가액의 반환을 청구할 수 있도록 하였다(제19조). 즉 초안은 다분히 실용적인 입장에서 출발하였으나 결과에 있어서는 원래의 계약관계가 해제에 의하여 소급하여 소멸하는 것이 아니라 단지 새로운 반환채권관계를 발생시키기는 청산관계로 진입한다는 이른바 청산관계설과 같은 방향으로 된다.

따라서 "해제는 분쟁의 해결에 관한 조항 또는 해제 후에도 적용되어야 할 여하한 다른 계약조항에 영향을 미치지 않는다"는 규정(제17조 제2항)은 주의적으로 둔 데 불과한 것이다.

---

85 Lei Chen, p.21.

86 Draft, Article, p.82. National Report, 4-3-1, p.210.

후술하는 바와 같이 초안은 해제에 의한 채권관계의 변화만을 취급할 뿐 이에 따르는 소유권 등 물권의 귀속은 각 법역의 규정에 맡긴다.

4. 해제통지의 기간 (제18조)

초안은 해제권의 행사를 다른 어떤 구제수단의 행사보다 제한하려는 입장을 취하고 있다. 계약은 당사자가 협상을 거쳐 그들의 이해관계를 가장 적절하게 배분하여 권리·의무를 정한 것이므로 되도록 이를 존속케 하는 것이 사적자치에 부합된다. 그런데 계약의 해제는 - 가령 그것이 소급효에 의하여 계약관계를 근저로부터 파괴하는 것이 아니라 새로운 청산관계로 진입케 하는 계기로 구성한다 할지라도 - 당사자가 원래 구상하였던 권리·의무를 채무불이행이라는 사실로 인하여 소멸케 하여 청산하는 것이므로 그 행사를 신중하게 하고 되도록 해제권을 상당한 기간 내에 소멸케 하는 것이 사적자치에 철저하고 법적 안정성에도 기여하는 것이다.

여기에서 초안은 채무불이행이 본질적인 경우에만 계약을 해제할 수 있는 것으로 하는 반면(제17조) 채권자가 채무자에게 합리적인 기간 내에 채무불이행 사실을 통지하지 않으면 해제권을 상실하도록 한 것이다(제18조). 해제권을 상실케 하는 방법으로 제척기간[87]의 도입이나 실효(Verwirkung)를 생각할 수 있으나 제척기간은 기간을 고정하여야 한다는 옹색함이 있고 실효는 채권자가 권리를 행사하지 않는다는 외양을 요한다는 점에서 모두 적절하지 않았다. 초안의 규정은 국제모델법(PICC 제7.3.2조, PECL 제9:303조, DCFR 제Ⅲ-3:508조, CISG 제49조)과 같은 방향이다.

이처럼 제18조가 규정하는 해제통지의무는 해제권의 특수성에 기초하고 있는 것이므로 제3조와 별개의 의무로 구성되어 있다. 즉 채권자가 제3조가 규정하는 채무불이행 사실을 통지함으로써 채무불이행에 대한 구제수단을 보유하였다 하더라도 해제권

87 National Report, 4-4-1, p.226; Tudsri, p.75.

을 행사하기 위하여는 제18조가 규정하는 통지의무를 이행하여야 한다. 제3조와 제18조 소정의 '합리적인 기간'은 관계되는 모든 상황을 참작하여 정할 것이다. 제3조 소정의 통지는 채무불이행이 있어서 이를 수령하지 않고 채무불이행책임을 물을 수 있다는 채권자의 예고적인 조치인 반면 제18조 소정의 통지는 구체적으로 채무불이행의 여러 구제수단 중 해제권을 선택하여 이를 행사한다는 통지라는 점이 고려되어야 할 것이다. 법정신의 밑바탕을 생각한다면 초안은 아시아 여러 나라의 하자담보법에 산재하여 있는 채권자의 의무를 채무불이행 전반에 확장한 것이다. 예컨대 제3조는 모든 매수인의 지체 없는 하자통지의무를 규정하고 있는 한국 상법 제69조에 상응하는 규정이고 제18조는 매수인의 권리하자담보청구권(감액 · 손해배상 · 해제)을 계약한 날로부터 1년 내에 행사하도록 규정하고 있는 한국 민법 제573조 제3항, 제575조 제3항 또는 물건하자담보청구권을 하자를 안 날로부터 6개월 내에 행사하도록 규정하고 있는 한국 민법 제582조에 상응하는 규정이다. 이러한 초안규정의 배경은 상당한 기간을 정함에 고려되어야 한다.

뿐만 아니라 이행기간의 연장(제9조), 추가이행기간(제10조), 추완기간(제14조 제1항 1) 등이 이미 부여된 여부, 그 기간 등도 고려되어야 한다. 반드시 해제를 위한 합리적인 기간이 채무불이행통지를 위한 합리적인 기간보다 길 것은 아니다.[88] "해제의 원인이 될 계약과의 불일치를 통지하지 않으면"(제18조)이라는 규정에서 통지는 해제의 의사표시를 말한다. 위 규정은 해제의 표시는 단순히 "해제한다"는 표시로는 부족하고 채무불이행 사실을 적시하여야 한다는 취지를 아울러 표현하고 있는 것이다.

초안은 합리적인 기간의 기산점을 "채무불이행을 알았거나 알 수 있었을 때"라고 규정하고 있는데, 이 규정은 이행지체와 불완전이행이 본질적인 채무불이행일 경우에 적용할 것으로 초안된 것이다. 제16조 제2항 소정의 부가기간이나 또는 제13조 소정의 추완권행사를 위한 기간이 부여된 경우에는 해석상 당연히 위 기간의 도과시가 위 기

88 이연갑, 제18조 해설 Ⅱ. 2. 참조.

산점으로 된다는 발상에 기초하고 있다. 위와 같은 취지는 제9조 제2항, 제14조 제1항 제2문에 나타나 있다. 이점이 다소 애매하다면[89] 위 초안 조문의 코멘트에서 언급할 수 있을 것이다.

5. 원상회복 (제19조)

초안은 계약해제의 효력으로서 급부한 물건의 반환을(제19조 제1항), 그것이 불가능할 경우 가액반환을(제2항) 규정하고, 이어서 급부한 금전의 반환을(제3항) 규정하고 있다. 초안은 계약해제에 의하여 당사자를 그 계약으로부터 장래를 향하여 해방시키게 할 뿐(해방효) 소급하여 계약이 없었던 것과 같은 상태로 복원하게(소급효) 하지 않는다. 따라서 해제에 의하여 급부한 물건이나 그 가액 또는 금전의 반환을 청구하는 것은 해제의 당연한 효과가 아니라 별도로 제19조의 명문의 규정으로부터 나오는 효과이다.

제19조의 이러한 입장은 모델법(PECL 제9:308조, PICC 제7.3.6, DCFR 제Ⅲ-3:510조, CISG 제81조, 제84조)과 같은 방향이다. 그리고 이러한 모델법은 영미법에 기초하고 있다고 할 수 있다. 따라서 초안과 아시아 각 법역은 다소 다르다.[90] 일본팀은 "당사자 일방이 해제권을 행사하면 각 당사자는 상대방을 원래의 상태로 회복할 의무를 진다"고 하는 수정안을 제출하였다.[91] 이것은 해제에 소급효를 부여하고 있는 일본법과 같은 입장이다. 이에 대하여 홍콩은 제19조 제1항에 대하여 홍콩법과 유사하고 제2항, 제3항에 대하여는 동일하다고 주석하였다. 사실 중국계약법 제97조를 제외하고는 한국을 포함한 많은 법역이 일본과 마찬가지로 해제의 소급효와 그에 의한 완벽한 원상회복을 전제로 출발하고 있다.[92] 그런 때문인지 PACL 2011. 12. 16. 포럼에서는 해제의 소급효에 관하여 좀 더 연구할 것이 제안되었다.[93] 그러나 해제의 소급효를 인정하면 법기술상 여러 불편이

89 이연갑, 제18조 해설 Ⅱ. 5. 참조.

90 National Report, 4-3-2, p.221; Tudsri, p.74.

91 www.kcjlaw.co.kr 참조

92 Draft, Article 19, Comment 2 · 3, p.51.

있다는 것이 모델법의 제정논의 과정에서 드러났다. 소급효를 인정하는 법역에서도 해제와 동시에 손해배상청구를 할 수 있도록 하고 있고 해제에 의하여 제3자의 권리를 해지하지 못하도록 하고 있다. 한국의 판례는 직접효과설에 입각하고 있으면서도 이러한 결과를 시인하고 있고 학설은 직접효과설에서 청산설로 옮겨 가고 있는 중이다. 해제에 소급효를 부여하자는 주장은 이러한 사실을 도외시하는 결과로 된다.

초안은 제19조, 제20조가 규정하는 범위 내에서만 원상회복을 허용한다. 그러나 영미법이 말하는 "부분적인 원상회복"(partial restitution)과 같은 양적인 개념이 아니라 청산에 필요한 범위 내에서 원상회복을 지향한다는 점이 초안의 기본입장이라고 할 수 있다. 초안은 마땅한 용어를 찾지 못하여 원상회복(restitution)을 쓰고 있지만 위에 말한 취지가 포함되어 이해되어야 할 것이다.

여기의 원상회복은 이미 이행된 급부와 반대급부가 초안이 규정하는 범위 내에서 서로 반환되어야 하며 이 반환의무는 동시에 이루어져야 한다는 발상에 기초하고 있다. 원상회복청구는 상대방 당사자에게 계약에 따라 한 급부에 "대응하는 반대이행을 받지 못하였거나 이를 정당하게 거절한 것"을 요한다(제19조 제1항). 이것은 영미법을 따르고 있는 법역 특히 홍콩을 염두에 둔 표현이다. 분할계약의 해제에서 일부해제가 전부해제의 효력을 갖는 경우 "이미 수령한 일부는 계약에 합치하지 아니하여 거절된 것으로 본다"는 초안의 규정(제20조 제2항 제2문)도 같은 맥락에서 이루어진 것이다.

여기의 거절(reject)은 반환을 포함한다는 생각으로 초안되었다.[94] PACL 2011. 12. 16. 포럼에서 제20조 제2항 제2문이 삭제 결의된 것은 영미법계인 홍콩이나 싱가포르 법역이 크게 양보하여 초안의 원래 의도대로 된 것으로 평가될 수 있다.

---

93 Minute, p.96 참조.

94 이연갑, 제19조 Ⅱ. 2. 참조.

매매대금의 일부라도 받은 것이 있는 때에는 매매물건의 반환을 청구할 수 없고 그 대금의 지급을 청구하여야 한다는 영미법의 법리는 합리적이 아니다. 당사자가 애써서 이루어 놓은 계약을 되도록 유지시키려는 발상은 이미 해제권이 행사된 경우 내지 해제권이 행사되어야 할 정도로 계약관계가 악화된 경우에 까지 관철할 합리성을 가지는 것은 아니다. 이른바 손해보는 거래(bad bargains)의 경우에 원상회복 또한 "문제가 되지 않는다"는 것이 PECL이나 DCFR의 입장이다.

초안은 해제의 물권적 효과에 관하여는 관여하지 않고 각 법역의 법리에 맡긴다. 물권적 효과는 각 법역에 따라 크게 다르다. 예컨대 부동산매매계약에 따라 그 부동산의 소유권이전등기가 매도인으로부터 매수인에게 경료된 후 그 매매계약이 해제된 경우 그 부동산의 소유권이 등기의 회복 없이도 매도인에게 자동적으로 복귀되느냐의 문제에 관하여는 한국에서 논의가 있다. 학설은 이른바 물권적 효과설과 채권적 효과설이 대립되고 있다. 물권적 효과설에 의하면 등기회복 없이도 해제에 의하여 자동적으로 소유권이 매수인으로부터 매도인에게 복귀된다. 이에 대하여 채권적 효과설에 의하면 해제에 의하여 매수인은 등기회복에 협력할 의무만을 부담하고 매도인 명의로 등기가 회복되어야 매도인이 소유권을 취득한다고 한다. 판례는 물권적 효과설을 취하고 있다.[95] 이 문제는 물권행위의 무인성 뿐만 아니라 해제의 형성권의 성질 때문에 법률의 규정에 의한 물권변동(한국 민법 제187조)과 관계되는 것이다.[96]

이 예에서 명백하듯이 해제의 효력을 물권의 귀속 여부에 까지 확장되도록 규정하는 것은 기술적으로 곤란하다. 초안은 이 문제를 일단 각 법역의 국내법과 섭외사법에 맡긴다. 반환될 물건에 대하여 제3자가 물권적 이해관계를 가지는 경우 해제가 제3자에 대하여 어떤 효력을 미치는가의 문제도 이에 준한다는 것이 초안의 입장이다.

95 대법원 1977. 5. 24, 75다1394 등.

96 이영준, 물권법(2009), 96면.

반환하여야 할 것이 용역이나 서비스인 경우는 물론 반환하여야 할 물건을 소비하거나 전매한 경우에도 해제가 가능하다. 다만 이 경우에는 물건의 가액이 반환되어야 한다. 또한 원상회복이 불가능하거나 지나치게 부담이 되는 경우에는 물건의 가액으로 반환하여야 한다(제19조 제2항).

6. 해제의 범위 (제20조)

가분급부의 일부에 불이행이 있는 경우 일부해제가 원칙이고(제20조 제1항) 일부해제로 계약의 목적을 달성할 수 없는 경우에 전부해제가 예외적으로 가능하다(제20조 제2항). 일본팀이 그 취지를 해하지 않는 범위 내에서 제1항과 제2항을 합쳤고 표제를 '해제의 범위'로 바꾸자는 제안을 하였다. PACL 2011. 12. 11. 포럼에서는 일본의 제안이 받아들여졌다. 이 규정과 유사한 법리가 홍콩법역에서는 물론 중국(계약법 제166조)에도 타당하다고 한다.[97] 이 규정은 모델법(PECL 제9:302조, DCFR 제Ⅲ-3:506조, CISG 제73조)과도 같은 방향이다.

7. 예상가능한 계약위반 (제21조)

채무자의 예상가능한 계약위반은 채권자에게 자기채무이행의 거절, 보증요구, 계약해제 권능을 준다(제21조). 즉, 아직 이행기가 도래하지 않았다 하더라도, 채무자가 이행하지 않을 것을 분명히 한 경우 채권자는 자신의 이행을 유보할 수 있고(제1항 제1문) 또한 이행보증을 할 수 있도록 통지함으로써(제3항 제1문) 이행의 보증을 요구할 수 있고(제2문), 채무자가 적절한 보증을 제시하지 않으면(제3항 제2문) 본질적 불이행이 확실한 경우 계약을 해제할 수 있다(제2항).

채무불이행을 이행지체 · 이행불능 · 불완전이행으로 3분하는 법역에서는 예상가능

97 National Report, 4-1-3, p.213; Tudsri, p.72; Lei Chen, pp.23~24 참조.

한 채무불이행을 채무불이행의 특수한 형태로 분류하는 것이 보통이다. 또한 이행기 전이지만 이행기가 도래하더라도 채무불이행이 있을 것이 확실한 때에는 이를 채무불이행으로 취급하여 채권자에게 모든 구제수단을 부여하는 것이 합리적이라는 점에 관하여도 이 법역에서 수긍되어 있다.[98]

이처럼 이행기 전의 채무불이행에 대하여 채무불이행에 대한 구제수단을 행사할 수 있게 하더라도 이행기 전이므로 당사자에게 별개의 협력의무를 부여하여 구제수단의 행사를 조정할 필요가 있다. 즉, 채권자는 채무자에 대하여 이행의 보증을 요구할 수 있는 반면 채무자는 보증의 제공으로써 채권자의 이행거절을 저지시킬 수 있다(제21조 제1항 제2문). 또한 채권자가 해제하려면 채무자에게 보증을 제공할 수 있도록 통지하여야 하고 그 보증이 제시되지 않은 경우에 계약을 해제할 수 있다(제21조 제3항). 보증의 제시가 제공으로 이어지지 않으면 채권자는 채무자가 계약을 이행하지 않을 것을 선언한 경우(제21조 제3항 제2문)로 보아 계약을 해제할 수 있다. 그때까지 채권자는 이행거절 권능으로 만족할 수 있다는 것이 초안의 입장이다.

(3) 초안은 여러 모델법과 같은 방향이다(CISG 제71조, 제72조, PICC 제7.3.3조, PECL 제9:201조, 제9:304조, DCFR 제Ⅲ-3:504조, 제Ⅲ-3:505조). 또한 아시아 법역에도 유사한 규정이 있다.[99]

일본팀은 제21조에서 이행거절권능 및 보증요구 등을 삭제하고, "당사자는 상대방 당사자가 이행기 전에 본질적 불이행을 할 것이 분명한 경우에는 계약을 해제할 수 있다"라고만 규정하자고 제안하였다. 또한 제21조를 제5조(동시이행의 항변)와 함께 규정하자는 제안이 있었다. PACL 2011. 12. 16. 포럼에서 위 제안들은 받아들여지지 않았고 제21조는 일단 원안대로 통과되었다.

---

98 National Report, 4-1-4, p.216; Tudsri, 72면; Lei Chen, p.25.

99 한국 민법 제536조, 베트남 민법 제415조, 캄보디아 신민법 제387조, 중국계약법 제68조, 제69조, 제94조. 또한 보증의 청구에 관하여는 National Report, 2-8, p.160; Lei Chen, p.25; Tudsri, p.58.

제4. 손해배상청구권 (제22조 내지 제28조)

초안은 실손해배상주의와 엄격책임주의를 취하고 있다(제22조). 이어서 손해배상의 범위에 관하여 규정한다(제23조). 그리고 손해배상과 관련하여 대체거래(제24조), 지연이자(제25조), 손해경감의무(제26조), 손해배상액의 예정(제27조), 손해배상의 기준통화(제28조)를 규정한다.

1. 실손해배상(제22조)

실손해배상주의는 채무불이행으로 인하여 발생한 손해만을 배상하게 한다. 영미법에서 흔히 채택하고 있는 명목손해(norminal damages)의 배상은 허용되지 않는다.[100] 대부분의 아시아 법역은 실손해배상주의를 선언하고 있는 통칙규정을 가지고 있다.[101] 다만 대만은 이행불능, 이행지체, 불완전이행의 유형에 따라 손해배상을 규정한다.[102] 예상가능한 불이행의 경우에도 손해배상을 청구할 수 있다.[103] 또한 아시아 법역은 기대이익·상실이익을,[104] 이행이익·신뢰이익[105]을 구별한다.

한국에서는 실제 발생한 손해를 어떻게 파악하는가에 관하여 차액설과 구체적 손실설이 대립한다. 통설인 차액설에 의하면 그것은 채무불이행 전후의 재산가치의 차이라고 한다. 구체적 손실설에 의하면 채권자의 법익에 발생한 불이익이라고 한다. 구체적 손실설에 의해서 정신적 손해를 파악할 수 있다고 한다. 판례는 배상되어야 할 손해는 "구체적 현실의 손해"라고 한다.[106]

100 National Report, 3-3-1, p.168. 태국에 관하여는 Tudsri, p.61 참조.

101 National Report, 3-3-1, p.163; Tudsri, p.60. Lei Chen, p.26 참조.

102 Draft Aarticle 22, Comment 1, 51면; National Report 3-3-1, p.168.

103 National Report, 3-3-4, p.173; Tudsri, p.62; Lei Chen, p.7 참조.

104 National Report, 3-3-5, p.175

105 National Report, 3-3-6, p.177; Tudsri, p.62.

106 대법원 1997. 7. 22, 95다6991.

판례는 독일학설과 유사하게 적극적 손해 · 소극적 손해 · 정신적 손해를 구별하고 또한 이행이익 · 신뢰이익을 구별한다. 이행이익은 채무이행이 있었더라면 채권자가 얻을 수 있었던 이익으로서 여기에는 일실이익(예: 전매이익)이 포함된다. 반면 신뢰이익은 계약이 무효 · 취소 · 해제된 경우 계약의 유효를 믿었음으로 인하여 입은 불이익(민법 제535조)을 말한다. 판례는 채무불이행의 경우에도 이행이익을 초과하지 않는 범위 내에서 신뢰이익의 배상을 명한다.[107]

지체의 경우 이행수령을 거절하고 전보배상을 청구할 수 있는가. 법역에 따라 다르다. ① 이행수령을 거절하고 전보배상을 청구할 수 있다고 하면 사실상 계약해제에 해당하고 해제에는 원칙적으로 유예기간을 부여하여야 하기 때문에 단지 지체손해를 청구할 수 있을 뿐이라고 하고(중국), ② 지체된 이행이 채권자에게 이익이 되지 않는 때 이행수령을 거절하고 전보배상을 청구할 수 있다고 하고(타이완 · 태국 · 한국), ③ 비본질적 불이행의 경우 이행수령을 거절하고 전보배상을 청구할 수 없다고 하고(캄보디아 · 싱가포르), ④ 이행수령을 거절하고 전보배상을 청구할 수 있다고 한다(일본)[108] 초안은 ② 내지 ③의 입장에 있다.

제22조는 PICC 제7.4.1 및 DCFR Ⅲ-3:701과 유사하다. 이 조문에 대하여는 일본팀 및 홍콩팀의 찬성의견이 있었고[109] 2011. 12. 16. 포럼에서 참가자들의 동의가 있었다.[110]

2. 손해배상의 범위 (제23조)

초안은 적극적 · 소극적 손해의 배상과 손익상계(제1항), 비금전적 손해에 대한 배상

107 대법원 2007. 1. 25, 2004다51825.

108 National Report, 3-3-2, p.170; Tudsri, p.61.

109 www.kcjlaw.co.kr 참조

110 Minute, p.98.

(제2항), 장래손해의 배상(제3항), 손해배상 범위에 관한 예견가능성의 원칙(제4항), 과실상계(제5항) 및 배상자의 대위(제6항)를 규정한다(제23조).

심의과정에서 다양한 제안이 있었다.

일본팀은 제22조와 제23조의 규정위치를 조정하자는 제안(제22조를 1항으로 한 후 제23조의 1항, 2항, 3항을 각각 제22조의 2항, 3항, 4항으로 제23조의 4항을 제23조로, 제23조 제5항을 제23-1로 하자는 제안)을 하였다. 또한 채무불이행이 고의나 중대한 과실인 경우에는 제23조 제4항의 적용을 배제하자는 제안 및 손해배상자의 대위권을 제23-2로 신설하자는 제안을 하였다.[111] 홍콩팀은 손해배상의 대위는 홍콩에도 같은 원칙이 있다고 하였다.[112]

PACL 2011. 12. 16. 포럼에서 초안 제23조는 제1항 내지 제5항이 원래대로 통과되었다. 고의나 중과실에 의한 채무불이행의 경우에 예견가능성의 요건을 요하지 않게 하자는 제안은 채택되지 않았다. 다만 일본팀의 제안이 채택되어 제6항으로 손해배상자의 대위에 관한 규정을 신설하였다.[113]

예견가능성

초안은 손해배상은 「채무자가 예상하였거나 합리적으로 예상할 수 있었던 범위」를 초과할 수 없도록 규정하여(제23조 제4항) 제한배상주의를 천명하고 있다. 제한배상주의는 아시아 법역에 지배적이다.[114]

이것은, 손해배상의 범위에 관하여 채무불이행으로 인한 손해배상은 통상의 손해를

111 www.kcjlaw.co.kr 참조

112 Lei Chen, p.29.

113 Minutes, pp.99~100.

114 National Report, 3-4-1, p.183; Tudsri, p.64; Lei Chen, p.28.

그 한도로 하되(제393조 제1항) 특별한 사정으로 인한 손해는 채무자가 그 사정을 알았거나 알 수 있었을 때에 한하여 배상의 책임이 있다(제393조 제2항)고 규정하는 한국 민법의 입장과 같은 방향이다.

손해배상의 범위에 관하여 상당인과관계설(주관적 상당인과관계설, 객관적 상당인과관계설, 절충적 상당인과관계설), 규범목적설, 위험성관련설 등이 대립되고 있고 판례는 절충적 상당인과관계설의 범주 내에 머물고 있다.[115]

상당인과관계설, 위험성관련설이나 규범목적설은 모두 독일학설의 영향을 받는 것이다. 독일 손해배상법은 원상회복주의를 취하여 조건적 인과관계에 있는 모든 손해가 배상된다(이른바 무제한주의). 이를 합리적인 범위로 제한하기 위하여 위와 같은 학설이 대두된 것이다. 이러한 법체계는 손해배상의 범위를 예상가능한 범위로 제한하려는 영미법이나 불란서법과는 사뭇 다르다.

그러나 한국법은 이미 예상가능성에 의하여 손해배상 범위를 제한하고 있으므로 위 독일이론의 차용은 불필요한 것이었다. 예상가능성을 구체화하는데 위 상당인과관계설 등을 응용하는 것은 실용적일 수 있다. 그러나 이 또한 한계가 있다. 잘 알려져 있는 바와 같이 예상가능성은 계약체결시를 기준으로 판단되어야 하는 반면 상당인과관계의 유무는 사실심 변론종결시를 기준으로 하는 것이기 때문이다. 한국 판례는 상당인과관계설에 기초하고 있으므로 그 당연한 결과로 예견가능성의 판단기준시점을 사실심 변론종결시로 보고 있으나[116] 이는 후술하는 바와 같이 자기결정·자기책임의 원칙에 부합되지 않는다. 한국 민법에서 손해배상 범위를 정하기 위하여는 통상손해와 특별손해를 구별하는 것이 필요할 뿐이고 판례에 나타나는 사안을 통하여 그 유형을 구체화하여 나가는 것이 중요하다.

---

115 김영두, 제22조 해설 2. (4). 및 인용문헌 참조.

116 대법원 1985. 9. 10, 84다카1532.

초안에 고의적인 불이행에 대한 특칙을 두지 않은 이유에 언급한다. 이러한 특칙은 PECL · DCFR 등 국제모델법에 나타난다. 그러나 계약체결 당시에 불이행자가 예견가능 하였던 손해가 계약체결 후 이행기 전에 상대방으로부터 고지 받은 바에 의하여 알게 된 손해와 다른 경우[117] 불이행자가 전자의 손해만을 배상케 하는 것이 형평에 부합된다. 더구나 불이행자의 고의 · 과실을 손해배상의 요건으로 하지 않는 경우 그러하다. 불이행자는 전자의 손해를 고려에 넣어 불이행시에는 이를 배상하면 족하다고 계산하여 계약을 체결하였으므로 이 손해만이 배상되어야 사적 자치에도 철저하게 된다. 불이행 상대방의 악의에 따라 배상액이 영향을 받지 않는 한중일의 법체계에는 PECL이나 DCFR의 특별규정은 낯설다.[118]

위자료

아시아 법역은 정신적 손해의 배상을 인정한다.[119] 한국 민법 제751조는 불법행위에 관하여 "타인의 신체, 자유 또는 명예를 해하거나 기타 정신상 고통을 가한 자는 재산 이외의 손해에 대하여도 배상할 책임 있다"고 규정하고 있다. 학설과 판례는 본조를 채무불이행에 관하여 유추적용한다.

한국의 판례는 채무불이행으로 인한 정신적 손해는 한국 민법 제393조 제2항 소정의 특별한 손해로서 예상가능한 경우에만 배상된다고 한다.[120] 홍콩팀은 정신적 손해는 원칙적으로 배상되지 않지만 최근 수준 이하의 관광투어에 대한 실망, 결혼식용 자동차의 준비실패에 대하여 예외적으로 인정한다는 판례가 있다고 보고하였다.[121]

117 김재형 역, 유럽계약법원칙(2013), 668면. 사례 3 참조.

118 National Report, 3-4-2, p.185; Tudsri, p.64.

119 National Report, 3-3-7, p.179; Tudsri, p.63.

120 대법원 2007. 12. 13, 2007다18959.

121 Lei Chen, p.27.

장래의 손해

장래손해는 아시아 법역에서 인정된다.[122] 초안은 장래손해의 입증책임을 경감하여 개연성의 입증으로 족하다고 한다(제23조 제3항). 한국 판례도 같은 입장이다.[123] 홍콩의 입장도 같다고 할 수 있다.

홍콩의 보고서에 의하면 장래손해에 대하여는 확정의 문제가 있으나 확정이 불명한 때에는 기대상실(reliance loss)에 대한 배상이 가능하다고 한다. 이익의 상실이나 기회의 상실과 같은 장래의 손해는 합리적인 사람이 그 불이행의 자연스럽고 증명가능한 결과로 볼 수 있는 경우 배상될 수 있다. 자연스럽고 증명가능한 결과가 아닌 때에는 그러한 손해가 당해 사건의 주위사정으로부터 결과할 수 있다고 당사자가 합리적으로 생각할 수 있는 경우에 배상된다고 한다.[124]

확대손해

(i) 초안은 급부자체의 불완전으로 인한 손해(병든 닭의 가치감소)와 불완전 급부가 다른 법익을 침해한 결과로 인한 손해(병든 닭이 다른 닭에 전염한 손해의 증가)를 구별하지 않고 모두 '예상가능한 경우'배상된다(제23조 제4항).

(ii) 확대손해는 법역에 따라 다소 취급이 다르다.[125] 한국 판례는 물건하자담보를 원인으로 한 손해배상에 관하여 하자자체에 인한 손해와 확대손해를 구별한다. 전자에 대하여는 제580조에 의하여 채무자에게 고의 · 과실이 없더라도 이행이익의 배상을, 후자에 대하여는 엄격책임인 제580조의 적용을 부정하고 고

122 National Report, 3-3-6, p.181; Tudsri, p.63.

123 대법원 1986. 3. 25, 85다카538.

124 Lei Chen, p.27.

125 National Report, 3-4-6, p.192; Tudsri, p.65.

의 · 과실이 있는 경우에만 민법 제391조의 일반규정에 의한 배상이 가능한다고 한다.[126]

위 판례의 입장은 독일의 하자를 원인으로 하는 손해배상의 법리에 크게 접근하고 있다. 독일은 위 손해배상을 매도인이 악의이거나 하자의 부존재를 보증한 경우에만 인정하기 때문에 이러한 불합리를 제거하기 위하여 이른바 '채권의 적극적 침해'의 법리를 개발하여 전술한 경우가 아니더라도 매도인에게 고의 · 과실이 있는 경우에는 확대손해의 배상을 인정하고 있는 것이다. 한국 민법 제580조, 제575조는 하자로 인하여 매수인이 계약의 목적을 달성할 수 없는 경우에는 매매계약을 해제할 수 있고 어느 경우에도 언제나 손해배상을 청구할 수 있는 것으로 규정하고 있다. 그리고 여기의 손해는 민법 제390조 이하 채무불이행으로 인한 손해이다, 그러므로 독일의 위 우회적인 법리에 의존할 이유가 없다. 판례는 이미 하자 있는 특정물의 인도를 채무불이행이라고 판시하고 있으므로[127] 제580조, 제575조가 규정하고 있는 손해배상의무는 채무불이행으로 인한 손해배상을 규정하고 있는 민법 제392조에 의하여 이행되어야 하고 따라서 확대손해를 배상할 것인가의 여부는 오로지 예상가능한 손해인가의 여부에 달려 있을 뿐이다. 판례에 의하면 결국 불완전이행책임과 하자담보책임의 경합을 인정할 수밖에 없게 되는데 이러한 결과는 심히 부당하다. 하자 자체로 인한 손해에 대하여는 제척기간이 적용되고 확대손해에 대하여는 소멸시효기간이 적용되어야 하므로 확대손해배상이 하자손해배상보다 더 오래 존속하게 되기 때문이다.

계약전 계약적 책임(pre-contractual liability)

초안은 교섭의무의 불이행 및 교섭의 파기책임에 대한 규정이나 계약과 관련된 다른 법익의 침해에 대한 규정을 유보하였다. 교섭의무의 불이행 및 교섭의 파기책임 즉

126 대법원 1997. 5. 7, 96다39455.

127 대법원 2004. 7. 22, 2002다51586.

계약전 계약책임(pre-contractual liability)으로 인한 손해배상을 한국 판례는 불법행위(제750조)로 다루고 채무불이행(제390조, 제391조)으로 다루지 않는다.[128] 그리고 판례는 계약당사자에 대하여 상대방의 생명·신체 등을 보호할 의무를 인정하고 이 의무위반에 인한 손해배상의무를 인정하고 있다.[129]

손익상계

제23조 제1항 후단은 손해배상액에서 채권자가 지출하지 않게 된 비용과 발생하지 않게 된 손실을 공제하도록 규정하고 있다. 한국 민법은 명문의 규정을 두고 있지 않지만 판례는 채무불이행과 상당인과관계 있는 이익을 손해배상액에서 공제한다.[130] 또한 제23조 제1항 후단과 관련하여 언급할 것에 중간이자의 공제가 있다. 즉 장래 발생하는 이익을 현시점에서 배상받는 경우 그 중간이자를 공제하여야 한다는 것이다. 판례는 공제하는 방식으로 호프만식 계산법과 라이프니즈식 계산법을 선택적으로 사용하고 있다.

손해배상자의 대위

전술한 바와 같이 손해배상자의 대위를 규정하는 제23조 제6항은 일본팀의 제안으로 2011. 12. 16. 포럼에서 추가된 것이다.

한국 민법은 위 제6항과 유사한 규정을 두고 있다. 채권자가 그 채권의 목적인 물건 또는 권리의 가액 전부를 손해배상으로 받은 때에는 채무자는 그 물건 또는 권리에 관하여 당연히 채권자를 대위한다(제399조). 전부를 배상받아야 하므로 채권의 목적인

128 대법원 2003. 4. 11, 2001다53059.

129 학설·판례에 관하여 김영두,제22조 해설 2. (1) (가) ④ 참조.

130 판례의 자세한 것은 김영두, 제22조 해설 2. (1) 참조.

물건 또는 권리가 가분적인 것이라는 등의 특별한 사정이 있는 경우는 별론으로 하고 그 밖의 경우에는 성질상 채무자가 채권의 목적인 물건 또는 권리의 가액의 일부를 손해배상한 것만으로는 채권자를 대위할 수 없다.[131] '당연히 대위한다'함은 물건이나 권리의 이전이 필요한 양도행위 없이 그 권리가 이전된다는 것이다. 채권자의 제3자에 대한 손해배상청구권도 대위되지만 보험금청구권은 그렇지 않다.[132]

과실상계

제23조 제5항은 흔히 아시아 법역[133]에서 말하는 과실상계를 규정한 것이다.

한국 민법 제396조는 "채무불이행에 관하여 채권자에게 과실이 있는 때에는 법원은 손해배상의 책임 및 금액을 정함에 이를 참작하여야 한다"고 규정한다. 이 규정은 무과실책임으로 되어 있는 하자담보책임(제580조)에 관하여도 적용된다.[134] 그러나 이 규정은 손해배상청구에만 적용되고 이행청구에는 적용되지 않는다.[135] 이 규정은 손해의 발생에 관하여서 뿐만 아니라 손해의 확대에 관하여 채권자의 과실이 있는 경우에 적용된다. 여기서 채권자의 과실은 "채무자의 과실과 같이 엄밀한 의미의 과실은 아니며 신의칙상 요구되는 주의를 다하지 않은 것을 의미한다."[136]

3. 대체거래 (제24조)

초안은 계약이 해제된 경우 채권자는 대체거래를 할 수 있고 그 경우의 손해배상액

131 대법원 2007. 10. 12, 2006다42566.

132 대법원 2000. 11. 10, 2000다29769.

133 National Report, 3-4-5, p.189.

134 대법원 1995. 6. 30, 94다23920.

135 대법원 2001. 2. 9, 99다48801.

136 대법원 2007. 1. 25, 2004다51825.

은 해제된 계약의 가격과 대체거래의 가격의 차액으로 계산한다고 규정한다(제24조). 이러한 규정은 모델법(CISG 제75조, PECL 제9:506조, PICC 제7.4.5조, DCFR 제Ⅲ-3:706조)과 맥을 같이 한다. 한중일의 상거래에 이러한 방식의 대체거래가 흔하고, 특히 중국과 베트남의 보고서에서도 같은 결과가 도출된다.[137]

제24조는 제26조(손해의 경감)와 제23조 제4항에 기초하고 있다. 따라서 차액 뿐 아니라 예견가능한 모든 손해도 배상청구가 가능한 것이다(초안 제24조 제1항 제2문 제2항 후단).

해제는 합리적인 기간 내에 이루어져야 하고(제18조) 대체거래는 해제된 때로부터 합리적인 기간 내에 이루어져야 한다(초안 제24조 제1항 1문). 한국판례는 신의칙에 의한 손해감경의무를 끌어 들여 같은 법리를 판시한다.[138]

제24조 제2항은 계약체결시 또는 해제시가 아니라 이행기를 기준으로 대체거래 가격을 정한다. 기준시점은 법역에 따라 다르다.[139]

홍콩팀은 제2항의 기준시점은 채무불이행시로 하되 채무자가 채무불이행을 알지 못한 때에는 이를 알아야 했을 시점을 기준으로 하여야 한다고 하였다.[140] 여기서 말하는 채무불이행시는 대체로 채무이행기와 일치할 것이다. CISG, PECL, DCFR 등 해제시를 기준으로 하는 모델법도 있으나 그렇게 하면 채권자가 자기에게 유리한 시점을 골라서 해제의 의사표시를 할 우려도 있으므로 따르기 어렵다. 초안 제24조 제1항 전단 소정의 차액에 관하여는 이행기를 기준으로 하고 후단의 손해배상에 관하여는 계약체결시(초안 제23조 제4항)를 기준으로 하는데 이것은 모순되는 것이 아니다. 또한 해제시를 기준으로 한다 하더라도 같은 결과로 인정하여야 한다. 이행기를 기준으로 하는 것은

137 Draft, Article 24 Comment 3. p.66; Lei Chen, 29면; National Report, 3-4-7, p.194; Tudsrt, p.66.

138 대법원 2005. 7. 28, 2003다12083.

139 National Report, 3-4-8, p.197; Tudsri, p.67.

140 Lei Chen, p.30.

차액의 계산방법에 관한 거래관행에 기초하고 있는 것으로서 사적 자치에 배치되지 않는다.

PACL 2011. 12. 16. 포럼에서 초안 제23조를 그대로 유지하면서 표현을 단순화하자는 일본팀의 제안을 일부 받아들여 문언을 정리하는데 그쳤다.[141]

4. 지연이자 (제25조)

초안은 금전채권의 이행지체에 대한 채무자의 지연이자 지급의무를 규정한다(제25조). 이 규정은 강행규정이 아니다. 이것은 한중일의 법의 관점에서 보면 금전채무불이행에 대한 손해배상의무와 그 범위를 아울러 규정하는 것이다. 초안 제25조가 법정이율에 의하도록 한 것은 한국 민법 제397조 제1항과 같다. 한국의 법정이율은 연 5%이다.

법정이율을 초과하는 손해가 발생한 경우 채권자는 제23조 소정의 예견가능성을 입증하여 그 초과분의 배상도 청구할 수 있다는 생각이다. 물론 그 증명은 개연성의 입증으로는 부족하다고 할 것이다.

법정이율 또는 평균상업은행의 대여이율 중 어느 것으로 할 것인가.

일본팀은 법정이율은 나라마다 다르니까 평균상업은행의 단기간 대여이율(at the avarage commercial bank short-term lending rate)에 의하자는 제안을 하였으나[142] PACL 2011. 12. 16. 포럼은 위 상업은행이자도 나라에 따라 다르다는 한국팀의 반박을 받아들여 원안대로 가결하였다. 다만 단서의 표현을 가다듬었다.[143]

---

141 Minute, p.101.

142 www.kcjlaw.co.kr 참조

5. 손해의 경감의무 (제26조)

초안은 채권자에게 손해경감의무를 부과하면서 그 의무이행에 든 비용을 채무자에 대하여 청구할 수 있도록 규정한다(제26조). 이러한 규정은 모델법(PECL 제9:505조, PICC 제7.4.8조, CISG 제77조, DCER 제Ⅲ-3:705조)에서도 볼 수 있다.

한국 민법 제396조는 손해배상의무의 유무 및 배상액을 정함에 있어서 채권자의 과실을 참작하도록 하고 있다. 즉 법원이 채무자의 손해배상책임의 유무 및 책임의 범위를 확정함에 있어서 채권자가 채무불이행 또는 손해의 확대에 기여한 비율을 참작하여 정하도록 하고 있다. 이것은 채권자의 손해감경의무(제26조 제1항)를 전제로 한 규정이다. 손해감경조치에 든 비용(제26조 제2항)도 재판실무에서는 이러한 참작사유에 불과하다. 실제로 이러한 비용배상청구가 독자적으로 행하여진 판례는 찾아 보기 어렵다. 위 비율을 정하는 것은 사실심 법관의 재량에 속한다.

이러한 과실상계제도는 한국 뿐만 아니라 독일법의 영향을 받은 동아시아 여러 법역에 정착되어 있다. 이 제도는 실제적용에 있어서 편한 점이 있으나 초안의 방법에 비하여 정확하지 않고 법관의 자의로 흐르기 쉽다. 초안이 규정하는 채권자의 손해방지의무는 그 위반이 자기가 청구할 손해배상액을 감경하게 하는 단순한 '책무'가 아니라 채무자에 대하여 손해배상의무를 부담하게 하는 진정한 의미의 의무로 되는 것이다.

초안에 대하여 일본팀은 제26조 제1항 제2문으로 채권자가 이 의무에 위반한 경우 채무자는 손해의 감경을 청구할 수 있다고 규정하자는 제안을 하였다. 채무자가 손해감경 의무위반을 이유로 해제나 대체거래를 할 수 없게 하자는 취지를 명백히 하자는 것이다.[144] 2011. 12. 16. 포럼에서 일본팀의 수정안이 채택되었다.[145]

---

143 Minute, p.101.

채권자가 손해감경의무를 위반함으로써 발생한 손해가 채무자가 채무를 불이행함으로써 발생한 손해보다 큰 경우, 예를 들면 채권자가 손실을 경감시키기 위하여 합리적인 시도를 하였으나 실제로는 오히려 손실을 증가시킨 경우[146] 채무자는 배상의무를 면하게 됨은 물론 채권자의 경감의무불이행으로 인한 손해의 배상을 청구할 수 있어야 한다. 일본 수정안에 의하면 이러한 채무자의 손해배상청구권은 배제되게 될 우려가 있다. 위 수정안의 추가된 규정은 채무자가 감액청구를 할 수 있다고 규정하고 있고 위 규정은 초안 제1조 제1항 제1문, 제4조의 특별규정으로 보일 수 있기 때문이다. 따라서 위 수정안은 재고되어야 한다.

6. 손해배상액의 예정 (제27조)

초안은 법원에게 과도한 손해배상의 액을 감경할 수 있는 권한을 주면서 손해배상 예정의 약정을 유효로 규정한다(제27조). 위 초안규정은 모델법(PECL 제9:509조, DCFR 제Ⅲ-3:712조)과 같은 입장이다. 한중일은 물론 캄보디아, 홍콩, 싱가포르, 베트남과 같은 다양한 법역에서도 같은 원칙이 기본적으로 적용된다.[147]

흔히 이행을 강제하기 위한 위약벌(penalty clause)과 손해배상을 간편하게 하기 위한 손해배상의 예정을 구별한다.[148] 초안은 위약벌은 손해배상액의 예정으로 추정한다(제27조 제4항). 초안은 위약벌도 당사자의 반대의 입증이 없는 한(제27조 제4항) 본조 제2항에 의하여 감액할 수 있도록 규정한 것이다.

144 www.kcjlaw.co.kr 참조

145 Minute, p.102.

146 김재형 역, 올란도 · 휴빌편, 유럽계약법원칙, 675면 사례 7 참조.

147 Draft, Article 27, Comment 2 · 3, p.68 이하 p.133; National Report, 3-5-1, p.199; 3-5-6, pp. 2~8; Tudsri, p.68, p.70,

148 National Report, 3-5-2, p.200; Tudsri, p.68.

손해배상예정액이 과중한 경우 법원이 감경할 수 있도록 규정하는 한국 민법 제398조를 위약벌에 관하여도 적용할 수 있는가? 한국 판례는 부정하고 위약벌에 관하여는 단지 민법 제103조(공서양속)를 적용하여 과중한 부분의 무효를 선고할 수 있을 뿐이라는 입장을 고수한다.[149] 한국 판례는 형식논리에 입각하고 있다. 제398조 제2항도 궁극적으로는 선량한 풍속 기타 사회질서에 반하는 법률행위를 전부 또는 일부무효로 규정하는 제103조의 구체적 예시에 불과한 것이기 때문이다.[150] 2013년 민법개정안은 위약벌도 제398조에 의하여 감액할 수 있도록 하였다.[151] 타당한 시도이다.

매매의 당사자 일방이 계약 당시에 금전을 계약금·보증금의 명목으로 교부하는 경우가 많다. 이러한 경우 당사자 일방이 이행에 착수할 때까지 교부자는 이를 포기하고 수령자는 그 배액을 상환하여 매매계약을 해제할 수 있다고 약정하는 사례가 흔하다. 한국 민법 제565조는 이러한 경우를 명문으로 규정한다. 초안 제27조는 이러한 사례에서 계약금·보증금이 과다한 경우에도 적용될 것이다.

예정된 손해배상액이 "부당히 과다할 때"에는 법원은 적당한 액으로 감경할 수 있는 것과 같이 법원은 부당히 과소한 경우에도 증액할 수 있는가? 여러 법역이 부정적이다.[152] 한국판례는 이를 부정한다.[153]

이러한 견해는 타당하다. 사적자치의 원칙상 법원의 개입은 최소한으로 줄여야 한다. 감액과 증액은 사적자치와 관련하여 전혀 다른 법기술적 방법에 입각하고 있다. 감액은 법원이 계약중 금액의 감액부분을 "선량한 풍속 기타 사회질서"에 반한다는 이유로 무효로 하는 방법이 가능하다. 그러나 증액하는 것은 이러한 방법에 의할 수 없고

149 대법원 2013. 7. 25, 2013다27015.

150 이영준, 민법총칙(2007), 208면 참조.

151 자세한 것은 김재형, II.4.(.3) 참조.

152 National Report, 3-5-5, p.206; Tudsri, p.70.

153 중국과 일본에 관하여는 Minute, p.103.

법원에 계약을 적극적으로 창설할 수 있는 권한을 줄 경우에만 가능한데 이러한 권한 부여는 많은 법역에서는 이론상 불가능하다. 신의칙에 의하여서도 법원이 이러한 적극적 계약수정을 하는 것은 불가능하다. 일본팀은 증액가능성도 규정하자고 하나,[154] 이런 이유로 따르기 어렵다.

한편 손해배상액의 예정은 이행청구나 손해배상청구에 영향을 미치지 않는다는 것은 모델법이나 한국 민법 제398조 제3항에서도 시인되어 있다. 따라서 구태여 부당히 과소한 경우 법원이 증액할 수 있는 권한을 인정할 필요가 없다.

초안 제27조는 PACL 2011. 12. 16. 포럼에서 초안 제3항을 간단하게 표현하자는 일본팀의 주장에 따라 표현이 수정된 것을 제외하고는 그대로 의결되었다.

7. 손해배상 산정의 기준통화 (제28조)

손해배상을 어떤 통화로 할 것인가에 관하여 채권자의 손실을 가장 적절하게 반영하는 통화로 하여야 한다고 포괄적으로 규정하는 모델법(PECL 제9:510, DCFR 제Ⅲ-3:713) 보다는 그래도 보다 범위를 제한하는 모델법(PICC 제7.4.12조)의 규정방식을 따랐다. 이 규정은 임의규정이다. PACL 2011. 12. 16. 포럼에서 별의견 없이 원안대로 통과되었다.[155]

154 www.kcjlaw.co.kr 참조

155 Minutes, 103면.

제5절 이행장애와 사정변경 (제29조, 제30조)

제1. 이행장애

초안은 채무불이행이 채무자의 지배를 벗어난 장애사유에 기인한 것인 때에는 채권자는 이행청구권과 손해배상청구권을 행사할 수 없게 하고 있다(제29조).

제29조는 영문표현에 있어서 모델법(CISG 제79조, PICC 제7.1.7조, DCFR 제Ⅲ-3:104조, PECL 제8:108조)을 닮아 있지만[156] 그 내용은 아시아 여러 법역의 법과[157] 판례에서 연원한다.[158]

초안이 의미하는 이행장애에 의한 면책에 상응하는 한국법의 개념에 3경우를 들 수 있다. 즉, ① 채무불이행에 채무자의 고의·과실이 없는 경우 ② 채무이행의 불능에 채무자의 귀책사유가 없는 경우 ③ 채무불이행이 불가항력에 인한 경우가 그것이다.

과실이 없는 경우 채무자는 채무불이행 책임을 지지 않는다. 이것은 한국 민법 제390조 제2항, 제397조 제2항에 나타난다. 한국 민법 제397조 제2항은 금전채무의 손해배상에 관하여는 채무자는 과실없음을 항변하지 못한다고 규정한다. 지급유예령(Moratorium)이 있는 경우에는 위 규정이 적용되지 않는다고 흔히 설명된다. 지급유예령은 전형적인 공권력에 의한 장애사유(impediment)이다. 따라서 여기서 "과실없다"는 항변을 할 수 없지만 「불가항력」이라는 항변은 가능하다는 것으로 된다. 과실의 개념은 다분히 주관적이다. 채무자가 그의 주의능력에 비추어 채무불이행의 결과를 방지할 수 있었는데도 이를 하지 않았다는데 초점이 있다. 이에 대하여 불가항력은 객관적인 "채

156 Draft, Article 29, Comment 1, 2, p.72.

157 중국계약법 제117조 및 중국보고서, 캄보디아 보고서, 베트남 민법 제302조 제2항, 제161조 제1항 및 캄보디아 신민법 제399조 제1항, 베트남 보고서 및 한국 민법 제537조, 제538조

158 Draft, Articles 29, Comment p. 3, p. 4, p. 5, p.73; National Report, 1-2-2, p.100; 100; 1-8-1 내지 1-8-2, p.144; Tudsri, p.41, p.53.

무자의 지배범위 밖"을 의미한다. 양자는 겹칠 때도 있지만 양자를 엄격하게 구별하여야 한다. 판례도 양자의 구별에 의미를 둔다. 고속도로의 관리상 하자가 인정되는 이상 고속도로의 점유관리자는 그 하자가 불가항력에 의한 것이거나 손해의 방지에 필요한 주의를 해태하지 아니하였다는 점을 주장·입증하여야 비로소 그 책임을 면할 수 있다고 한다.[159]

한국 민법 제537조와 제538조는 "귀책사유가 없다"는 표현을 쓰고 있다. 민법 제537조는 채무자위험부담주의를 채택하고 있다. 쌍무계약에서 당사자 쌍방의 귀책사유 없이 채무가 이행불능된 경우 채무자는 급부의무를 면함과 더불어 반대급부도 청구하지 못한다. 따라서 쌍방 급부가 없었던 경우에는 계약관계는 소멸하고 이미 이행한 급부는 법률상 원인 없는 급부가 되어 부당이득의 법리에 따라 반환청구할 수 있다. 예컨대 매매 목적물이 경매절차에서 매각됨으로써 당사자 쌍방의 귀책사유 없이 이행불능에 이르러 매매계약이 종료된 사안에서, 위험부담의 법리에 따라 매도인은 이미 지급받은 계약금을 반환하여야 하고 매수인은 목적물을 점유·사용함으로써 취득한 임료 상당의 부당이득을 반환할 의무가 있다.[160]

여기서 귀책사유는 고의·과실을 의미하는가에 관하여 논의가 있다. 민법 제537조(채무자위험부담의 원칙)가 규정하고 있는 쌍방에 책임을 돌릴 수 없는 사유의 예는 천재지변 등 불가항력, 측량하여 팔기로 한 농지의 분필허가가 거절된 경우 등 계약의 시행에 필요한 관할당국의 승인이 거절되는 경우, 계약목적물의 압수, 정조인도급부가 미곡수집령에 의하여 이행불능이 된 경우, 관할당국에 의한 공급금지, 점령군에 의한 강제조치, 예약한 관광여행에 질병으로 참가할 수 없게 되는 경우, 법률의 개정 기타 유사한 경우들이다. 판례는 민법 제538조 제1항 소정의 '채권자의 책임 있는 사유'라고 함은 채권자의 어떤 작위나 부작위가 채무자의 이행의 실현을 방해하고 그 작위나 부작위는

159 대법원 2008. 3. 13, 2007다29287.

160 대법원 2009. 5. 28, 2008다98655.

채권자가 이를 피할 수 있었다는 점에서 신의칙상 비난받을 수 있는 경우를 의미한다고 한다.[161] 판례가 신의칙상 비난가능성을 요구하는 것에 주목을 요한다.

불가항력에 의한 채무불이행의 경우 채무자는 면책된다.

한국 판례는 불가항력의 요소를 다음과 같이 설시한다. 주택공급사업자가 입주지연이 불가항력이었음을 이유로 그로 인한 지체상금 지급책임을 면하려면 입주지연의 원인이 그 사업자의 지배영역 밖에서 발생한 사건으로서 그 사업자가 통상의 수단을 다하였어도 이를 방지하는 것이 불가능하였음이 인정되어야 한다.[162]

또한 판례[163]는 불가항력의 요소를 "지배범위 밖"과 "방지불능"을 요구하면서 시공사인 피고 두산건설 주식회사의 부도 및 공사중단으로 인한 입주지연이 불가항력에 의한 것으로서 이 사건 주택공급계약서 제2조 제5항에서 규정하고 있는 지체상금 면책사유에 해당한다고 한 피고 다한개발 주식회사의 항변을 배척하였다. 이러한 전제 하에 판례는 제방의 보수공사의 일부가 토지의 수용에 따른 보상이 이루어지지 않아 이루어지지 않고 있다가 이 부분을 통하여 폭우로 인한 하천수가 범람하여 수해가 발생한 경우 이 수해는 천재지변에 의한 불가항력적인 재해가 아니라고 하고[164] 피고 회사가 워크아웃절차 중에 있다는 사정만으로는 불가항력에 해당한다고 인정할 수 없다고 하고[165] (주)대우자동차 판매가 경영상의 이유로 이 사건 대기발령을 한 것은 불가항력에 해당한다고 볼 수 없다[166]고 한다. 이들 사례는 모두 채무불이행의 결과가 채무자의 "지배영역 밖"에 있지 않다는 취지에 귀착된다.

161 대법원 2004. 3. 12, 2001다79013.
162 대법원 2008. 3. 13, 2007다29287.
163 대법원 2007. 8. 23, 2005다59475.
164 대법원 2014. 6. 26, 2011다85413.
165 대법원 2013. 12. 12, 2011다51434.
166 대법원 2013. 10. 11, 2012다12870.

초안이 규정하고 있는 이행장애에 의한 면책은 위 ② 귀책사유 없는 경우와 위 ③ 불가항력의 경우와 관련된다. 특히 한국 판례가 불가항력의 요소로 "지배범위 밖"과 "방지불능"을 요구하는 것은 초안 제29조와 방향을 같이 한다. 위 ① 과실이 없는 경우의 면책은 과실책임주의를 취하는 한국 민법 하에서 면책사유이다. 초안은 과실책임주의를 버리고 엄격책임주의를 채택하고 있다. 여기서 채권자와 채무자의 이익을 조화하기 위하여 이행장애 면책규정을 두게 된 것이다.

초안의 이행장애는 채무자의 지배범위 일탈과 결과의 회피기대 불능을 요건으로 한다. 이것은 순수하게 객관적으로 판단되어야 한다. 제29조 제1항 단서가 "당사자가 계약체결 당시 그 장애를 고려하는 것을 합리적으로 기대하는 것이 불가능하여야 한다"고 규정하는 것은 이 때문이다.

제29조는 임의규정이다. 한국의 판례는 채무자 위험부담금을 규정한 한국 제537조를 배제하는 일반약관은 무효가 아니라고 한다.[167] 다만 판례는 이러한 배제조항을 엄격하게 좁게 해석한다. 예컨대 위험부담면제의 특약은 권리하자담보책임 면제를 포함하지 않는다고 한다.

초안은 이행장애가 계속되는 동안 채권자는 이행청구권과 손해배상청구권을 제외한 모든 구제수단을 행사할 수 있는 것으로 규정한다. 그 요건으로 그 장애의 예측불가능성 외에 통지의무를 규정하고 있는 것은 형평성을 고려한 것이다.

문제는 이행청구권과 함께 대상청구권도 소멸하는가이다. 즉, 채무자가 후발적으로 불능이 된 급부에 갈음하여 대상을 취득한 경우에 채권자가 이를 청구할 수 있는가이다. 한국 민법이 이행불능의 효과로서 채권자의 전보배상청구권과 계약해제권 외에 별도로 대상청구권을 규정하고 있지 않으나 해석상 대상청구권을 부정할 이유는 없다.[168]

167 대법원 2005. 2. 18, 2003두3734.

초안자도 이를 긍정하는 입장에서 있다. 이 경우 채권자의 급부의무도 그 범위내에서 존속한다.

2011. 12. 16. 서울회의에서 일본팀은 매수인은 매도인에 대하여 이행장애로 인한 지체이행이라 할지라도 이행장애 후에 이를 청구할 수 있도록 수정안을 제출하였으나 이행장애가 종료한 후에는 채권자는 이행청구나 손해배상청구를 할 수 있다는 것은 초안에 의하여 스스로 명백하다. PACL 2012. 3. 18. 도쿄 회의에서는 토론 끝에 초안 원안대로 통과되었다.

제2. 사정변경의 원칙 (제30조)

초안은 사정변경의 원칙을 채택한다. 계약의 기초가 소멸 또는 변경된 경우에 계약의 효력을 그대로 관철하는 것은 진정한 의미의 사적자치의 원칙에 반하기 때문에 계약내용의 수정이 필요하다. 제30조는 사정변경의 원칙이 pacta sunt servanda의 예외임을 선언하고(제1항), 양당사자에게 협상의무를 부여하고(제2항), 협상이 안될 경우 ① 양당사자에게 법원에 조정신청을 할 수 있도록 하고 ② 법원에 조정노력의무를 부과하고 ③ 조정이 적절치 않을 경우 법원이 계약종료 선언을 할 수 있도록 규정한다(제3항). 이 규정은 두루 사적자치의 원칙에 충실하려는 의지로부터 출발하고 있다. 초안 제30조는 극복불가능한 이행장애를 규율하지 않고 아직도 가능한 이행을 조정하려는 데에서 초안 제29조와 다르다.[169] 중국의 국가보고서에 의하면 이행장애와 사정변경을 구별하는 것은 어렵다고 지적하고 있으나[170] 더 구체적인 구별기준을 설정하는 것은 더욱 어렵고 위와 같은 포괄적인 기준에 만족할 수밖에 없을 것이다.

168 한국 판례도 같다. 대법원 2012. 6. 28, 2010다71431.

169 Draft, Article 30, comment 1. p.76 참조.

170 National Report, 1-7-1, p.138.

2. 초안 제30조는 모델법(PECL 제6:111, PICC 제6.2.2, 제6.2.3.조 및 DCFR 제Ⅲ-1:110조)과 같은 방향이다. 이러한 모델법의 규정은 아시아 여러 법역의 학설·판례에 많은 영향을 주고 있고 입법 또는 입법 시도의 모델이 되고 있다. 이러한 사정은 아시아의 여러 법역에서 제출한 National Report에서 나타난다.[171] 특히 중국의 한세원 교수에 의하면 중국 계약법(1999년)은 사정변경의 원칙을 규정하지 않았으나 근래 '사법해석司法解釋'을 통하여 PECL과 같은 취지의 사정변경의 원칙을 각 법원의 재판 기준으로 삼고 있다고 한다.

한국에서 사정변경의 원칙은 신의성실의 원칙에 기초한다. 신의성실의 원칙에는 권리의 발생·소멸 외에 변경의 기능이 있는데 변경의 기능에 사정변경의 원칙이 있다.[172] 근래 대법원은 독일의 행위기초이론을 긍정하는 판결,[173] 또한 사정변경의 원칙을 제도 자체로서 인정하는 판결,[174] 행위기초이론으로 간명하게 해결할 사안을 이른바 '부수적'행위라고 하는 의제적인 법률행위 해석이론으로 해결하면서 결과적으로 행위기초이론을 수용하고 있는 판결[175] 등을 내고 있다가, 계속적 보증계약의 분야에서 제한적으로 사정변경의 원칙을 적용하기에 이르렀고, 근래에는 사정변경의 원칙을 전면적으로 수용하였다.

사정변경을 이유로 한 계약해제는 계약 성립 당시 당사자가 예견할 수 없었던 현저한 사정의 변경이 발생하였고 그러한 사정의 변경이 해제권을 취득하는 당사자에게 책임 없는 사유로 생긴 것으로서, 계약 내용대로의 구속력을 인정한다면 신의칙에 현저히 반하는 결과가 생기는 경우에 계약준수 원칙의 예외로서 인정된다. 그리고 여기서

171 자세한 것은 Draft, Article 30, Comment 4, 5, p.77; National Report, 1-7-1 내지 1-7-3, p.138 이하; Tudsri, p.51; Lei Chen, p.34 참조.

172 이미 이영준, 민법총칙(2007), 73면 이하. 이미 민법총칙(1987) [25] 61면.

173 대판 1991. 12. 10, 90다9728.

174 대판 1991. 2. 26, 90다19664.

175 대판 1991. 9. 24, 91다9756·9763.

의 변경된 사정이라 함은 계약의 기초가 되었던 객관적인 사정으로서, 일방 당사자의 주관적 또는 개인적인 사정을 의미하는 것은 아니다. 따라서 계약의 성립에 기초가 되지 아니한 사정이 그 후 변경되어 일방 당사자가 계약 당시 의도한 계약 목적을 달성할 수 없게 됨으로써 손해를 입게 되었다 하더라도 특별한 사정이 없는 한 그 계약 내용의 효력을 그대로 유지하는 것이 신의칙에 반한다고 볼 수 없다. 이러한 법리는 계속적 계약관계에서 사정변경을 이유로 계약의 해지를 주장하는 경우에도 마찬가지로 적용된다.[176]

한국의 학설 및 판례의 발전에 따라 2004년 민법중개정법률안 제544조의4는 사정변경의 원칙을 명문으로 규정하였고, 이에 기초하여 2010년 개정시안 제538조의2는 다음과 같이 규정한다.

계약성립의 기초가 된 사정이 현저히 변경되고 당사자가 계약의 성립 당시 이를 예견할 수 없었으며, 그로 인하여 계약을 그대로 유지하는 것이 당사자의 이해에 중대한 불균형을 초래하거나 계약을 체결한 목적을 달성할 수 없는 때에는 당사자는 계약의 수정을 청구하거나 계약을 해제 또는 해지할 수 있다.[177]

제30조에 대하여 일본팀은 다음과 같은 수정제의를 하였다. 즉 ① 협상을 통하여 합의에 도달할 수 없을 것 같은 경우에도 협상을 요구하는 것은 부당하므로 조정신청 전에 상당한 시간이 경과한 것만을 요건으로 하여야 하고, ② 당사자 쌍방이 계약을 계속 유지하기를 원하지만 새로운 계약조건에 관한 합의에 도달하지 못한 경우에 법원이 계약을 수정할 수 있도록 하여야 한다는 것이다.[178] 이에 대하여 한국팀은 상당한 기간 후에 당사자들이 법원에 직접 갈 수 있다는 제안만이 고려할 가치가 있다고

---

176 대법원 2013. 9. 26, 2012다13637 전원합의체 판결.

177 이에 관한 상세한 고찰은 김성수, II.3.(2) 참조.

178 제안이유 및 조문은 www.kcjlaw.co.kr 참조에 있다.

대답하였다.[179]

나는 일본의 수정안은 당사자 및 법원의 협상노력 의무를 부정 내지 퇴색케 하고 협상할 상당한 기간만 경과하면 법원이 해제 또는 수정을 할 수 있게 되어 사적자치의 원칙을 도외시 하는 결과로 된다고 덧붙이고 싶다. 당사자의 의사에 가장 부합 하는 효율적인 방법은 협상이고 그것이 안되면 차선의 방법이 조정이고 그것이 않되면 계약의 종료 순서로 가야 한다. 그것이 계약당사자의 계약의 목적을 가장 살리는 근사한 길이다. 법원에게 강제조정권한을 부여한다 하더라도 이에 불복하는 당사자는 이의하여 소송절차로 갈 것이고 그렇게 되면 시간을 더 소모할 뿐이다. 초안이 협상→조정→계약 종료의 수순을 밟도록 한 것은 PECL등의 Model법으로부터도 유리된 독자적인 사고에 입각하고 있는 것이다.

이런 저런 이유로 제30조의 논의는 PACL 2012. 3. 18.의 도쿄포럼으로 계속되었고 아직도 결론을 내지 못한 상태이다.

제6절 맺는 말

초안이 "있는 법"과 "있어야 할 법"을 어떻게 조화하여야 하는가는 PACL 작업의 시작이자 끝이다. 이 조화의 중요성은 이 작업을 함께 시작한 김산직수金山直樹[180] · 한세원韓世遠[181] · 필자[182] 모두가 같은 생각이고 다만 어디다 중점을 두느냐의 농도차가 있거나 어떻게 거기에 이를 것인가의 방법에 차이가 있을 뿐이라고 생각된다.

179 www.kcjlaw.co.kr 참조.

180 Naoki Kanayama, NBL, No 973 (2012.3.15.) p.9이하.

181 Shiyuan Han, NBL, No 976 (2012.5.1.) p.83이하.

182 Young June Lee, NBL, No 977 (2012.5.15.) p.74이하.

필자는 "있는 법"으로부터 출발하여 "있어야 할 법"으로 나아가고 있다. 그래서 2010. 3. 7. PACL 게이오대학 포럼에서 한국팀이 채무불이행편의 초안을 맡게 되자 나는 앞 "들어가며"에서 말한 여러 나라(법역)의 스터디그룹 멤버에게 약80개에 달하는 문항을 만들어 그에 대한 회답을 받아 초안작성에 반영하였다.

물론 국제모델법도 "있어야 할 법"을 가늠하는데 도움이 되므로 이를 참조하지 않을 수 없었다. 채무불이행편이 국제모델법과 체재 및 영어표현에 있어서 비슷하게 된 것은 모델법의 "체리피킹"이 아니라 이러한 과정의 산물이다. 계약은 양의 동서와 시의 고금을 막론하고 동질적일 수밖에 없다. 하물며 아시아 각 법역이 서구의 법을 (부분)계수하였음에야.

초안은 고심하면서 부분적으로 DCFR 등 모델법으로부터 유리하거나 이들을 심화하였다. 예컨대 계약의 본질적 불이행을 포괄규정으로 하였고(제2조), 채권자에게 광범위한 협력의무를 부과하였고(제3조), 채무자의 추완권을 이행기 전과 후로 나뉘어 구체화하였고(제12조 내지 제14조), 채무자의 악의・중과실을 예상가능한 손해배상의 예외로 하지 않았다(제23조 제4항). 이러한 것은 아시아 법역의 공통인식에 따라 채무자와 채권자의 이익을 교량하여 조정한다는 전체 구도 하에 이루어진 것이다. 모델법은 다소 채권자 우위적이다.

아시아계약법 원칙이 아시아 각 법역의 법리를 반영하여야 하나 거기에 머물지 않고 세계 사법질서의 일부가 되어야 할 것이 중요하다.[183] "본질적 계약위반"을 구태여 "계약목적 달성불능의 불이행"으로 표기하여야 할 이유가 없다. 앞으로 "있는 법"을 더 발굴하기 위하여 적어도 무역실무의 계약서 등을 분석하여 PACL에 반영하여야 할 것이다. 어차피 필자가 주장하여 오는 3단계 통일론[184]에 따라 아시아 표준계약서의 작성

183 Young June Lee, Introduction to the Draft Articles, Asia private Law Review No.4, (2010), p. 3 이하 참조.
184 주182)의 문헌 76면.

작업도[185] 수반되어야 할 과제이다. 이것들은 앞으로 CISG 개정작업에도 중요한 도움이 될 것이다.

185 이영준, 동아시아매매법통일에 관한 구상, 中日韓民法制度同道路的探索會(중국청도 2004.11.19.).

제1부

제5권 타인 사무에 대한 호의적 관리

제6권 타인사무에게 발생한 손해에 대한 비계약적 책임

제7권 부당이득

제8권 물품 소유권의 취득과 상실

제9권 동산담보

제10권 신탁

DCFR 비계약편 해설

가정준

DCFR 비계약편 해설

DCFR의 제1권부터 제4권까지의 규정들은 총칙 및 채권편에 관한 부분이라면 제5권부터 제10권까지는 법률행위가 아닌 것을 원인으로 발생한 채권과 법률행위 성립 이후 그 효력이 미치는 목적물에 대한 법률관계에 관한 부분이라고 할 수 있다. 특히 민법에서 소위 법정채권으로 분류되는 비계약적 부분에 관한 것으로 사무관리, 불법행위, 부당이득이 각각 제5권부터 제7권까지 구성되어 있다. 특징적으로 제5권과 제6권의 제목을 전통적인 분류방식인 사무관리와 불법행위책임으로 명명하지 않고 '타인 사무에 대한 호의적 관리(Benevolent intervention in another's affairs)'와 '타인에게 발생한 손해에 대한 비계약적 책임(Non-contractual liability arising out of damage caused to another)'이라는 제목을 붙였다. 제8권과 제9권은 동산거래 시 발생하는 동산의 소유권과 동산을 매개로 발생하는 담보권에 관한 제 문제들을 각각 다루고 있다. 비록 범위가 동산의 소유권과 담보권으로 제한되어 있지만 동산거래를 위한 원인과 관련한 문제가 아닌 그 대상과 관련한 소유권과 담보권과 관련한 쟁점들을 다루었다는 점에 큰 의미가 있다. 제8권과 제9권은 형식적으로 제한된 범위의 물권법 분야에 관한 부분으로 분류할 수 있지만, 실질적으로 다음과 같은 중요한 의미를 내포하고 있다. 유럽 내에서 법률행위를 통해 법률관계가 형성된 이후 그 관계를 종료되는 과정 속에서 해결하여야 하는 문제가 바로 소유권의 이전과 그 시기 그리고 효력에 관한 것으로 이에 대한 문제에 대한 답변을 제8권과 제9권에서 보여주고 있다. 마지막으로 제10권은 신탁을 규정하고 있는데 언뜻 관련 없는 법분야가 등장하는 것처럼 보이지만, 내용을 면밀히 들여다 보면 신탁법은 물건과 재화의 소유권을 수탁자와 수익자가 일정한 범위에서 나누어 보유하고 있는 것으로 그 법률관계의 기초는 제8권 및 제9권과 밀접한 관련을 가지고 있다. 제10권 신탁법은 상사신탁을 제외한 민사신탁만을 다루고 있다는 특징이 있다.

제5권

타인 사무에 대한 호의적 관리

DCFR 제5권은 '타인 사무에 대한 호의적 관리'라는 이름으로 우리 민법의 사무관리 규정과 유사한 모습과 구조를 가지고 있다. 직역을 하면 '타인 사무에 대한 호의적 간여/간섭'이라고 할 수 있다. 간여/간섭이라는 표현이 너무 일반 명사형이어서 여기서는 대신 '관리'라고 번역하고자 한다. 우리나라 민법은 7개의 조문(제734조~제740조)으로 사무관리에 대하여 규정하고 있다. 이 조문의 정의에 의하면 사무관리는 의무 없이 타인을 위하여 그의 사무를 처리하는 행위로서, 이러한 사무관리가 있는 경우에는, 민법상 비용상환청구권, 손해배상청구권, 관리계속의무 등이 발생하게 된다. 이에 대하여 DCFR 제5권의 구체적인 내용은 다음과 같다.

Ⅰ. 범위

1. 타인의 이익을 위한 관리

DCFR에서 사무관리는 여하한 자(관리자)가 타인(본인)의 이익을 위한다는 현저한 의도를 가지고 행위 하는 경우 및 관리자가 행위에 대한 합리적인 이유를 가지는 경우, 또는 본인이 관리자에게 부정적인 영향이 없도록 지체 없이 그 행위를 승인하는 경우에 인정된다(V. - 1:101 (1)). 만약 관리자가 본인의 의사를 알기 위한 합리적인 기회를 가졌음에도 그렇게 하지 않거나, 관리자가 본인의 의사에 반한다는 것을 알거나 알 것으로 합리적으로 기대될 수 있는 경우에는 관리자의 행위에 대한 합리성이 결여되어 타인의 이익을 위한 관리로서 인정될 수 없다(V. - 1:101 (2)).

2. 타인의 의무를 이행하기 위한 관리

사무관리를 행함에 있어서 DCFR은 본인의 지위를 일정한 경우로 제한하고 있다. 즉, 관리자가 타인의 의무를 이행하는 경우, 그 의무의 이행기가 도래하고 최우선적인 공익적인 사안으로 요구되는 경우, 그리고 관리자가 의무이행의 수취인에게 이익을 줄 의도로 행위한 경우, 관리자가 이행한 의무의 당사자가 본 규정의 적용대상이 되는 본인으로 인정된다(V. - 1:102).

3. 적용제외

DCFR의 사무관리 규정은 관리자가 계약 또는 본인에 대한 기타 의무에 따라 행위할 권한이 있는 경우, 관리자가, 본 권 외에, 본인의 동의에 따라 별도로 행위할 권한이 있는 경우, 관리자가 행위할 의무를 제3자에 대하여 부담하는 경우에는 적용되지 않는다(V. - 1:103).

Ⅱ. 관리자의 의무

1. 관리하는 동안의 관리자의 의무

본인 사무를 관리하는 관리자는 관리하는 동안 합리적인 주의를 가지고 행위 하여야 하며, Ⅴ.－1:102(타인의 의무를 이행하기 위한 관리)에서 본인에 관한 것을 제외하고, 관리자가 본인의 의사와 부합하는 방향으로 또는 본인의 의사에 적합할 것으로 가정하여 합리적으로 기대될 수 있는 방식으로 행위하여야 한다. 또한 가능하고 합리적인 범위에서, 본인에게 관리에 대한 정보를 제공하여야 하고, 추가적 행위에 대하여 본인의 동의를 구하여야 한다(Ⅴ.－2:101 (1)). 일단 관리가 시작된 경우에는 정당한 이유 없이 중단될 수 없다(Ⅴ.－2:101 (2)).

2. 의무위반에 따라 발생한 손해에 대한 배상

만약 손해가, 관리자가 야기·증가 또는 의도적으로 영구화시킨 위험으로 인하여 발생하였다면, 관리자는 본 장에서 정한 의무의 위반으로 인하여 발생한 손해에 대하여 본인에게 배상할 책임이 있다(Ⅴ.－2:102 (1)). 이러한 관리자의 책임은 행위에 대한 관리자의 이유를 우선적으로 고려하여 공정하고 합리적인 경우 감경 또는 면제된다(Ⅴ.－2:102 (2)). 관리 당시 완전한 행위능력이 결여된 관리자는 제6권 (불법행위책임) 하에서 배상책임이 있는 경우에 한하여 배상책임이 있다(Ⅴ.－2:102 (3)).

3. 관리 이후의 관리자의 의무

관리 이후, 관리자는 반드시 지체 없이 본인에게 보고 및 설명하고 관리의 결과로 취득한 것을 인도하여야 한다(Ⅴ.－2:103 (1)). 만약 관리 당시 완전한 행위능력이 결여되어 있었다면, 양도의무는 Ⅶ.－6:101(이익의 상실) 하에서 주장 가능한 항변사유의 적용을 받는다(Ⅴ.－2:103 (2)). 손해배상 또는 이익을 지급할 여하한 책임은 Ⅴ.－2:102 (2) 및 (3)

에서의 요건을 조건으로 한다는 변경내용에 따라 제3권 제3장에서의 불이행에 대한 구제규정이 적용된다.

Ⅲ. 관리자의 권리와 권한

1. 면책 또는 상환에 대한 권리 및 보수청구권

관리자는 그 관리의 목적을 위하여 합리적으로 초래된 의무 또는 비용(금전 또는 기타 자산)에 관하여 본인에게 면책을 요구하거나 또는 경우에 따라서는 상환을 요구할 권리가 있다(Ⅴ.-3:101). 관리자는 관리가 합리적이고 관리자의 직업이나 영업의 과정에서 이루어진 경우에 한하여 보수에 대한 권리를 가진다(Ⅴ.-3:102 (1)). 그 보수액은, 합리적인 한도에서, 관리의 시간과 장소에서 그러한 종류의 업무의 이행을 위하여 통상적으로 지급되는 액수이다. 만약 그러한 액수가 없다면, 합리적인 보수액이 그 금액이 된다(Ⅴ.-3:102 (2)).

2. 손해배상청구권

관리행위가 관리자의 상해나 손실의 위험을 야기시켰거나 현저하게 증가시킨 경우나 예견 가능한 범위 내에서, 그 위험이 본인의 위험에 대하여 합리적인 비율 내에 있는 경우에 위험에 대하여 본인이나, 본인의 재산 또는 이익을 보호하기 위하여 행위한 관리자는 본인에 대하여, 그 행위로 인하여 겪은 신체적 상해 또는 재산상 손실의 결과로서 야기된 손해에 대하여 배상청구권을 가진다(Ⅴ.-3:103).

3. 관리자 권리의 감경 및 배제

행위 당시 관리자가 면책, 상환, 보수 또는 배상을 요구하는 것을 원하지 않았던 경우에 한하여, 경우에 따라서는 관리자의 권리는 감경 또는 배제 된다(Ⅴ. - 3:104 (1)). 관리자가 여러 위험상황에서 본인을 보호하기 위하여 행위를 하였는지 여부, 본인의 책임이 과도하게 될 것인지 여부 그리고 관리자가 타인으로부터 보상을 얻을 것으로 합리적으로 기대될 수 있는지 여부를 우선적으로 고려하여, 공정하고 합리적인 범위에서 이러한 권리는 또한 축소 또는 배제 된다(Ⅴ. - 3:104 (2)).

4. 면책 또는 상환에 대한 제3자의 의무

만약 관리자가 손해로부터 본인을 보호하기 위하여 행위를 하였다면, 본인에게 그러한 손해를 야기시킨 제6권(불법행위책임) 하에서의 책임 있는 자는 관리자에 대한 본인의 책임을 면책하거나 또는, 경우에 따라서는 상환할 의무를 부담한다(Ⅴ. - 3:105).

5. 본인의 대리인으로서 행위 하는 관리자의 권한

합리적이고 본인에게 이익이 될 것으로 기대될 수 있는 경우에 한하여, 관리자는 본인의 대리인으로서 법적인 거래를 하거나 기타 법률행위를 할 수 있다. 그러나, 본인의 대리인으로서 관리자가 행하는 일방적 법률행위는 만약 행위의 상대방이 지체 없이 행위를 거절할 경우에는 효력이 없다(Ⅴ. - 3:106).

제6권

타인에게 발생한 손해에 대한 비계약적 책임

DCFR 제6권은 불법행위법에 해당하는 부분으로 '타인에게 발생한 손해에 대한 비계약적 책임'이름으로 불리고 있다. 유럽연합 국가들은 '불법행위법 통합'을 위해 1993년부터 Jaap Spier교수와 Helmut Koziol 교수를 중심으로 유럽불법행위법 통합을 위한 위원회를 구성하였고 21명의 교수들이 '불법행위법 유럽위원회(European Group on Tort Law)' 활동을 통해 2002년 11월 불법행위법과 관련한 잠정적 초안을 마련한 이후 2004년 10월 '유럽불법행위법 원칙'을 확정하였고 2005년에는 '유럽불법행위법 원칙'에 대한 해설과 설명에 관한 책자를 출간하였다. '불법행위법 유럽위원회'와 대비되는 단체로 1999년 Christian von Bar 교수가 주축이 된 '유럽민법전 연구회(Study Group on a European Civil Code)'가 있으며 이 연구회 중 하나인 '불법행위법 연구회'에서 유럽통합 불법행위법과 관련한 연구를 진행하였다. 이 연구회는 2005년 '타투(Tartu)'에서 개최된 '대표자회의(the Coordinating's Group Meeting)' 이후 2006년 5월 '유럽불법행위법' 시안을 확정하였다.[1] 이러한 두 갈래의 논의는 유럽 통합 불법행위법 연구에 지대한 공헌을 하였고 마침내 DCFR 제6권은 '유럽불법행위법 원칙'을 내용으로 구성되었다. '유럽불법행

1 자세한 것은 가정준, 「EU 통합 불법행위법 동향」, 『외법논집』 제23집 (2006.08) 참조.

위법 원칙'에 있어서 큰 특징 중 하나는 미국 불법행위법 학자들의 참가와 그 역할이다. 이들의 참가는 미국 불법행위법 이론이 '유럽불법행위법 원칙'에 직간접적으로 영향을 미쳤을 것을 예상할 수 있으나 내용적으로 미국불법행위법이 '유럽불법행위법 원칙'에 어떠한 영향을 미쳤는지 알 수 없으나 DCFR 제6권을 구성하는 체계와 형식에서 간접적 영향을 확인할 수 있다.

우선 불법행위법 자체의 문제를 살펴보면, 우선 자신의 행위를 원인으로 타인에게 손해를 발생시킨 경우 가해자에게 그 손해를 전보시킬 법적 의무가 부담되지 않거나 그 손해를 전보할 경제적 유인이 발생하지 않게 된다면 그 손해는 피해자 개인이 부담하게 되며 궁극적으로 사회적 비용이 발생하게 된다. 따라서 불법행위법이란 이러한 사회적 비용을 피해자가 아닌 가해자에게 강제적으로 부담시키는 역할을 수행한다. 그러나 이러한 불법행위의 한계는 4가지로 구분되는데,[2] 첫째 불법행위법은 일반적으로 고의와 과실을 원인으로 한 행위에 대해서만 법적인 책임이 부가하기 때문에 고의 또는 과실을 원인으로 하지 않은 행위에 대해서는 '외부성'을 치유할 수 없다. 둘째, 이러한 문제를 해소하기 위하여 무과실책임을 부가하고 있지만 무과실책임은 예외적으로 인정되기 때문에 '외부성' 치유에 있어 한계에 부딪힌다. 셋째, 비록 법적 책임이 인정되지만 손해배상 인정범위에 따라 피해자의 손실이 완전히 전보될 수 없는 가능성이 존재하게 된다. 이러한 가능성은 '외부성' 치유에 제한을 의미한다. 마지막으로 가해행위와 가해결과인 손해 사이에 인과관계가 증명되지 않는다면 '외부성'은 치유될 가능성이 없게 된다. 결론적으로 외부성이라는 경제적 요소를 법률로서 해소하여야 하는데, 문제는 이러한 외부성이 국가 경제상황에 따라 다양하게 나타난다는 점이다. 따라서 불법행위는 그 자체만으로 완결한 법리를 가지는 것이 아니며, 그 인정의 정도와 손해배상에 관하여 해당 국가의 사회적 · 경제적 지위가 매우 중요한 역할을 하므로 어느 한 국가 내에서 규범으로서 적절하게 운용될 수는 있어도 국가 간의 통일적 규범으로서 제정하기에는 어려움이 있을 수밖에 없는 것이다. 이러한 어려움 속에서 DCFR

2 가정준, 「DCFR의 비계약적 책임」, 『외법논집』 제33권 제2호, 132면(2009).

상 불법행위법은 상이한 각국의 법률들을 비교하여 공통적 원칙을 발견하여 이를 중심으로 통합법을 만드는 리스테이트먼트Restatement 연구방식과 개별 국가 법원의 판례와 실무를 중심으로 하는 연구방식으로 이러한 개별 국가 간 사회 · 경제적 상이를 내포하고 있는 불법행위법들을 하나로 통일하는 방식으로 이루어졌다.[3]

DCFR 불법행위법 규정은 우리나라 불법행위법과 비교하였을 때 5가지의 특징을 가진다.[4] 첫째, 민법을 포함한 기존의 불법행위법과 달리 손해와 관련한 유형을 매우 자세히 상술해 놓았다. 둘째, 손해가 무엇인지를 열거한 이후 이러한 손해와 관련한 행위원인들을 고의, 무과실로 분명히 구분하고 있다. 셋째, 무과실을 불법행위책임의 한 종류로 통합하면서, 무과실책임과 관련한 내용을 매우 상술하고 있다. 넷째, 항변사유를 피해자의 불법행위, 승낙, 위험의 인수, 가해자의 정당행위, 선의 개입, 긴급피난, 가해자의 행위무능력 등으로 구성하며, 이에 따라 가해자의 면책 또는 책임감경 사유를 기술하고 있다. 다섯째, 손해배상의 방법, 목표 및 형식을 구체화하면서 더불어 손해발생의 원인을 제거시킬 수 있는 권리로서 예방권에 대하여 규율하고 있다.

Ⅰ. 기초규정

DCFR 불법행위법은 총 7장 57개 조문으로 구성되어 있으며, 이 중 기초 규정에 해당하는 제1장은 유럽 불법행위법 전반을 아우르는 기본 규정, 예방, 적용범위에 대하여 규정하고 있다. 우선 불법행위법에 대한 원칙으로서 법적 책임이 따르는 손해를 입는 자는 고의 또는 과실로 인하여 그 손해를 발생시켰거나 그 손해의 발생에 대해 책임이 있는 자로부터 배상을 받을 권리를 갖는다고 규정한다(Ⅵ. - 1:101 (1)). 그러나 만약 고의 또는 과실로 인하여 법적 책임이 따르는 손해를 발생시킨 것이 아닌 경우라면 오직

3 가정준, 전게논문, 133~34면.

4 가정준, 전게논문, 134면.

제3장(책임)에서 규정하고 있는 경우에만 법적 책임이 따르는 손해의 발생에 대한 책임을 물을 수 있을 뿐이다.

예방의무와 관련하여 법적 책임이 따르는 손해가 위급하게 발생하는 경우, 그 손해를 입게 될 자에게 그 손해를 미리 예방할 수 있는 권리를 부여하며, 이러한 예방권은 손해가 발생하면 그 손해 발생에 대한 책임을 지게 될 자를 대상으로 한다(Ⅵ.－1:102). 본 규정은 제6장 제3절에 보다 상세하게 규정한다.

이러한 기본규정과 예방에 관한 규정은 DCFR 불법행위법 규정들과 일치하는 경우에만 적용되며, 달리 규정되어있지 않는 한 법인과 자연인 양자 모두에게 적용된다. 또한 다른 사법私法의 목적과 배치될 경우에 그 적용이 배제되며, 다른 법적 근거에 따라 인정되는 구제수단에 영향을 미치지 않는다(Ⅵ.－1:103).

Ⅱ. 법적 책임이 따르는 손해

1. 일반

우선 DCFR은 법적 책임이 따르는 손해의 의미에 대하여 정의를 내린다. 이는 DCFR이 추상적인 불법행위를 중심으로 기술되기 보다는 구체적인 손해를 중심으로 불법행위법을 통합하려는 것임을 알 수 있다. Ⅵ.－2:101에 따르면 경제적이든 비경제적이든 ① DCFR의 불법행위법 규정에 정해진 손해 또는 상해, ② 법으로 보호되는 권리를 침해한 결과로 발생한 손실 또는 상해, ③ 법적 보호를 받을 만한 가치가 있는 이익을 침해한 결과로 인하여 발생한 손실 또는 상해를 법적 책임이 따르는 손해로 규정한다(Ⅵ.－2:101 (1)). 즉 이것은 기본적으로 피해자에게 발생할 수 있는 손실을 경제성 여부를 묻지 않고 포괄하여 손해의 범주에 포함시킨다는 것을 의미한다. 단, 여기에서 ②와 ③의 손해나 상해는 배상을 받거나 예방을 할 수 있는 권리가 공정하고 합리적인 경우에 한하여 법적 책임이 따르는 손해를 구성한다(Ⅵ. - 2:101 (2)). 배상을 받거나 예방할 수 있는 권리가 공정하고 합리적인지 여부를 고려할 때에는, 법적 책임의 근거, 손해 또는 위급한 사정 하에서 손해의 본질 및 근접성, 그 손해를 입거나 입게 될 자의 합리적인 예상, 그리고 공공정책 등을 참고해야 한다(Ⅵ. - 2:101 (3)).

DCFR은 기본적으로 피해자에게 발생할 수 있는 손실을 유형별로 분류하고 분류된 손실을 다시 '경제적 손실'과 '비경제적 손실'로 구분한다. 이러한 구분은 우선 피해자를 중심으로 하여 수입 또는 이윤의 상실, 초래된 부담 및 재산가치의 감소를 경제적 손실로 규정하고, 이외에 인신의 상해나 사망으로 발생할 수 있는 고통 및 곤란(pain and suffering) 및 삶의 질에 대한 악영향의 경우를 비경제적 손실로 본다. 따라서 이러한 비경제적 손실은 피해자 자신에 발생한 손해뿐만 아니라 피해자의 가까운 친족들에게 발생하는 정신적 고통 역시도 손해로 볼 수 있으며(Ⅵ. - 2:202 (2)), 이러한 비경제적 손실은 기본적으로 자연인에게 인정되는 것으로 볼 수 있다. 우리나라 민법 역시 제751조에 '기타 정신상 고통'을 손해로 인정하고 있다는 점에서 양 법간에 규율 대상이 일치하는 것으로 보이며, 제752조는 피해자와 가까운 친족인 직계존속, 직계비속 및 배우자에 대한 '정신적 고통'도 손해배상의 범위에 포함시키고 있는 것도 DCFR의 규정(Ⅵ. - 2:202 (1))과 동일하다.

2. 법적 책임이 따르는 손해에 대한 구체적 예시

제2장 제2절은 법적 책임이 따르는 손해가 무엇인지에 대한 예시를 규정하며, 각각의 유형에 대하여 구체적으로 정한다. 우선 제2절에서 정하는 예시는 다음과 같다.

Ⅵ. - 2:201: 신체적 상해 및 결과손실
Ⅵ. - 2:202: 타인의 신체적 상해 또는 사망의 결과로 인해 제3자에게 부담하는 손실
Ⅵ. - 2:203: 존엄성, 자유 및 사생활에 대한 침해
Ⅵ. - 2:204: 타인에 관한 부정확한 정보를 보도(communication)한 것에 관한 손실

Ⅵ. - 2:205: 비밀 침해로 인한 손실
Ⅵ. - 2:206: 재산 또는 적법한 점유 침해에서 발생되는 손실
Ⅵ. - 2:207: 부적절한 조언 또는 허위정보에 대한 신뢰에서 발생되는 손실
Ⅵ. - 2:208: 사업에 대한 불법적 침해에 따른 손실
Ⅵ. - 2:209: 환경침해에 대한 개별국가(State)의 부담
Ⅵ. - 2:210: 기망적 허위진술에 따른 손실
Ⅵ. - 2:211: 의무의 불이행을 유도하여 발생한 손실

구체적으로 살펴보면 우선 신체나 건강에 대한 상해의 결과로 인해 자연인에게 발생된 손실 그리고 그와 같은 상해는 법적 책임이 따르는 손해이다(Ⅵ. - 2:201 (1)). 이러한 손실은 피해자를 보살피기 위해 합리적으로 부담하는 비용을 포함한 '건강관리(health care)' 비용을 포함하며, 신체적 상해는 의학적 치료를 요하는 상태에 이르는 정신적 건강에 대한 상해를 포함한다(Ⅵ. - 2:201 (2)).

타인의 신체적 상해 또는 사망의 결과로 인해 자연인에게 발생되는 비경제적 손실은, 상해를 입게 될 당시에 그 자가 피해자와 특별하게 친밀한 개인적 관계가 있다면, 법적 책임이 따르는 손해가 된다. 이는 위에서 살펴본 바와 같이 민법 제752조와 동일한 규정이다(Ⅵ. - 2:202 (1)). 어떠한 자가 치명상을 입게 된 경우 ① 사망 당시 그 상해 때문에 사망자에게 발생한 법적 책임이 따르는 손해는, 그 사망자의 상속인들에게 법적 책임을 부담하는 손해가 된다. ② 또한 합리적 수준의 장례경비는 그 비용을 초래한 자들에게 법적 책임을 지게 되는 손해가 되며, ③ 부양의 상실은 사망자가 부양해왔거나 사망이 발생치 않았더라면 사망자가 적용되는 규정 하에서 부양했었을 또는 사망자가 보호관리와 경제적 지원을 제공해주고 있던 자연인에 대한 법적 책임이 따르는 손해이다(Ⅵ. - 2:202 (2)).

자유와 사생활을 향유할 권리와 같이 개인의 존엄성을 존중 받을 권리를 침해한 결과로 인해 자연인에게 발생되는 손실과 그 침해는 법적 책임이 따르는 손해이다(Ⅵ. - 2:203 (1)). 그리고 만약 개인의 명예에 대해 손상을 입을 결과로 인해 자연인에게 초래되는 손실과 그 침해에 대하여 자국법이 규정되어 있다면 그 자체로 법적 책임이 따르는 손해이다(Ⅵ. - 2:203 (2)).

또한 정보를 전달하는 자가 알고 있거나 아는 것으로 합리적으로 기대될 수 있는 어떠한 자에 관한 정보를 허위로 보도한 결과로 그 자에게 발생되는 손실은 법적 책임이 따르는 손해이다(Ⅵ. - 2:204).

보도와 관련하여 취득된 정보의 본질 또는 제반 사정을 통해, 정보를 전달하는 자가 알고 있거나 아는 것으로 합리적으로 기대될 수 있는 정보가 (손실을 입는) 특정인에게 비밀에 해당하는 것을 보도한 결과로 개인에게 발생되는 손실은 법적 책임이 따르는 손해이다(Ⅵ. - 2:205).

동산 또는 부동산에 대한 재산권 또는 적법한 점유를 침해한 결과로 어떠한 자에게 발생된 손실은 법적 책임이 따르는 손해로서(Ⅵ. - 2:206 (1)) 가장 많은 유형의 손해라고 할 것이다. 여기에서의 손실은 재산의 사용을 박탈당한 것을 포함하며, 재산권의 침해는 권리의 주된 내용을 훼손하거나 물적 손해(재산손해), 권리의 처분, 권리의 사용에 대한 방해 및 권리행사에 대한 기타 방해를 포함한다(Ⅵ. - 2:206 (2)).

부적절한 조언이나 허위정보를 합리적으로 신뢰한 상태에서 이루어진 의사결정의 결과로 어떠한 자에게 발생된 손실은 그 조언이나 정보가 전문가 또는 상인에 의해 제공된 경우나 이미 이루어진 종류의 의사결정 시 정보수령자가 그 조언이나 정보에 의존할 것이라는 점을 정보제공자가 알았거나 알았을 것으로 합리적으로 기대할 수 있는 경우에는 법적 책임이 따르는 손해이다(Ⅵ. - 2:207).

직업 활동 또는 상거래 행위에 대한 불법적 침해를 한 결과로 발생된 손실은 법적 책임이 따르는 손해이다(Ⅵ. - 2:208 (1)). 또한 만약 불공정 경쟁의 결과로 인해 소비자에게 발생된 손실은 유럽공동체(Community) 또는 자국법이 규정하고 있으면 이 또한 법적 책임이 따르는 손해가 된다(Ⅵ. –2:208 (2)).

DCFR은 환경침해에 대한 손해 역시 규정한다. Ⅵ. –2:209에 따르면 환경을 구성하는 자연요소, 즉 공기, 수자원, 토양, 동식물 등의 실질적 침해에 대한 회복과 관련하여 국가 또는 지정된 관할기관에 의하여 초래된 부담은 관련 국가 또는 기관에게 법적 책임이 따르는 손해로 본다.

또한 구두에 의한 것이든, 행위에 의한 것이든 만약 타인의 기망적 허위진술의 결과로 인해 발생된 손실이 있다면 이것은 법적 책임이 따르는 손해가 된다(Ⅵ. –2:210 (1)). 여기서 기망적 허위진술이란 그 진술이 허위임을 알거나 그와 같이 믿은 상태에서 이루어지고 그 진술의 수신인이 착오를 일으키도록 유도하기 위하여 의도된 경우를 의미한다(Ⅵ. –2:210 (2)).

마지막으로 제3자의 의무를 타인이 이행하지 않도록 유도하여 발생된 손실은 본 의무가 손실을 입는 자에게 지워지고, 불이행을 유도한 자가 제3자로 하여금 자신의 의무를 이행하지 못하도록 의도한 경우, 그리고 자신의 이익을 보호하는 방법이 합법적으로 인정되지 않은 경우에는 이를 법적 손해가 따르는 손해로 인정한다(Ⅵ. –2:211).

Ⅲ. 책임

1. 고의와 과실

위의 제2장에서 손해에 대한 구체적인 유형을 열거한 이후 제3장 제1절에서는 이러한 손해와 관련한 행위의 원인을 크게 고의, 과실로 구분한다. 무엇보다 형식으로 고의와 과실을 분리하여 불법행위책임의 요건으로 따로 정의하고 있는데, 이를 통하여 고의와 과실에 관한 불법행위가 다르므로 이를 달리 정해야한 다는 DCFR의 인식을 엿볼 수 있다.

우선 고의에 대하여 살펴보면 야기된 유형의 손해를 발생시키고자 의도한 경우이거나 그러한 손해나, 그런 유형의 손해가 분명히 또는 거의 확실하게 발생될 것이라는 것을 알면서 하고자 의도한 경우 이를 고의에 의한 손해로서 인정된다(Ⅵ. - 3:101).

반면 손해를 입은 피해자를 보호하는 것을 목적으로 하는 법률규정이 제시하는 특정 주의 기준을 충족시키지 못하는 경우에 과실로 인정된다. 또한 DCFR은 주의의무위반에 대하여도 과실을 인정하는데 여기서 주의의무 위반이란 제반 사정에 비추어 합리적으로 주의를 갖춘 자가 예견할 수 있는 주의에 도달하지 못한 행위를 한 경우를 의미한다(Ⅵ. - 3:102). 이러한 고의와 과실의 구분은 전통적인 불법행위법규정이 고의와 과실을 별도로 구분하지 않았던 것에 반하여 형식적으로 차별화된 모습을 가지는 것이다.

한편, DCFR은 미성년자와 관련하여 기존의 접근방법과 다르게 규정하고 있다. 독일과 우리나라에서는 일반적으로 책임무능력자로서 미성년자와 심신상실자를 인정하고 있는 반면, DCFR에서는 비록 책임이라는 주제를 같은 제3장에서 일정한 경우 미성년자의 책임을 제한하고 있지만, 미성년자를 책임 무능력자가 아닌 고의 또는 과실을 행할 수 있는 일반인과 다른 기준이 적용되는 자로서 기본적으로 불법행위에 대한 책임을 인정한다.[5]

구체적으로 보면, Ⅵ. - 3:103 (1)에서 18세 미만인 자는 해당 경우의 제반 사정에 비추어 동일 연령에게 예상될 수 있는 합리적인 주의를 행하지 않은 경우에만 법적 책임이 따르는 손해를 야기한 책임이 있다고 규정함으로써 미성년자의 지적 능력에 따라 그 손해의 여부를 판단하고 있다. 반면(2)에서는 7세 미만인 자는 고의 또는 과실로써 발생시킨 손해에 대한 책임이 없다고 하여 연령주의로서의 모습을 보인다. 특히 이

5 가정준, 전게논문, 142면.

러한 연령주의는 독일 민법 제828조 제1항과 유사한 형식을 취하고 있는 것으로 보인다. 이러한 지능주의와 연령주의는 언제나 인정되는 것은 아니며, 타인으로부터 배상을 받을 수 없는 경우와 배상해야 할 책임이 당사자의 경제력 및 제반 사정에 비추어 공정한 경우에는 그 적용이 배제된다(Ⅵ.-3:103 (3)). 이는 불법행위법의 성립 여부가 피해자 중심으로 이루어져 있음을 보여주고 있는 것이다.

보호자에 의해 발생된 손해에 대한 책임와 관련하여 부모 또는 법률에 의해 14세 미만의 자에게 부모로서 보호를 제공할 의무가 지워진 자는, 성인의 행위라면 고의 또는 과실을 구성할 수 있는 행위로 14세 미만의 자가 손해를 야기시키는 경우에는 법적 책임이 따르는 손해를 야기한 책임으로 인정한다(Ⅵ.-3:104 (1)). 이것은 미성년자의 감독의무 소홀에 대한 책임을 법정대리인인 부모에게 묻는 것으로서, 위의 조항이 불법행위의 주체를 미성년자로 보는 반면 이는 그 관리감독자에게 까지 불법행위책임을 인정하고 있는 것이다.

또한 지휘감독 의무가 지워진 기관이나 단체에 대하여는 ① 그 손해가 신체적 상해, Ⅵ.-2:202(타인의 신체적 상해 또는 사망의 결과로 인해 제3자에게 부담하는 손실)에 따른 손실, 또는 재산적 손해인 경우, ② 그 기관이나 단체가 지휘 감독하도록 의무 지워진 대상이 되는 자가 고의 또는 과실로, 또는 성인의 행위라면 고의 또는 과실을 구성할 수 있는 행위로 18세 미만의 자가 손해를 야기시키는 경우, ③ 그 기관이나 단체가 지휘감독 하도록 의무 지워진 보호 대상인 자가 그런 유형의 손해를 야기할 가능성이 높은 자인 경우에는 제3자가 입은 법적 책임이 따르는 손해를 발생시킨 책임이 있다(Ⅵ.-3:104 (2)). 그러나 Ⅵ.-3:104 (1)과 (2)의 손해를 야기한 자의 지휘감독에 하자가 없다는 것을 증명하는 경우에는 그 손해에 대하여 책임을 면하게 된다(Ⅵ.-3:104 (3)).

2. 무과실 책임

DCFR은 무과실에 대하여도 책임을 부여한다. 따라서 본 장의 제2절 규정은 무과실

중 불법행위책임을 부담하는 행위들을 통하여 조문화 한 것으로서 무과실책임에 관한 내용을 다음과 같이 유형화하여 상세하게 규정한다.

Ⅵ.－3:201: 종업원 및 대표자에 의해 발생한 손해에 대한 책임
Ⅵ.－3:202: 부동산의 위험한 상태에 의해 발생된 손해에 대한 책임
Ⅵ.－3:203: 동물에 의해 발생되는 손해에 대한 책임
Ⅵ.－3:204: 결함이 있는 상품에 의해 발생되는 손해에 대한 책임
Ⅵ.－3:205: 자동차에 의해 발생되는 손해에 대한 책임
Ⅵ.－3:206: 위험물질이나 위험한 배출물에 의해 발생되는 손해에 대한 책임
Ⅵ.－3:207: 법적 책임이 따르는 손해의 원인에 대한 기타 책임
Ⅵ.－3:208: 유기

이는 무과실 책임을 예외적이고 한정적으로 적용하려는 의도로서, 제조물책임법, 자동차손해배상보장법, 환경법과 같이 여러 나라에서 무과실책임에 대한 특별법으로 규정한 사항을 DCFR의 경우는 불법행위법에 포섭한 것에 그 특징이 있다.

무과실 책임의 유형에 대하여 구체적으로 살펴보면, 타인을 고용하거나 유사한 형태로 사용하는 자는, 피고용인 또는 피사용인이 ① 고용 또는 종사하는 과정에서 그 손해에 원인을 제공하는 경우, ② 고의 또는 과실로 그 손해를 발생시켰거나, 달리 손해발생에 책임을 부담하는 경우, 이에 따라 제3자에게 발생한 손해에 대한 법적 책임을 진다(Ⅵ.－3:201 (1)). 이 규정은 법인의 대표자로서 직무를 수행하는 과정에서 손해를 야기한 경우 대표와 법인관계에서도 동일하게 적용된다. 여기서 대표자란 정관에 의해 그 법인을 대리하여 법적인 행위를 행할 권한을 부여 받은 자를 말한다(Ⅵ.－3:201 (2)).

부동산의 위험한 상태에 의해 발생된 손해에 대한 책임과 관련하여 신체적 상해의 원인과 결과손실, Ⅵ.－2:202(타인의 신체적 상해 또는 사망의 결과로 인해 제3자에게 부담하는 손실)에 따른 손실, 그리고 재산손해(부동산 그 자체에 대한 손실을 제외한)의 결과로 인한 손실에 대하여 부동산을 독립적으로 통제하는 자는 책임을 진다. 이러한 손실은 부동산 내부

또는 근접에 있는 자가 ① 부동산의 성격, ② 부동산에 대한 접근, ③ 부동산을 그런 상태로의 존치를 회피하기 위한 비용을 포함하여 주변 환경에 대한 고려를 하면서 예상할 수 있는 안전을 보장하지 못하는 부동산의 상태에 대한 책임이다(Ⅵ. - 3:202 (1)). 또한 어떠한 자가 통제를 실행함에 있어 이러한 범위 내에 속하는 법적 책임이 따르는 손해를 예방하기 위하여 어떠한 자에게 의무를 부과하는 것이 합리적이라면 그 자는 부동산에 대해 독립적인 통제를 행사하는 것이다(Ⅵ. - 3:202 (2)). 만약 타인이 독립적으로 통제하고 있다는 것을 부동산 소유자가 보여주지 않는다면 부동산 소유자는 독립적으로 통제하고 있는 것으로 볼 수 있다(Ⅵ. - 3:202 (3)).

DCFR은 동물에 의한 손해에도 그 관리자에 무과실 책임을 묻는데, Ⅵ. - 3:203에 따르면 동물에 의한 신체적 상해 및 결과손실, Ⅵ. - 2:202(타인의 신체적 상해 또는 사망의 결과로 인해 제3자에게 부담하는 손실)에 따른 손실 및 재산손해의 결과로 인해 발생한 손실의 원인에 대해 동물의 관리자는 책임이 있다.

DCFR은 제조물책임에 대하여 상술하여 규율하고 있다. 우선 상품의 생산자는 신체적 상해 및 결과손실, Ⅵ. - 2:202(타인의 신체적 상해 또는 사망의 결과로 인해 제3자에게 부담하는 손실)에 따른 손실 및 소비자와 관련하여 상품의 결함에 의한 재산손해(상품 그 자체에 발생한 것은 제외)의 결과로 인해 발생한 손실에 대한 원인에 대해 책임을 진다(Ⅵ. - 3:204 (1)). 여기서 생산자란 ① 완성품 또는 부품의 경우, 그 제조자, ② 원료의 경우, 원료를 추출하거나 획득하는 자, ③ 이름, 상표 또는 그 상품에 구분되는 특징을 부착함으로써, 그 상품의 생산자라고 여겨 질 수 있는 자를 의미한다(Ⅵ. - 3:204 (5)). 이것은 제조물책임에 대한 일반원칙으로서, 단순히 생산자뿐만 아니라 상품을 사업운영 과정에서의 판매, 사용, 임대 또는 배포를 하기 위해 유럽경제구역 내로 수입한 자도 그 책임을 인정한다(Ⅵ. - 3:204 (2)). 상품의 정의와 관련하여 상품이란 다른 동산이나 부동산과 결합된 경우라 하더라도, 동산이나 전기를 의미하는데(Ⅵ. - 3:204 (6)). 여기서 상품에 전기가 포함되는 것은 우리나라 민법이 물건의 개념에 전기를 포함하는 점과 유사하다(민법 제98조). 그렇다면 다른 동력의 경우도 상품으로 포함되어야 할 것인가가 의

문인데, 전기는 그 특성상 2차 가공을 통하여 만들어지고, 규격화된 유통경로를 가진다는 점에서 다른 동력과는 차이가 있다고 본다. 다만 이와 유사한 가스의 경우 운송도중 가스폭발 등의 이유로 손해가 발생한 경우에도 전기와 마찬가지로 제조물로 보아 본 조의 적용 대상이 될 수 있다고 해석하여야 할 것이다. 또한 생산자를 특정할 수 없거나, 수입품의 경우, 공급자가 피해자에게 합리적인 기간 내에 생산자 또는 그 공급자에게 그 상품을 공급했던 자가 누구인지 알려주지 않은 경우, 수입품이 수입업자(생산자의 이름이 알려지건 아니건 간에)가 누구인지를 표시하지 않은 경우에 한하여 상품의 공급업자 역시 그 책임이 인정된다(Ⅵ. – 3:204 (3)).

한편, 본 절에 별도의 면책 규정을 두고 있는데 그 요건은 다음과 같다(Ⅵ. – 3:204 (4)).

① 당사자가 그 상품을 유통시키지 않은 경우
② 손해를 발생시킨 결함이 상품을 유통시킬 당시에 존재하지 않았다는 것이 상당한 경우
③ 당사자가 경제적 목적을 위한 판매나 유통을 하기 위해 그 상품을 제조하지 않았거나 해당 사업을 위해 그 상품을 제조하거나 유통하지 않은 경우
④ 제조물 결함이 공공당국에 의한 강행규정을 준수하였기 때문에 발생한 것인 경우
⑤ 그 상품을 유통시킬 당시에 과학기술로 그 결함의 존재를 발견할 수 없었던 경우
⑥ 부품제조업자의 경우, 그 결함이 부품이 사용된 제품의 디자인 및 제품의 제조자에 의해 주어진 설명으로 인하여 야기된 경우

이 외에도 상품에 결함이 있다고 볼 수 있는 경우를 정하고 있는데, 즉 ① 제품의 표시, ② 제품이 사용될 것이라고 합리적으로 예상될 수 있을 용도, ③ 제품이 유통되었던 기간을 포함한 제반 사정을 고려하면서 예상해야 할 안전을 제공하고 있지 않는 상품은 결함이 있다고 본다. 단지 보다 우수한 제품이 사후에 유통되고 있는 것만으로는 제품에 결함이 있다고 할 수 없다(Ⅵ. – 3:204 (7)).

자동차의 관리자는 신체적 상해와 결과손실, Ⅵ. – 2:202(타인의 신체적 상해 또는 사망의 결과로 인해 제3자에게 부담하는 손실)에 따른 손실, 그리고 자동차를 사용한 결과로 인하여

발생하는 교통사고에 의한 재산손해의 결과로 나타나는 손실(자동차와 화물 그 자체에 대한 것은 제외)의 원인에 대해 책임을 진다(Ⅵ. - 3:205 (1)). 여기서 "자동차"란 육상에서 이동을 위해 의도되고 기계적 동력으로 추진되는 여하한 차량을 의미하지만, 철도궤도 위를 주행하는 차량은 아니며, 그리고 차량과 결합이 되거나 되지 않은, 여하한 트레일러도 차량에 포함된다(Ⅵ. - 3:205 (2)). 이것은 자동자손해배상보장법과 같은 특수한 불법행위 책임에 대하여 많은 국가에서 특별법을 통해 책임 여부를 결정함에도 불구하고 DCFR은 이를 내부적으로 입법화 시킨 차별성으로 보인다.

환경오염 등에 대한 사안 역시 제조물책임이나 자동차손해와 마찬가지로 많은 국가에서 특별법으로 무과실 책임을 인정한다. DCFR은 이러한 환경적 영향에 의한 손해 역시 무과실 책임으로 인정하고 있는데, 이에 따르면 어떤 물질의 관리자 또는 기계설비의 운영자는 그 물질이나 그 기계설비에서의 배출에 의한 신체적 상해 및 결과손실, Ⅵ. - 2:202(타인의 신체적 상해 또는 사망의 결과로 인해 제3자에게 부담하는 손실)에 따른 손실, 재산손해의 결과로 인해 발생하는 손실, Ⅵ. - 2:209(환경침해에 대한 개별국가의 부담)에 따른 손실에 대한 원인에 책임을 부담하게 된다. 단 이 경우 제한이 있는 바, 배출 당시, 배출물의 양과 속성을 고려해 볼 때, 또는 그 물질과의 접촉 당시 배출을 하지 못할 때에, 그 물질이나 배출이 적절하게 통제되지 않는다면 물질 또는 배출물로 인해 그러한 손해가 발생할 가능성이 매우 높은 경우와 손해가 그 위험의 현실로 발생한 경우에 한하여 책임이 인정된다(Ⅵ. - 3:206 (1)). 본 조는 또한 "물질"과 "배출"에 대하여 규정하고 있는데, 이 중 물질이란, 화학물질(고체, 액체, 또는 기체)과 미생물을 포함하는 개념이다(Ⅵ. - 3:206 (2)). 배출이란 물질의 방출이나 누출, 전기의 유도, 열, 광, 및 기타 방사능, 소음 및 기타 진동 등을 포함한 환경에 대한 기타 일체의 무형상 영향을 포함한다(Ⅵ. - 3:206 (3)). 이 외에도 기계설비란 이동 가능한 기계설비 및 공사 중인 설비 뿐만 아니라 사용되고 있지 않는 기계설비까지 포함하는 넓은 개념이다(Ⅵ. - 3:206 (4)). 그러나 이 경우에도 위에서와 같이 면책규정을 두고 있는데, 관련자의 거래, 사업 또는 직업과 관계가 있는 목적을 위해서 그 물질을 관리하고 있지 않거나 그 기계설비를 운영하는 것이 아니거나, 물질의 통제 또는 기계설비의 관리에 대한 안전기준을 준수함에 이상이 없다는 것을 증명한다면 그 손해의 원인에 대한 책임이 인정되지 않는다(Ⅵ.-3:206 (5)).

이러한 공통적인 사항 외에도 자국법 존중의 측면에서 해당 자국법에서 정해진 무과실 책임에 대하여도 일정부분 무과실 책임을 인정하고 있는데, 그 경우로는 Ⅵ.-3:104(아동 또는 보호자에 의해 발생되는 손해에 대한 책임) 규정 내에 속하지 않는 위험의 근원과 관계가 있는 경우와 물질이나 배출물과 관계가 있는 경우, 또는 상품을 유통시킬 당시에 과학기술로 그 결함의 존재를 발견할 수 있었던 경우(Ⅵ.-3:204 (4) (e))가 있다(Ⅵ.-3:207).

유기와 관련하여 어떠한 자가 유기한 부동산, 차량, 물질 및 기계설비로 인하여 손해가 발생한 경우 이러한 유기물건에 대하여 타인이 독립적 통제를 행사하거나 타인이 관리자나 운영자가 될 때까지 그 자에게 책임이 있다. 이 규정은 동물의 관리자와 관련하여서도 합리적인 한도에서 동일하게 적용된다(Ⅵ.-3:208).

Ⅳ. 인과관계

손해와 그 원인행위 간의 인과관계는 그 불법행위에 있어서 그 손해를 입증하기 위한 매우 중요한 요소이다. 그러나 불법행위법에서 손해와 행위와의 인과관계를 사실적으로만 파악한다면 인과관계의 고리는 무한히 확장되는 결과로 손해배상의 범위가 지나치게 확장되므로 일정한 범위까지 확장은 제한될 수밖에 없다. 이러한 제한은 DCFR에서도 나타나는데 구체적으로 만약 손해가 어떠한 자의 행위의 결과 또는 그 자가 책임을 질 위험의 근원에 의한 것으로 보여진다면, 그 자는 법적 책임이 따르는 손해를 발생시킨 것으로 본다. 즉 손해와 가해행위 간에 직접적 인과관계에서만 그 책임을 묻도록 규정한 것이다(Ⅵ.-4:101 (1)). 한편 신체적 상해 또는 사망의 경우에는 발생된 상해의 유형 또는 상해의 정도에 관해서 피해자의 성향은 무시되어야 하는데(Ⅵ.-4:101 (2)), 이는 개인적 성향으로 인하여 예기치 못하게 손해가 확대되더라도 그 손해와 행위

사이의 인과관계를 절연하지 않을 것을 명시한 것으로 보인다. 즉, 피해자의 개별적 특성으로 인하여, 통상적인 정도의 상해로 사망에 이른 경우라도 그것에 대한 인과관계를 인정하겠다는 의미이며, 가해자는 피해자에 대하여 무한책임을 질 것을 규정한 것이다.[6]

또한 법적 책임이 따르는 손해를 발생한 경우에 이에 동참, 선동, 또는 물질적으로 도움을 주는 자는 본래의 가해자와 더불어 그 손해의 원인을 제공하는 자로 간주된다(Ⅵ. - 4:102).

한편 법적 책임이 따르는 손해가 상이한 자들이 책임을 질 하나 또는 이상의 사건들을 원인으로 하는 경우 그리고 그 손해가 이러한 사건들 중 하나로 발생하였지만 어느 것을 원인으로 하는 것을 특정할 수 없는 경우, 해당 사건에 책임을 질 자는 발생한 손해에 원인을 제공한 것으로 반증이 없으면 추정된다(Ⅵ. - 4:103).

Ⅴ. 항변사유

DCFR은 제5장 항변사유를 통하여 불법행위법을 체계상 형법으로부터 독립하여 독자적인 체계를 갖추려고 하였다.[7] 일반적으로 형법과 불법행위법의 차이점은 책임론과 행위론에 대한 차이일 뿐 기본 체계는 형법과 매우 유사한 형태를 취한다. 특히 행위와 관련한 위법성 구성요건과 위법성 조각사유와 같은 내용은 형법과 불법행위법에서 차이점을 발견하기 어렵다. 그러나 DCFR은 위법성 조각사유와 책임면책 사유를 분리하지 않을 뿐만 아니라 이들을 모두 항변사유로 통합하면서 기존 형법체계와 다른 모습을 구성하고 있다. 비록 미성년자와 관련한 내용이 책임이라는 이름이 붙은 제3장에서

6 인과관계와 관한 구체적인 설명은 가정준, 전게논문, 150면 참조.

7 이하 가정준, 전게논문, 151~52면 정리.

규정하고 있지만, 제3장은 고의, 과실, 무과실 이라는 행위에 대한 책임의 범위를 규정하고 미성년자의 고의와 과실은 일반인들의 고의와 과실과 다른 기준을 제시하면서 미성년자를 기본적으로 책임무능력자로 파악하고 있는 것은 아니다. 즉, 미성년자를 책임무능력자라는 책임면제 사유로 규정한 것은 아니다. 전통적으로 위법성과 관련한 내용은 정당행위, 정당방어, 긴급피난이라면 책임능력과 관련한 사유는 미성년자와 심신상실자이다. 이러한 요소들과 더불어 피해자의 승낙과 위험의 인수 등은 위법성과 직접적인 관련을 갖는 것은 아니지만 손해배상 산정시 고려요소이다. 이러한 내용들을 형법과 같은 구조로 구분하지 않고, DCFR은 가해자의 항변사유로 포괄적으로 인정하고 있다. 민법은 위법성 조각사유와 책임면책사유가 발생하면 일률적으로 피해자는 가해자에 대한 손해배상 청구권을 인정하지 않고 있다. DCFR도 정당행위, 정당방위, 선의 개입 등에 대하여 가해자의 항변권을 인정하는 반면, 긴급피난에 있어서 가해자에 대한 항변권을 인정하지 않음으로써 기본적으로 책임을 인정하고 있다.

1. 피해자의 승낙 또는 행위

우선 피해자가 법적 책임이 따르는 손해에 대해 유효하게 승낙을 하고 그 승낙의 결과에 대해 알고 있거나 알 것으로 합리적으로 기대할 수 있다면 상대방은 항변권을 갖는다(Ⅵ.-5:101 (1)). 또한 피해자가, 발생된 유형의 손해를 입게 될 위험성을 알며, 자발적으로 그 위험을 부담하고 그 위험을 인수한 것으로 볼 수 있다면 동일하게 적용된다(Ⅵ.-5:101 (2)).

피해자의 승낙 및 위험의 인수 외에도 피해자의 과실이 법적 책임이 따르는 손해의 발생이나 손해 정도에 기여한 경우, 즉 기여과실인 경우에는 손해배상은 그 과실의 정도에 따라 감경될 수 있다(Ⅵ.-5:102 (1)). 그러나 피해자의 ① 경미한 과실, ② 손해 발생 원인에 기여한 경미한 과실 또는 책임, ③ 교통사고에서 차량을 원인으로 발생한 피해자의 신체적 상해에 기여한 피해자의 주의부족, 그리고 그 주의부족이 주변상황에서 명백히 요구되는 그러한 주의를 취하는데 크게 기여한 것이 아니라면 어떠한 고려도 이루어지지 않는다(Ⅵ.-5:102 (2)). 또한 Ⅵ.-3:201(종업원과 대표자에 의해 발생된 손해에 대한 책임) 규정의 범위 내에서 피해자가 책임을 져야 하는 자의 과실이 손해의 발생이나 손해의 정도에 기여한 경우에는 각 항 해당 경우에 따라 적용된다(Ⅵ.-5:102 (3)). 제3장(책임)의 규정에서 피해자가 책임 져야 하는 위험의 여하한 다른 근원이 그 손해의 발생이나 손해의 정도에 기여한 경우 그 한도에서 손해배상은 이와 같이 감경될 수 있다(Ⅵ.-5:102 (4)).

만약 공공정책에 반하는 것이 된다면 범죄를 자행하는 과정에서 범행에 가담하거나 협력하고 있는 타인에게 우연하게 발생된 법적 책임이 따르는 손해는 손해배상청구권을 발생시키지 않는다(Ⅵ.-5:103).

2. 책임 당사자 또는 제3자의 이해관계

Ⅵ.-5:201은 정당행위에 대하여 규정한 것으로서, 법적 책임이 따르는 손해가 법률에 의해 수여된 권한 행사로 발생된다면 이에 대한 항변권을 갖는다.

어떠한 자가 자신 또는 제3자의 권리 또는 법적 보호를 위한 가치 있는 이익을 합리적으로 보호하는 과정에서 법적 책임이 따르는 손해를 발생시킨 경우 항변권을 가지며 피해자는 권리 또는 보호이익을 위험하게 만든 것에 대해 책임을 진다. 이것은 정당방위에 대한 것으로서 단, 이러한 정당방위는 Ⅵ.-3:103(18세 미만의 미성년자)의 규정에 적용되지 않는다(Ⅵ.-5:202 (1)). 또한 선의개입으로서 주의의무 위반 없는 선의의 간섭자는 보호대상자에게 발생된 법적 책임이 따르는 손해에 대해서도 동일한 규정이 적용된다(Ⅵ.-5:202 (2)). 반면, 생명, 신체, 건강, 또는 자유가 급박한 위험에 처해있는 상황에서 그 위험을 발생시킨 자 또는 제3자를 그 위험에서 모면하기 위해서 타인의 재산에 손해를 발생시키지 않고서는 그 위험이 제거될 수 없을 경우, 즉 긴급피난이 인정되는 경우에는 손해의 원인을 제공한 자는 합리적인 변상 범위를 넘는 손해배상 책임은 없다(Ⅵ.-5:202 (3)).

공익의 보호와 관련하여 민주주의 사회의 근본이 되는 가치를 위해 필요한 보호를 함에 있어 법적 책임이 따르는 손해가 발생된다면, 특히 그 손해가 대중매체에서 정보를 유포함으로써 발생된다면, 이에 대하여도 당사자는 항변권을 갖는다(Ⅵ. –5:203).

3. 통제 불능

법적 책임이 따르는 손해를 야기한 행위를 할 당시 정신적으로 무능력 상태에 있는 자는, 정신적 무능력자의 경제사정과 당해 경우의 모든 제반 사정을 고려해 볼 때, 이것이 정당한 경우에만 책임이 있다. 책임은 합리적인 배상으로 제한된다(Ⅵ. –5: 301 (1)). 또한 자신의 행위에 대한 본성에 충분한 통찰력이 부족하다면, 그 통찰력의 결핍이 자신의 잘못된 행위에 따른 일시적인 결과가 아니라면, 그 자는 정신적으로 무능력 상태인 것으로 간주된다(Ⅵ. –5: 301 (2)).

만약 법적으로 책임이 따르는 손해가 합리적인 수단으로 예방할 수 없고 당사자의 위험으로 간주될 수 없는 비정상적인 사건에 의하여 발생한다면, 그러한 불가항력에 대하여 그 자는 이와 관련한 항변권을 갖는다(Ⅵ. –5: 301).

4. 계약상 책임의 배제와 제한

계약에 기하여 발생한 책임에 대하여는 본래 불법행위법의 적용대상이 되지 않는다. 그러나 DCFR은 이러한 계약상 책임에 대하여도 몇 가지의 제한을 두는데 관련 규정은 책임을 부여하는 경우와 같은 적극적 형식으로 규율되는 것이 아니며 책임의 배제와 제한을 금지하는 식의 소극적 통제만으로 이루어진다.

우선 고의로 법적 책임이 따르는 손해를 발생시킨 책임은 배제되거나 제한 될 수 없다(Ⅵ. –5:401 (1)). 또한 관련 상황에서 명백히 요구되는 주의의무를 다하지 못한 중과실을 원인으로 발생한 법적 책임이 따르는 손해에 대한 책임은 신체적 상해(치명상을 포함)와 관련하여 또는 배제나 제한이 불법적이거나 신의성실과 공정거래에 반하는 경우 배제되거나 제한 될 수 없다(Ⅵ.－5:401 (2)). 그리고 Ⅵ.－3:204(결함이 있는 상품에 의해 발생되는 손해에 대한 책임)에 따른 책임 역시 제한되거나 배제될 수 없다(Ⅵ.－5:401 (3)). 이 외에 본 권에서 다른 책임은 법률로 달리 규정하지 않는 한 배제되거나 제한 될 수 있다(Ⅵ.－5:401 (4)).

Ⅵ. 구제수단

1. 손해배상 일반

제6장 중 손해배상 총칙과 관련한 제1절은 기본적으로 손해배상의 목표, 방법, 형식 등을 명시하고 있다. 손해배상 방법과 관련하여 DCFR 비계약적 책임, 즉 불법행위법과 관련한 손해배상책임은 기대이익(expectation interest)을 배상하는 방법으로 체계를 이루고 있는 계약법과 다른 모습을 띨 수밖에 없다. 계약법은 계약이 본 내용대로 이행되었더라면 얻게 되는 이익인 기대이익을 손해배상 산정 방법으로 구성된다. 계약법과 달리 불법행위법은 기대이익과 반대되는 소위 신뢰이익(reliance interest)을 배상하는 방법으로 손해배상 방법을 구성한다. 즉 불법행위가 없었더라면 지불하지 않아도 되는 손해를 손해배상 산정 방법으로 사용하고 있다. 이러한 손해배상 방법은 불법행위가 존재하지 않았더라면 있을 수 있던 상태로 피해자를 되돌리는(원상회복)방법으로 Ⅵ.－6:101은 불법행위법상 기본적인 구제수단임을 명시하고 있다.[8]

우선 본 조에 따르면 손해배상이란 법적 책임이 따르는 손해가 발생하지 않았더라면 있을 상태(지위)로 피해자를 원상회복시키는 것이다(Ⅵ.－6:101 (1)). 손해배상의 방식에 대하여 발생한 손해의 종류 및 정도와 해당 사건의 모든 기타 상황을 고려하여, 손해배

8 가정준, 전게논문, 156~57면.

상은 금전(배상) 아니면 다른 형식으로, 가장 적절한 모습으로, 행해질 수 있다(Ⅵ.-6:101 (2)). 또한 유형의 물체가 파손될 경우, 수리비용이 저하된 가치보다 불합리한 정도로 초과한다면 그 수리비용 대신 저하된 가치와 동등한 배상이 판결될 수 있으며 이는 동물이 관리되는 목적을 고려하여, 타당하다고 인정되는 경우에 한하여 동물의 경우에도 적용된다(Ⅵ.-6:101 (3)). (1)의 원상회복을 대신하여, 그러나 합리적인 경우에 한하여, 손해배상은 법적 책임이 따르는 손해에 책임을 지는 자로부터 손해의 원인과 관련한 특정인이 취득한 이득에 대한 반환의 형식을 취할 수 있다(Ⅵ.-6:101 (4)). 특히 (4)의 경우는 손해배상과 관련하여 불법행위법이 좀 더 유연하게 대처할 수 있는 측면을 갖는다. 행위자가 불법행위로 인해 일정한 이득을 취하는 반면, 불법행위로 피해자의 손해를 측정하기 어렵거나 또는 피해자의 손해가 행위자의 이익보다 적은 경우, 피해자의 손해의 기준을 행위자가 취득한 이득으로 산정하는 것을 허용한다면 피해자를 좀 더 확실히 구제할 수 있게 된다. 따라서 본 규정은 피해자 보호를 위해 좀 더 유연하고 친 시장적인 모습을 갖게 된다.

그렇다고 모든 손해가 다 배상의 대상이 되는 것은 아니며, 그 손해가 상당한 정도로 미미한 경우에는 그 손해는 무시할 수 있다(Ⅵ.-6:102). 여기서 미미함의 정도는 사회통념으로 판단하여야 할 것이며, 일관된 기준이나 절대적 금액이 정해지는 것은 아니다.

손해가 발생하는 사건의 결과로 법적 책임이 따르는 손해를 겪고 있는 자에게 발생한 이익은 그것을 고려하는 것이 공정하고 합리적으로 될 것이 아니라면 무시될 수 있다(Ⅵ.-6:103 (1)). 또한 이익을 고려하는 것이 공정하고 합리적으로 될 것인지 여부를 결정함에 있어서, 손해의 종류, 가해자가 부담하는 책임의 본질, 그리고 그 이익이 제3자에 의해 수여되는 경우, 그러한 이익을 수여하게 되는 목적 등이 고려되어야 한다(Ⅵ.-6:103 (2)).

만약 법적 책임이 따르는 손해가 다수 당사자에게 발생하고, 그 중 한 당사자에게 행한 손해배상이 타인에 대한 손해배상으로도 인정되는 경우라면, 제3권의 제4장 제2절의 규정(다수의 채권자)은 손해배상권에 대해 준용된다(Ⅵ.-6:104). 또한 다수 당사자들이 법적 책임이 따르는 동일한 손해에 대한 책임이 있는 경우, 연대책임을 진다(Ⅵ.-6:105). 피해자는, 비경제적 손실에 대한 것을 포함하여, 손해배상청구권을 양도할 수 있다(Ⅵ.-6:106).

2. 손해배상

피해자는 피해를 입은 이익의 회복에 관한 손해배상금을 사용할 것인지 여부를 선택할 수 있어 그 선택권이 보장된다(Ⅵ.-6:201). 만약 손해가 고의를 원인으로 하지 않는 경우, 가해자의 책임 또는 손해의 범위 또는 손해를 방지하기 위한 방법이 전체에 대한 책임과 비례하지 않으면, 그렇게 하는 것이 공정하고 합리적인 경우, 손해배상의 책임은 전체적으로 또는 부분적으로 감경 될 수 있다(Ⅵ.-6:202). 정기적인 지불에 대한 타당한 이유가 없다면, 손해배상은 일시불로 주어져야 하며(Ⅵ.-6:203 (1)), 신체적 상해 및 비경제적 손실에 대한 배상이 어떻게 계량화 되어야 하는지는 자국법으로 결정한다(Ⅵ.-6:203 (2)). 신체적 상해와 같은 손실은 경제적 손실과 비경제적 손실을 구분하여 배상이 되어야 한다(Ⅵ.-6:204).

3. 예방

예방과 관련한 규정들은 우리나라 불법행위법에서 볼 수 없는 규정이다. 긴급피난보다는 덜 엄격한 요건을 요구하고 있으며, 잠재적 불법행위를 제거하는 것을 일정한 요건 하에서 허용함으로써 궁극적으로 불법행위법이 지향하는 사고 발생의 예방을 위한 규정이다.

예방권은 ① 손해배상이 적절한 대안이 되는 구제가 되지 못한 경우나 ② 손해의 발생에 대해 책임을 지게 될 자가 그 손해가 발생하지 않도록 하는 것이 합리적인 경우에만 행사할 수 있다(Ⅵ. -6:301 (1)). 그리고 위험의 근원이 물체나 동물이고 위험에 처한 자가 그 위험을 회피하는 것이 합리적으로 가능하지 않은 경우 예방권은 위험의 근원을 제거시킬 권리를 포함한다(Ⅵ. -6:301 (2)).

특정인에게 임박한 손해를 예방하기 위해서 또는 겪고 있는 손해의 범위나 그 정도를 감경 시키기 위해 합리적으로 발생한 지출 또는 다른 손실을 감수한 자는 그 손해 발생에 대해 책임을 부담할 자로부터 손해배상권을 갖는다(Ⅵ. -6:302).

Ⅶ. 부수 규칙

본 권의 규정들은 헌법과 양립하는 방식으로 해석되고 적용되며(Ⅵ. -7: 101), 어떠한 규정이 법률 규정인지는 자국법으로 결정한다(Ⅵ. -7:102). 또한 본 권은 공법의 여러 기능을 행사하거나 실행을 생략함으로써 발생하는 또는 소송절차 동안 의무를 수행함으로써 발생하는 개인 또는 신체에 대한 책임에 대한 것은 규율하지 않는다(Ⅵ. -7:103).

본 권은 ① 고용과정에서 발생하는 종업원(동료 종업원, 고용주 또는 제3자인지 여부는 무관)의 책임, ② 고용과정에서 발생하는 종업원에 대한 사용자의 책임, ③ 산업분쟁과정에서 발생하는 노동조합과 사용자 협회의 책임은 다루지 않는다(Ⅵ. -7:104).

어떠한 자가, 전체 또는 부분적으로, 자신이 입은 손해에 대한 배상을 다른 자로부터, 특히 보험회사, 펀드 또는 기타 단체로부터, 받을 권리가 있다면, 이러한 권리가 있다는 이유로 본 서의 규정 하에서 책임이 제한되거나 배제되는지 여부는 자국법이 결정한다(Ⅵ. -7:105).

제7권

부당이득

Ⅰ. 일반규정

DCFR Ⅶ.-1:101은 별도의 법적 근거 없이 이득을 수취한 자에 대하여 누구에게 그 이익을 반환하여야 하는지를 규정한다. 즉 여하한 자의 손실로 인하여 부당한(unjustified) 이득을 얻은 자는 그 이득을 그 자에게 반환하여야 함(Ⅶ.-1:101 (1))을 천명하여 부당이득의 기본원칙을 규정한다. 이러한 기본조항은 부당이득제도가 당사자의 의사에 상관없이 사무관리나 불법행위와 같은 지위에서 DCFR에 정해진 법률의 규정에 의하여 발생한다는 점을 나타낸다(Ⅶ.-1:101 (2)). 이것은 정당화 사유가 없는 수익으로 다른 사람의 손실을 야기한 사실에 대하여 다른 규정의 적용없이 바로 DCFR상의 부당이득규정이 적용된다는 것을 의미하는 것이다. 즉 DCFR은 기존의 영미법계에서와 같이 계약과 불법행위의 영역 이외에 보충적으로 준계약이라는 영역을 설정하고 계약과 불법행위의 영역에 포함되지 않는 부당이득과 같은 사안들을 이 영역에 포섭하여 계약에 준하는 법률관계로 다루는 방식에 대한 차별성을 부여한다.[1] DCFR에서의 부당이득

1 박희호, 「DCFR 부당이득편에 관한 고찰」, 『외법논집』 제33권 제2호 (2009. 5), 94면.

은 일반적인 계약법원칙에 따라 파생되어 적용되는 법이론적 성격을 가지는 것이 아니라 독립된 청구권으로서 작용하게 된다. 따라서 Ⅶ. - 1:101 (2)은 DCFR에서 부당이득이 차지하는 중요성과 그에 따른 독립성을 나타내는 규정으로 볼 수 있는 것이다.

Ⅱ. 부당이득의 경우

DCFR 제7권 제2장은 부당이득이 인정되는 경우를 규정하는 것으로서, 정당한 사유 없이 이득이 수취되는 요건을 규정한다. 우선 이득이 ① 수익자가 손실자에 대하여 계약 또는 기타의 법률행위, 법원의 명령 또는 법률의 규정에 의하여 이득에 대한 권한이 있는 것으로 인정되지 않는 경우(즉, 법률상 원인이 없는 경우), 또는 ② 손실자가 착오로 그 손실에 대하여 동의한 경우에 그 이득은 부당하다(Ⅶ. - 2:101 (1)).[2] 법률상 원인이 있는 경우라도 계약 또는 기타의 법률행위, 법원의 명령 또는 법률의 규정이 무효이거나 취소된 경우 또는 다른 방식에 의하여 소급적으로 효력을 상실한다면, 수익자는 그로 인한 이득에 대해 권리를 갖지 못하게 된다(Ⅶ. - 2:101 (2)). 그러나 취소나 소급적 효력의 상실은 모든 원인행위 자체의 효력을 상실 시킨다는 점에서 만약 소급효가 아닌 장래를 향해 효력상실이 이루어지는 경우에는 수익자의 이득에 대한 권리를 박탈하지 못한다. 또한 수익자가 이득의 가치를 보유하는 것이 '법규의 정책에 따르는 경우'에는 수익자는 법률의 규정에 의해 이득에 대한 권리를 갖는 것으로 간주되어 이때의 이득은 부당이득의 대상이 되지 않는다. 유럽 각 국가에 적용된다는 DCFR의 성격상 '법규의 정책(policy of that rule)에 따르는 경우'란 자국의 다양한 법률취지상 예외를 인정하는 것으로 볼 수 있다. 따라서 DCFR은 이 규정 각국의 법문화적 특수성을 함의할 수 있는

2 DCFR 원문에 따르면 ①과 ②가 'or'로 연결되어 있는 바, 이는 DCFR 작성자의 착각이며, 'and'가 적합하다는 견해가 있다. 이 견해에 따르면 이 규정을 그대로 따를 경우 법률상 원인이 없는 경우 이거나 혹은 임의로 손실을 감수한 경우에 모두 정당화 사유가 존재하지 않게 되어 반환청구권이 발생하게 된다는 결론에 이르게 된다고 한다. 그러나 법률상 원인이 없다고 하더라도 이를 인식하고 의식적으로 손실을 감수한 경우에는 정당화 사유가 존재하게 되고 따라서 반환청구권이 발생하지 않게 된다. 즉 법률상 원인의 부존재가 정당화 사유의 필요조건 및 충분조건이 되지 못한다는 것이다 (박희호, 전게논문 97-98면).

일반적인 표현으로 'policy of that rule'을 사용한 것으로 보인다.

만약 수익이 법률상 원인이 존재하며 손실자 역시 별다른 착오 없이 이에 대하여 동의하여 수익자가 이득이 생긴 경우라 할지라도, 그 재산의 이전시 손실자가 의도한 목적이나 기대가 사실상 성취 또는 실현되지 않는 경우에는 수익자에게 이전된 재산은 부당이득으로서 인정된다(Ⅶ. - 2:101 (4)(a)). 이러한 규정은 대륙법계의 경우 로마법의 '목적부도달로 인한 부당이득(condictio ob rem)'에 기원을 두고 발전된 것으로 예를 들어 부부의 동거생활을 다시 회복하도록 하기 위하여 상대방 배우자에게 재산을 급부하였으나 동거생활에 응하지 않은 경우나 아버지가 자신에게 유증할 것을 기대하고서 아버지를 간호하고 가사 등을 돌보았으나 유증이 이루어지지 않은 경우 등이 있다.[3] 그러나 이러한 목적달성이 불가능하다는 이유로 수익자가 얻은 모든 이득을 부당이득으로 보게 된다면 목적달성의 확실성이 전제되는 않은 계약은 성립되지 않게 되며 결국 시장에서 계약의 안정성을 해치게 된다. 따라서 DCFR은 이러한 문제를 해결하고자 몇 가지 제한을 두고 있는데 우선 수익자가 그러한 목적이나 기대를 알았거나 합리적인 측면에서 알 수 있었을 것으로 기대될 수 있는 경우, 즉 목적달성이나 기대의 성취가 어렵다는 사실을 알고 있었고 동시에 이 경우 이득을 반환해야 한다는 점을 수익자가 인정하거나 인정할 것을 합리적으로 추정할 수 있는 경우로 그 제한을 명확히 하고 있다.

Ⅶ. - 2:102는 제3자에 대하여 부담하는 채무 또는 추정채무의 이행의 결과로 수익자가 이익을 얻은 경우 이것이 정당화되는 경우에 대하여 규정한다. 이러한 경우에는 손실자가 임의로 이행한 경우, 또는 이득이 단순히 채무이행의 부수적인 결과인 경우가 있다. 서술형식상 본 규정은 "다음의 경우에 정당화 사유가 존재한다(justified if)"라는 적극적인 서술방식을 취하고 있는데, 이러한 기술방법은 제3자에 대한 채무의 이행으로 얻은 이익에 대한 손실자의 직접적인 부당이득반환청구를 최대한 제한하려는 의도로 보인다.[4]

---

3 목적 부도달로 인한 부당이득에 대한 구체적인 설명과 자세한 사례는 박희호, 전게논문 102~103면 참조.

부당이득에 대한 손실자의 동의는 임의성(freely)을 요건으로 한다.[5] 즉, 착오가 없다고 하더라도 손실에 대한 동의는 임의적으로 이루어져야 한다. DCFR은 이러한 임의성의 정의에 대하여 규범화하고 있는데, 이에 따르면 손실자의 동의가 무능력, 사기, 강요, 협박 또는 불공정한 착취 등에 의하여 이루어 졌다면, 손실자는 임의로 동의한 것이 아니라고 한다(Ⅶ. –2:103 (1)). 또한 무능력, 사기, 강요, 협박 또는 불공정한 착취로 이행된 채무가 유효하지 않다면, 손실자는 임의로 동의한 것이 아니라고 규정한다(Ⅶ. –2:103 (2)).

Ⅲ. 이득과 손실

부당이득과 관련한 수익자는 자산의 증가 또는 책임의 감소, 서비스 또는 노무의 수령, 타인의 자산을 사용함으로써 이득을 얻는 것은 자이다. 여기서의 자산은 경제적 가치가 있는 여하한 재산뿐만 아니라 채권, 인격권 등을 포함하는 광범위한 의미로 인정된다. 또한 이러한 이득은 법률로써 보호되는 상업상 가치의 법률적 지위까지 그 영역이 확장된다.[6] 따라서 손실자는 그 권리를 현실화할 필요는 없으며, 수익자가 그 권리를 동의 없이 혹은 손실자의 착오로 인한 동의 하에 이용하여 자산을 이득을 얻은 경우라면 이것은 타인의 자산을 사용한 것으로 인정되어, 부당이득에 해당하게 된다. 서비스와 노무의 수령 역시 이득에 포함된다는 것이 중요하다. 여기서 서비스는 다른 사람의 환경 혹은 상황을 변화시키는 순수한 의미의 서비스뿐만 아니라, 사람을 직접적으로 개선시키는 서비스도 포함된다.[7] 수익자가 이득을 취하였는지의 여부나 그 정도를 결정함에 있어서, 이득에 대한 대가 또는 이득 후에 입은 손실은 고려되지 않는다

4 박희호, 전게논문 104면.

5 임의성이란 당사자의 자유로운 그리고 하자 없는 법률행위를 의미한다고 보아야 할 것이다.

6 Stephen Swann, 「A Guide to the Principles of European Law on Unjustified Enrichment」, *ERA Forum* V. 7N. 2, Academy of European Law 242 (2006).

7 박희호, 상게논문 106면.

(Ⅶ. - 3:101 (2)). DCFR은 부당이득에서 수익을 판단함에 있어 재산이 당사자 사이에서 누구에게, 즉 어느 방향으로 이전되었는지가 중요하며, 누군가가 무엇을 지급했고 그 대가로 무엇을 얻었는지, 그리고 그 경제적인 가치의 차이 등은 부당이득을 판단함에 있어 고려되지 않는다.[8] 이러한 접근의 취지는, 양 당사자가 급부를 이행하는 경우(심지어 양당사자 간의 급부이행의 가치가 동일한 경우에도) 인위적인 어떠한 계산 없이 부당이득 관련 법률이 계약의 해소(unwinding of contract)를 다룰 수 있도록 하고 또한 일방 당사자로 하여금 그러한 급부이행을 회복할 수 있도록 하기 위한 것이다.

손실자는 수익자가 이득을 얻는 것과 반대의 모습으로 손실을 입게 되는데 구체적으로 자산의 감소 또는 책임의 증가, 서비스 또는 노무의 제공, 어떠한 자의 자산에 대한 타인의 사용으로 인하여 손실을 입게 된다(Ⅶ. - 3:102 (1)). 이득에서와 마찬가지로 어떠한 자가 손실을 입었는지의 여부나 그 정도를 결정함에 있어서, 손실에 대한 대가 또는 손실 후에 취득한 이득은 고려되지 않는다(Ⅶ. - 3:102 (2)).

Ⅳ. 인과관계

부당이득이 성립하기 위한 중요 요건 중 하나는 수익자의 이득과 손실자의 손실간에 인과관계의 존재이다. DCFR은 이러한 인과관계가 성립하기 위한 경우들을 규정한다. 이에 따르면 ① 손실자의 자산이 손실자에 의하여 수익자에게 양도된 경우, ② 손실자의 서비스나 노무가 수익자에게 제공된 경우, ③ 수익자가 손실자의 자산을 사용한 경우, 특히 수익자가 손실자의 권리나 법익을 침해하는 경우, ④ 수익자의 자산이 손실자에 의하여 증대된 경우, ⑤ 손실자에 의하여 수익자가 책임을 면제받은 경우에 손실과 이득간에 인과관계가 인정된다(Ⅶ. - 4:101). 이러한 인과관계는 손실과 이득간의 관계가 직접적으로 결부되어 있는 경우(direct enrichment)를 정한 것으로, 간접적 인과관계를

8 Stephen Swann, op. cit, p.241.

정한 Ⅶ.-4:104와는 대비된다. 이러한 내용들은 정확히 이러한 경우에만 인과관계를 인정하겠다는 취지는 아니며, "in particular"라는 표현을 사용함으로써 예시적인 내용임을 보여준다.[9]

DCFR은 대리인이 본인을 위하여 법률적 행위를 하되 법률적 행위의 당사자가 본인이 아니라 대리인이 되는 경우, 즉 간접대리(indirect representation)의 경우 법률적 행위 혹은 그로부터 발생하는 채무의 이행을 통하여 본인에게 발생한 수익이나 손실은 대리인의 수익이나 손실로 본다(Ⅶ.-4:102). 계약의 해소에 있어서 계약의 당사자 사이에서만 효과가 발생한다는 원칙에 근거하는 DCFR에 의할 경우 본인(principal)은 계약의 상대방에 대하여 아무런 반환청구권도 행사하지 못한다. 또한 간접대리자도 자신의 일을 처리하는 경우가 아니기 때문에 실제에 있어서 아무런 손실이 없으므로 손실에 근거한 부당이득반환청구를 행사할 수 없게 된다. 이러한 불합리한 경우에 대응하여 DCFR은 간접대리자가 계약의 무효 등으로 인하여 직접 부당이득반환청구를 할 수 있도록 한 것이다.[10]

위의 Ⅶ.-4:101이 직접적인 인과관계를 규정한 것이라면 Ⅶ.-4:103는 제3자를 통하여 인정되는 인과관계 즉 간접적인 인과관계의 대한 사항을 규정하고 있다. 이에 따르면 채무자가 제3자에게 이득을 선의로 양도하고 그 결과로 손실자가 채무자에 대하여 갖는 권리를 동일하게 또는 유사한 정도의 이득을 상실한 경우 역시 이득과 손실 사이에 인과관계가 인정된다(Ⅶ.-4:103 (1)). 이는 채무자가 Ⅶ.-6:101(이득의 상실)에 따라 수익반환의무가 없는 상황에서 특히 손실자에게 부당이득반환의 의무가 있는 어떠한 자가 그 이득을 제3자에게 양도한 경우에도 적용된다(Ⅶ.-4:103 (2)).

만약 채무자가 제3자에 대한 재산의 양도가 변제에 의하여 자신의 채무를 면하려고

9 Stephen Swann, ibid. p.242.

10 박희호, 상게논문 109면.

한 경우라면, 채권자는 이를 추인할 수 있다(Ⅶ. -4:104 (1)). 이러한 경우 제3자의 이득이 채무자에 대한 채권자의 권리상실을 원인으로 발생한 결과의 범위만큼 추인은 채무자에 대한 채권자의 권리를 소멸시킨다(Ⅶ. -4:104 (2)). 그러나 채권자와 제3자의 관계에서 볼 때, 추인이 채무자에 대한 채권자의 권리상실에 동의한 것으로 인정되는 것은 아니다(Ⅶ. -4:104 (3)). 그 이유는 추인을 제3자 사이의 관계에서 동의로 볼 경우, Ⅶ. -2:101 (1)(b)의 반환청구권을 부여하는 결과가 발생하기 때문이다.[11] 본 조항은 비금전채무를 이행하는 경우에 준용되며, 채권자가 추인을 하기 전에 채무자에 대한 파산이나 이와 동등한 절차가 개시되면, 다른 규정에 의하여 이 조항의 적용을 배제할 수 있다(Ⅶ. -4:104 (5)).

제3자가 손실자의 자산을 권원 없이 사용하여 손실자의 자산이 훼손되고 이로써 수익자에게 이득이 된 경우 이득과 손실 사이에 인과관계가 인정된다(Ⅶ. -4:105 (1)). 이 규정은 특히, 개입자의 물건에 대한 개입이나 처분의 결과로, 법률행위나 법률의 규정에 의하여 손실자가 그 물품의 소유권을 상실하고 수익자가 소유권자가 되는 경우에 적용된다(Ⅶ. -4:105 (2)).

자산에 대하여 권리가 있는 자는 제3자와 법률행위를 통해 그 자산을 처분하려고 하거나 달리 사용하려는 개입자의 행위를 추인할 수 있다(Ⅶ. -4:106 (1)). 추인된 행위는 권한 있는 중개인의 법률행위와 동일한 효력을 갖는다. 추인을 한 자와 관리자와의 관계에서와 같이, 추인이 권리자의 자산에 대한 관리자의 사용을 동의하는 것은 아니다(Ⅶ. -4:106 (2)).

수익이 처분이나 기타 다른 사유에 의하여 형태를 달리하는 경우 인과관계가 인정되지 않아 부당이득반환청구가 부인된다면 이는 매우 불합리하게 된다. 따라서 DCFR은 동일한 형태나 가치를 갖지 않는다고 하더라도 인과관계를 인정하고 있다(Ⅶ. -4:107).

11 박희호, 전게논문 108면.

Ⅴ. 이득의 반환

이득이 양도 가능한 자산인 경우, 수익자는 손실자에게 그 자산을 양도함으로써 이득을 반환하여야 한다(Ⅶ.－5:101 (1)). 이러한 반환 방법이 수익자에게 불합리한 노력이나 비용을 야기하는 경우, 수익자는 재산의 양도 대신 이에 갈음하여 자산의 금전적 가치를 지급하는 방법으로 이득을 반환할 수 있다(Ⅶ.－5:101 (2)). 수익자가 더 이상 자산을 양도할 수 없다면, 수익자는 손실자에게 이득의 가치에 해당하는 금액을 지급함으로써 이득을 반환할 수 있다(Ⅶ.－5:101 (3)). 그러나, 수익자가 대가로서 대체물을 얻은 경우에 한하여, ① 수익자가 처분이나 손실 당시 선의였고, 수익자가 대체물의 반환을 선택한 경우나 ② 수익자가 처분이나 손실 당시 선의가 아니었지만, 손실자가 이를 선택하였고 그러한 선택이 불공정하지 않은 경우에는 그 대체물은 반환하여야 할 이득이 된다(Ⅶ.－5:101 (4)). 만약 이득을 취득함에 있어 정당화 사유가 없거나 정당화 사유의 부재가 될 여지가 많다는 점을 알지 못하였거나 알 것이라고 합리적으로 기대할 수 없는 경우라면, 수익자는 선의이다(Ⅶ.－5:101 (5)).

이득이 양도할 수 없는 자산인 경우에 수익자는 손실자에게 이득의 가치에 해당하는 금액을 지급하는 방법으로 부당이득을 반환하여야 한다(Ⅶ.－5:102 (1)). 여기서 이득의 금전적 가치란 합의에 이르려는 진정한 의도를 가진 제공자와 수령자가 적법하게 동의하였을, 가격으로, 금전의 총액을 말한다. 당사자의 합의에 의하여 수령자가 상환하기로 정한 서비스제공자의 지출은 이 가격의 일부분으로 본다(Ⅶ.－5:103 (1)). 수익자는 이득에 동의하지 않았거나 선의인 경우 자신이 얻은 절감액(saving) 이상으로 지불할 책임이 없다(Ⅶ.－5:102 (2)). 여기서 절감액은 만약 이득이 없었더라면 수익자가 입게 되었을 자산의 감소나 책임의 증가를 의미한다(Ⅶ.－5:103 (2)). 합의에 의하여 가격이나 가치가 정해졌고 이를 근거로 이득이 발생한 경우, 수익자는 합의가 가격을 결정하는데 중요하지 않은 사유로 무효로 되거나 취소될 수 있다면, 최소한 그 금액을 지불하여야 할 책임이 있다(Ⅶ.－5:102 (3)). 그러나 이는 이득의 금전적 가치를 넘어서는 책임의 증가에는 적용되지 않는다(Ⅶ.－5:102 (4)).

이득의 반환은 이득의 과실果實과 그 사용대가 또는 이보다 적은 경우 그로부터 생긴 절감액에 한한다(Ⅶ.-5:104 (1)). 그러나 수익자가 악의로 과실을 수취하거나 사용한 경우, 반환의 범위는 과실의 수취나 사용이 절감액 보다 크다고 하더라도 이를 반환하여야 한다(Ⅶ.-5:104 (2)). 이를 악의의 수취인은 보호할 필요가 없다는 DCFR의 입장을 구체화한 것이다.

Ⅵ. 항변

이득을 취득하지 못하더라도 수익자가 이를 상실하는 것이 아니라면, 이득의 처분 또는 이것이 아니면 이득의 상실에 의해 수익자가 불이익을 감수하는 범위 내에서 이득의 반환에 대해 수익자는 책임을 지지 않는다(Ⅶ.-6:101 (1)). 그러나 손실은 수익자가 대상을 취득한 경우에는 고려되지 않는다. 또한 손실자가 이득이 반환되더라도 손실을 입었을 것이라고 인정할 수 있을 경우나, 수익자가 이득을 얻을 당시 선의였고, 이득반환의무의 이행기 전에 손신을 입었으며 수익자의 책임으로 볼 수 없는 위험의 실현으로 손실이 발생한 경우를 제외하고 수익자가 상실의 시점에 선의가 아니 경우가 아닌 한 상실은 고려되지 않는다. Ⅶ.-5:102(양도 불가능한 이득) 제(3)항이 적용되어 가격이나 수익의 가치를 반환하여야 하는 경우에도 그 한도에서 상실은 고려되지 않는다(Ⅶ.-5:102 (2)). 본 조에 의하여 제3자에 대한 처분의 결과로서 손실자에 대하여 수익자가 항변권을 행사하는 경우, 제3자에 대한 손실자의 권리에는 영향을 미치지 않는다(Ⅶ.-5:102 (3)).

수익자는 이득의 대가로 수익자가 제3자에게 다른 이득을 공여하였으며 수익자가 그 당시 여전히 선의인 경우라면 그 수익을 반환할 책임이 없다(Ⅶ.-6:102).

불법원인급여와 관련하여 수익의 원인이 되는 계약이나 기타 법률행위가 근본적 원칙을 위반하는 계약으로 (Ⅱ.-7:301(근본적 원칙을 위반하는 계약)) 또는 강행법규의 위반을 원인으로, 이득을 취득하는 계약 또는 기타 법률행위가 무효 또는 취소되는 경우, 그 반환이 원칙 또는 규칙을 전제로 하는 정책과 모순되는 범위에서 수익자는 이득을 반환할 책임을 지지 않는다(Ⅶ. -6:103). 이는 수익자에게 반환의무를 지워 원상회복시키는 것이 오히려 불법에 협조하는 결과가 되는 경우를 예방하기 위한 것이다.

Ⅶ. 다른 법규범과의 관계

DCFR에서 부당이득은 여러 사법상의 회복청구권과 마찬가지로 독립된 규정으로서 인정된다. 따라서 계약이나 기타 다른 법률행위를 통하여 얻은 이익에 관한 법률효과는, 다른 법규범이 철회, 해제, 대금감액 기타 사유에 기하여 이득의 반환을 부여하거나 배제한다면, 계약이나 기타 다른 법률행위를 통하여 취득한 이익에 관한 법적 결과는 그 법규범에 의한다(Ⅶ. -7:101 (1)). 또한 부당이득에 관하여 본 권은 이득의 반환에 관한 권리의 물권적 효력을 규정하지 않으므로(Ⅶ. -7:101 (2)), 물권적 청구권과도 구별되는 독립된 청구권으로 작용한다. 또한 계약이나 사법상 다른 규칙 하에서 발생하는 어떠한 회복청구권에 영향을 미치지 않는다(Ⅶ. -7:101 (3)).

위에서 본 바와 같이 부당이득은 다른 사법상 회복청구권과 동일한 지위에 있으므로 일정 요건을 충족함으로써 다른 회복청구권과 경합하는 지위에 놓일 수 있다. 손실자는 본 권에서 정하는 부당이득반환에 관한 청구와 수익자 또는 제3자에 대한 손해배상청구를 함께 갖는 경우, 아니면 부당이득의 결과로서 이루어지는 사법상 다른 규칙 하에서의 회복청구권을 함께 가지는 경우 중 하나의 충족 즉 해당 권리의 실현은 다른 권리를 동일한 정도로 감소시킨다(Ⅶ. -7:102 (1)). 어떠한 자가 손실자의 자산을 사용하여 다른 자에게 이익을 준 경우, 본 권에 따라 사용자가 자산의 사용과 관련하여 손실자에 대하여 책임을 지는 경우와 수익자가 자산의 증가와 관련하여 손실자에게 책임을 지는 경우에도 손실자가 수령자나 사용자에 대하여 자신의 권리를 실현하였다면 다른 자에 대하여도 권리가 동일하게 감소된다(Ⅶ. -7:102 (2)).

DCFR의 부당이득은 사람이나 기관이 공법상 기능을 수행하는 중에 획득하거나 양도한 이익에 적용될 지에 대하여 결정하지 않는다(Ⅶ. -7:103). 이는 공법적 사안으로 자국의 해당법률에 의하여 판단될 문제이다.

제8권

물품 소유권의 취득과 상실

물품 소유권의 취득과 상실과 관련한 DCFR 제8편의 규정들은 크게 세 가지 원칙을 가지고 있다고 할 수 있다. 첫째, 물품의 소유권은 일정한 대가를 지불한 선의의 양수인이 취득할 수 있도록 설계되었다. 둘째, 소유권 이전 시기는 점유를 중심으로 한 형식주의를 바탕으로 당사자의 의사에 따라 결정되는 의사주의가 선택될 수 있도록 설계되었다. 셋째, 현재의 점유에 대한 권리성을 중심으로 이전의 점유가 현재의 점유 보다 우월할 수 있는 경우를 상정하고 이에 대한 법적 구제를 구축하였다. 첫 번째 원칙은 영미법에서 부동산과 동산의 양수인이 소유권을 취득하기 위한 요건인 a bona fide purchaser for value without notice(소위 BFP)를 원용한 것으로 보인다. 양도인이 소유권을 이전할 수 있는 적법한 권한이 있는 경우 양수인이 양도인으로부터 소유권을 취득하기 위한 요건은 필요하지 않다. 하지만 양도인이 그러한 적법한 권한이 없는 경우 양수인이 "a bona fide purchaser for value without notice"라는 요건을 갖추면 양수인은 소유권을 취득할 수 있다. 이러한 요건들이 DCFR 제8편에 곳곳에 녹아 있다. 둘째, 형식주의와 의사주의는 소유권의 이전시기를 정하기 위한 중요한 기준으로 소유권의 이전시기와 물품의 인도시기를 분리하고자 하는 경우 그리고 위험의 이전시기를 인도시기와 분리하고자 하는 경우 중요한 역할을 담당하게 된다. 마지막으로 한 개의 물품에 다수의 점유가 존재하는 경우, 과거의 점유와 현재의 점유가 충돌하거나 현실의 점유와 관념의 점유가 충돌하는 경우 우월한 점유를 기준으로 권리관계를 명확히 하고 있다. 제8권은 다음과 같은 목차와 규정으로 구성되어 있다.

Ⅰ. 일반 조항

1. 적용 범위 및 다른 조항과의 관계

DCFR 제8권은 물품 소유권의 취득과 상실에 관하여 규정한 동산물권법으로 지금까지 알려진 것 중 가장 선구적인 국제적 모델규범이라고 할 수 있다. 제8편은 그 적용범위를 동산에 관하여 일부 제한하고 있으며 제8편은 동산담보를 규정한 제9편과 신탁을 규정한 제10편과 직·간접적으로 연계되어 있다. 제8편은 법률행위를 원인으로 한 소유권의 취득과 상실을 중심으로 규율하고 있는데 상속법, 회사법, 그리고 사실행위를 원인으로 소유권이 취득 또는 상실되는 경우 그 적용이 배제된다(Ⅷ.-1:101). 자국법에서 물품에 대한 소유권 또는 그 이전과 관련한 내용을 공적 등록부에 기재될 필요로 하는 경우 해당 자국법은 제8권 보다 우선 적용된다(Ⅷ.-1:102). 또한 담보와 신탁을 목적으로 한 소유권의 이전 또는 유보 등이 발생하는 경우 제9권과 제10권이 우선적으로 적용된다(Ⅷ.-1:103).

2. 정의

제8권이 적용되는 주요 용어들에 대해 먼저 정의되어 있다. 먼저, 제8권이 적용되는 목적물인 물품은 넓은 의미의 유체동산을 대상으로 심지어 우주물체, 동물, 액체, 그리고 가스 등을 포함하여 정의되어 있다(Ⅷ.-1:201). 그 밖에 소유권, 공유, 제한물권, 점유에 대한 정의와 더불어 제8권에서 가장 중요한 역할을 하는 용어인 소유자-점유자에 의한 점유, 제한-권리-점유자에 의한 점유, 대리점유자를 통한 점유에 대해 정의하고 있다. “소유자-점유자”란 소유자로서 또는 소유자와 같이 행위 할 의사를 가지고 물품에 대한 직접적 또는 간접적인 물리적 지배를 행사하는 자(Ⅷ.-1:206), 제한-권리-점유자는 물품을 점유할 권리를 부여한 소유자-점유자와 특정 법률관계 하에서, 자신의 이익으로 행위 할 의사로 또는 소유자-점유자가 여하한 대금 또는 비용을 지불할 때까지 소유자-점유자의 명령에 따라 행위 할 의사로. 물품에 대한 물리적 지배를 행사하는 자로 정의한다(Ⅷ.-1:207). 대리점유자는 특정한 의사와 특정한 법률관계 없이 소유자-점유자 또는 제한-권리-점유자를 대신하여 물품에 대한 직접적인 물리적 지배를 행사하는 자(Ⅷ.-1:208)로 정의하면서 다른 점유자와 구분하고 있다.

Ⅱ. 양도인의 권리 또는 권한에 기한 소유권의 이전

1. 본 장에 따른 소유권 이전을 위한 요건

정의와 관련한 규정에 이어 물품의 소유권을 이전하기 위한 요건을 규정하고 있다. 이에 따르면 물품의 존재, 물품의 양도 가능성, 소유권 이전에 대한 양도인의 적법한 권리 또는 권한, 양수인이 양도인에 대하여 소유권 이전을 주장할 권리, 그리고 소유권 이전에 대한 합의 또는 이에 상당한 행위 등을 소유권 이전을 위한 일반요건으로 규정하고 있다(Ⅷ.-2:101). 소유권 이전 시 양도인이 해당 권리 또는 권한이 결여되어 있더라도 추후에 권리를 획득하거나 이전에 대한 권리 또는 권한을 가진 자로부터 이전을 추후 승인 받으면 이전이 발생한다(Ⅷ.-2:102)고 규정함으로써 이전과 관련한 하자가 치유될 수 있는 경우를 보여주고 있다. 일반요건 중 가장 쟁점이 될 수 있는 것은 소유권 이전 시기와 인도와의 관계이다. DCFR은 기본적으로 소유권 이전 시기를 당사자간 합의로 결정될 수 있다고 규정하면서(Ⅷ.-2:103) 인도와 상당인도가 소유권의 이전에 있어서 어떠한 역할을 하는 지를 설시하고 있다(Ⅷ.-2:104 & Ⅷ.-2:105). 전통적으로 소유권 변동 시점을 법률행위 시를 중심으로 한 의사주의와 인도를 중심으로 한 형식주의의 대립이 있었다. 당사자의 의사를 존중하려는 입장에서는 의사주의가 거래의 안정을 위해 제3자를 보호하려는 입장에서는 형식주의가 더 적합하다고 할 수 있다. DCFR은 기본적으로 형식주의 입장에서 인도 또는 상당인도를 중심으로 소유권 이전 시점을 정하고 당사자들의 의사에 따른 소유권 변동 시점을 채택함으로써 의사주의와 형식주의가 서로 조화될 수 있도록 규정하고 있다.

2. 효과

소유권 이전을 위한 일반적 요건을 갖추고 소유권 이전 시기가 결정되면 이에 따른 당사자와 제3자에 대한 법적 효과는 이전된다. 하지만 소유권이 이전되었다고 하더라도 일정한 범위 내에서 양도인은 일정한 권리를 상대방과 제3자에게 주장할 수 있는데 이는 소유권 이전으로 발생하는 기본적인 법률효과에 대한 예외라고 할 수 있다. 예를 들어 소유권의 이전은 계약의 내용 또는 다른 법률행위, 법원의 명령 또는 법률에 근거한 일정한 권리에 영향을 미치지 않도록 규정하고 있다; 위험의 이전으로부터 발생하는 권리, 이행을 보류할 수 있는 권리, 과실 또는 이익에 대한 권리, 또는 비용 및 대금을 지불할 의무 그리고 물품을 사용할 권리 또는 사용하지 않거나 달리 처리할 의무(Ⅷ. - 2:201 (2)). 더불어 소유권 이전은 다른 법률에 의해 일정한 제3자의 권리 또는 제3자에 대한 권리에 영향을 미치지 않도록 규정하고 있다; 도산법 또는 이와 유사한 규정에 따라 양도인의 채권자가 이전의 효력이 발생하지 않도록 하는 여하한 권리와 물품을 손상시킨 제3자로부터 제6권에 따른 배상을 청구할 권리(Ⅷ. - 2:201 (3)). 그 밖에도 법률행위가 원시적으로 무효인 경우, 취소, 철회, 또는 해제가 된 경우 소유권의 이전으로 발생한 법률 효과를 부정하고 있다(Ⅷ. - 2:202). 마지막으로 해제조건부와 정지조건부로 소유권 이전에 합의한 경우 조건의 성취에 따라 각각 소유권이 양도인에게 재이전 되고 양수인에게 이전 된다(Ⅷ. - 2:203).

3. 특수 관계

두 당사자 사이에서 일반적으로 소유권이 이전되는 이외의 경우들을 상정하고 이러한 경우 소유권을 취득하는 자가 누구인지에 대해 규정하고 있다. 먼저 양도인이 동일한 물품을 다수에게 이전하는 법률행위를 한 경우, 소유권을 취득하는 자는 소유권 이전을 위한 일반적 요건을 가장 먼저 취득한 선의자로 보고 있다(Ⅷ.-2:301). 더불어, 양수인 또는 양도인의 대리인이 소유권 이전과 관련한 일정한 권한을 가질 것을 요건으로 양수인과 양도인의 대리인이 소유권 이전과 관련한 행위를 하는 경우, 양수인은 물품의 소유권을 직접 취득하도록 소유권 이전과 관련한 양도인의 대리인의 행위는 유효하도록 하고 있다(Ⅷ.-2:302). 소비자가 주문하지 않은 물품을 사업자가 인도하는 경우 소비자는 이를 거절할 수 있고 만약 물품에 대한 물리적 지배를 획득한 경우 소유권을 취득하게 된다(Ⅷ.-2:304). 정해진 공간 또는 지역에 포함되어 있는 것으로 특정되는 대체 가능한 물품의 집합체 또는 혼합물로 집합물을 정의하고 이에 대한 소유권 이전은 달리 보고 있다. 만약 특정이 이루어지지 않아 구체적 수량의 이전에 관한 효력이 발생하지 않으면, 양수인은 집합물에 대한 공동소유권을 취득하게 된다(Ⅷ.-2:305 (2). 집합물의 감소 또는 증가로 인해 양도인의 미분할 지분과 양수인의 지분이 같지 않으면 감소분은 양도인에게 증가분은 양수인에게 할당된다(Ⅷ.-2:305(3), (4)).

Ⅲ. 소유권의 선의취득

등기 또는 등록과 같은 공시 방법을 가추지 못한 물건을 거래하는 시장에서 그 시장이 효율적으로 작동하기 위해서는 거래의 안전을 보장하는 것이 사인들이 안심하고 시장에서 거래를 통해 재화가 효율적으로 분배하기 위한 전제가 될 것이다. 이를 위해 물품거래에서 시장의 효율성을 증진시키는 방법 중 가장 중요한 것이 바로 선의취득일 것이다. 즉 소유권 이전을 위한 일반적 요건 중 양도인이 물품에 대한 소유권 이전에 대한 권리 또는 권한이 결여되어 있더라도 당사자 거래에서 양수인에게 소유권을 취득하도록 하는 것이 양수인의 선의취득이다. 구체적으로 양수인이 유상으로 물품을 거래하고 양도인이 소유권 이전과 관련한 권리 또는 권한이 없음을 양수인이 알지 못하여야 한다는 추가적 요건이 충족되면 즉, 유상의 선의자인 양수인은 해당 물품을 점유하고 있으면 선의취득이 인정되어 양수인으로서 소유권을 취득하게 된다(Ⅷ.-3:101 (1)&(3)). 이러한 선의취득의 방법은 일상적인 영업과정이 아닌 거래에서의 해당 목적물이 도품인 경우에 적용되지 않으며 특히 문화재의 경우 적용될 여지가 없도록 하여 일반적인 선의취득의 예외를 인정하고 있다(Ⅷ.-3:101 (2)). 제3자가 물품의 처분에 대한 권리 또는 권한이 있는 경우 뿐만 아니라 해당 물품에 제한물권이 제3자에 의해 설정되어 있더라도 선의취득에 관한 요건이 충족되면 일정한 대가를 지불한 선의의 양수인은 선의취득의 방법으로 제한물권이 없는 소유권을 획득하게 된다(Ⅷ.-3:102 (1)).

Ⅳ. 계속적인 점유에 의한 소유권 취득

선의취득의 요건을 갖추지 못하더라도 일정한 기간 동안 점유라는 상태를 유지하면 현 점유자에게 소유권을 인정하려는 것을 계속적인 점유에 의한 소유권 취득이라고 한다. 민법상 부동산의 경우 점유취득시효제도를 통해 소유권에 관한 권리를 청구할 권리를 인정하고 있는데 DCFR은 이와 유사한 제도를 통해 동산을 점유한 자의 소유권을 인정하고 있다.

1. 계속적인 점유에 의한 소유권 취득을 위한 요건

점유자가 자신이 소유자라는 믿음으로 전체 십 년의 기간 동안 선의로 점유하거나 또는 삼십 년 동안 물품을 점유하면 소유자-점유자는 소유권을 취득한다(Ⅷ.-4:101(1)). 이러한 계속적 점유를 통한 소유권 취득의 원칙은 도품에는 적용되지 않으며 (Ⅷ.-4:101(3)) 목적물이 문화재인 경우 좀 더 장기간의 점유에 대한 요건인 선의로 30년 또는 50년 동안 물품의 계속적 점유가 충족되면 점유자에게 소유권이 인정 된다(Ⅷ.-4:102). 이러한 장기간 물품의 점유 기간 동안 본의 아닌 점유의 상실이 발생하더라도 그 상실이 1년 이내에 회복되거나 또는 그러한 회복을 위한 조치가 1년 이내에 시작되었다면 계속적인 점유가 유지되었다고 본다(Ⅷ.-4:103(1)). 소유자-점유자가 이러한 기간 최초와 최종 시점에 물품을 점유하고 있으면 전체 기간 동안 계속적인 점유를 한 것으로 추정하도록 규정하고 있다(Ⅷ. - 4:103(2)).

2. 소유권 취득을 위해 요구되는 기간에 대한 추가 규정

계속적인 점유에 의한 소유권 취득에 있어 가장 중요한 요소 중 하나는 일정기간 계속적으로 물품을 점유하고 있어야 하는 것이다. 일정기간에 대한 요건이 현재 소유의 의사로 점유한 자를 위한 것이라면 기간에 대한 추가 규정은 일정기간의 진행이 멈추거나 추가적인 기간이 필요로 하는 것으로 원 소유자를 위한 것이라고 할 수 있다. 즉, 계속적 점유에 의한 소유권 취득을 위해 요구되는 기간은 원 소유자에게 발생한 일정한 상황들에 의해 연장되도록 하고 있다. 소유자의 권리능력이 흠결되고 대리인이 없는 경우 그 기간 동안(Ⅷ. - 4:201), 소유자의 통제를 벗어나 소유자가 회피하거나 극복할 것을 합리적으로 기대할 수 없었던 장애에 의하여 소유자가 물품의 회복을 구할 권리를 행사할 수 없고 기간의 마지막 6개월 동안 그 장애가 발생하거나 존속하면, 장애가 존속하는 기간 동안(Ⅷ. - 4:202) 계속적 점유에 대한 기간의 진행은 중단된다. 소유자 - 점유자의 소유권 또는 점유에 대해 이의를 제기하는 사법적 절차가 시작된 때로부터 시효기간의 진행은 중단 된다(Ⅷ. - 4:203). 소유자 - 점유자 또는 이를 위해 물리적 지배를 행사하고 있는 자와 소유자가 소유권과 관련하여 협상하는 경우 시효기간의 진행은 중단되며 협상과 관련한 최후 의사교환이 있는 때로부터 6개월이 경과하지 않으면 그 기간은 종료되지 않는다(Ⅷ. - 4:204). 또한 소유자 - 점유자, 또는 소유자 - 점유자를 위하여 물리적 지배를 행사하고 있는 자가 물품에 대한 소유자의 권리를 승인한 때 기간은 종료된다(Ⅷ. - 4:205). 마지막으로 소유의 의사를 가진 점유가 이전되는 경우 전임자가 점유한 기간은 승계인에게 승계되며 전임자의 점유가 악의이더라도 승계인이 선의인 경우 전임자가 점유한 기간은 승계인에게 승계된다(Ⅷ. - 4:206).

3. 계속적인 점유에 의한 소유권 취득의 효과

계속적 점유에 의한 요건이 충족되면 본래의 소유자는 소유권을 상실하고 소유권-점유자가 소유권을 취득한다. 소유권-점유자가 해당 물품에 제3자의 제한물권이 설정되어 있음을 알고 있거나 알 수 있으면, 일반 물품의 경우 30년, 문화재의 경우 50년의 기간이 도과하지 않는 한 제한물권은 계속 존속한다. 소유권-점유자가 소유권을 취득함으로써 본래의 소유자가 소유권을 원인으로 청구할 수 있는 권리들은 상실한다,

V. 생산, 결합 및 혼합

1. 일반 규정

사적 자치의 영역으로 물품 또는 재료들이 생산, 결합 또는 혼합된 최종물에 대한 소유권을 누가 보유하느냐는 당사자 간의 합의에 의하여 정할 수 있도록 하면서, 만일 재료 소유자의 의사가 소유권을 누가 보유하느냐에 반영되지 않으면 다음의 불이행 규정 및 보충 조항에 관한 절에 따르도록 하였다(Ⅷ.-5:101 (1)). 만약 소유권 유보 방식에 의해 생산, 결합, 또는 혼합이 이루어지면 그것에 따르는 법적 효과는 제9권에서 담당하기로 하였다(Ⅷ.-5:101 (3)).

2. 불이행 규정 및 보충 조항

타인 소유의 재료로 자신의 노무를 통해 새로운 물품을 생산한 경우, 그 제품의 소유자는 노무를 제공한 자가 되며 재료의 소유자는 생산 당시 재료 가치에 상당한 물적 담보권을 갖게 된다(Ⅷ.-5:201 (1)). 하지만 노무의 제공이 미비하거나 재료의 소유자가 생산에 동의하지 않음을 알았던 경우는 재료의 소유자가 새로운 물품의 소유자가 된다(Ⅷ.-5:201 (2)&(3)).

집합체와 혼합물이 혼합되어 있는 경우 혼합 당시 각 부분의 가치에 비례하여 지분을 정하고 그 지분에 따른 공동소유자가 된다(Ⅷ.-5:202 (1)). 다수가 소유한 물품으로 결합되어 있고 구성 부분 중 하나가 주된 부분으로 여겨지는 경우, 주된 부분의 소유자는 단독으로 전체에 대한 소유권을 취득하며, 나머지 자들은 결합 시 물품의 가치에 상당한 물적담보권을 갖게 된다(Ⅷ.-5:203(1)&(2)). 하지만 주된 부분을 소유한 자가 종된 부분을 소유한 자의 의사에 반하여 결합을 발생시키고 주된 부분이 종된 부분의 가치를 상회하지 않으면 결합 시 각 부분의 가치에 비례하는 지분에 따라 혼합된 물품의 공동소유자가 된다(Ⅷ.-5:203(4)). 이와는 달리 어느 것도 주된 부분으로 여겨지지 않는 경우, 구성 부분의 소유자들은 결합 시 각 부분의 가치에 비례하는 지분에 따라 혼합된 물품의 공동소유자가 된다(Ⅷ.-5:203(3)). 생산과 결합을 통해 취득하게 된 물적 담보권은 점유나 등록 없이 제3자에 대하여 효력이 있다(Ⅷ.-5:204 (1)). 새로운 또는 결합된 물품에서 취득한 물적 담보권이 선의취득에 의하여 소멸되더라도 그 물적 담보권은 매매의 대위물에까지 확대된다(Ⅷ.-5:204 (2)). 생산과 결합에 따라 설정된 물적 담보권은 이전에 생성된 여하한 다른 담보권에 우선한다(Ⅷ.-5:204 (3)).

Ⅵ. 소유권 및 점유의 보호

1. 소유권의 보호

소유자에 대하여 물품의 점유에 대한 권리를 가진 자를 제외하고, 소유권을 방해하는 경우 또는 이러한 방해가 급박한 경우, 소유자는 소유권의 선언 및 보호명령에 대한 권리를 가진다(Ⅷ.-6:101). 물품의 인도 이후 계약 또는 법률행위가 무효 또는 취소된 경우, 물품의 물리적 회복을 위해 소유권의 선언 및 보호명령에 관한 권리를 양도인은 행사할 수 있으며(Ⅷ.-6:102 (1)) 해제조건에 따른 계약 또는 기타 법률행위에 따른 이전이 있은 후 조건이 충족되는 경우에도 같은 권리를 행사할 수 있다(Ⅷ.-6:102 (3)).

2. 단순점유의 보호

점유자의 동의 없이 점유자의 점유를 불법적으로 박탈하거나 방해하는 자가 있거나 급박하게 그 행위를 하려는 자가 있는 경우, 점유자 또는 제3자는 그 자에 대하여 그 행위에 비례하여 자력구제를 행사할 수 있다(Ⅷ.－6:202 (1)&(2)). 이러한 자력구제는 제한－권리－점유자의 점유를 방해하는 간접적인 소유자－점유자에 대하여도 행해 질 수 있다(Ⅷ.－6:102 (3)). 이러한 자력구제권을 행사하여 합법적인 손해가 발생한 경우 Ⅵ.－5:202(정당방위, 사무관리 및 긴급피난)이 적용된다(Ⅷ.－6:102 (4)). 소유자－점유자 또는 제한－권리－점유자는 1년 기간 이내에 물품의 점유를 회복할 권리(Ⅷ.－6:203 (1))와 1년 기간 이내에 보호 명령에 대한 권리를 갖는다(Ⅷ.－6:204 (1)).

3. 우월한 점유의 보호

제9편은 현재 물품을 점유하는 자와 종전 점유를 했던 자 간의 점유의 우열 여부를 판단하고 우월한 점유를 우선적으로 보호하기 위한 제도를 운영하고 있다. 일반적으로 적법한 권원에 연유한 현재의 점유자는 항상 우월적 지위를 갖는다. 그러나 현재의 점유자가 이러한 요건 중 일부를 갖추지 못한 경우 현재의 점유자 보다 종전 점유자가 우월한 경우를 상정하고 있다. 대표적으로 선의의 종전 점유자는 점유할 권리 없는 현재의 점유자 보다 우월하고, 이전과 현재 점유자가 모두 선의인 경우 소유자로부터 연유한 점유자가 그렇지 않은 점유자 보다 우월하게 보고 있다(Ⅷ.－6:301 (2)). 불완전한 현재의 점유자 임에도 불구하고 우선하는 경우는 이전의 점유 역시 불완전한 경우에 한하고 있다고 볼 수 있다(Ⅷ.－6:301 (2)). 이러한 우월성을 바탕으로 이전 소유자－점유자 또는 이전 제한－권리－점유자는 현재의 점유자로부터 점유를 회복할 권리를 갖도록 규정하고 있다(Ⅷ.－6:301 (1)). 그 밖에 소유자와 제한－권리－점유자가 자신의 소유권 또는 점유권을 침해 받은 경우 Ⅵ.－2:206(재산 또는 적법한 점유의 침해에 대한 손실)의 규정에 따라 배상을 청구할 권리를 갖는다(Ⅷ.－6:401).

Ⅶ. 물품의 원상회복에 대한 중대한 문제

Ⅷ. -7:101는 물품의 점유를 원상으로 회복하여야 하는 경우 적용될 규정들의 우선순위를 다음과 같이 정리하고 있다. 일단, 물품의 점유를 획득하거나 회복할 권리가 있는 소유자에 대하여 특정인이 물품을 점유하고 있는 동안 가지는 권리는 물품의 원상회복에 대한 중대한 문제에 관한 제7장이 적용되고, 제5권이 규정한 사무관리와 관련한 요건이 충족되어 물품을 원상회복하여야 하는 경우 제5권이 제7장 보다 우선하며, 생산, 결합 및 혼합과 관련한 제5장은 물품의 원상회복에 대한 중대한 문제와 관련한 제7장 보다 우선하여 적용된다고 규정하고 있다. Ⅷ. -7:101이 적용되는 점유 중 물품이 손실, 파손 또는 변질된 경우, 그러한 손실 또는 손해의 결과로 발생한 소유자의 권리는 제6권에 의해 결정된다(Ⅷ. -7:102 (1)). Ⅷ. -7:101이 적용되는 점유 중 물품으로부터 과실을 획득하거나, 이용하거나, 또는 기타 이익을 얻은 경우, 그러한 이익의 결과로 발생한 소유자의 권리는 제7권에 의하여 결정된다(Ⅷ. -7:103 (1)). Ⅷ. -7:101이 적용되는 점유 중 물품에 대한 지출 또는 추가된 부품을 발생시킨 경우, 그러한 지출 또는 추가된 부품에 대해 점유자가 상환 받을 권리 역시 제7권에 의하여 결정된다(Ⅷ. -7:104 (1)).

제9권

동산담보

동산담보와 관련하여 우리나라는 민법의 물권편에서 담보물권을 담보자산의 종류에 따라 질권과 저당권을 규정하고 있다. 이미 시장에서는 소유권유보부매매와 금융리스 등이 사실상 담보권으로서 기능하고 있는 와중에, 2010년 5월에 '동산 · 채권 등의 담보에 관한 법률'(이하 동산담보법)이 국회를 통과하면서 이러한 동산담보에 대한 관심이 커지게 되었다.

반면 DCFR은 '담보권'이라고 하는 단일한 포괄적인 담보권제도를 규정하고 있다. 다만 그 설정방법에 관하여 크게 계약에 의한 담보의 설정 및 소유권 유보 방식의 담보 설정으로 구분하고 있다. DCFR은 공식주석을 통하여 이러한 구분이 두 개의 동산담보권의 존재를 의미하는 것이 아니고, 다만 담보의 설정 및 실행에 있어서 그 구분이 의미를 갖는 것뿐이며, 제3자에 대한 효과, 채무불이행 이전 규칙 및 소멸 등 그 외의 경우 하나의 규정이 적용될 뿐 여기서의 담보방법의 구분은 그 효용이 없다고 분명히 밝히고 있다. 즉, DCFR은 단일한 담보권을 인정하고 있으나 담보설정방법에 따라 필요한 경우 추가적인 요건을 규정함으로써 좀 더 세밀하고 정확한 규정을 마련하고자 하였다.

DCFR은 제9권에서 동산에 관한 담보권이라고 하는 단일한 그리고 포괄적인 담보권 제도를 규정하고 있으며, 한편으로는 담보자산의 종류 및 내용에 따른 차이를 인정하고 이를 바탕으로 동산담보와 관련한 내용을 규정하며 여기에서는 담보권의 설정과 범위, 제3자에 대한 효력, 우선순위 등에 관하여 규정하고 있다.

Ⅰ. 일반 규정

1. 범위

DCFR은 우선 동산담보에 관한 일반규정에서 그 적용범위에 대하여 규정한다. 우선 동산에 대한 권리로 물적담보 계약을 원인으로 한 담보권과 소유권 유보 방식으로 보유되는 소유권에 적용된다(Ⅸ. - 1:101 (1)). 이러한 동산에 대한 직접적인 권리 외에도 ① 담보목적을 위한 신탁상 권리, ② 일방적 법률행위로 설정된 동산에 대한 담보권 및 ③ 상속법의 목적에 적합하고 그 범위 내인 경우, 상속법 상 묵시적으로 인정되는 동산담보권의 경우에는 간접적인 연관성을 바탕으로 그 적용범위에 포섭하여 준용하도록 규정한다(Ⅸ. - 1:101 (2)).

DCFR 제9권은 동산에 대한 담보권이 무엇인지에 대한 정의조항을 두고 있다. 이에 따르면 동산담보권은 담보권자가 담보목적물로부터 우선적으로 피담보채권의 만족을 얻을 수 있는 그 자산에 대한 여하한 제한물권으로 규정된다(Ⅸ. - 1:102 (1)). 담보권은 다음을 포함하는데, 여기에는 우선 질권과 같이, 물적담보로 이용되기 위해 의도된 것으로 일반적으로 인식되는 형태의 제한물권, 명칭을 불문하고, 물적담보를 설정하기 위한 계약을 기초로 담보권자가 담보목적물로부터 피담보채권의 우선적 만족을 얻을 수 있도록 의도 되었거나 계약에 의해 이러한 효과가 발생하도록 하는 제한물권, 그리고 본권의 규정에서 담보권이라고 볼 수 있는 기타 권리 등이 있다(Ⅸ. - 1:102 (2)). 피담보채권의 확실한 만족을 위한 의도 또는 효과로, 물적담보를 위한 계약을 기초로 한 동산 소유권의 이전 또는 의도된 이전은 양수인을 위하여 해당 자산에 담보권만을 설정할 수 있다(Ⅸ.－1:102 (3)). 특히 이 (3)항의 규정은 ① 유체자산에 대한 소유권의 담보목적이전, ② 양도담보, ③ 매각 후 재리스, ④ 매매와 재매매의 경우에 적용된다(Ⅸ.－1:102 (4)).

동산담보는 소유권 유보 방식으로 이루어질 수 있는 바, 여기서 소유권 유보 방식이란 채무의 이행에 관한 권리를 담보하기 위해 제공된 자산의 소유권을 소유자가 보유하고 있는 경우를 의미한다(Ⅸ.－1:103 (1)). 소유권 유보 방식에서 소유권의 유보는 ① 매매계약에서 매도인이 소유권의 유보, ② 할부계약에서 공급자의 소유권, ③ 금융리스계약에서 리스자산의 소유권, 그리고 ④ 담보목적을 충족시킬 의도 또는 효과를 갖고 있는 위탁계약에서 공급자의 소유권을 포함한다(Ⅸ.－1:103 (2)).

소유권 유보 방식은 그 방식의 특이성으로 다른 담보권의 규정이 특성에 맞게 다음과 같이 변경되어 적용된다(Ⅸ.－1:104 (2)).

① 담보목적물이란 각각 매매계약, 할부계약, 리스계약 또는 위탁계약에 따라 제공된 자산이다.
② 매매계약에서 소유권 유보의 경우, 담보권자는 매도인으로, 담보제공자는 매수인으로 이해된다.
③ 할부계약에서 소유권 유보 방식의 경우, 담보권자는 공급자(신용제공자)로, 담보제공자는 할부구매자로 이해된다.
④ 금융리스계약에서 소유권 유보 방식의 경우, 담보권자는 대여자로, 담보제공자는 금융리스이용자로 이해된다.
⑤ 위탁매매에서 소유권 유보 방식의 경우, 담보권자는 공급자로, 담보제공자는 위탁자로 이해된다.

DCFR 제9권은 모든 동산담보에 적용되는 것은 아니며, 담보제공자의 영업 또는 주거가 위치하는 회원국의 국내법에 담보제공자를 보호하기 위한 특별규정이 존재하고 그 범위 내라면, 본 권은 소액대출(micro-credits)을 위한 담보권에는 적용되지 않는다(Ⅸ.－1:105 (1)). 규정의 적용순위에 있어서도 회원국에 대해 구속력을 갖는 국제협약 중 본 권 규정 내용과 관련되는 규정들은 본 권 규정보다 우선하는 것으로 추정된다(Ⅸ.－1:105 (2)).

2. 정의

DCFR 동산담보편은 구체적인 사항을 규정하기 이전에 우선 각 용어에 대한 정의규정을 두고 있다(Ⅸ. – 1:201). 이를 구체적으로 보면 우선 "종물"(accessory)이란 동산 또는 부동산에 또는 그 일부에 연결되어 있거나 밀접하게 연결되는 유체재산을 의미한다. 단, 이러한 종물은 원래의 목적물과 일체화되어 있지 않아야 하며, 동산 또는 부동산을 훼손하지 아니하고 분리할 수 있고 그 분리가 경제적으로 불합리하지 않아야 한다.

"인수금융방식"(Acquisition finance devices)이란 소유권 유보 방식과 더불어 매각된 재산의 소유권이 매수인에게 이전된 경우, 매각된 재산에 특정인의 권리를 담보하기 위해 설정된 담보권을 포함한다. 여기서 특정인이란 매매계약에서 담보목적물의 매매대금 지급에 대한 매도인과 매매대금을 실제로 매도인에게 지급하고 그 범위 내라면, 담보목적물의 매매대금을 지급하기 위해 매수인에게 제공된 대출의 상환에 대한 대부자를 의미한다. 이외에도 위의 여하한 채권을 위한 담보로 해당 규정에 존재하는 어느 권리가 제3자에게 이전되는 경우 그 자의 권리 역시 인수금융방식에 해당한다.

"물적담보계약"(contract for proprietary security)이란 ① 담보제공자가 담보권자에게 담보권을 설정해 주기로 한 계약, ② 담보제공자로 여겨지는 양수인에게 소유권을 양도할 때 담보권자가 담보권을 보유할 권리가 있는 계약, ③ 재산의 매도인, 대여자 또는 재산의 기타 공급자가 채권을 담보하기 위해 제공된 재산의 소유권을 보유할 권리가 있는 계약을 내용으로 하는 계약을 말한다.

DCFR 동산담보편에서의 "채무불이행"(Default)이란 담보권 범위 내 채무자의 채무에 대한 여하한 불이행 및 담보권자가 담보권을 행사할 수 있는 담보권자와 담보제공자 간에 합의된 여하한 다른 사건 또는 일련의 상황을 의미한다.

"금융자산"(Financial assets)이란 금융상품 및 금전채권을 말하다. 여기서 금융상품

(Financial instruments)이란 ① 양도 가능할 경우에 채권 및 이와 유사한 채무증서 뿐만 아니라 주권 및 이와 유사한 증권, ② 지급 수단을 제외한, 거래되고 여하한 금융상품을 취득할 권리를 수여하거나 현금 결제가 발생하는 여하한 기타 증권, ③ 집합투자인수에서 지분권, ④ 단기금융상품 및 ⑤ 이러한 범위에서 문서상의 권리들 또는 문서와 관련한 권리들이 포함된다.

"무형물"(Intangibles)이란 무형의 자산을 의미하고, 보증 없이(uncertified) 간접적으로 발생된 증권과 유형 자산 또는 적하물 또는 기금(fund)에서 공동소유자의 비분할지분권을 포함한다.

DCFR규정들의 목적상 "소유권"(Ownership)은 동산유형자산과 무형자산의 소유권을 포함한다.

"점유담보권"(possessory security right)이란 담보권자 또는 다른 자(채무자를 제외)가 담보권자를 위하여 담보목적물을 보유하는 것이 요구되는 담보권이다.

"대위물"(Proceeds)이란 담보목적물로부터 도출된 모든 가치로서 이러한 가치에는 매매 또는 기타 처분 또는 추심으로 실현된 가치, 담보목적물의 하자, 손해 또는 손실로 인하여 받은 손해배상금 또는 보험금, 배당을 포함한, 법정과실 및 천연과실 및 대위물의 대위물이 있다.

"담보권자"(secured creditor)는 피담보채권을 가지는 채권자 또는 채권자를 위하여 자신의 이름으로, 특별히 수탁자로서, 담보권을 보유하는 제3자를 말한다.

"담보제공자"(security provider)는 담보권 범위 내 의무의 채무자 또는 제3자를 말한다.

Ⅱ. 담보권의 설정과 범위

1. 담보권의 설정

일반조항

DCFR은 우선 담보권 설정에 대하여 그 일반적 사항을 규정한다. 구체적으로 이러한 일반조항에는 담보권의 설정방법, 담보권의 설정을 위한 요건 일반, 점유적 및 비점유적 담보권, 양도성, 실재성 및 특정성에 관한 특정 문제들을 규정한다.

구체적으로 살펴보면, 담보권의 설정방법과 관련하여 기존 우리나라 민법상 질권설정자와 관련하여서는 아무런 제한규정이 존재하지 않으나 신설된 동산담보법의 경우 담보권설정자를 '법인과 상업등기법에 따라 상호등기를 한 자'로 제한한다. 한편 DCFR은 담보권 설정자 또는 담보권자의 자격을 제한하지 않는다. 즉 담보권은 담보권을 부여하는 담보제공자, 담보제공자에게 소유권을 양도할 당시 담보권을 보유하거나 점유유보권을 원용하는 경우의 담보권자에 의해 모두 설정될 수 있다(Ⅸ. -2:101).

담보권의 성립과 관련하여 성립요건주의를 취하고 있는 민법 및 동산담보법의 경우, 앞서 설명한 바와 같이 공시방법의 구비가 담보권의 성립요건이 된다. 따라서 공시방법이 구비되지 않는 한 제3자에 대한 관계에서는 물론 당사자 간에도 담보권이 성립하지 않는다.

대항요건주의를 채택한 DCFR은 공시방법을 구비하지 않더라도 당사자간 유효한 담보설정계약을 체결함으로써 담보권이 성립한다. DCFR은 기본적으로 담보권의 설정을 위해서는 다음과 같은 요건이 갖추어져야 한다고 규정하고 있다. 첫째, 담보목적물이 존재하여야 하고, 둘째, 담보목적물이 양도가능하며, 셋째, 피담보채권이 존재하고, 넷째, 특정 방법에 의한 담보권 설정의 경우 추가요건들이 충족되어야 한다(Ⅸ. -2:102). 앞서 설명한 것과 같이 담보설정방법에 따라 필요한 경우에는 추가적인 요건을 규정함으로써 DCFR은 좀 더 세밀하고 정확한 규정을 마련하고자 하였다. 계약 및 소유권 유보를 통한 담보의 설정 이외에도 DCFR은 소유권을 담보권자에게 이전함으로써 담보를 설정하는 방법도 인정하고 있는데, 이러한 경우 담보권자와 담보권설정자의 의도 및 소유권 이전 결과가 채무의 담보를 목적으로 한 것이어야만 한다. 이처럼 DCFR은 기존 유럽에 존재하였던 다양한 형태의 동산담보제도를 모두 포용하되 그 근본적 차이를 인식하고 일정한 경우 규정의 적용을 달리하는 방법을 채택함으로써 담보권의 통합을 이룩하고 있는 것으로 보인다.

당사자 간에 달리 합의되지 않은 한, 계약에 의한 담보권의 설정은 담보권자가 담보목적물을 점유할 것을 요하지 않는다(IX. - 2:103).

우리나라 동산담보법상 동산담보권의 목적물은 장래자산을 포함하여 하나의 동산은 물론이고, 여러 개의 동산이더라도 목적물의 종류, 보관장소, 수량을 정하거나 그 밖에 이와 유사한 방법으로 특정할 수 있는 경우에는 목적물로 될 수 있다(동산담보법 제3조 제2항).

DCFR상 담보목적물은 우선 금전채권 이외의 채권이라도 종국적으로 그 채권이 금전채권으로 변형될 수 있는 것이라면, 비록 그 채권이 양도될 수 없더라도, 이를 담보목적물로 하는 담보권을 설정할 수 있다(IX. - 2:104 (1)).

또한 DCFR상 담보목적물은 양도가능한 것이어야 한다. 소유자가 자산을 양도하거나 담보제공을 하지 않겠다고 약정한 경우이더라도 해당 자산에 대한 담보권이 설정될 수 있다(IX. - 2:104 (2)). 만약 양도불가능한 자산에 담보가 설정되었다면 이는 유효하지 않고, 이후에 양도가능하게 된 때에만 담보권이 성립한 것으로 본다.

DCFR은 담보권이 성립하기 위한 요건 중 하나로 담보목적물의 현존성을 들고 있다. 담보목적물이 아직 존재하지 않는 경우 담보권이 성립하지는 않지만 그렇다고 그러한 목적물에 대한 담보설정자체가 금지되는 것은 아니다. DCFR은 장래자산에 대한 담보권의 설정에 대한 규정을 두면서도 다만 담보권은 해당 자산이 실존하게 된 때에 성립하는 것으로 보고 있다(Ⅸ. - 2:104 (3)). 장래자산에 대한 담보권의 우선순위는 담보권 성립시점이 아닌, 담보권의 등록시점으로 결정된다. 이러한 점에서 비록 장래자산에 대한 담보를 설정하더라도 담보가 바로 성립하지 않으나, 미리 등록한 시점의 우선순위를 차지할 수 있으므로 그러한 점에서 장래자산에 담보를 설정할 실익이 있다고 할 것이다.

동산담보법도 마찬가지로 담보목적물의 범위를 넓게 인정함으로써 자금이 필요한 자로 하여금 최대한 다양한 동산을 담보로 신용을 제공받을 수 있도록 하고 있다. 동산담보법은 담보목적물은 양도할 수 있는 동산이어야 한다는 규정 외에 목적물에 대한 기타 제한규정을 두지 않고 있으며(동산담보법 제3조 제1항, 제33조), 여러 개의 동산에 대한 담보권 설정가능 규정에 "장래에 취득될 동산을 포함한다"라는 문구를 함께 표시하여 장래취득자산에 대한 담보권 설정도 가능하도록 규정하고 있다(동산담보법 제3조 제2항). 장래동산이 담보목적물이 되기 위해서는 이를 특정할 수 있어야 한다. 이러한 담보목적물의 특정 규정은 동산양도담보와 관련하여 "담보목적물이 담보권설정자의 다른 물건과 구별될 수 있도록 그 종류, 소재하는 장소 또는 수량의 지정 등의 방법을 통해 외부적 · 객관적으로 특정될 수 있어야 한다"는 판례의 결정을 수용한 것이다.

DCFR Ⅸ. - 2:104 제(3)항은 "당사자가 장래자산, 포괄자산, 또는 양도불가자산에 담보권을 설정하려면, 자산이 실존하거나, 특정되거나, 또는 양도가 가능하게 된 때에만 담보권이 발생한다"라고 규정하고 있는데 이 규정은 해당 항에 규정된 권리를 포함한 조건부 권리에 담보권을 설정하는 경우에 준용하고 담보권은 현재 조건부 권리 특히, 소유권의 조건부양도에서 양수인의 권리에 설정될 수 있다(Ⅸ. - 2:104 (4)).

피담보채권이 장래의 채권인 경우에도 담보권의 설정이 가능할 것인지에 대하여 비록 DCFR상 담보권이 설정되기 위해서는 피담보채권이 존재해야 하나, 아직 발생하지 않은 장래채권 또는 조건부채권에 대하여 담보권을 설정하는 것이 가능하다. 다만 담보권은 해당 채권이 존재하게 되었을 때 성립한다(IX. – 2:104 (5)). 장래채권에 대한 담보권설정이 담보권설정 요건 중 하나인 "피담보채권이 존재할 것(IX. – 2:102 (c))"을 충족시키지 못하는 것처럼 보이나, 장래채권에 대한 담보권의 설정약정은 피담보채권이 발생할 것을 조건으로 성립하는 것으로 해석되므로 문제되지 않는다고 할 것이다.

담보권의 부여

담보권의 부여를 통해 동산담보권이 설정되기 위해서는 우선 당사자들에 의하여 담보목적물이 특정되어야 하며, 담보제공자는 자산에 대하여 담보권을 부여할 권리 또는 권한을 가져야 한다. 또한 물적 담보를 위한 계약을 근거로 담보권자는 담보제공자에 대하여 담보권을 부여할 권리가 있어야 하며, 담보권자에게 담보권을 부여한다는 것을 담보권자와 담보제공자가 합의해야 한다(IX. – 2:105). 당사자들이 담보권의 설정시기를 다르게 합의하지 않은 한, IX. – 2:110(지체된 설정)에 따라, IX. – 2:105에 규정된 요건이 충족되는 때, 담보권의 부여에 의한 담보권이 설정된다(IX. – 2:106). 담보권의 부여에 의한 소비자 담보제공자의 담보권 설정은 담보될 자산이 개별적으로 특정되고, 물적 담보 계약 체결 시 소비자가 아직 소유하지 않은 자산은 소비자가 해당 자산의 취득을 위해 이용될 대출을 위한 담보로만 설정될 수 있다. 단 장래급여, 연금 또는 이에 준하는 수입에 대한 채권은 제외된다(IX. – 2:107 (1)). 장래급여, 연금 또는 이에 준하는 수입에 대한 채권이 소비자 담보제공자와 그 자의 가족 생계비로 이용되는 경우 그 범위에서는 담보가 설정될 수 없다(IX. – 2:107 (2)).

담보권의 선의취득

담보권의 선의취득은 담보제공자가 자산을 처분할 권리 또는 권한이 없더라도 일정한 경우 그 자산 위에 담보권이 설정되는 것을 일컫는다. DCFR은 다음과 같은 경우 담보권의 선의취득을 인정하고 있다. 자산 또는 자산에 대한 물품증권을 담보제공자가 점유하고 있거나, 또는 필요한 경우, 담보권이 설정될 당시 자산이 국제 또는 국내 소유권 등록부에 담보제공자가 소유자로 등록되어 있는 경우 담보제공자가 유체자산을 처분할 권리 또는 권한이 없더라도 담보권자는 해당 재산에 대해 담보권을 가진다(Ⅸ.-2:108 (1) (a)). 또한 담보권이 설정될 당시 담보제공자에게 자산에 담보권을 부여할 수 있는 권리 또는 권한이 없다는 사실을 담보권자가 알지 못하고, 이를 알았을 것을 합리적으로 기대할 수 없는 경우에도 담보권자는 해당 재산에 대해 담보권을 가진다(Ⅸ.-2:108 (1) (b)). 하지만, 이러한 목적을 위해 담보제공자에 대하여 본 권의 규정상 등록된 소유권 유보 방식의 대상이 되는 자산에서 담보권을 취득하는 담보권자는 담보제공자에게 해당 자산에 담보권을 부여할 수 있는 권리 또는 권한이 없음을 알았다고 본다(Ⅸ.-2:108 (2)). 소유자 또는 소유자를 위해 보관하고 있는 자가 도난 당한 자산은 담보권의 선의취득이 배제된다(Ⅸ.-2:108 (3)).

만약 자산에 담보권 또는 다른 제한물권이 설정되어 있고 담보제공자가 제3자의 제한물권이 없는 재산을 처분할 수 있는 권리 또는 권한이 없더라도, ① Ⅸ.-2:108 (1) (a)의 요건을 충족해야 하는 경우, 그리고 ② 담보권이 설정될 당시 제3자의 제한물권과 관계없이 담보제공자가 담보권을 부여할 수 있는 권리 또는 권한이 없음을 담보권자가 알지 못하고 또는 이를 알았을 것을 합리적으로 기대할 수 없는 경우에 담보권자는 다른 권리와 절연된 담보권을 취득한다(Ⅸ.-2:109 (1)). 또한 ②의 목적을 위해, 담보권이 담보제공자에 대하여 등록되어 있다면, 담보목적물에 대하여 담보권을 취득한 담보권자는 현존하는 담보권과 관계없이 담보제공자에게 자산에 담보권을 부여할 수 있는 권리 또는 권한이 없음을 알고 있는 것으로 본다(Ⅸ.-2:109 (2)). 한편 (2)의 요건을 충족하였으나, (1)의 요건을 충족하지 못한 경우, 담보권자는 담보목적물에 대한 담보권을 획득한다. 해당 담보권과 이전 담보물권간의 우선순위는 일반조항에 의해 결정된다(Ⅸ.-2:109 (3)). 부여에 의한 담보권의 설정시기(Ⅸ.-2:106)에 따라 자산에 담보권이 설정될 수 있었을 시기에, 소비자에 의한 담보권 부여(Ⅸ.-2:107) 및 담보권의 선의 취득(Ⅸ.-2:108)의 요건이 아직 충족되지 않은 자산에서, Ⅸ.-2:109에 명시된 사건이 발생하면 자동으로 담보권이 발생한다(Ⅸ.-2:110). 담보권부여 요건(Ⅸ.-2:105 (b)), 담보권의 선의취득(Ⅸ.-2:108) 및 담보된 유체자산에 설정된 담보권의 선의취득(Ⅸ.-2:109)의 요건이 충족되지 못하더라도, 이러한 자산의 직접 점유가 담보권자에게 이전되면, 금전, 화폐증권 및 물품증권에 대한 담보권은 이전의 권리들과 절연되어 설정된다(Ⅸ.-2:111).

담보권의 유보

담보권 설정에 대한 일반요건에 추가하여, 유보에 의한 동산담보권의 설정과 관련하여 담보권자는 물적 담보계약에 의해 양수인에 대하여 담보권의 유보에 관한 권리를 가지며, 담보권자는 유보로 담보권이 설정될 자산의 소유권을 양수인에게 이전한다(Ⅸ.-2:113 (1)). 이러한 요건이 모두 충족한 경우에만 유보에 의한 담보권이 설정될 수 있으며(Ⅸ.-2:113 (2)), 이 경우 양수인은 담보제공자로 본다(Ⅸ.-2:113 (3)). 계약 또는 법률에 의해 특정인이 자산의 소유자에 대하여 채권을 위한 담보로 해당 자산의 점유를 보유할 권리가 있는 경우, 점유 유보권은 점유적 담보권을 발생시킨다(Ⅸ.-2:114).

2. 소유권 유보 방식의 성립

매도인, 공급자 또는 대여자가 제공된 자산의 소유자이거나, 해당 자산에 대한 권한을 가지고 있고 물적담보를 위한 계약에 자산이 특정되어 있으며, 피담보채권이 존재하는 경우, 그리고 매도인, 공급자 또는 대여자가 소유권을 보유하는 경우에 Ⅸ.-1:103(소유권 유보 방식: 범위) (2)에서 규정된 상황 하에서 소유권 유보 방식이 발생한다(Ⅸ.-2:201 (1)). 해당 범위의 의무가 이행된다는 것을 정지조건으로 한 양도의 경우 매도인, 공급자 또는 대여자가 소유권을 보유할 목적을 위해 소유권은 보유된다(Ⅸ.-2:201 (2)).

3. 특정 종류의 자산에 대한 담보권의 설정

금전채권에 대한 담보권은 기본적으로 채권양도에 대한 제3권 제5장을 준용하며, 예외적으로 계약상 금지된 채권양도에 대한 효과를 규정한 Ⅲ.-5:108 (2) 및 (3) 그리고 순차적으로 양수인만의 순위를 규정한 Ⅲ.-5:121의 적용은 제외한다(Ⅸ.-2:301 (2)). 담보권자에 대하여 담보제공자가 가지고 있는 채권도 담보제공자에 의하여 담보권자를 위한 담보로 설정될 수 있으며(Ⅸ.-2:301 (3)), 채권을 담보하는 담보권은 본 채권을 담보하는 인적 또는 물적 담보권에까지 확장된다(Ⅸ. - 2:301 (4)).

직접 보유된 회사의 양도 가능한 주권의 점유는 주식의 점유로 보며(Ⅸ. - 2:302 (1)), 등록이 되었든 되지 않았든 주식의 점유에 관한 요건을 충족시키지 못한 회사의 주식은 점유적 담보권에 해당될 수 없다(Ⅸ. - 2:302 (2)). 이는 채권에 대한 담보권에도 적용된다(Ⅸ. - 2:303). 회사의 주식에 대한 담보권은 이익배당, 상여주식 및 주주들이 해당 주식으로부터 얻은 다른 자산에까지 확장되지만 이는 해당 주식이나 그러한 자산의 금전적 가치로 제한된다(Ⅸ. - 2:302 (3)). 권원에 관한 물품증권이 물품을 포함하고 있으면, 그 범위 내에서 해당 서류에 설정된 담보권은 물품을 또한 포함한다(Ⅸ. - 2:304 (1)). 화폐증권을 위해서, 증권에 설정된 담보권은 증권에 표창된 권리를 또한 포함한다(Ⅸ. - 2:304 (2)). 권원에 관한 물품증권 및 화폐증권의 점유는 권원증서에 의해 포함되는 물품 또는 증권에 표창된 권리를 점유하는 것으로 본다(Ⅸ. - 2:304 (3)).

담보권 설정 당시의 동산 또는 부동산의 부속물에 담보권이 설정될 수 있다. 부동산에 적용 가능한 규정이 이와 같이 규정한다면, 담보권은 부동산 관련 규정에 따라서도 설정될 수 있다(Ⅸ. - 2:305 (1)). 담보목적물이 추후에 동산 또는 부동산의 부속물이 되더라도, 담보권은 계속 유지된다(Ⅸ. - 2:305 (2)). 담보권은 보험금청구권을 포함하여, 원래의 담보목적물의 하자, 손해 또는 손실로 인하여 발생한 채권에까지 확장된다(Ⅸ. - 2:306 (1)). 당사자간에 달리 합의되지 않은 한, 점유담보권은 원래의 담보목적물의 천연과실 및 법정과실에까지 확장된다(Ⅸ. - 2:306 (2)). 원래의 담보목적물의 기타 대위물들은 양 당사자들이 합의에 의해서만 담보된다(Ⅸ. - 2:306 (3)).

담보제공자 소유의 담보된 재료가 새로운 물품의 생산을 위해 이용되는 경우, 담보권자의 담보권은 당사자 합의에 의해 새로운 생산물 및 재료의 종전 소유자인 담보제공자가 생산자에 대하여 갖는 채권에까지 확장된다(Ⅸ. - 2:307 (1)). 분리가 불가능한 방법으로 또는 경제적으로 불합리한 방법으로 물품이 결합되었다면 제(1)항이 적용된다(Ⅸ. - 2:307 (2)). 한편 소유권 유보 방식의 소지자가 아닌 재료의 종전 소유자가 재료의 생산 또는 결합의 결과로 법률에 의해 담보권을 취득하는 지 여부, 그리고 담보권의 효력 및 우선순위는 제8권 제5장의 규정을 적용한다. 이러한 담보권이 당사자의 합의에 의해 설정된다면, 이는 제9권의 규정이 적용되나, Ⅷ. - 5:204 제(3)항에 따라 최우선권을 향유한다(Ⅸ. - 2:307 (3)). 재료의 종전 소유자인 담보제공자가 생산자에 대하여 갖는 채권의 경우, 재료에 대한 담보권의 종전 소지자인 담보권자의 권리는 Ⅸ. - 2:307 (3)의 담보권까지 확장된다(Ⅸ. - 2:307 (4)).

제8권 제5장의 생산, 결합 및 혼합의 규정은 소유권 유보 방식을 조건으로 한 물품의 생산 또는 결합의 결과물에 적용되며, 이러한 물품들의 소유자란 매수인, 할부구매자, 금융리스이용자 또는 위탁자로 본다(Ⅸ. - 2:308 (1)). 소유권 유보 방식을 조건으로 한 재료가 새로운 물품의 생산에 이용된 경우, 매도인, 공급자 또는 대여자는 당사자 합의에 의해 생산물 및 재료의 종전 소유자로 여겨지는 것을 기초로 Ⅷ. - 5:201(생산)에 따라 매수인, 할부구매자, 금융리스이용자 또는 위탁자가 생산자에 대하여 갖는 채권에 대한 담보권을 취득한다(Ⅸ. - 2:308 (2)). 당사자의 합의에 따라 생산물의 담보권이 결정 되듯이 물품의 결합에도 결합물의 담보권이 결정된다(Ⅸ. - 2:308 (3)). 또한 당사자의 합의에 따른 매도인, 공급자 또는 대여자의 권리는 생산 또는 결합의 결과로 매수인, 할부구매자, 금융리스이용자 또는 위탁자가 취득한 생산물 또는 결합된 물품의 담보권에까지 확장된다(Ⅸ. - 2:308 (4)).

집합체 또는 혼합물을 원래의 구성물로 분리하는 것이 불가능하거나 경제적으로 불합리한 방법으로 담보목적물이 혼합되었으나 집합체 또는 혼합물을 양적으로 비례하여 분리할 수 있고 그 분리가 경제적으로도 합리적인 경우, 물품을 담보했던 담보권은 집합체 또는 혼합물에서 물품의 종전 소유자가 가지는 권리의 담보로써 계속 존재한다; 이러한 담보는 혼합 당시 개별 물품의 가치에 대한 비례적 지분으로 제한된다(Ⅸ. - 2:309 (1)). 이 규정에 따라 혼합된 물품이 소유권 유보 방식을 조건으로 한 경우, 소유권 유보 방식 보유자의 권리가 혼합 당시 개별 물품의 가치에 비례하는 집합체 또는 혼합물의 지분으로 계속 될 것을 조건으로 하여 Ⅷ. - 5:202(혼합) (1)을 적용한다(Ⅸ. -

2:309 (2)). 여하한 담보권자는 집합체 또는 혼합물의 공동소유자의 미분리 지분에 상응하는 크기로 분리할 수 있는 담보제공자의 권리를 행사할 권리가 있으며(Ⅸ. - 2:309 (3)), 담보권자가 보유하고 있는 담보된 금융 자산이 담보권자에 의해 다른 기금에 혼합되면, 담보제공자는 기금에 대한 지분에 권리가 있다(Ⅸ. - 2:309 (4)).

4. 담보의 범위

담보는 여하한 최대 액수의 범위 내에서, 주된 피담보채권 뿐만 아니라 채무자에 대한 채권자의 부수적 채권, 특히 약정 및 지연이자, 손해배상, 위약금 또는 채무자의 불이행에 대한 합의된 지급 및 그러한 항목의 법정 외 회복의 합리적 비용의 채권을 포함한다(Ⅸ. - 2:401 (1)). 담보제공자 및 채무자(담보권 제공자와 다른 경우)에 대한 법적 절차 및 집행 절차의 합리적인 비용에 대한 채권이 포함되려면, 그러한 절차를 취하려는 채권자의 의도에 대하여 담보제공자로 하여금 그러한 비용을 피할 수 있도록 하기에 충분한 시간 내에 담보제공자에게 고지되었어야 한다(Ⅸ. - 2:401 (2)). 그리고 포괄 담보는 채무자와 채권자 간의 계약들에서 발생한 채권만을 담보한다(Ⅸ. - 2:401 (3)).

이에 대하여 동산담보법도 마찬가지로 다른 약정이 없는 한 원본, 이자, 위약금, 담보권실행의 비용, 담보목적물의 보존비용 및 채무불이행 또는 담보목적물의 흠으로 인한 손해배상의 채권을 담보하고 있다(동산담보법 제12조).

Ⅲ. 제3자에 대한 대항력

1. 일반 규정

DCFR은 설정된 담보권에 대하여 ① 유효한 담보권을 포함하여, 담보목적물에 설정된 물권을 보유하는 자, ② 담보목적물에 대하여 집행절차를 개시해왔고, 준거법상 후

속집행에 대하여 대항적 지위를 가진 채권자, ③ 예외조항에 따라, 본 장의 요건이 충족되지 않은 한, 담보제공자의 파산관재인과 같은 제3자에 대하여는 담보권의 효력이 미치지 않는다고 규정하고 있다(Ⅸ. -3:101 (1)). 만약 제3자에 대한 대항력을 갖춘 담보권이 해당 효력에 대한 합의 없이 DCFR 동산담보의 규정에 의하여 원래의 담보목적물이 아닌 자산에까지 확장되는 경우라면, 담보권의 확장은 제3자에 대한 대항력의 요건을 조건으로 하지 않는다(Ⅸ. -3:101 (2)). 한편 담보목적물에 대한 소유권 유보 방식 또는 선순위 담보권과 관계없이 선의취득에 의하여 획득한 담보권은 본 장의 요건이 충족되지 않더라도 소유권 유보 방식의 보유자 또는 선순위담보권자에 대해 대항력을 가진다. 선의취득에 의해 획득한 담보권의 제3자에 대한 대항력은 제3자에 대한 대항력을 규정한 제3장이 적용되지 않는다(Ⅸ. -3:101 (3)).

제3자에 대하여 담보권을 주장하기 위해서는 추가적 절차를 통한 제3자에 대한 대항력의 취득이 요구되는데(Ⅸ. -3:102 (1)), 크게 4가지 방식이 있다. 모든 유형의 담보목적물에 대하여는 등록으로 담보권의 제3자에 대한 대항력의 취득이 가능하고, 유체자산의 경우 담보권자가 담보목적물을 점유함으로써, 무체자산의 경우 담보목적물을 지배함으로써 담보권의 대항력을 취득할 수 있다(Ⅸ. -3:102 (2)). 마지막으로 특별한 경우 담보권자가 아무런 절차를 거치지 않아도 자동으로 제3자에 대한 대항력을 취득하는 경우가 있다.

민법상 공시방법은 동산담보권의 경우 인도이고(민법 제330조), 채권의 경우 채권증서의 교부이다(민법 제347조). 동산담보법은 새로운 공시방법으로서 담보등기제도를 도입함으로써 담보등기부에의 등기에 의해 담보를 공시할 수 있도록 하고 있다(동산담보법 제7조).

담보권이 등록, 점유 또는 지배 중 하나의 요건을 갖추어 대항력을 갖추었다고 하더라도 여하한 기타 방법을 통해서도 대항력을 갖출 수 있다. 대항력이 상이한 경우, 더 큰 대항력을 가지는 방법이 우선한다(Ⅸ. -3:103 (1)). 제3장의 요건이 적용되지 않는 담보권이 등록, 점유 또는 지배 중 하나의 요건을 갖추어 대항력을 갖춘 경우에도 이 규정을 적용한다.

대항력을 취득하는 방법이 변경되더라도, 그 대항력은 지속된다. 다만, 기존의 방법이 종료됨과 동시에 새로운 방법에 따른 요건이 갖추어져야 한다(Ⅸ. -3:104). 부합에 따른 부동산의 부속물에 대한 담보권은, 토지등기에 관한 법에 의해 허용되는 한, 부동산 등기부에 등기 또는 부기함으로써 대항력을 갖출 수 있다(Ⅸ. -3:105). 대항력을 갖춘 담보권의 목적물인 유체자산이 혼합된 경우, 물적담보에 해당하는 자산의 혼합(Ⅸ. -2:309)에 따른 합성물에 상응하는 지분에 대한 담보권의 대항력은 유효하며(Ⅸ. -3:106 (1)), 금융자산이 기금에 혼합되면 이를 준용한다(Ⅸ. -3:106 (2)). 인수금융방식은 등록에 의해서만 대항력을 가지며(Ⅸ. -3:107 (1)), 제공된 자산의 인도 후 35일 이내에 등록의 효과가 발생하면, 인수금융방식은 성립일로부터 대항력을 갖는다(Ⅸ. -3:107 (2)). 또한 인도 이후 35일 이후에 등록이 발생하면, 인수금융방식은 등록한 때로부터만 대항력이 있고 최우선권(Ⅸ. -4:102)을 향유하지 못한다(Ⅸ. -3:107 (3)). 만약 소비자에게 제공된 자산을 위한 대출이 인수금융방식에 의해 담보된 경우라면, 이러한 물적담보는 등록 없이도 대항력을 갖는다. 이러한 예외는 대위물 또는 제공된 자산과 상이한 다른 자산에 대한 담보권에는 적용되지 않는다(Ⅸ. -3:107 (4)). 담보목적물이 유럽연합 밖에서 해당지역으로 반입된 것이라면, 대항력을 갖춘 여하한 선행담보권은 위에 규정된 요건들이 3개월 이내에 충족되면 그 대항력이 유지된다(Ⅸ. -3:108).

2. 채권자에 의한 점유 또는 지배

담보권자 또는 담보권자의 대리인이 담보목적물에 대해 직접적인 물리적 지배를 행사함으로써 또는 제3자가 담보권자를 위해서만 담보물을 보유할 것을 담보권자와 합의하고 담보목적물을 보유함으로써 담보권자는 점유를 통한 제3자에 대한 대항력을 취득할 수 있다(Ⅸ. -3:201 (a), (b)). 다만, 대리인으로든 제3자로서든 담보제공자가 담보물을 점유하여서는 대항력을 취득할 수 없다. 담보권자와 담보제공자가 담보목적물을 공동으로 보유하고 있거나, 또는 제3자가 양 당사자를 위해 담보목적물을 보유하고 있는 경우, 담보제공자가 담보권자의 명시적 동의 없이 담보목적물에 접근할 수 없다면 담보권자가 점유를 통해 대항력을 취득할 수 있다(Ⅸ.－3:201 (c)).

권원에 포함된 물품 또는 증권에 표창된 권리에 설정된 담보권의 대항력은 권원에 관한 물품증권 또는 화폐증권의 소지로도 충분하다(Ⅸ.－3:202 (1)). 이는 직접 보유하는 회사의 주권(기명식 주권이라면)과 채권증서의 점유에 준용한다(Ⅸ.－3:203). 만약 정시에 작성된 담보화물보관증(trust receipt)에 대하여 그리고, 상충하는 담보권의 설정을 제외한, 하역 또는 선적, 판매 또는 교환, 또는 기타 물품거래를 목적으로 해당 자산이 담보제공자 또는 이외의 자에게 10일 이내에 양도된다면, 앞의 (1) 규정에 따른 권원에 관한 증서에 포함된 물품의 담보권은 아무런 영향을 받지 않는다(Ⅸ.－3:202 (2)).

담보권자가 금융기관이 보유하고 있는 회계장부에 기재된 금융자산(중개금융자산) 및 발행인이 관리하거나 발행인을 위해 관리되는 등록부 또는 자국법상 권원을 결정하는 등록부에 등록된 비금융상품에 대한 지배를 행사함으로써 담보권은 대항력을 취득할 수 있다(Ⅸ.－3:204 (1)). 담보제공자의 동의 하에 담보권자가 회계장부(장부상 대차)를 관리하는 금융기관에게 담보권자의 동의 없는 담보제공자의 처분을 인정하지 않도록 지시한 경우, 금융기관이 담보권자를 위해 특별계좌에 자산을 보유하고 있는 경우나 금융기관이 담보권자인 경우에는 담보권자는 앞의 자산에 대한 지배를 행사한다(Ⅸ.－3:204 (2)).

3. 등록

물적담보등록부의 운영

DCFR은 동산담보편의 규정에 의해 창설되는 물적담보의 유럽등록부가 공시하는 것이 무엇인지 그리고 다른 등록부 또는 부기시스템과 어떤 관계에 있는지에 관하여 규정하고 있다. 우선 모든 담보권 또는 소유권 유보 방식을 위해 요구되거나 허용되는 등록은 물적담보의 유럽등록부에서 그 효력이 발생한다(IX.-3:301 (1)). 특정한 종류의 자산에 설정된 담보권을 등기하는 제도나 권원증서에 부기하는 제도가 존재하는 경우, 이러한 제도에 등기 또는 부기될 담보권의 유효성은 그 제도에 적용되는 강행법규의 준수 여부에 달려 있다. 다만, 유럽법이나 국제법이 아니라 EU회원국들이 각 국가의 법에 따라 설정한 등기 또는 부기시스템의 경우에는 IX.-3:312에 따라 물적담보의 유럽등록부에 병존적인 등기가 필요하다(IX.-3:301 (2)).

DCFR은 금융증권의 발행인인 회사가 관리하거나 발행인과 독립한 제3자가 관리하는 장부이거나 상관없이 금융증권, 특히 회사의 주식에 관한 장부에 적용되는 원칙을 특별히 규정하고 있다. 만약 그 장부가 금융증권에 대한 담보권의 등기를 허용하고 있다면 그 등기는 제3절 등록에서 규정하는 추가적인 요건을 충족시킬 필요가 없다. 그 이유는 이 장부에 기입된 담보등기가 금융자산에 대한 지배(IX.-3:204) (3)의 요건을 충족시키면 금융자산을 지배한다고 할 수 있기 때문이다(IX.-3:301 (3)). 따라서 금융증권에 관한 담보권을 등기하고 있는 이러한 장부들은 국제법이나 유럽법에 의해서 설정된 장부가 아닐지라도 유럽 담보등록부 보다 우선하게 된다. 이것은 주식거래에 적용되는 각 국가의 법을 가능한 한 존중하려는 의도이다.[1]

물적담보의 유럽등록부는 담보권 관련 기입을 특정 담보제공자들에 대해 신청할 수 있도록 하는 인적편성주의로 운영된다(IX.-3:302 (1)). 통상 부동산에 있어서는 부동산별로 등기부를 편철하는 물적편성주의를 취하고 있으나, 동산에 설정되는 담보권은 담보제공자별로 등기부를 편철하고, 그 담보제공자가 설정한 담보권을 등기하는 방식의 인적편성주의를 취하게 되는데, 이는 동산 등의 경우에는 부동산과는 달리 현실적으로 그 물건의 정확한 사양(exact specification)을 기재하고 특정하는 것은 일정한 종류의 동산에만 가능하기 때문에 동산 등의 담보권에 대하여 물적편성주의를 취하기 어렵기 때문

1 정소민, 「공통참조기준초안(DCFR)의 동산담보권등록규정에 관한 연구」, 『외법논집』 제35권 제2호, 한국외대 법학연구소, 2011. 5, 8면.

이다.[2] 그러나 DCFR은 Ⅸ. - 3:318(등기부의 열람) 규정에서 담보제공자에 대한 사항을 기입하여 등기부를 열람할 수 있을 뿐만 아니라 담보물에 대한 구체적인 정보를 기입하여 등기부를 열람할 수 있도록 하고 있기 때문에 어느 정도까지는 물적편성주의와 유사한 기능을 수행할 수 있다.[3] 한편 등록부는 전자적으로 운영되고 이용자들은 온라인으로 등록부에 직접 접근할 수 있도록 함으로써 경제적 · 사회적 비용이 절감되고 효율적인 등록업무를 시행할 수 있도록 하였다(Ⅸ. - 3:302 (2)).

물적담보의 유럽등록부는 목적상 소유권 유보 방식과 담보권을 구별하지 않는다(Ⅸ. - 3:303 (1)). 따라서 이러한 두 종류의 담보권은 모두 유럽등록부에 등록될 수 있고, 이들 담보등록은 동일하게 취급된다. 이는 유럽등록부의 목적상 담보권과 소유권의 유보를 통한 담보권을 구별하지 않는다는 일반원칙을 나타내고 있는 것이다.[4] 여기서 담보권이라 함은 소유권 유보 방식을 포함한다(Ⅸ. - 3:303 (2)).

DCFR은 효율적이고 이용성이 높은 등록부를 만들기 위해 온라인으로 손쉽게 접근 및 등록이 가능하면서도 등록부 기재를 위한 요건으로 인증을 요구하였다(Ⅸ - 3:304). 이러한 등록부의 구성과 운용은 본 등록부가 한 나라가 아니라 유럽국가 전체에서 사용된다는 점에서 매우 중요하다고 할 것이다(Ⅸ. - 3:304 (1)). 이러한 인증은 이용자의 인적사항과 연락처를 확인하는 등록부 최초등록 이후에 전자등록부의 개인 이용자들에게 발급되는 접속개시 정보의 이용, 또는 만약 유럽 또는 EU 회원국 수준에서 운용되는 제도가 있다면, 일반적으로 적용되는 전자 보안 본인 인증장치의 이용을 통하여 이루어진다(Ⅸ. - 3:304 (2)).

우리나라의 경우 동산담보법을 통하여 새로이 도입된 동산담보등기부에 담보등기

2 정소민, 전게논문, 9면.

3 정소민, 전게논문, 9면.

4 정소민, 전게논문, 10면.

신청을 위하여 신청인 또는 대리인은 등기소에 출석하여 서면 또는 전자적으로 신청할 수 있다. 등기신청을 위하여는 신청서, 등기원인을 증명하는 서면이 기본적으로 필요하며 상황에 따라 추가 서면이 제출되어야 한다(동산담보법 제43조 제1항). 등기신청에 필요한 서면을 갖추어 담보등기를 신청하면 등기관이 등기사무를 처리한다.

등록부에 기입

담보권자는 직접 등록부에 기입할 수 있다(Ⅸ. – 3:305 (1)). 이것은 등록부에 등록을 하는 자가 담보제공자라기 보다는 담보권자가 될 것이라는 점을 나타낸 것이다. 또한 해당 담보권의 설정 또는 물적담보를 위한 계약의 체결 그 이전 또는 이후에 기입을 할 수 있는데(Ⅸ. – 3:305 (2)), 특히 등록의 시기에 관한 규정으로서 담보권 설정이나 물적담보를 위한 계약의 체결되기 전에 등기가 이루어지는 사전등록의 경우에는 실제 담보권이 설정되어야만 그 효력이 발생하게 된다. 이는 담보권자에게 우선순위를 보전할 수 있도록 하기 위한 것으로, 단 사전등록을 하기 위해서는 담보제공자의 동의가 필요하다(Ⅸ. – 3:306 (d)).

Ⅸ. – 3:306는 물적담보의 유럽등록부에 기재하여야 할 최소한의 사항을 명시하고 있다. 유럽등록부는 전자등기부이기 때문에 담보권자로서는 온라인상에 마련된 양식에 일정한 정보를 기입하여 이를 전송하는 방식으로 등기를 하게 될 것이다. 구체적으로는 ① 특정된 담보권자, ② 채권자가 담보제공자의 자산에 대한 담보권을 취득한다는 등의 담보목적물에 관한 최소한의 기재, ③ 담보목적물의 종류, ④ 동의요건이 충족된 사실, ⑤ 오기등록을 원인으로 담보제공자 또는 제3자가 입은 손해에 대한 책임을 채권자가 부담한다는 내용을 기재하여야 한다(Ⅸ. – 3:306 (1)). 만약 Ⅸ. – 3:306조에서 규정된 최소한의 정보를 모두 기입하지 않으면 담보권자는 전산 상 정보의 전송이 이루어지지 않아 등기를 경료할 수 없게 된다. 담보목적물에 관한 최소한의 기재를 포함하고 있는 경우와 관련하여 이러한 기재는 채권자가 담보제공자의 자산에 대하여 담보권을 취득하려고 한다는 내용이나 담보로서 소유권을 보유한다는 내용이면 충분하다(Ⅸ. – 3:306 (2)).

이외에도 등록부에는 담보목적물 또는 담보권의 내용과 관련하여 채권자가 제공한 추가정보, 통상 5년의 기간 만기일 이전인 경우, 기입의 만기일 그리고 채권최고액을 추가적으로 포함시킬 수 있다(Ⅸ-3:307). 기입에 관하여 Ⅸ.-3:306 및 Ⅸ-3:307에 따라 등록부에 등록이 정상적으로 이루어졌을 때에는 담보제공자의 성명과 연락처, 채권자의 성명과 연락처, 기입일시, 기입될 최소 사항, 기입될 추가적 사항에 대한 정보가 등록부에 게재되며, 어느 이용자나 이 정보를 열람할 수 있다(Ⅸ-3:308).

필수적 기재사항 이외의 사항들을 등록부에 기입하기 위해서는 담보제공자의 등록부상 기재를 통한 동의가 필요하다. 그러한 여하한 동의는 등록부상 기재를 통하여 담보제공자가 자유롭게 철회할 수 있다. 동의 철회는 그 철회선언이 등록부에 기재되기 전에 이미 이루어진 기입에는 영향을 미치지 않는다(Ⅸ-3:309 (1)). 물적담보를 위한 계약에서 설정된 담보권을 포함하기 위해 필요한 동의 범위에서 담보권자는 기입에 동의의 기재를 담보제공자에게 요구할 수 있으며(Ⅸ-3:309 (2)), 이는 등록부상의 동의의 기재 이외에 담보제공자가 담보권자와 한 합의에 대한 유효성, 내용 및 효과에 대하여 어떠한 영향도 미치지 않는다(Ⅸ-3:309 (3)). 이와 같이 담보제공자의 동의를 요구하는 이유는 담보권자의 동의 없이 등록을 할 수 있게 되면, 담보제공자가 상당한 위험을 감수하여야 하기 때문이다. 담보제공자가 추가로 자금을 조달하는 것을 막음으로써 오로지 담보제공자의 이익을 해하기 위한 목적으로 담보권 등록이 되거나, 혹은 지나치게 포괄적인 내용으로 등록함으로써 담보제공자에겐 불리하고 담보권자에게만 이득이 되는 경우를 방지하여 담보제공자를 보호하기 위한 차원에서 담보제공자의 동의를 요구하고 있는 것이다.

일정한 담보제공자의 담보자산에 설정된 담보권의 유효성 또는 우선순위가 등록으로 결정된다면, 등록부상의 기입은 ① 정확한 담보제공자에 대한 기입이 등록되어야 하며, ② 등록부에 게재된 담보목적물에 대한 채권자의 기재가 담보권이 설정된 자산을 포함한다. 또한 ③ 담보목적물이 기입에 표시된 범주 또는 자산의 범주에 실제로 귀속되어야 하며, ④ 채권자의 기재는 유럽연합의 공식 언어로 행해져야 한다(Ⅸ.-3:310 (1)).

특히 ②와 관련하여 기입은 담보목적물인 과실, 생산물, 대위물 및 담보를 위한 원래의 자산과 다른 여하한 기타 자산에 효력을 미치는데 이러한 자산들이 담보목적물에 관한 채권자의 기재에 포함되어야 하는 경우에 한한다(Ⅸ. –3:310 (2)). 한편 담보목적물에 대한 기술, 이 기술에 대한 번역 또는 담보목적물의 범주 또는 범주들의 표시 등이 잘못 등록된 것에 대한 위험 및 당사자가 아닌 자에 대한 기입이 이루어진 위험은 기입을 한 채권자가 부담한다(Ⅸ. –3:310 (3)).

담보권자는 이미 등기부에 기입된 내용을 변경할 수 있다(Ⅸ. –3:311 (1)). 그러나 이러한 변경은 모든 경우에 인정되는 것은 아니며, 특정한 기입에 대한 변경인 경우, 변경에 변경의 내용에 대한 기재가 포함된 경우, 그리고 변경에 담보제공자 또는 제3자가 원래 기입의 잘못된 변경을 원인으로 입은 손해에 대한 책임을 채권자가 부담한다는 채권자의 기재가 수반되는 경우에만 인정된다(Ⅸ. –3:311 (2)). 기입변경으로 원래 등기내용과 변경된 등기 내용은 모두 등기부에 나타나게 된다(Ⅸ. –3:311 (3)). 이 규정의 중요한 점은 변경등기는 담보권자의 권리를 확장하는 효력을 가질 수 없기 때문이다. 실제로, 채권자의 권리 확장은 새로운 기입을 하여야만 효력이 있다(Ⅸ. –3:311 (5)). 특히, 변경은 채권자의 권리를 다른 채권자가 대신함으로써, 담보권을 다른 채권자에게 양도함을 표시함으로써, 담보목적물에 대한 채권자 기재의 내용에 따라 담보되는 자산의 범위를 제한함으로써, 또는 기입의 만기일을 설정하거나 이를 앞당김으로써 채권자의 권리를 제한할 수 있다(Ⅸ. –3:311 (4)). 따라서 단순히 변경등기만으로는 담보제공자에게 불이익을 줄 수 없기 때문에 변경등기에는 담보제공자의 동의를 요구하지 않는다. 즉, 담보권자의 권리를 확장하는 내용의 변경등기는 효력이 없고, 담보권자의 권리를 확장하기 위해서는 반드시 새로운 등기로 이루어져야 하고, 기존 등기에 대한 변경등기로는 이루어질 수 없다.[5]

회원국의 자국법 상 상이한 등기제도 또는 권원증서에 부기하는 제도에 담보권이

5 정소민, 전게논문, 14면.

등기 또는 부기된 경우, 이러한 제도가 특정 자산에서 담보권을 위해 운용되는 한, 등록 또는 부기가 이루어진 때를 포함하여 이러한 등록 또는 부기 내용을 부언하는 기입은, 담보제공자에 대항하여 다른 제도를 운영하는 기관에 의해 물적담보의 유럽등록부에 기재된다. 다만, 물적담보의 유럽등록부에 기입은 등록 또는 부기의 유효성을 위해 요구된다(Ⅸ. -3:312 (1)). 이러한 단서조항을 두는 이유는 유럽등록부에 기초한 공시체계의 효율성을 위한 병존적 등기의 필요성에 의한 것이다. 담보권은 특정 국가의 등록시스템과 유럽등록부 양쪽에 등록이 되어있는 경우에만 효력이 있는데, 만약 그렇지 않은 경우에는 장래의 채권자는 유럽등록부의 내용을 신뢰할 수 없고 특정 국가법에 따라 추가적인 등기 또는 등록시스템에 담보권이 존재하는지 확인해야 하기 때문이다.[6] 우선순위와 관련하여, 국내 제도에서 등록 또는 부기된 시각을 기준으로 각 등기 또는 등록의 우선순위를 정하게 된다(Ⅸ. -3:312 (2)).

기입 또는 기입의 변경이 경료된 이후, 이와 관련한 효력에 대한 증명서는 자동적으로 채권자 및 담보제공자에게 송부된다(Ⅸ. -3:313). 기입의 내용을 추가함으로써, 담보권자는 채권자의 대리인이 될 제3자의 성명과 연락처를 채권자의 성명과 연락처를 대신하여 등록부에 표시하여 특정할 수 있다. 일반적으로 등기를 하게 되면 담보권자의 이름이 등기부에 나타나게 된다. Ⅸ. -3:308조에서 규정하듯이, 장래의 채권자들이 담보권자에게 연락하여 특정 자산이 실제로 담보권자를 위해 담보로 제공된 것인지 여부 등을 확인할 수 있도록 하기 위해서이다. 그러나 경우에 따라서는 담보권자는 자신이 담보제공자에게 금원을 대여하였다는 사실이 일반인에게 공개되는 것을 원하지 않을 수 있다. 일정한 요건이 갖추어지면 담보권자는 채권대리인을 임명하여 담보권자의 이름이 아니라 채권대리인의 이름과 연락처가 등기부에 나타나도록 할 수 있다. 더욱이 등록부상의 기재를 통하여, 담보권자는 자신을 대신하여 제3자가 등록부에 기재를 할 수 있는 권한을 부여할 수 있다(Ⅸ. -3:314 (2)). 담보권자를 위한 대리인으로서 제3자가 기입에서 특정되는 경우, 담보권자와 제3자는 이 절에 따른 담보권자의 모든 의무에

6 정소민, 전게논문, 15면.

관하여 연대채무자로서 책임을 진다(Ⅸ.-3:314 (3)).

담보제공자의 보호

담보제공자는 해당하는 담보권이 존재하지 않고 그 범위내에서 담보권자에 대항하여 기입을 말소하거나 또는 변경할 권리가 있다(Ⅸ.-3:315). 담보제공자는 담보권자에 대해 기입의 말소 또는 변경을 요구할 권리를 행사하기 위해 등록소의 지원을 신청할 수 있다(Ⅸ.-3:316 (1)). 담보제공자의 신청으로, 등록소는 담보권자에게 담보제공자의 요구사항에 동의하는지 여부를 문의해야 한다(Ⅸ.-3:316 (2)). 만약 담보권자가 등록소의 문의에 대해 2개월 이내에 반대하지 않으면, 담보제공자의 요구에 따라 기입은 말소되거나 변경된다(Ⅸ.-3:316 (3)). 담보권자가 이 기간 내에 반대하면, 기입은 담보제공자의 요구 범위까지 이의제기로 표시 된다(Ⅸ.-3:316 (4)). 기입은 ① 담보제공자가 기재를 통하여 등록소에 신청을 철회할 때까지, ② 담보권자가 등록소에 행해진 기재를 통하여 담보제공자의 요구에 동의할 때까지, ③ 담보권자가 기입을 말소할 때까지, 또는 ④ 관할법원에서 담보제공자의 요구에 대한 최종결정이 내려질 때까지 이의제기로 표시된다(Ⅸ.-3:316 (5)).

담보등록부의 열람 및 검색

누구든지 수수료를 내고 검색을 목적으로 담보등록부를 열람할 수 있다. 이는 담보제공자 또는 담보권자의 동의에 종속되지 않으며(Ⅸ.-3:317) 담보등록부에서 개별 담보제공자를 기준으로 또는 담보목적물의 구체적 기술을 기준으로 한 기입들을 검색할 수 있다(Ⅸ.-3:318).

정보요청에 대한 등록된 담보권자의 답변의무

등록된 담보권자는 질문자가 기입된 담보권 및 담보목적물에 관한 정보를 요청하는 경우 담보제공자의 승인을 얻어 답변할 의무가 있다(Ⅸ.-3:319 (1)). 정보의 요청은 담보권자의 영업소, 설립지 또는 거주지가 소재한 유럽연합 회원국의 공식 언어 또는 영어로 이루어져야만 한다(Ⅸ.-3:319 (2)). 한편 담보권자는 담보제공자의 승인을 받아, 요청을 받고 난 이후 14일 이내에 답변을 하여야만 한다(IX. - 3:319 (3)). 이러한 질문자의 정보요청에 대한 담보권자의 답변의무는 질문자와 담보제공자 양쪽에 부담하며, 담보권자는 양당사자에게 의무의 위반으로 인해 발생한 여하한 손실에 대하여 배상할 책임이 있다(IX. - 3:319 (4)).

담보권자는 정보를 제공하는 시점에 특정한 자산에 담보권이 존재하는지 여부에 관한 정보를 제공함으로써 위의 정보요청에 대해 답변을 해야만 한다(IX. - 3:320 (1)). 정보는 관련 자산이 담보권자를 위한 담보로 제공된 것인지 여부에 대해 명확히 언급함으로써, 또는 물적담보의 제공 또는 보유에 관한 담보제공자와 담보권자간의 합의 중 관련 부분을 전달함으로써 제공될 수 있다(IX. - 3:320 (2)). 담보권이 이전된 경우, 담보권자로 등록된 자는 양수인의 성명 및 연락처를 공개하여야만 한다(IX. - 3:320 (3)). 그리고 정보는 담보권자의 영업소, 설립지 또는 거주지가 소재한 유럽연합 회원국의 공식 언어 또는 영어로 이루어져야만 한다(IX. - 3:320 (4)). 이러한 요건을 준수한 기입이라면, 해당 기입을 통해 관련 자산에 담보가 설정되지 않았음이 명백한 경우나 동일한 질문자로부터 동일한 자산에 관한 정보제공요청에 대해 담보권자가 이미 답변을 하였고, 해당 답변이 지난 3개월 이내에 이루어졌으며 여전히 정확한 경우에는 정보가 제공될 필요가 없다(IX. - 3:320 (5)).

담보권자가 관련 자산에 담보권이 설정되지 않았다고 질문자에게 정확하게 알리면, 그 이후 담보권자를 위해 해당 자산에 설정된 담보권은 질문자의 담보권에 우선하여 원래의 기입에 부여된 우선권을 갖지 못한다. 본 규정은 질문자가 정보를 요청한 날로부터 3개월 이내에 담보권을 취득한 경우에만 적용된다(IX - 3:321 (1)). 담보권자가 본 관에 따라 질문자에게 관련 자산에 담보권이 설정되었다고 정확하게 알리면, 질문자는 담보권자를 위한 담보권이 없는 담보목적물에 대한 물적 권리를 취득할 수 없다. 질문자는 선의취득의 원칙에 따른 물적 권리를 취득하는 것은 가능하다(IX - 3:321 (2)).

담보권자가 질문자에게 관련 자산에 담보권이 설정되지 않았다고 부정확하게 알리면, 질문자는 담보권자의 권리에 대한 등록부상의 기입에도 불구하고 선의취득의 원칙에 기하여 3개월 이내에 담보권자를 위한 담보권이 없는 해당 자산에 대한 물적 권리를 취득할 수 있다(IX-3:322 (1)). 담보권자가 본 관에 따라 질문자에게 관련 자산에 담보권이 설정되었다고 부정확하게 알리고, 그럼에도 불구하고 질문자가 담보제공자로부터 관련 자산에 대한 물적 담보권을 취득한다면, 질문자의 담보권에 우선하여 원래의 기입에 부여된 우선권을 행사하지 못한다(IX.-3:322 (2)).

담보권자가 정보제공의무(IX.-3:319) 및 정보의 사항(IX.-3:320)의 정보요청에 대해 답변하지 않거나 또는 관련 자산에 설정된 담보권이 이전되었다고 부정확하게 답변하면, 질문자는 담보권자로부터 관련 자산에 담보권이 설정되지 않았다는 정보를 받은 것과 같이 다루어진다. 담보권자가 정보요청에 대한 답변을 지체하면, 담보권자가 정보요청에 대해 답변하기 이전에 질문자를 위한 물적 권리가 설정되거나 또는 질문자가 물적 권리를 취득한다는 조건으로 관련 자산에 담보권이 설정되지 않았다고 정보를 제공한 것과 같다(IX.-3:323 (2)).

이러한 정보요청 및 답변은 문언적 형태이어야만 한다. 양쪽 모두 등록부가 제공하는 전자적 통신수단을 통해 이루어질 수 있다. 이 경우, 질문 또는 답변은 등록부상 질문자 또는 답변자에게 한 통신된 것을 통해 증명되며, 각각, 다른 당사자로부터 받은 질문 또는 답변은 수령의 증거로써 효과를 갖는다(IX.-3:324).

기입의 존속기간, 갱신 및 말소

기입은 등록부에 기재된 때로부터 5년 후 또는 기입에 표시된 만료일에 만료한다(IX.-3:325 (1)). 기입이 만료되면, 등록부에 기입은 더 이상 게재되지 않고 이용자들은 더 이상 이를 직접 열람할 수 없다. 본 절의 여하한 효력은 중단된다. 기입의 사항은 등록소의 보관소에 참고목적으로 보관된다(IX.-3:325 (2)). 기입에 만료일이 포함되지 않은 한, 기입은 일반적인 만료기간의 종료 전에 5년의 추가기간을 갱신할 수 있다(IX.-3:326 (1)). 기입갱신은 담보권자가 등록부에 기재함으로써 효력이 생긴다(IX.-3:326 (2)).

담보권자는 언제든지 등록부의 기재를 통해 기입을 말소할 수 있다(Ⅸ. -3:327 (1)).

담보권 또는 담보목적물의 이전

담보권이 이전되는 경우, 원래의 기입에 의한 효력이 유지된다(Ⅸ. -3:328 (1)). Ⅸ. -3:329(담보권의 이전:이전표시의 기재)의 이전에 대한 표시가 기재되어 있지 않더라도, 양수인은 이전 시부터 담보권자와 같은 방식으로 "제5관 정보요청에 대한 등록된 담보권자의 답변의무"에 구속된다(Ⅸ. -3:328 (2)). 양도인은 담보권의 이전 시부터 담보권의 이전 표시의 기재가 신청될 때까지 또는 양도인이 Ⅸ. -3:329(담보권의 이전:이전표시의 기재) (4)의 기재에 대한 동의를 기재할 때까지 기입의 변경 및 말소뿐만 아니라, 기입과 관련한 자신의 행위로 인해 양수인이 입은 여하한 손해에 대하여도 책임이 있다(Ⅸ. -3:328 (3)).

담보권이 이전된 경우에, 원래의 기입은 이전을 표시하는 기재에 의해 수정될 수 있다(Ⅸ. -3:329 (1)). 이러한 이전을 표시하는 기재는 Ⅸ. -3:311(기입변경) 및 Ⅸ. -3:329의 추가적 규정들을 따를 것을 조건으로 한다. 이전을 표시하는 기재는 몇 가지 제한이 있는데, ① 특정 기입에 관한 경우, ② 이전될 담보권을 표시한 경우, ③ 양수인을 특정한 경우, 그리고 ④ 변경자는 잘못된 기입으로 인해 담보권자 또는 제3자가 입은 손해에 대한 책임을 진다는 기재를 수반하는 경우에만 등록부에 기입될 수 있다(Ⅸ. -3:329 (3)). 또한 이전을 표시하는 기재는 양도인에 의하여 신청되거나 또는, 양도인의 동의를 받아, 양수인에 의하여 신청될 수 있다(Ⅸ. -3:329 (4)). 담보권의 이전을 근거로 그 한도에서, 담보제공자는 양도인에 대항하여 이전을 표시하는 기재를 신청할 권리가 있으며, 양수인은 전 항에 따라 양도인에 의한 동의의 기재를 할 권리가 있다(Ⅸ. -3:329 (5)). 일단 이전을 표시하는 기재가 신청되면, 원래의 기입은 그에 따라 수정되고 더 이상 이전되었다고 표시된 담보권으로 보지 않는다(Ⅸ. -3:329 (6)). 일단 이전을 표시하는 기재가 신청되면, 신규 기입은 담보제공자에 대항하여 원래 기입의 사항을 재확인하고 표시된 담보권이 양수인에게 이전되었음을 명시하며 자동으로 신청된다(Ⅸ. -3:329 (7)). 한편 양수인은 본 절의 목적상 신규 기입에 대하여 담보권자의 지위를 갖는다. 이전되었다고 표시된 담보권에 대하여, 신규 기입은 원래의 기입에 의해 부여된 우선권을 갖는다(Ⅸ.

-3:329 (8)).

담보목적물의 소유권은 등록부에 신규 기입 신청 없이 현존하는 담보권에 종속되어 이전될 수 있다(IX.-3:330 (1)). 등록부상 원래의 기입에 따라 담보목적물에 설정된 담보권에 대한 효력의 지속과 우선권은 IX.-5:303의 규정에 의한다(IX.-3:330 (2)). 한편 양수인은 이전 시부터 이전된 자산의 담보권에 관하여 담보제공자의 지위를 갖는다(IX.-3:330 (3)). 이것은 제공된 자산에 또는 이와 관련한 매수인, 할부구매자, 금융리스이용자 또는 위탁자의 권리가 현존하는 소유권 유보 방식에 종속되어 이전되는 경우에 준용한다(IX.-3:330 (4)).

현존하는 담보권이 설정된 담보목적물의 소유권을 취득하는 양수인은 이전을 표시하는 기입에 대해 등록부에 기입을 할 의무가 있다. 다만 이러한 기재가 담보권자에 의해 이미 기입된 경우에는 그러하지 아니하다(IX.-3:331 (1)). 양수인은 이전된 자산에 설정된 담보권을 보유한 담보권자에게 전항의 의무를 위반한 결과로 발생한 손해에 대하여 책임진다(IX.-3:331 (2)). 양수인 또는 담보권자는 ① 양수인으로서 특정한 담보제공자에 관한 것인 경우, ② 양도인으로서 특정한 담보제공자의 인적사항을 표시한 경우, ③ 이전된 자산에 관한 최소한의 기재를 포함한 경우, ④ 이전된 자산이 속한 자산구분목록이 한 개 이상의 참고를 통해 표시되는 경우, ⑤ 이전을 기재하는 자는 잘못된 기입으로 인해 양수인, 담보권자 또는 제3자가 입은 손해에 대한 책임을 진다는 기재를 수반하는 경우에 이전의 기재를 할 수 있다(IX.-3:331 (3)). 이것은 제공된 자산에 또는 그와 관련된 매수인, 할부구매자, 금융리스이용자 또는 위탁자의 권리가 현존하는 소유권 유보 방식에 종속되어 이전되는 경우 양수인은 이전 시부터 담보제공자의 지위를 갖는다(IX.-3:331 (4)).

비용

비용의 분배와 관련하여 당사자 간에서는 각 당사자는 전자보안 본인인증장치의 등록 또는 가입을 위한 비용을 부담해야 하며 담보제공자는 등록부와 관련하여 담보권자에 의해 합리적으로 발생한 기타 비용을 부담해야 한다(Ⅸ.-3:332 (1)). 한편, 질문에 대한 질문 및 답변 비용은 질문자가 부담한다(Ⅸ.-3:332 (2)).

등록부의 창설 이전에 설정된 담보권

물적담보의 유럽등록부가 운용되기 이전에 효력이 발생한 담보권은 그 후에 효력을 유지하기 위하여 본 절의 등록을 요하지 않는다(Ⅸ.-3:333 (1)). 회원국의 자국법 상 여하한 등기제도나 권원증서 상 부기제도에 따라 담보권이 등기 또는 부기되었다면, 등록 또는 부기가 이루어진 때를 포함하여 이러한 등록 또는 부기 내용을 부언하는 기입은 담보제공자에 대항하여 물적담보의 유럽등록부에 기재되는데 해당 기재는 일단 등록부가 창설되면 다른 등록부를 운영하는 기관에 의해 이루어지도록 하였다(Ⅸ.-3:333 (2)). 이러한 규정을 통해 물적담보와 관련한 개별 국가의 등록부와 유럽등록부의 충돌을 정리하였다.

Ⅳ. 우선순위

DCFR 상 동일한 자산에 설정된 수 개의 담보권 및 담보권과 기타 제한물권 간의 우선순위는 관련시점의 선후에 따라 결정되도록 하였다(Ⅸ.-4:101 (1)). 관련시점이란 담보권의 경우 등록이 이루어진 시기 또는 점유, 지배 등 다른 방법에 따라 담보권의 제3자에 대한 대항력이 발생한 시기 중 먼저 도래한 시기를 말하며, 기타 제한물권의 경우에는 제한물권이 설정된 시기를 뜻한다(Ⅸ.-4:101 (2)). 담보권의 성립시기와 상관없이, 대항력을 갖춘 담보권이 그렇지 않은 담보권보다 우선순위를 갖도록 하였고(Ⅸ.-4:101 (3)), 대항력이 없는 담보권 간에는 설정시기에 따라 결정되도록 하였다(Ⅸ.-4:101 (4)). 단, 소유권 유보 방식에 종속하는 자산을 선의취득에 의해 취득한 담보권 또는 동일한 자산에서 이전 담보권과 관계없이 취득한 담보권은 소유권 유보 방식 또는 이전의 담보권보다 항상 우선순위를 갖는다(Ⅸ.-4:101 (5)).

동산담보법 역시 동일한 담보목적물에 대하여 여러 개의 권리가 설정되어 있는 경우, 우선변제적 효력은 해당 권리자의 우선순위에 따라 효력을 발휘한다고 보고 있다. 동산담보법 상의 우선순위 결정 기준은 다음과 같다. 첫째, 동일한 동산에 설정된 동산담보권의 순위는 등기의 순서에 따르고(동산담보법 제7조 제2항), 둘째, 동일한 동산에 관하여 담보등기부의 등기와 인도(민법에 규정된 간이인도, 점유개정, 목적물반환청구권의 양도 포함)가 행하여진 경우에는 그 권리 간의 순위는 법률에 다른 규정이 없으면 그 선후에 따른다(동산담보법 제7조 제3항). 셋째, 법률에 규정된 우선특권과의 관계에서는 규정에 따라 동산담보권의 등기일자보다 앞선 국세, 최종 3개월 분의 임금, 재해보상금에 해당하는 채권의 경우 동산담보권의 피담보채권에 우선하도록 하였다(국세기본법 제35조, 근로기준법 제38조 제2항).

DCFR은 종물 그리고 생산, 혼합, 결합 등으로 생산된 동산에 대한 담보권에 대한 우선순위도 규정하고 있다. 담보목적물이 동산의 종물이 된 경우, 또는 담보권이 생산, 혼합 또는 결합으로 형성된 자산에 존재하는 담보제공자의 권리에까지 확장된다면, 담보목적물이 새로운 물품의 생산을 위해 이용되거나 또는 다른 자산과 혼합 또는 결합되는 경우에는 담보목적물의 우선순위는 영향을 받지 않는다(Ⅸ.-4:103 (1)). 부동산에 관한 법이 다르게 규정하고 있지 않는 한, 담보목적물이 부동산의 종물인 경우에도 담보목적물이 동산의 종물과 같이 적용한다(Ⅸ.-4:103 (2)).

원래의 담보목적물과 동일한 종류의 과실 및 대위물, 보험금청구권을 포함하여, 원래의 담보목적물의 하자, 손해 또는 손실로 인하여 발생한 채권, 원래의 담보목적물에 대한 담보권의 등록부가 적용되는 과실 및 대위물은 원래의 담보목적물에 대한 담보권의 우선순위를 보존한다(Ⅸ.-4:104 (1)). 이것이 적용되지 않는 경우, 과실 및 대위물에 설정된 담보권의 우선순위는 Ⅸ.-4:101(우선순위:일반 규정) 및 Ⅸ.-4:102(최우선권)의 일반 규정에 따라 결정된다(Ⅸ.-4:104 (2)). 인수금융방식의 대상이거나 또는 자산의 과실 및 대위물에 설정된 담보권은 원래의 담보목적물에 설정된 담보권의 최우선권을 갖지 못하지만(Ⅸ.-4:105 (1)) 이것은 보험금청구권을 포함하여, 원래의 담보목적물의 하자, 손해 또는 손실로 인하여 발생한 채권 및 원래의 담보목적물 매매의 대위물에 설정된 담보권의 최우선권에 영향을 미치지 않는다(IX.-4:105 (2)).

담보목적물이 유럽연합 밖에서 해당지역으로 반입된 것이라면, 담보목적물이 유럽연합 내로 이전되기 이전에 유효한 경우 IX.-3:108(담보목적물의 수입)의 조건들을 충족한 담보권의 우선권은 보존된다(IX.-4:106). 우선순위를 결정하기 위한 목적상, 집행지의 절차법에 따라 특정자산에 대한 집행절차에 필요한 모든 사전조건들이 충족된다면 집행채권자는 특정자산에 대하여 집행을 개시하는 때로부터 유효한 담보권을 가진 것으로 본다(IX.-4:107). 동일한 자산에 설정된 담보권과 기타 제한 물적 권리간의 우선순위뿐만 아니라 담보권과 기타 담보권간의 우선순위는 순위의 변동에 의해 영향을 받게 될 모든 권리의 보유자들 간의 서면합의로 변동될 수 있다(IX.-4:108 (1)). 순위의 변동으로 인하여 부정적인 영향을 받는 담보권 또는 제한물권을 취득한 제3자는 물적담보의 유럽등록부의 담보권을 위한 기입이 그에 따라 변경되었거나 또는 제3자가 이전 당시 순위의 변동을 알았거나 알 수 있는 이유가 있어야지만 구속된다(IX.-4:108 (2)).

V. 채무불이행 이전 단계에서의 규칙

1. 일반원칙

DCFR 규정들에 반하지 않는 한, 담보제공자 및 담보권자는 담보목적물에 관하여 그들의 상호관계를 결정할 수 있다(IX.-5:101 (1)). 소유권 유보 방식을 제외하고 명시적으로 다른 규정이 없는 한, 채무불이행 전에 담보권자가 제공한 담보목적물의 유용을 위하거나 또는 이러한 효력을 가지는 합의는 무효로 한다(IX.-5:101 (2)).

2. 담보목적물

담보목적물의 점유와 관련한 당사자는 목적물에 대하여 일정한 의무와 권리가 있다. 먼저 다른 이들이 소유하는 자산으로부터 담보목적물을 특정할 의무가 있고 상당한 주의로 담보목적물을 보존 및 관리하여야만 한다(Ⅸ.-5:201 (1)). 상대방은 여하한 합리적인 시기에 담보목적물을 검사할 권리가 있다(Ⅸ.-5:201 (2)). Ⅸ.-5:201 (3)에 따르면 담보제공자는 담보목적물에 대하여 다음과 같은 의무와 권리가 있다. 담보제공자는 자산이 위치하고 있는 곳에서 신중한 소유자들이 일반적으로 보험을 가입하는 그러한 위험을 대비하여 담보목적물에 대한 보험을 가입할 의무가 있다. 담보권자의 요청에 따라, 담보제공자는 보험의 담보 범위를 위한 증거를 제공하여야만 한다. 보험에 가입되어 있지 않거나, 또는 불충분한 보험의 담보범위를 갖거나 또는 이와 관련한 증거가 없다면, 담보권자는 충분한 보험을 가입하고 여하한 비용을 담보 범위 채무에 추가 시킬 권리가 있다(Ⅸ.-5:201 (3)).

담보제공자의 권리 및 의무

이외에 담보제공자는 담보목적물을 점유할 권리가 있고 그 권리가 계속되는 한, 담보제공자는 합리적인 방식으로 담보목적물을 이용할 권리가 있다(Ⅸ.-5:202). 담보권이 설정된, 원료 또는 반제품과 같은, 산업용 재료를 점유하고 있는 담보제공자는, 명시적으로 금지되어 있지 않은 한, 생산을 위해 이러한 재료를 이용할 수 있다(Ⅸ.-5:203). 일상적인 영업과정에서 상인 또는 제조자로 활동하는 담보제공자가 담보권이 설정되어 있지 않은 매각 후 리스 및 산업용 재료를 위해 지정된 자산 및 산업용 재료의 생산품의 담보목적물을 점유하고 있다면, 이들을 처분할 수 있다(Ⅸ.-5:204 (1)). 담보권자에 의해 명시적으로 권한을 수여 받지 않은 한, 상인 또는 제조자는 담보권이 설정된 장비의 항목들을 처분할 수 없다(Ⅸ.-5:204 (2)).

담보목적물을 점유하고 있는 담보제공자는 담보권자에 대하여 제한사항을 위반하여 담보목적물을 이용 또는 처분하지 않을 의무가 있다(Ⅸ.-5:205 (1)). 이에 대한 언급된 의무의 불이행으로 발생한 손해에 대한 책임에 추가하여, 이러한 제한을 위반한 담보제공자는 이용으로 발생한 가치 또는 처분의 대위물에 대한 책임을 담보권자에게 질 의무와 이로써 발생한 금액을 지급할 의무가 있다. 그러나 이 금액은 피담보채권의 액수를 한도로 한다(Ⅸ.-5:205 (2)).

동산담보법도 DCFR과 마찬가지로 동산에 담보권이 설정되더라도 담보권설정자가 담보물의 소유자라는 사실은 변함이 없으며 따라서 소유자인 담보권설정자는 담보물을 자유롭게 처분할 수 있다고 한다. 동산담보법은 담보목적물의 제3취득자에 대하여 비용상환청구권(동산담보법 제18조) 및 변제권(동산담보법 제28조)을 규정하고 있는데 이를 통하여 동산담보권에 추급력이 인정된다는 것으로 해석할 수 있을 것이다. 이러한 권리들은 담보물권의 추급력으로 인하여 불안정한 지위를 갖게 되는 제3취득자를 보호하기 위한 특별규정이기 때문이다.[7] 제3취득자는 담보목적물의 소유권을 취득한 것일 뿐이므로 이러한 사실은 동산담보등기에 표시가 되지 않는다. 동산담보등기는 동산의 소유권 자체에 관하여 등기하는 것이 아니며, 동산양도에 관하여 등기하는 것도 아니기 때문이다.

담보권자의 권리 및 의무

한편, 담보목적물을 점유 또는 지배하는 담보권자는 필수적인 것이 아닌 한 자산을 이용할 권리가 없다(Ⅸ.-5:206).

담보권자로서 금융자산을 보유하고 있는 은행 및 유사금융기관은 명시적인 합의가 있다면, 담보목적물을 이용, 충당 및 처분할 권리가 있다(Ⅸ.-5:207 (1)). 담보권자는 피담보채권의 만족을 위해, 동일한 종류, 품질 및 가치의 금융자산을 담보제공자에게 이전해야 할 의무만 있다(Ⅸ.-5:207 (2)). 담보권이 원래 담보목적물의 법정과실에까지 확장된

7 추급력이란 담보물권자가 담보물권을 설정한 후 담보물의 소유권이 제3자에게 이전된 경우에도 신소유자인 제3자에 대하여 담보권의 효력이 미치는 것을 뜻한다.

다면, 담보권자는 변제기일이 도래하기 이전이라도 피담보채권을 감소시키기 위해 법정과실을 수취하고 이를 충당시킬 권리가 있다(Ⅸ.－5:208).

한편 담보권자 또는 담보제공자의 권리 및 의무에 관하여 동산담보법은 담보권자를 위해 담보목적물의 반환청구권, 방해제거청구권 및 방해예방청구권을 인정하고 있다(동산담보법 제19조, 제20조). 이 외에도 담보권자가 담보목적물을 점유한 경우에는 피담보채권을 전부 변제 받을 때까지 담보목적물을 유치할 수 있으며 다만 이 경우 담보권자는 선량한 관리자의 주의로 담보목적물을 관리하여야 한다. 질권의 경우 질권자는 자기의 책임으로 전질할 수 있는 전질권 갖는다. 전질로써 채무자, 보증인, 질권설정자 및 그 승계인에게 대항하기 위하여는 채무자의 승낙이 있어야 한다(민법 제336조). 권리질권의 경우 질권설정자는 질권자의 동의없이 질권의 목적된 권리를 소멸하게 하거나 질권자의 이익을 해하는 변경을 할 수 없다(민법 제352조).

당사자 변경

피담보채권이 다른 채권자에게 이전된다면, 담보권 역시 해당 채권자에게 이전된다(Ⅸ.－5:301 (1)). 양도인은 이전된 권리를 담보하는 여하한 담보권을 양수인에게 고지 할 의무가 있다(Ⅸ.－5:301 (2)). 담보권의 제3자에 대한 대항력은 다음의 방법을 통하여 취득된다(Ⅸ.－5:301 (3)). 첫째, Ⅸ.－3:328제(1)항에 따른 원래의 등록에 의하여 대항력을 취득한다. 둘째, 담보목적물의 점유 또는 지배 중 하나가 양수인에게 이전되면 대항력을 취득한다. 셋째, 양도인이 양수인을 위해 점유 또는 지배하기로 합의하면 대항력을 취득한다. 넷째, 제3장의 여하한 요건의 준수 없이 담보권이 대항력을 갖추면 대항력을 취득한다. 담보권의 대항력이 지속되면, 그 우선순위는 이전에 의해 영향을 받지 않는다(Ⅸ.－5:301 (4)).

피담보채권의 일부가 변동되는 경우 발생하는 법률효과를 다음과 같이 규정하고 있다(Ⅸ.－5:302). 첫째, 피담보채권의 일부분 또는 전부를 다른 양수인에게 이전함으로써 분할된 피담보채권이 서로 다른 자들에 의해 보유되면 피담보채권의 일부분을 보유한 각자가 피담보채권의 해당 부분의 액면금액에 비례하여 담보권의 일부분에 대해 권리를 갖는다. 둘째, 피담보채권의 일부분을 갖는 개별 보유자의 담보권의 대항력은 개별적으로 결정된다. 셋째, 피담보채권의 일부분을 보유하고 있는 자는 또한 다른 자들을 위해 담보목적물을 점유 또는 지배할 수 있다(Ⅸ.-5:302). 담보목적물의 소유권이 다른 자에게 이전된 경우, 자산에 설정된 담보권의 현존 또는 제3자에 대한 대항력은 영향을 받지 않으며 이전의 시점에, 양수인은 담보제공자로 여겨진다(Ⅸ.-5:303 (1)). 양도인이 담보권이 없는 담보목적물을 처분할 수 있는 권한을 가지고 행동하였거나 또는 양수인이 선의취득을 근거로 담보권이 없는 자산을 취득하였다면 이는 적용되지 않는다(Ⅸ.-5:303 (2)). 담보목적물의 소유권이 이전되기 이전에 새로운 소유자의 장래 자산에 담보권자를 위해 설정된 담보권은 이전의 시점에 이전된 자산에 설정되어 있는 담보권보다 우선권을 갖지 못하며(Ⅸ.-5:303 (3)), 만약 현존하는 소유권유보방식에 종속되는 제공된 자산에 존재하는 또는 이와 관련되는 매수인, 할부구매자, 금융리스이용자, 또는 위탁자의 권리가 이전된 경우, 제(3)항이 준용된다(Ⅸ.-5:303 (4)).

3. 피담보채권에 관한 담보권자의 정보제공의무

담보제공자는 담보 범위 채무액과 관련된 정보를 요구할 권리가 있으며, 이를 요구받은 경우 담보권자는 이를 제공할 의무를 부담하며 담보제공자는 해당 정보를 제3자에게 제공할 것을 요구할 수 있다(Ⅸ.-5:401 (1)). 담보제공자가 담보 범위 채무에 대한 채무자가 아니라면, 이러한 담보제공자의 권리는 채무자의 승인에 따른다(Ⅸ.-5:401 (2)).

Ⅵ. 소멸

담보권의 소멸과 관련하여 DCFR은 다음과 같은 경우들을 상정하고 있다(Ⅸ.-6:101 (1)); ① 담보제공자와 담보권자가 담보권의 소멸을 합의한 경우, ② 담보권자가 담보목적물의 점유를 담보제공자에게 반환하는 경우 담보권의 포기로 추정되는 것과 같이,

담보권자가 담보권을 포기한 경우, ③ 담보목적물이 멸실된 경우, ④ 담보권자가 담보목적물의 소유권을 취득한 경우, ⑤ 제3자가 담보권이 없는 담보목적물의 소유권을 취득한 경우, ⑥ 특히 상속 또는 합병에 의하여, 피담보채권의 채무자와 채권자가 일치되는 경우와 같이, 다른 여하한 조항이 이와 같이 규정하거나 또는 이러한 결과가 암시된 경우. 피담보채권이 완전히 소멸하면, 특히 담보권자에게 지급함으로써 채권이 모두 만족되었다면, 담보권 역시 소멸되며 피담보채권과 함께 담보권이 담보권자에게 지급한 다른 이에게 이전된 것이 아닐 것을 조건으로 한다(Ⅸ.-6:101 (2)). 소유권유보방식은 매매계약, 할부계약, 금융리스계약 또는 위탁계약에 의해 제공된 자산의 또는 이와 관련된 매수인, 할부구매자, 금융리스이용자 또는 위탁자의 권리가 소멸하는 경우에 해제된다(Ⅸ.-6:101 (3)).

담보권이 없는 담보목적물의 소유권을 제3자가 선의취득함으로 인해 담보권이 소멸되는지 여부는 제한물권이 없는 소유권의 선의취득(Ⅷ.-3:102)에 의해 결정된다(Ⅸ.-6:102 (1)). 제한물권이 없는 소유권의 선의취득의 경우 Ⅷ.-3:102 (1)(d) 제1문에서 그 목적상, 담보권이 관련 규정에 따라 등록되어 있다면 양도인에게 담보권이 없는 소유권을 이전할 권리 또는 권한이 없다는 것을 양수인이 알고 있는 것으로 본다. 다만 양도인이 일상적인 영업과정에서 활동하는 경우, 또는 양도인과 상이한 담보제공자에 대한 기입이 이루어진 경우에는 그러하지 않는다(Ⅸ.-6:102 (2)). 제공된 자산의 소유권을 제3자가 선의취득함으로써 소유권유보방식이 소멸되는지 여부는 Ⅷ.-3:101(소유권 이전의 권리 또는 권한이 없는 자에 의한 선의취득)에 의해 결정된다(Ⅸ.-6:102 (3)).

피담보채권이 시효로 소멸되고 피담보채권의 채무자가 그의 채권자에 대하여 시효를 원용한 이후로 2년까지는 담보권이 청구될 수 있다(Ⅸ.-6:103).

담보권의 전부 또는 일부의 소멸은 이에 대응하는 관련 자산의 담보가 소멸함을 암시한다(Ⅸ.-6:104 (1)). 담보권이 소멸된다면 그 범위에서, 담보권자는 더 이상 소유권자에 대하여 담보권이 설정되었던 자산을 점유 또는 지배할 권리가 없다. 물적담보의 유럽등록부의 기입말소권을 위해서, 담보제공자의 기입말소 또는 변경권(Ⅸ. - 3:315)이 적용된다(Ⅸ. - 6:104 (2)). 담보권자는 담보목적물을 보유하고 있는 제3자에게 담보권의 소멸을 고지할 의무가 있고, 제3자가 담보권자를 위해서 자산을 보유하고 있다면, 담보제공자에게 지시를 요청해야 할 의무가 있다(Ⅸ. - 6:104 (3)). 제3채무자에게 담보에 대한 지급통지가 이루어진 담보된 권리의 경우, 담보권자는 채무자에게 담보의 소멸을 통지할 의무가 있다(Ⅸ. - 6:104 (4)).

소유권유보방식이 종료되고 그 범위에서, 제공된 자산에 대한 매도인, 공급자 또는 대여자의 소유권은 더 이상 본 권 규정의 적용을 받지 않으며 매수인, 할부구매자, 금융리스이용자 또는 위탁자에 의한 제공된 자산의 소유권 취득 또는 제공된 자산을 이들이 이용할 권리는 당사자간의 합의를 조건으로 한다(Ⅸ. - 6:104 (5)). 담보권 소멸 시, 담보권자는 담보목적물로부터 발생한 여하한 대위물의 수령 여부, 이용 또는 소비 여부를 설명할 책임이 있고, 담보제공자에게 대위물을 양도할 책임이 있다(Ⅸ. - 6:105).

피담보채권의 채무자가 아닌 담보제공자(제3담보제공자)가, 담보 범위 채무의 잔액을 지급한다면, 제4권에서 규정한 이행 후 담보제공자의 권리(Ⅳ. G. - 2:113), 수인의 담보제공자 간의 내부적 구상(Ⅳ. G. - 1:106) 및 수인의 담보제공자 중 채무자에 대한 구상(Ⅳ. G. - 1:107)과 관련한 규정들을 준용한다(Ⅸ. - 6:106 (1)). 채무자가 아닌 담보제공자는 채무자에 대하여 비독립적 인적담보를 제공한 자와 같은 지위를 갖는다(Ⅸ. - 6:106 (2)).

Ⅶ. 채무불이행 및 이행청구

1. 일반규정

채무불이행 이후, 당사자 간에 합의된 추가적 조건이 충족되었다면, 담보권자는 채무불이행 이후 담보권자의 권리를 행사할 수 있다(Ⅸ. - 7:101 (1)). 만약 Ⅸ. - 3:101(제3자에 대한 대항력) (1)에 규정되어 있고 해당 조항의 요건이 충족된 제3자가 관련된 것이라면, 담보권자는 제9권 제3장 규정에 따라 담보권이 대항력을 갖추어야만 채무불이행 이후 담보권자의 권리를 행사할 수 있다. 그러한 제3자가 관련되어 있지 않다면, 담보권이 유효하게 설정되었다는 것으로 충분하다. 우선순위에 관한 규정은 영향을 받지 않는다(Ⅸ.-7:101 (2)). 별도로 규정되지 않는 한, 이행청구 담보권자와 담보제공자 간에는 채무불이행 및 이행청구에 관한 규정은 강제적으로 적용된다(Ⅸ.-7:102). 이로써 담보권 설정자를 보호하고 효율적인 집행절차를 마련하고 있는 것이다.

달리 합의되지 않는 한, 담보권자는 담보권의 비사법적 집행을 실행할 수 있다(Ⅸ.-7:103 (1)). 이를 통하여 사적실행을 장려하고 있는 것이다. 채무불이행 이후 소비자 담보제공자가 비사법적 집행에 합의하지 않은 한, 소비자의 자산에 설정된 담보권은 법원 또는 다른 관할 기관에 의해서만 집행될 수 있다(Ⅸ.-7:103 (2)). 또한 소유권유보의 방식의 경우 당사자들은 비사법적 집행을 배제할 것을 합의하지 않을 수 있고 이 경우에는 (2)가 적용되지 않는다(Ⅸ.-7:103 (3)). 집행은 담보권자에 의해 상업적으로 합리적인 방식으로 실행되고 담보제공자 그리고, 해당되는 경우에는, 관계되는 여하한 제3자와, 가능한 한 협력하여 실행된다(Ⅸ.-7:103 (4)).

담보권의 실행방법으로 DCFR이 사적실행을 장려하고 있는 것과 다르게, 동산담보법은 원칙적으로 동산담보권의 실행방법으로 경매를 규정하고 있다(동산담보법 제21조 제1항). 담보권자의 사적실행이 인정되기 위해서는 동산담보법 상의 일정 요건들이 갖추어져야 하지만, 일단 사적실행이 인정된 경우에는 실행방법의 범위가 넓게 인정되고 있으므로 담보권자는 다양한 방법으로 채권을 회수해 갈 수 있다. 즉, 동산담보법은 동산담보권의 실행방법으로 경매 이외에도 담보권자가 담보목적물로써 직접 변제에 충당하는 귀속정산 및 담보목적물을 직접 매각하여 그 대금을 변제에 충당하는 처분정산을 마련하고 있다(동산담보법 제21조 제2항). 질권이나 가등기담보권의 경우에는 경매 이외에도 귀속정산을 인정하고 있을 뿐이고 처분정산을 허용하고 있지는 않다. 그러나 동산담보법에서는 도산담보권의 실행으로 처분정산까지 인정하였다는 점은 주목할만하다.

사적 실행은 일반적으로 인정되는 것은 아니지만, 예외적으로 정당한 이유가 있는 경우에 한해 가능하고, 사적 실행을 하더라도 선순위 권리자가 있는 경우에는 그의 동의를 받도록 하여 선순위 권리자를 보호하고 있다(동산담보법 제21조 제2항). 정당한 이유는 담보목적물 등 기타 사정에 따라 달리 판단될 것이나, (a) 목적물의 가치가 적어 많은 비용을 들여 경매하는 것이 불합리한 경우, (b) 경매를 하면 정당한 가격을 받기 어려운 사정이 있는 경우, (c) 공정시세가 있어 경매에 의하지 않더라도 공정한 값을 산출할 수 있는 경우에 정당한 이유가 있다고 볼 수 있다.

DCFR은 강제집행에 의하여 또는 정당한 강제집행에 대한 불응에 의하여 권리가 침해된 당사자 또는 제3자는 채무불이행 및 이행청구의 규정에 따라 책임지고 행동할 것을 당사자에게 명령하도록, 신속하게 결정해야 하는 관할법원 또는 다른 기관에 요청할 수 있다. 그리고 책임 있는 당사자에게 손해배상을 청구할 수 있도록(Ⅸ. -7:104) 규정하고 있다.

채무불이행 이후에 담보목적물의 소유권을 담보권자에게 이전하는 것을 내용으로 하는 채무불이행 전 합의, 또는 이러한 효력을 가지는 합의는 무효이다(Ⅸ. -7:105 (1)). 그러나 이는 담보목적물이 공인된 시장에서 공개된 가격으로 거래되는 대체자산인 경우, 또는 당사자들이 사전에 합리적인 시장가격에 대한 결정 방법을 합의한 경우에는 적용하지 않는다(Ⅸ. -7:105 (2)). 당사자들이 사전에 합리적인 시장가격에 대한 결정 방법을 합의한 경우에 대하여는 소비자 담보제공자에게는 적용하지 않는다(Ⅸ. -7:105 (3)). 충당이 허용되는 경우, 담보권자는 충당된 날의 담보목적물의 공인 또는 합의된 시장가격의 가치에서만 담보목적물을 충당할 수 있는 권리를 갖는다. 담보제공자는 담보 범위 채무를 넘는 초과분에 대하여 권리를 갖는다. 채무자는 여하한 부족액에 대하여 여전히 책임이 있다(Ⅸ. -7:105 (4)). 담보목적물 충당에 관한 불이행 전 합의에 관한 이러한 규정은 소유권유보방식에는 적용하지 않는다.

채무불이행 이후에도, 담보 범위 채무의 잔액이 지급된다면, 담보제공자는 채무불이행에 따른 이행청구권의 행사를 종료하고 담보목적물의 점유를 반환할 것을 담보권자에게 요구할 수 있다(IX. –7:106 (1)). 이러한 담보제공자의 권리는 강제이행의 경우에, 담보목적물이 충당 또는 매각되거나 또는 담보권자가 제3자에게 자산을 매도하기 위한 구속력 있는 계약을 체결한 때, 또는 제3절의 권리를 행사하는 경우에, 소유권유보방식의 보유자가 매매계약, 할부계약, 금융리스계약 또는 위탁계약에 의해 발생한 관계를 종료한 때에 더 이상 행사될 수 없다(IX. –7:106 (2)).

담보권자가 집행 개시 최소 10일 전에 담보제공자에게 문언적 형태의 집행통지를 전달하기만 하면 담보권자는 소비자 담보제공자에 대하여 본 장의 권리를 행사할 수 있다. 그리고 만약 담보제공자가 채무자가 아니고, 채무자가 또한 소비자라면, 채무자에게도 전달해야 본 장의 권리를 행사할 수 있다(IX. –7:107 (1)). 집행통지는 명백하게 담보범위채무를 특정하고 통지가 발송되기 이전 마지막 날까지 지급되어야 하는 액수를 명시하여야 하며, 집행을 위해 당사자 간에 합의된 그 외의 조건이 충족되었음을 명시하여야 한다. 그리고 담보권자가 담보권을 집행하려고 의도하고 있음을 명시하고 담보권자가 강제하고자 하는 담보목적물을 특정하고 담보권자의 또는 그를 대신한 자의 서명이 있어야 한다(IX. –7:107 (2)). 집행통지는 소비자의 거주지의 공식언어로 행해져야 한다(IX. –7:107 (3)).

동일한 의무 또는 의무의 동일한 부분에 설정된 다수의 물적담보권의 범위까지, 채권자는 이러한 담보권들의 어느 하나, 다수 또는 전부로부터 만족을 얻을 수 있다(IX. –7:108 (1)). 이것은 하나 또는 그 이상의 물적담보권에 추가하여, 인적담보가 한 명 또는 그 이상의 자에 의해 부여된 경우 준용한다.

채무자가 아닌 담보제공자의 자산에 대한 집행에 의하여 담보 범위 채무가 충족된다면, 채무자에 대한 구상권 뿐만 아니라, 수인의 물적담보 제공자들 간의 또는 물적담보와 인적담보 제공자들 간의 구상권에는 Ⅳ. G. –2:113(이행 후 담보제공자의 권리), Ⅳ. G. –1:106(수인의 담보제공자: 내부적 구상) 및 Ⅳ. G. –1:107(수인의 담보제공자: 채무자에 대한 구상)을 준용한다(Ⅸ.-7:109).

2. 담보권의 집행

비사법집행 : 실현을 위한 준비규정

담보권자는 권리를 행사하는 때에 담보제공자의 동의가 있거나, 담보제공자가 이미 담보권자의 점유권에 동의한 상태에서 담보권자가 권리를 행사하는 때에 담보제공자와 실질적 보유자가 반대하지 않는다면 담보권자는 담보목적물을 점유할 권리를 갖는다(Ⅸ.-7:201 (1)). 소비자에 대한 집행에 있어서, 이러한 점유권은 집행통지의 제공이 있은 지 10일이 경과할 때까지 발생하지 않는다(Ⅸ.-7:201 (2)). 이러한 점유에 관한 동의 또는 합의는 점유권 행사를 위하여 담보제공자 또는 기타 보유자의 시설에 접근할 권리도 포함한다(Ⅸ.-7:201 (3)).

담보권자는 담보권의 실행을 위해 담보목적물의 이전금지, 승인되지 않은 이용 또는 처분의 방지 및 물리적 보호를 위해 필요한 조치를 취할 권리가 있다(Ⅸ.-7:202 (1)). 즉, 담보권자는 ① 담보목적물의 보존, 관리 그리고 보험 및 담보제공자의 이러한 행동에 대한 상환을 위한 합리적인 조치를 취할 권리, ② 가치보존을 위하여 제3자에게 담보목적물을 임대할 권리 또는 ③ 담보제공자와 합의한 기타 보호조치를 취할 권리를 갖는다(Ⅸ.-7:201 (2)). 자산을 점유하고 있는 담보제공자 또는 제3자가 담보권자에게 담보목적물의 인도 또는 접근을 거부한다면, 담보권자는 담보목적물의 점유 또는 접근에 대한 명령을 관할법원 또는 다른 기관에 신청할 수 있다(Ⅸ.-7:203 (1)). 당사자 일방의 신청이 있으면, 법원 또는 다른 기관은 전조에 명시된 여하한 보호조치를 취할 것을 명령할 수 있다(Ⅸ.-7:203 (2)).

담보목적물이 담보제공자의 제3채무자에 대한 채권인 경우에, 담보권자는 아래 표에 있는 ①과 ②를 충족시킨 경우에만 채무불이행 이후의 이행청구권을 행사할 수 있다(Ⅸ.-7:204 (1)).

① 담보권자가 제3채무자에게 다음과 같은 집행통지를 발송한 경우: –담보제공자가 소비자인 경우, Ⅸ.–7:107(소비자에 대한 집행통지)의 모든 요건을 준수한 집행통지를; 그리고 –그 외의 경우, Ⅸ.–7:107(소비자에 대한 집행통지)의 제(2)항제(a)호와 제(d)호를 준수한 집행통지; ② 담보권자가 제3채무자에 대한 담보제공자의 채권에 대한 성질, 금액 및 만기를 가능한 한 정확하게 제3채무자에게 고지하는 경우

제3채무자는 이행청구 담보권자에게 채3채무자가 알고 있는 다른 담보권자의 경합하는 채권의 금액과 만기를 고지해야 할 의무가 있다(Ⅸ.–7:204 (2)).

담보권자의 유체자산 점유권(Ⅸ.–7:201), 담보권자의 담보목적물 이전금지 및 보존권(Ⅸ.–7:202) 및 법원 또는 다른 기관의 개입(Ⅸ.–7:203)은 화폐증권의 점유에도 적용된다(Ⅸ.–7:205 (1)). 단, 채권에 대한 담보(Ⅸ.–7:204)는 화폐증권에는 적용되지 않는다. 이것은 권원에 관한 물품증권의 점유에도 적용된다(Ⅸ.–7:206).

비사법집행 : 담보목적물의 실현

담보권자는 담보목적물의 매각, 임대 또는 과실 수취를 통해 발생한 대위물을 충당하여 담보목적물을 실현할 권리가 있다(Ⅸ.–7:207 (1)). 이는 Ⅸ.–7:107(소비자에 대한 집행통지)에 의해 집행통지가 요구되는 경우에는 해당 통지의 전달이 있은 지 10일이 경과하여야만 적용된다(Ⅸ.–7:207 (2)). 담보권자는 담보목적물의 실현을 위한 전부 또는 일부의 조치를 취하도록 사적 대리인을 임명하거나 또는 관할법원의 직원에게 신청할 수 있다(Ⅸ.–7:207 (3)).

이러한 처분권 행사는 이러한 의도를 통지하여야만 담보권자가 담보목적물의 처분권을 행사할 수 있다(Ⅸ.–7:208 (1)). 이는 담보목적물이 부패하기 쉽거나 아니면 가치가 급격하게 저하될 수 있거나 또는 공인된 시장에서 공개된 가격으로 거래되는 대체자산이라면 적용되지 않는다(Ⅸ.–7:208 (2)). 이러한 통지를 전달받는 자는 ① 담보제공자, 채무자(담보제공자와 다르다면) 및 담보권자가 알고 있는, 담보 범위 채무에 책임이 있는 다른 자들, ② 여하한 권리를 등록한 다른 담보권자들, ③ 집행 개시 시, 담보목적물을 점유 또는 지배하는 자들, ④ 담보권자에게 담보목적물에 대한 권리를 갖고 있다고 실제로 알려진 다른 자들이다(Ⅸ. -7:209).

이러한 통지는 담보제공자, 채무자 및 기타 이해관계인에게 적절한 시기 내에 ① 계획된 처분의 장소 및 시기, ② 처분될 담보목적물의 합리적인 기재, ③ 담보목적물의 처분을 위한 최소금액 및 지급조건, ④ 담보범위 채무의 잔액을 지급함으로써 담보목적물의 처분을 정지시킬 수 있는 담보제공자, 채무자 및 다른 이해관계인들의 권리를 표시하여 전달되어야 한다. 단, 처분하기 최소 10일 전에 수신인에게 도달한 통지는 적절한 시기 내에 전달된 것으로 본다(Ⅸ. -7:210 (1), (2)). 통지는 수신자에게 고지할 것으로 기대되는 언어로 이루어져야만 한다(Ⅸ. -7:210 (3)).

담보목적물의 매각은 공식적 감독 하의 강제경매 또는 공중이 참여하는 임의경매에 의할 수 있다(Ⅸ. -7:211 (1)). 당사자간 합의가 되었거나 또는 담보목적물의 공개된 시장가격이 존재한다면, 사적 매각에 의할 수도 있으며(Ⅸ. -7:211 (2)), 담보권자는 이에 의하여 결정된 방식의 상세한 내용을 정할 수 있다(Ⅸ. -7:211 (3)). 이전이 선행하는 우선적 권리를 대상으로 하고 요구에 의한 것이라면, 담보권자는 관련 상세 내용을 구매자에게 공개하여야만 한다(Ⅸ. -7:211 (4)). 담보권자가 강제 또는 임의경매에 의한 매각을 통해 담보목적물을 취득한다면, 담보제공자는 경매 후 10일 이내에 매각을 무효화할 수 있다(Ⅸ. -7:211 (5)). 담보목적물의 소유자가 본 조에 따른 담보목적물의 실현에 매수인으로서 참가하는 경우, 매각은 자산에 설정된 담보권의 해제에 대한 합의로 작용한다(Ⅸ. -7:211 (6)).

담보권자는 담보목적물을 상업적으로 합리적인 가격으로 실현하여야만 한다(Ⅸ. -7:212 (1)). 담보권자가 쉽게 접근할 수 있는 공인된 시장이 있다면, 담보목적물의 특별한 특성에 관한 상당한 참작을 하여, 매각 시점에 시장가격에 대응하는 가격은 상업적으로 합리적이다(Ⅸ. -7:212 (2)). 만약 이것이 적용되지 않는다면, 담보권자가 그러한 상황에서 취할 것으로 기대되는 여하한 조치를 취하였다면 가격은 상업적으로 합리적이다(Ⅸ.-7:212 (3)). 매각이 사적 매각에 의해 이루어지면, 담보제공자는 담보권자가 기대하는 가격 또는 가격범위를 담보제공자에게 통지할 것을 요구할 수 있다. 담보제공자가 임의 또는 강제경매에서 합리적으로 달성될 수 있는 것보다 현저하게 낮은 가격범위가 될 것이라는 것을 보여 줄 수 있으면, 담보제공자는 담보권자에게 임의 또는 강제경매를 마련할 것을 요구할 수 있다(Ⅸ.-7:212 (4)).

매수인은 매각된 자산에서 담보제공자, 이행청구 담보권자, 담보권의 보유자이든 또는 소유권유보방식의 보유자이든, 후순위 담보권자, 이행청구 담보권자의 권리보다 후순위의 기타 제한물권의 보유자의 권리의 부담이 없는 권리를 취득한다(Ⅸ.-7:213 (1)). 매각된 자산에 대한 담보권의 보유자이든 소유권유보방식의 보유자이든, 선순위 담보권자의 권리 및 선순위의 기타 제한물권은 이전 이후에도 존속한다. 다만, 이행청구 담보권자가 이러한 권리가 없는 담보목적물을 처분할 권한을 갖지 않았거나 또는 매수인이 Ⅸ.-6:102(소유권의 선의취득으로 인한 물적담보의 소멸)에 따라 선의로 취득하지 않는 것을 조건으로 한다(Ⅸ.-7:213 (2)). 매수인의 지위는 본 장의 통지 요건의 미준수 또는 경매 또는 사적 매각을 위한 본 장의 절차 규정의 여하한 기타 위반에 의해 영향을 받지 않는다(Ⅸ.-7:213 (3)). 담보권자 또는 담보제공자가 매각에 의한 실현에 매수인으로서 참가하면, 매각의 효과에 관해 앞의 제(3)항을 준용한다(Ⅸ.-7:213 (4)).

한편, 매각에 의해 발생한 비사법적 집행의 대위물은 일정한 순서에 따라 분배가 되어야 하는데, 그 순서는 Ⅸ.-7:215에서 다음과 같이 상세히 규정하고 있다. 먼저, 집행한 담보권자는 집행을 위해 발생한 비용을 포함한 피담보채권의 만족을 위해 대위물을 충당할 수 있다. 둘째, 집행담보권자보다 후순위인 담보권자는 앞선 공제 이후에 남은 대위물을 해당 담보권자의 담보범위 채무액까지 받을 권리가 있다. 후순위 담보권자가 수인인 경우 남은 대위물은 담보권의 우선순위에 따라 분배된다. 셋째, 앞선 두 번의 공제 이후에도 대위물이 남았다면, 이는 담보제공자에게 상환되어야 한다. 담보권자는 채권자의 담보권을 위해 합의되거나 또는 등록된 최고액 이상을 받지 못한다. 이러한 제한은 집행을 위해 발생한 합리적인 비용에는 적용되지 않는다.

담보목적물이 채권 또는 화폐증권인 경우, 담보권자는 제3채무자로부터 미지급 잔액을 추심하거나 또는 채권 또는 화폐증권을 매각 및 양도 또는 충당할 수 있다(Ⅸ.-7:214 (1)). 담보된 채권 또는 화폐증권에 설정된 다른 담보권이 우선권을 가지면, 담보권자는 이러한 선순위 담보권자에 대하여 담보된 채권 또는 화폐증권을 추심할 권리가 없다(Ⅸ.-7:214 (2)). 화폐증권의 채무자를 제외한, 제3채무자는, 담보권자가 적절한 증거에 의해 뒷받침되는 정산액을 표시한 통지를 발송하지 않은 한, 지급을 거절할 수 있다(Ⅸ.-7:214 (3)). 그리고 담보권자 또한 Ⅸ.-2:301(금전채권에 대한 담보권) (4)에 따라 채권에 설정된 담보가 효력을 미치는 여하한 인적 또는 물적 담보권을 추심하거나 또는 달리 집행할 수 있다.

담보권자는 다음과 같은 조건들을 충족시키면 피담보채권의 전부 또는 일부 만족을 위한 담보목적물을 취득할 수 있도록 규정되어 있다(Ⅸ.-7:216). 첫째, 담보권자는 관련 상세 내용을 명시하여, 피담보채권의 전부 또는 일부 만족을 위해 담보목적물의 전부 또는 일부를 취득하려는 의도를 사전통지 하여야만 한다. 둘째, 담보권자는 담보제공자, 채무자 및 담보범위 채무에 책임이 있는 다른 자들 및 권리를 등록한 다른 담보권자, 집행 개시시 담보목적물을 점유 또는 지배하는 자들, 담보권자에게 담보목적물에 대한 권리를 갖고 있다고 실제로 알려진 다른 자들 등 담보목적물에 대한 권리를 갖고 있는 자들에게 사전통지를 발송하여야 한다. 셋째, 담보목적물을 처분하기 적어도 10일 전에 상대방에게 도달한 통지는 기한 내에 이루어진 것으로 간주되는데, 이와 같이 적절한 시기 내에 처분될 담보목적물에 대한 기재 및 담보범위 채무 잔액을 지급함으로써 담보목적물의 처분을 중단시킬 수 있는 담보제공자, 채무자 및 다른 이해관계인의 권리를 표시한 사전통지를 보내야 하며 유질이 진행되는 경우 가격은 상업적으로 합리적이어야 한다. 넷째, 제안서 발송 전날 영업종료 당시 담보액과 담보목적물을 취득함으로써 만족될 채권액이 제안서에 표시되어 있어야 한다. 그리고 다섯째, 모든 수신인이 사전통지를 수령한 날로부터 10일 이내에 서면으로 제안서에 대해 이의를 제기하지 않아야 한다.

사법 집행

사법적 집행은 담보권자의 청구에 의해 법원 또는 다른 관할 기관의 집행이 이루어지는 회원국의 절차법에 따라야 한다(Ⅸ.－7:217 (1)). 담보권자는 법원 또는 다른 관할 기관에 전관의 여하한 권리를 행사할 것을 신청할 수 있다. 이러한 권리가 전관에 의하든지, 또는 당사자간 합의 또는 동의 혹은 담보제공자 또는 다른 자들에 의한 이의의 부재에 의해 배제되었든지 상관없이 해당 권리는 법원 또는 다른 관할 기관에 의해 행사될 수 있다(Ⅸ.－7:217 (2)).

3. 소유권유보방식을 위한 규정

소유권유보방식의 보유자는 매매계약, 할부계약, 금융리스계약 또는 위탁계약 하의 계약관계의 종료에 의해 소유권유보방식 하의 권리를 행사한다(Ⅸ.－7:301 (1)). 제공된 자산에서 매수인, 할부구매자, 금융리스이용자 또는 위탁자에 의해 이전되었거나 또는 창설되었던 여하한 권리는 ① 매수인, 할부구매자, 금융리스이용자 또는 위탁자가 여하한 권리를 발생 또는 이전시킬 권한을 가진 경우, 양수인이 Ⅸ.－2:108(담보권의 선의취득)에서 Ⅸ.－2:111(금전, 화폐증권 및 물품증권에 대한 담보권)까지 또는 Ⅸ.－6:102(소유권의 선의취득으로 인한 물적 담보의 소멸)에 의해 보호되는 경우, 또는 양수인의 권리가 예외적으로 소유권유보방식 보유자의 권리보다 우선순위인 경우가 아닌 한 소멸된다(Ⅸ.－7:301 (2)). 재매매 또는 재리스에서, 소유권유보방식 보유자는 실현될 수 있는 제공된 자산의 원래의 가격을 넘는 여하한 초과분에 대해 권리를 갖는다(Ⅸ.－7:301 (3)). 합의 또는 법률에 의하여 소유권유보방식을 이전 받은 제3자는 동일하게 앞의 권리를 갖는다.

제10권

신탁

DCFR 신탁과 관련하여 참여 유럽 개별 국가의 비교법 보고서가 DCFR 주석서에 존재하지 않는다. 이러한 이유는 유럽 대부분 개별 국가에 비교할 수 있는 독자적인 신탁법이 존재하지 않기 때문에 이러한 비교법 보고서가 주석서에 기재되지 않았다고 볼 수 있다. 신탁은 계약법, 물권법과 상속법 등이 혼재된 모습으로 다양한 모습으로 다양한 법적 효과를 발생시키는데 신탁은 해당 국가들의 다양한 법률들을 현실적으로 모두 담아내기는 쉽지 않았기 때문에 공통된 요소를 수집하기 보다는 앞으로 공통될 요소를 중심으로 초안을 만든 것으로 볼 수 있다. DCFR 신탁법은 영국 신탁법의 핵심적 요소를 중심으로 영국의 신탁법과 다른 모습으로 유럽 법체계로 맞추어 놓았다고 평가되고 있는데 그 중 DCFR의 신탁법은 신탁의 본성을 계약으로 보지 않고 일종의 '일방적 재산이전(unilateral instrument)'으로 파악한 것은 영국의 신탁법에 대한 본질을 반영한 결과라고 할 수 있다.[1]

1 자세한 것은 가정준, 「신탁재산에 대한 수탁자와 수익자의 권리」, 『외법논집』 제37권 제3호 (2013) 참조.

Ⅰ. 기본조항

1. 적용범위 및 타 규정과의 관계

DCFR 제10권은 신탁에 관하여 규정하면서 우선 그 적용범위에 대하여 정한다. 신탁도 하나의 계약으로서 취급되므로 당연히 신탁계약의 체결이 전제되어야 하는 바, 신탁계약은 신탁설정(제2장)에 의하여 체결된다. 따라서 DCFR의 신탁규정은 신탁의 설정에 따라 이루어진 신탁의 경우에 인정된다(Ⅹ.-1:101 (1)). 그러나 신탁의 설정이 없었다 하더라도 신탁이 발생할 수 있는 경우가 있으며, 대표적으로 본 법 외의 법률에 의하여 그 효력이 인정되는 신탁이나 법원의 명령 등에 의하여 설정되는 신탁 등이 있다. 따라서 DCFR은 이러한 경우에도 신탁이 설정된 것으로 인정하여 본 권의 적용대상으로 본다(Ⅹ.-1:101 (2)). 본 권에서의 '법원'은 해당국의 법원과 자국법에 근거가 있는 경우에 한하여 공무원 또는 공공기관을 포함한 개념으로 중재재판소는 여기서 제외된다(Ⅹ.-1:101 (3)).

신탁은 그 특성상 여러 제도와 결합하여 다양한 모습으로 운용될 수 있는데, 결합되는 제도의 특수성에 따라서 자유로운 신탁설정에 일정한 제한을 두어야 하는 경우나, 반대로 신탁을 강제할 수밖에 없는 경우가 있을 수 있다. 이러한 제도 운용의 특수성에 따라 다양한 유럽 국가들의 경우 당사자 간의 신탁설정에 의한 경우 외에도 다양한 신탁제도를 운용한다. 생각건대 공통참조기준으로서 DCFR은 이 모든 유형의 신탁을 적용대상으로 할 필요가 있었으며, 이에 따라 신탁설정방식 외에도 법률상 인정되는 신탁이나 법원의 명령으로 인하여 발생하는 신탁에까지 그 범위를 넓힌 것으로 본다. 또한 그 규정내용 역시 다양한 신탁을 포괄할 수 있도록 신탁의 기본관계의 민사적 영역에 집중된 것으로 보인다. 다만, 예외적으로 물적담보와 관련하여 담보를 목적으로 하는 신탁의 경우에는 동산의 물적담보(제9권)의 규정이 우선 적용된다((Ⅹ.-1:102).

2. 정의, 특별한 법률 효과 및 당사자

DCFR은 Ⅹ.－1:201에서 신탁의 정의를 규정한다. 본 조에 따르면 '신탁이란 수익자의 수익 또는 공익상 목적의 증진을 위한 관계를 설정하는 약정(신탁약정)에 따라, 하나 또는 그 이상의 자산(신탁기금)을 관리 또는 처분하는 의무를 수탁자가 부담하는 법률관계'로 정의한다. 반면 우리나라 신탁법은 제2조에서 신탁의 정의에 대하여 '신탁이란 신탁을 설정하는 자(이하 "위탁자"라 한다)와 신탁을 인수하는 자(이하 "수탁자"라 한다) 간의 신임관계에 기하여 위탁자가 수탁자에게 특정의 재산(영업이나 지적재산권의 일부를 포함한다)을 이전하거나 담보권의 설정 또는 그 밖의 처분을 하고 수탁자로 하여금 일정한 자(이하 "수익자"라 한다)의 이익 또는 특정의 목적을 위하여 그 재산의 관리, 처분, 운용, 개발, 그 밖에 신탁 목적의 달성을 위하여 필요한 행위를 하게 하는 법률관계'로 정의하고 있다. DCFR에 비하여 우리나라 신탁법의 신탁에 대한 정의는 보다 구체적으로 규정되어 있으며, 특히 위탁자의 수탁자에 대한 위임방법에 대하여 '재산의 이전'이나 '담보권의 설정'과 같이 보다 구체적으로 정하고 있으며 특히 재산의 이전에 있어서 영업이나 지적재산권의 일부의 이전을 허용하고 있다. 이러한 영업이나 지적재산권의 신탁은 기업의 수익창출의 수단이라는 점에서 볼 때 민사적 관계에서 신탁을 규정하는 DCFR과는 달리 우리나라 신탁법은 상거래를 증진시킬 목적을 달성하기 위한 신탁제도를 염두에 둔 것으로 보인다.

신탁의 핵심은 수탁자가 수익자나 다른 신탁목적을 위하여 신탁기금을 분별하여 소유·관리한다는 점에 있다.[2] DCFR은 이러한 신탁개념에 따라 신탁기금을 수탁자의 개인재산과 구별하도록 정한다. 이에 따라서 수탁자의 개인 채권자는 수탁자가 파산한 경우에도 신탁기금에서 구상권을 행사할 수 없다. 또한 수탁자가 사망하는 등의 경우에도 신탁기금은 배우자 또는 가족관계를 기초하는 재산권의 분할대상이 되지 않으며, 수탁자 사망시 수탁자의 승계인은 신탁자산으로부터 수익을 취득할 권리가 없다(Ⅹ.－

2 임채웅, 「유럽신탁법원칙에 대한 연구」, 『홍익법학』, 제11권 제1호, 239면(2010).

1:202). 이러한 신탁재산의 특징은 우리나라 신탁법에서도 유사하게 규정되어 있는데, 신탁재산은 수탁자의 상속재산에 속하지 아니하며, 수탁자의 이혼에 따른 재산분할의 대상이 되지 아니하도록 규정하며, 수탁자의 파산재단, 회생절차의 관리인이 관리 및 처분 권한을 갖고 있는 채무자의 재산이나 개인회생재단을 구성하지 아니한다고 정하고 있다(신탁법 제23조 및 제24조).

신탁은 기본적으로 위탁자, 수탁자, 수익자의 3면관계로 구성되는데, 그 개념에 대하여 살펴보면 위탁자란 법률행위를 통해 신탁을 설정하거나 또는 설정을 의도하는 자를 말한다(Ⅹ.–1:203 (1)). 그리고 수탁자란 신탁 창설 시 또는 수탁자로 임명되거나 임명 이후 신탁자산을 양도받거나 양도받은 자로서 위의 Ⅹ.–1:201의 규정에 따른 의무를 부담하는 자이다(Ⅹ.–1:203 (2)). 마지막으로 수탁자는 신탁약정에 따라 수탁자의 신탁기금 관리 등을 통하여 수익을 얻을 권리 또는 자격이 있는 자를 말하며(Ⅹ.–1:203 (3)), 이러한 관계를 위탁자가 설정하게 된다. 또한 이러한 3면관계 외의 자로서 신탁보조인이 있는데, 이들은 신탁관계에 있어서 직접적인 처분권한은 없으나 신탁약정에 따라 수탁자를 임명 또는 해임하거나 수탁자의 사임에 동의할 권한을 갖는다(Ⅹ.–1:203 (4)). 위탁자와 수탁자, 수익자는 서로의 지위를 겸할 수 있는데, 위탁자는 수탁자가 될 수 있으며 또는 수익자의 지위를 누릴 수 있다. 또한 수탁자 역시 수익자가 될 수 있으며, 신탁당사자는 누구든 신탁보조인이 될 수 있다(Ⅹ.–1:203 (5)). 우리나라 신탁법에서도 위탁자가 자신을 수탁자로 선언할 수 있는 규정이 있다(신탁법 제3조 제1호 제3호). 그러나 수탁자나 위탁자가 수익자가 될 수 있는 지에 대하여는 명확한 규정이 없다. 생각건대 신탁의 기본이념이 “위탁자의 의사존중”과 “내용상의 유연성”에 있다는 점에서 볼 때 위탁자와 수탁자가 스스로 수익자가 되는 것을 금지할 이유는 없다고 본다. 따라서 우리나라 역시 DCFR과 마찬가지로 위탁자, 수탁자, 수익자가 서로의 지위를 겸할 수 있다고 볼 것이다.

수익자는 수탁자에 대하여 수익권 또는 수익자격과 관련한 범위 내에서 그 의무의 이행을 청구할 수 있다. 그러나 공익신탁의 경우 그 특성으로 말미암아, 청구권자의 제한이 있는데, 우선 관련 공무원 및 공공기관이 청구권자가 되며, 수탁자의 의무이행에 대하여 충분한 이해관계를 가진 자 역시 수탁자의 의무 이행을 청구할 수 있는 자가 된다(Ⅹ. - 1:205 (1) 및 (2)). 공동신탁을 설정하는 방식으로 수탁자는 복수로 선임될 수 있는데(Ⅹ. - 1:204), 이 경우 수탁자는 공동수탁자에게 의무의 이행을 청구할 수 있다(Ⅹ. - 1:205 (3)).

수익과 관련하여 수익자는 수익권과 수익자격을 가진다(Ⅹ. - 1:206). 즉 신탁약정이 특정인에게 수익을 수여하기 위해 수탁자에게 주어진 상황에서 신탁기금의 전부 또는 일부를 처분할 것을 요구한다면, 그 특정인은 수익권을 가지며, 신탁약정이 특정인에게 수익을 수여하기 위해 수탁자에게 주어진 상황에서 신탁기금의 전부 또는 일부를 처분할 것을 요구하지만, 특정인이 수익을 수취할 수 있는지 여부가 수탁자 또는 이외의 자의 재량행사에 따라 결정된다면, 이는 수익권까지 이르지 못한 것으로 보고 수익자격을 가진 것으로 본다. 이러한 수익자격은 수탁자가 수익자에게 수익을 수여한다는 결정이 이루어진 경우에 수익권으로 된다.

3. 일반규정의 변경 및 추가

DCFR은 무상에 대하여 규정하고 있는데, Ⅹ. - 1:301에 따르면 무상이란 대가 없이 행위가 이루어졌거나 제공된 것을 의미한다. 이러한 무상의 판단은 제공된 수익과 이에 의하여 생성된 권리의 가치와 비교하여 그 대가의 가치가 경미하여 공평성이 무시되는 정도라면 그 수익을 무상으로 판단하게 된다.

DCFR은 신탁에 관하여 다양한 통지에 대하여 규정하고 있는데, 신탁제도가 신탁당사자들에 대한 권리의 설정 및 해제 등을 기초로 이루어져 있다는 점에 비추어 볼 때, 통지에 대한 규정은 명확한 신탁관계 설정을 위한 기초이다. DCFR은 이러한 통지와 관련하여, 통지가 합리적으로 보아 현실적이지 않은 경우, 통지 상대방이 아닌 법원에게 대신하여 통지할 수 있다(Ⅹ. - 1:302 (1)). 또한 복수의 수탁자가 있는 경우, 이들에 대한 통지에 대한 요건은 복수의 수탁자 중 1인에게 통지함으로써 충족되지만, 수탁자의 변경과 관련한 통지는 그 변경의 효력이 발생한 이후 계속적으로 수탁자가 되는 자에게 이루어져야만 한다(Ⅹ.-1:302 (2)). 신탁의 통지가 발신주의인지 혹은 도달주의인지에 대한 내용은 명확한 규정이 없다. DCFR의 일반원칙으로 봤을 때, 원칙적으로 통지는 도달주의를 취하면서 채무불이행에 관한 통지는 발신주의에 따르므로(Ⅰ.-1:109, Ⅲ.-3:106) 신탁도 달리 볼 이유는 없다고 본다. 따라서 신탁의 통지 역시 도달주의를 원칙으로 하여 이루어진다고 보아야 할 것이다.

마지막으로 신탁은 다른 계약법과는 달리 그 강행규정을 내용으로 하는 것이 상대적으로 많기 때문에 본 법에서 적용에 임의성을 부여하지 않는 이상 신탁관계에서는 신탁법이 우선 적용된다(Ⅹ.-1:303).

Ⅱ. 신탁의 설정

DCFR 신탁 제2장은 신탁의 설정(Constitution of trusts)과 관련하여 13개의 조문을 마련하여 비교적 상세하게 신탁의 설정에 관한 원칙을 제시하고 있다. 구체적으로 제2장은 신탁의 설정이라는 제목 아래 ① 법률행위에 의한 설정에 관한 기본 원칙(Ⅹ.-2:101 내지 2:103)과 ② 선언(Ⅹ.-2:201 내지 2:205)에 의한 신탁의 설정에 대한 일반 원칙을 규정하고 있다. 그 밖에 신탁의 설정과 관련된 주요 법적 문제인 신탁의 거절 및 수익권의 포기에 대해 규정하고, 기부와 신탁의 설정과의 관계에 대한 문제, 상속법에 대하여 신탁법 우선 적용 원칙, 이전되지 않은 유산에 관한 권리의 신탁에 관하여 규정하고 있다.

1. 법률행위에 의한 신탁 설정의 기본 규정

우선 DCFR은 신탁의 가장 기본적인 설정방식을 정하고 있는데, 우선 위탁자가 그 자산에 신탁을 설정하려는 의사를 선언하고(Ⅹ.-2:101 (1)), 그 선언이 Ⅹ.-2:101의 규정에 따라 행하여 져야 한다(Ⅹ.-2:101 (2)). Ⅹ.-2:101의 구체적인 내용에 대해서는 아래에서 다룬다.

양도에 의한 신탁설정의 경우 신탁선언의 실행에 있어서 수탁자가 될 것을 동의한 자 또는 신탁선언에서 수탁자 또는 수탁자가 될 것으로 특정된 자에게 기금이 이전된 때에 신탁이 설정된다(Ⅹ.-2:102 (1)). 신탁의 설정을 위한 재산의 이전은 기본적으로 무상으로 이루어지는 바, 사실상 이러한 재산의 이전은 증여의 성격과 유사한 부분을 가진다. 따라서 이러한 점에 비추어 위탁자 생전에 기금의 양도에 관한 위탁자와 예정수탁자 간의 합의에 대하여는 증여계약에 관한 원칙이 준용된다(Ⅹ.-2:102 (2)). 여기서의 '재산의 이전'은 수탁자가 유효하게 신탁 재산에 대한 법적 권리를 유효하게 취득하였을 때라고 해석해야 할 것이다.[3] 물론 이러한 재산 이전에 의한 신탁의 설정방법은 생전신탁의 경우에만 적용되며, 유언신탁의 경우에는 유언자가 사망하면 유언자의 대리인이 재산에 대한 권리를 취득하고 그 대리인은 유언자가 지정한 수탁자에게 그 재산을 이전해 줄 의무를 부담하게 된다.[4] 한편 기금에 대한 수탁자가 될 것이 예정된 자에게 신탁을 설정한다는 구속력 있는 일방적 의사표시를 위탁자가 한 경우, 그 권리를 거절하지 않는 한, 그 자는 당해 의사표시에 따라 발생한 의무의 이행에 대한 권리를 가지는 수탁자가 된다(Ⅹ.-2:102 (3)).

반면 재산의 양도 없이도 신탁의 설정이 이루어 질 수 있는데, 우선 선언이 위탁자가 단독의 수탁자임을 표시하는 경우에 이루어 질 수 있다(Ⅹ.-2:103 (1)(a)). 이것은 위탁자가 스스로 수탁자로서 신탁재산을 보유한다는 자기선언에 따라 신탁을 설정하는 경우로서, 이러한 자기 선언을 통하여 위탁자는 그 재산을 보유하는 법적인 권한 소유자에서 수탁자로 변경된다. 이 경우 위탁자가 곧 수탁자가 되고 재산은 이미 위탁자에게

3 정소민, 「신탁의 설정에 관한 소고」, 『외법논집』 제33권 제3호, 59면(2009).

4 정소민, 전게논문 60면.

귀속되어 있는 상태이므로 별도의 재산 이전 절차가 없어도 신탁의 설정이 이루어진다. 다만, 신탁법리상 신탁재산은 수탁자의 고유의 재산과 분리되므로, 이 경우에도 신탁재산은 특정되어야 한다.

선언이 유언에 의해 행해지고 수탁자를 지정하지 않는 경우에도 별도의 재산양도 없이 신탁이 설정될 수 있다(Ⅹ. - 2:103 (1)(b)). 이렇게 유언에 의한 신탁선언에서 나타난 신탁재산은 위탁자인 유언자의 대리인이 신탁을 위해 보유하는 것으로 해석된다. 이와 같이 유언신탁에서 수탁자를 지정하지 않은 경우에도 신탁의 성립을 인정하는 이유는 만약 법원이 신탁을 설정하려는 위탁자의 의사를 실행하지 않는다면 상속인, 유언자의 채권자 등 유언자의 유산에 권리를 가지는 자들에게 부당이득이 되기 때문이다.[5]

마지막으로 위탁자가 예정수탁자에게 신탁기금을 양도하기 위하여 필요한 모든 행위를 이행하였고, 예정수탁자가 신탁기금을 양도받지 않거나 받을 수 없으며, 그리고 신탁선언에서 달리 정하지 않는 경우(Ⅹ. - 2:103 (1)(c))이다. 이러한 신탁설정은 영미신탁법상 통설적인 견해로서, 수탁자로 지정된 자가 알지 못하는 사이에 이미 신탁재산의 법적 권원이 그 자에게 이전되었고 이미 신탁은 성립되었기 때문에 수탁자로 지정된 자가 후에 이러한 사실을 알고 신탁재산을 거절하더라도 그로 인해서 신탁이 소멸하지는 않는다는 것이다.[6] 여기서 '신탁선언에서 달리 정하지 않는 경우'라 함은 신탁선언에서 지정한 자가 수탁자가 되어야만 신탁이 성립한다는 특별한 조건이 없는 경우를 의미한다고 보아야 할 것이다.[7] 이 규정은 기존 영미법상 신탁 설정의사, 즉 일정한 재산을 수탁자에게 이전하고 수탁자는 수익자를 위하여 그 재산을 관리할 것이 외부에 표현되어야 하고, 원칙적으로 그 선언에서 특정된 신탁재산의 이전이 있으

5 정소민, 전게논문 62면.

6 정소민, 전게논문 63면.

7 정소민, 전게논문 64면

면 신탁이 설정된다는 기존 영미법에 의하여 확립된 신탁성립의 원칙을 구체적으로 풀어 기술하고 있는 것으로 해석된다.[8]

2. 선언

신탁선언의 요건은 우선 위탁자 또는 위탁자를 대신하여 선언할 권한을 가진 자에 의하여 이루어 져야 한다(X.-2:101 (a)). 이를 위하여는 당연히 위탁자는 신탁을 설정할 수 있는 능력을 가져야 하며, 유언능력이나 재산을 이전할 수 있는 능력이 없는 자의 신탁선언은 무효이거나 취소된다. 또한 위탁자를 대신하여 신탁선언을 할 수 있는 권한을 가진 자는 신탁설정에 대한 대리권을 위임 받은 자이어야 한다. 그렇다면 단순히 재산의 처분에 대하여 포괄적으로 대리권을 위임 받은 자의 경우는 그 자의 임의대로 신탁을 설정할 수 있는지에 대하여 문제가 될 수 있다. 이에 대하여는 DCFR의 신탁규정이 다른 계약규정과는 달리 강행규정성을 가지고 있으며, 위탁자의 신탁설정에 대한 의사존중이라는 측면에서 볼 때 특정재산에 대한 신탁설정을 위임 받지 않은 대리인은 임의로 신탁을 설정할 수 없다고 보아야 할 것이다. 한편 DCFR은 이러한 신탁선언에 있어서 이를 통지하고 공고할 필요가 없음을 명시하고 있다.

선언방식과 관련하여 신탁의 설정을 위해서는 신탁설정의사가 외부로 선언되어야 하고 내심의 단계에 머무르는 것만으로는 불충분하다. 신탁선언은 반드시 문서에 의하여야 하는 것은 아니나 신탁선언을 하려는 자의 진술이나 행동에 의하여도 가능하다(X.-2:202 (1)). 또한 유언장 또는 자산에 대한 권리를 표창하는 기타 문서에 표시된 의사표시가 해당 자산에 신탁을 설정할 의사를 선언한 것인가를 결정함에 있어서, 그 의사표시는 전체적으로 효과를 발생하는 것으로 우선적으로 해석되어야 한다(X.-2:202 (2)). 즉 위탁자가 설정하고자 한 법률관계가 전체로 보아 신탁으로 볼 수 있는 법률관계인지를 확인하여야 하며, 단순히 문서에 기재된 문구만으로 신탁설정의 의

8 정소민, 전게논문 54면

사를 확정할 수 없는 것이다. 만약 문서의 취지가 위탁자가 자신의 재산을 통하여 특정한 자(수익자)에게 이익을 수여할 목적으로 재산이 양도된 경우라면 이는 신탁선언으로 볼 수 있다. 반면, 문서 등에 수탁자라는 등의 명칭을 사용하고 있지만 별도의 수익자를 지정하지 않는 경우에는 단순 증여로 보아야 할 것이며 신탁관계가 설정되지 않는다.

DCFR은 신탁선언에 있어서 일정한 형식적 요건을 따를 것을 명시한다(Ⅹ.-2:203). 만약 자산 양도를 위해 양도인의 문서작성이 요구되는 경우라면, 신탁설정의 의사선언이 양도를 위한 문서에 포함되지 않거나 이와 동일하거나 대등한 형식으로 이루어져야 하며 그렇지 않은 경우에는 신탁의 효력이 없다(Ⅹ.-2:203 (1). 또한 위탁자가 단독의 수탁자가 될 것이라는 선언은 증여의 일방적 의사표시와 동일한 형식으로 이루어져야 하며(Ⅹ.-2:203 (2)), 신탁이 선언자의 사망에 의하여 설정되는 경우 선언은 유언으로 이루어지지 않으면 효력이 없다(Ⅹ.-2:203 (3)). 이러한 형식으로 볼 때 DCFR은 신탁선언 자체의 형식을 일괄하여 규정하는 것이 아니라, 각 법률행위에 따라 요구되는 개별법 상의 형식적 요건을 충족하도록 규정한 것으로 보인다. 예를 들어 A 국가의 경우 재산양도 시 문서의 작성을 요구하고 B 국가의 경우 별도의 문서상 요건 없이 재산양도가 가능하다고 한다면 문서작성 없이 재산의 양도로 이루어진 신탁은 A 국가에서는 효력이 없으며, B 국가에서는 반대로 유효하게 성립되게 된다. 이러한 규정은 신탁을 설정하기 위한 방식이 유럽 각 국가별로 다르게 규정되어 있음을 염두에 둔 것으로 DCFR의 적용에 있어서 자국법과의 충돌을 방지하기 위한 조항으로 보인다.

이외에도 위탁자는 자신의 신탁선언으로 인하여 신탁이 설정되기 전에 언제든 선언 또는 선언의 내용을 철회 또는 변경할 수 있는데, 신탁의 설정과 마찬가지로 선언을 철회 또는 변경하는 경우, 선언에 적용되는 형식적 요건을 충족하지 않으면 그 철회나 변경은 효력이 없다. 그러나 문서에 표시된 선언 또는 내용은, 파기 또는 훼손이 선언 또는 내용에 대하여 이루어진 경우에 한하여, 그 문서가 실질적으로 파기되거나 훼손됨으로써 철회가 인정된다, 다만 이러한 철회는 각 국가의 준거법이 인정하는 경우에 인정되며, 별도의 규정이 없는 경우에는 문서의 파기 또는 훼손이 있다고 하더라도 신탁선언은 철회되지 않는다(X.-2:204).

만약 위에서 언급된 신탁선언의 요건이 충족되지 못한 선언이 이루어졌고, 이러한 선언에 기하여 기금이 수탁자에게 양도된 경우에는 무효가 되는 것이 아니며, 양수인은 위탁자에게 그 기금을 재양도 해야 하는 신탁약정을 통하여 그 기금을 취득한다(X.-2:205).

3. 신탁의 거절 및 수익권의 거부

앞에서 살펴본 바와 같이 신탁자가 예정수탁자에게 신탁기금을 양도하기 위하여 필요한 모든 행위를 이행하였고, 예정수탁자가 신탁기금을 양도받지 않거나 받을 수 없으며, 그리고 신탁선언에서 달리 정하지 않는 경우(X.-2:103 (1) (c))에도 신탁의 선언은 유효하며 이에 따라 신탁이 설정되게 된다. 이 경우 자신의 의사와는 관계없이 또는 자신의 동의 없이 수탁자가 된 자는 위탁자 또는 수탁자로서 행위 하는 것을 동의한 다른 공동수탁자에게 거절의 의사를 통지함으로써 수탁자로서의 지위를 거절할 수 있다(X.-2:301 (1)). 거절은 수탁자에게 부여된 모든 권리를 포기하거나 신탁 전체를 포기하는 형태로 행하여 질 수 있다고 규정하고(X.-2:301 (2)), 일단 거절하면 이를 다시 취소하지 못하도록 규정하고 있다(X.-2:301 (3)). 만약 수탁자가 위탁자가 설정한 권리나 의무 중 일부만을 선택한다면 위탁자의 의사존중이라는 측면에서 신탁법리를 해치는 결과를 발생시키게 되며, 전반적인 신탁법률관계가 복잡해지므로 이러한 규정을 천명한 것으로 보인다. 또한 거절의 취소를 금지하는 것은 법적 안정성 측면에서 볼 때 이러한 행위가 허용된다면 신탁기금을 통한 수익자의 안정적인 수익보장이 어렵게 되므로 이를 금지하는 것으로 생각된다. 만약 동의 없이 수탁자로 지정된 자가 이를 거절하기 위하여 비용을 지출한 경우에는 공평의 원칙에 따라 그 비용의 지출이 합리적인 범위에서 인정될 때에 한하여 다른 공동수탁자에게 당해 비용을 상환 받을 권리를 가지며, 공동수탁자가 없는 경우에는 위탁자에게 상환 받을 수 있다(X.-2:301 (4)).

DCFR Ⅹ. – 2:301 (5)은 유일한 수탁자가 거절하거나, 신탁을 승낙하고 수탁자가 되기로 한 공동수탁자가 없는 경우에는 위탁자를 수탁자로 하여 신탁이 성립함을 명시하고 있다. 이 경우 위탁자는 새로운 수탁자를 선임할 때까지 신탁기금을 보유하게 된다. 만약 신탁이 유언으로 이루어지게 되는 경우 이 규정에 의하면 위탁자가 사망하였으므로 수탁자가 될 수 없게 된다. 그러나 형평법상 신탁은 수탁자가 없다고 하여 성립하지 못하는 것은 아니기 때문에 만약 수탁자가 수탁자로 되는 것을 거절하거나 신탁재산의 이전을 거부하는 경우 그 재산은 유언자의 대리인이 신탁으로 보유하게 된다.[9]

DCFR Ⅹ. – 2:301 (6)은 수탁자의 신탁거절의 요건 및 효과를 DCFR II. – 4:303에[10] 따르도록 규정하고 있다. 따라서 수탁자는 부당하게 늦은 시기에 신탁을 거절하거나 명시적으로 또는 묵시적으로 신탁을 수락할 것임을 표시한 이후에는 신탁을 거절할 수 없다고 보아야 할 것이다. 또한 수탁자가 신탁을 거절하면 수탁자로서의 권리는 소급적으로 소멸하게 된다.

신탁상 권리의 포기는 수탁자뿐만 아니라 수익자에게도 인정된다. 위에서 본 바와 같이 신탁의 설정은 별도의 통지를 요구하지 않으므로, 원하지 않는 자가 수익자로 지정되는 경우가 발생할 수 있다. 수익자로 지정된 자에게 발생한 수익권 또는 수익자격은 수탁자와 마찬가지로 거부할 수 있다. 이 경우 수탁자의 신탁거절과 마찬가지로 DCFR II. – 4:303에 따라 수익자가 부당하게 늦은 시기에 신탁을 거절하거나 명시적으로 또는 묵시적으로 신탁을 수락할 것임을 표시한 이후에는 수익권 또는 수익자격을 거절할 수 없다고 보아야 할 것이다. 또한 수익자가 이를 거절하면 수탁자로서의 권리는 소급적으로 소멸하게 된다(Ⅹ. – 2:302).

---

9 정소민, 전게논문 71면.

10 Ⅱ. – 4:303 (권리 또는 이익은 거절될 수 있음) 일방적 법률행위가 그 행위의 상대방에게 권리 또는 이익을 부여하는 경우, 그 자는 그 행위를 하는 자에 대한 통지로써 이를 거절할 수 있다. 다만, 그 거절은 지체없이 그리고 그 권리 또는 이익을 명시적으로 또는 묵시적으로 승낙하기 전에 이루어져야 한다. 그러한 거절이 있으면 그 권리 또는 이익은 발생하지 않은 것으로 본다..

4. 특정사안에 관한 추가적 규정

신탁재산의 양도는 대부분 무상으로 이루어지기 때문에 그 성격이 증여인지 신탁인지를 구별하는 것이 어려운 경우가 있다. 그러나 재산양도의 성격이 신탁인지 아니면 증여인지를 구분하는 것은 각각의 경우에 따라 신탁법과 물권이라는 다른 법률효과를 발생시키기 때문에 이를 구별하는 것은 매우 중요하다. 따라서 DCFR은 이러한 문제를 해결하고자 증여와 신탁을 구별하는 기준을 추가적으로 규정하고 있다(X.-2:401). 우선 재산의 무상양도행위가 당사자들의 관계와 양도인의 과거 또는 경합 거래와 일관성을 가진다면, 양도인은 양수인에게 증여한 것으로 본다. 그리고 그 외의 경우 양수인이 양도인의 이익을 위하여 수탁자가 되는 것으로 본다(X.-2:401 (1)). 이것은 추정규정으로서 양도 당시 양도인이 양수인의 독점적 이익을 위하여 자산을 처분할 의사가 없거나, 경우에 따라, 이를 가지고 있음을 반증함으로써 이러한 추정을 번복될 수 있게 된다(X.-2:401 (2)). 그리고 이러한 재산의 양도가 공동수탁인 또는 다수의 증여인에게 이루어진 경우에는 모든 것을 일괄하여 추정 및 번복할 수 없으며, 각각의 경우에 따라 적용되어야 한다(X.-2:401 (3)). 다만 부분적으로 양수인의 이익을 위하거나, 공동양수인이 아닌 1인의 양수인의 이익을 위하여, 양도인이 기금의 처분을 의도하였음이 입증 또는 추정되는 경우, 양도인은 그 범위 내에서 양수인의 이익을 위하여 신탁설정의 의사를 가지는 것으로 본다(X.-2:401 (4)).

일반적으로 신탁의 경우 유용한 상속수단으로 기능할 수 있기 때문에 영미에서 유언상속에 갈음하여 유언신탁이 많이 활용된다. 그러나 위탁자의 사망에 따른 재산의 승계라고 하는 관점에서 신탁을 바라보는 경우 신탁의 설정과 그에 따른 재산의 처분이 상속법에 배치되는 경우 신탁과 상속법 중 어느 것을 우선하여 적용하여야 하는지가 문제될 수 있다. 예를 들어 법적상속제도를 채택하고 있는 경우 위탁자가 유언으로 자신의 모든 재산을 위탁자의 상속인이 아닌 수익자 A를 위하여 신탁한 경우에 위탁자의 사망 후 위탁자의 상속인들은 유류분반환청구권에 근거하여 위 신탁 재산의 일부가 자신들에게 귀속되어야 함을 주장할 수 있을 것이다. 따라서 이러한 문제를 해결하고

자 DCFR은 유언신탁의 경우 몇 가지 사항에 있어 상속법을 신탁규정에 대한 특칙으로 인정하여 우선적용을 허용한다. 우선 장례비용 및 사망자의 채무를 변제하기 위한 사망자 재산의 처분방법에 상속법이 적용된다. 그리고 위탁자가 기금의 여하한 일부를 자유롭게 처분할 수 있었는지 여부, 여하한 자가 사망자와 가족관계 또는 기타 관계를 이유로 기금의 일부분에 대한 권리를 주장할 수 있는지 여부, 그리고 이와 같은 주장이 성립하기 위한 방법에 대하여 상속법이 신탁규정에 우선하여 적용되게 된다(Ⅹ. - 2:402). 따라서 법정상속제도를 취하는 국가의 경우 상속인의 유류분반환청구권이 우선적으로 보호된다. 이러한 경우에도 신탁의 설정은 인정되므로, 수탁자는 신탁기금에서 상속인의 유류분 만큼을 변제한 후 남은 재산을 가가지고 신탁기금으로서 운용할 수 있게 된다.

위탁자의 유산과 관련하여 위탁자가 유언상속인을 수탁자로서 선언하고, 그 선언이 Ⅹ. - 2:201(선언의 요건)을 충족하였으나 상속재산이 아직 양도되지 않은 경우, 그 유언상속인은 위탁자 사망 시 위탁자의 상속인에 대해 상속재산과 관련하여 발생하는 권리의 수탁자가 된다(Ⅹ. - 2:403).

Ⅲ. 신탁기금

1. 최초신탁기금의 요건

신탁자산은 하나의 자산만을 그 대상으로 하지 않으며, 경우에 따라서는 한 명의 위탁자가 자신이 보유한 수 종의 자산을 신탁기금의 대상으로 위탁할 수 있다. 그렇다면 신탁의 대상으로 각각 설정한 자산이 별도의 신탁기금으로 인정되는가가 문제이다. 이에 대하여 DCFR은 몇 가지 경우를 두어 이 경우에도 단독의 신탁기금을 구성하도록 규정하고 있다. 즉 신탁자산이 동일한 수탁자들에게 귀속되어 있다는 전제 하에 ① 자산에 관한 신탁약정이 신탁자산은 단독기금으로 구성될 것으로 정하거나 함께 관리 될 것을 요구하는 경우, 또는 ② 자산에 관한 분리된 신탁들이 당해 신탁에 따른 의무의 이행에 의하여 합병된 경우에는 단독의 신탁기금으로 구성된 것으로 본다(X.-3:101 (1)). 다수의 신탁이 동시에, 동일한 약정으로, 그리고 동일한 수탁자들에게 설정된 경우, 신탁약정에서 다른 정함이 없는 한 사실상 신탁의 동일성이 인정되므로 당해 신탁자산들은 단독 신탁기금으로 구성된다(X.-3:101 (2)). 이것은 다수의 신탁의 관리로부터 발생할 수 있는 혼동을 줄이고, 동일한 약정 하에서 관리되는 신탁기금의 경우 그 운용상 충돌을 최소화하고 관리비용 등을 절감함으로써 효율적으로 자산을 관리하기 위한 취지에서 규정된 것으로 보인다. 이외의 경우 동일한 위탁자가 동일한 수탁자와 한 시점에 다른 약정으로 다수의 신탁계약을 체결한 경우 각 신탁기금은 서로 엄격히 구분되어야 한다. 동일한 수탁자가 관리하는 복수의 신탁기금이 있는 경우, 어느 한 신탁기금의 관점에서는 다른 신탁기금은 수탁자의 고유재산이 되기 때문에 각각의 신탁자산은 분리되어 관리되어야 할 것이다.

신탁자산은 그 요건으로 양도가능성을 정하고 있는데, 이에 따라 유형의 재산 외에도 소유권, 채권 또는 지적재산권에 대하여 적극재산으로서의 성격이 인정되는 경우에는 신탁자산으로 허용 가능하다(X.-3:102). 따라서 채무 등 소극재산은 신탁자산으로 인정될 수 없다. 다만, 재산 설정된 담보의 경우 권리의 부종성으로 말미암아 이러한 담보 역시 신탁기금으로 구성될 수 있다고 보아야 하며, 물적담보와 관련하여 담보를 목적으로 하는 신탁의 경우에는 동산의 물적담보(제9권)의 규정이 우선 적용된다(X.-1:102).

앞서 설명한 바와 같이 신탁기금은 다른 재산과 분리되어야 한다. 따라서 대상이 되는 기금이 신탁약정에 의하여 충분히 규정되거나 또는 기금을 구성하는 자산이 확정 가능하여야 한다(X.-3:103 (1)). 이러한 신탁기금의 독립성에 대한 규정은 신탁제도의 본질적 특징을 나타내는 내용이며, 신탁제도를 인정하는 이상 필수적인 내용이다. 그러나 기금의 성격상 다른 재산과 분리하기 어려운 경우가 발생할 수 있다. 이렇듯 분리되지 않는 기금과 관련하여 신탁을 창설하려는 의사의 선언은, 선언과 관련한 다른 약정들이 허용하는 범위 내에서, 분리되지 않은 기금을 포함하는 전부 혼성 신탁(trust of the entire mixture)을 창설할 의사를 선언한 것으로 본다(Ⅹ.-3:103 (2)). 이 경우 수탁자가 의도된 신탁기금을 분리할 의무를 가져야 하며, 기금이 분리될 때까지 선언의 약정에 따라 예정된 권리와 의무는 혼성된 기금 중 해당부분에 적용된다는 약정이 존재하여야 한다. DCFR의 경우 혼성이 있는 경우에도 신탁기금을 분리하도록 노력하여야 하며, 신탁약정에 따른 권리와 의무를 신탁기금의 부분에만 인정하는 등의 태도를 볼 때, 신탁기금과 고유재산의 구분을 더욱 강하게 강제하고 있는 것으로 생각된다.

2. 신탁기금의 변경

신탁이 창설된 이후에 취득한 재산도 당연히 신탁기금으로 추가될 수 있다. 다만, 신탁설정 이후의 행위이므로 기존의 신탁기금의 소유자인 위탁자는 이러한 신탁기금 추가에 영향을 미치지 못한다. 신탁의 설정 당시 위탁자는 수탁자에게 신탁자산을 양도하게 되는데, 이에 따라 위탁자는 신탁기금에 대한 소유권 등의 권리를 주장할 수 없다. 결국 위탁자는 그 재산을 임의로 이용할 수 없으며 마찬가지로 비록 수익적 행위라 할지라도 기존의 신탁기금에 특정 자산을 추가할 수 없는 것이다. 따라서 기존 신탁기금에 대한 추가는 신탁기금을 운용하는 수탁자의 행위로서만 인정될 뿐이다. DCFR은 신탁이 창설된 이후, 신탁자산이 될 수 있는 자산과 관련한 수탁자의 취득행위를 한정하고 있다. 이에 따르면 신탁에 따른 수탁자의 의무의 이행, 신탁기금에 추가 또는 신탁기금의 이용, 수탁자의 지위에서 얻은 정보 또는 기회를 이용함으로써, 신탁 약정 이외의 방법으로 수탁자가 해당 자산을 처분하는 경우에 그 자산은 신탁기금의 일부가 된다(Ⅹ.-3:201 (1)). 복수의 수탁자가 있는 경우에는 모든 수탁자가 자산을 취득할 필요가 없으며, 개개인의 수탁자가 이에 따라 취득한 자산은 신탁기금의 일부가 된다(Ⅹ.-3:201 (2)).

Ⅹ.-1:201(신탁의 정의)에 따라 의무를 부담하는 자에게 자산이 귀속되는 것이 중지된 때, 그 자산은 신탁기금의 일부가 되는 것이 중지되며(Ⅹ.-3:202 (1)), 복수의 수탁자가

있는 경우, 최소 1인의 수탁자에게 수탁자의 지위로서 자산이 귀속되는 동안 당해 자산은 신탁기금의 일부가 된다(Ⅹ. -3:202 (2)).

구분될 수 있는 방법 없는 신탁자산이 수탁자에게 귀속된 다른 자산과 혼재되면, 본래 신탁에 따라 관리 및 처분되는 혼재부분을 결정하기 위하여, 개별 상속재산이 소유자를 달리 하는 것과 동일하게 혼재에 관한 신탁이 발생하고 이에 대하여는 Ⅷ. -5:202(혼합)의 규정이 준용된다(Ⅹ. -3:203 (1)). Ⅷ. -5:202에 따르면 집합체 및 혼합물을 원래의 구성물로 분리하는 것이 불가능하거나 경제적으로 비합리적인 상태로 다른 자들이 소유한 물품들이 혼합되어 있는 경우, 하지만 비율에 따라 집합물 또는 혼합물을 양적으로 나누는 것이 가능하고 경제적으로 합리적인 상태로 물품들이 혼합되어 있는 경우, 이들은 혼합 시 각 부분의 가치에 비례하는 지분에 따라 각각 집합체 및 혼합물의 공동소유자가 된다고 규정되어 있는데, 이에 따라 신탁자산은 수탁자의 다른 재산과 그 비율에 따라 구분되어 각각의 수탁자에게 신탁자산으로서 인정되게 된다. 이 규정은 복수의 수탁자에게 각각 다른 약정으로 구분이 어려운 신탁자산이 위탁된 경우를 예정한 것으로서, 우리나라 신탁법이 서로 다른 신탁재산 간에 귀속관계를 구분할 수 없는 경우 그 재산은 각 신탁재산 간에 균등하게 귀속된 것으로 추정하는(신탁법 제29조 제2항) 것과 비교하여 볼 때 신탁재산의 구분을 보다 구체적으로 정하고 있는 것으로 보인다.

만약 신탁자산이 다른 신탁자산과 혼재된 것이 아닌 수탁자의 개인 상속재산과 혼재된 것이라면, 예를 들어 유언신탁으로 수탁자에게 일정한 재산을 유증하면서 이에 대하여 일정 부분만을 신탁자산으로서 위탁한 경우, 혼재 재산의 감소분은 수탁자의 개인재산 분이 된다(Ⅹ. -3:203 (2)).

신탁의 종료는 일반적으로 약정에 의하여 이루어지지만, 신탁기금이 신탁에 대한 의무의 이행으로서 완전히 처분되거나 기타 다른 사유로 인하여 고갈되는 경우에는 강제적으로 신탁은 종료된다. 만약 신탁에 대한 의무의 이행을 해태하여 신탁이 종료된 경우에는 이러한 의무불이행에 따른 책임으로 수탁자가 이를 상환한다면 신탁기금이 존속하는 것으로 보아 신탁은 다시 재개된다(Ⅹ.-3:204).

Ⅳ. 신탁약정 및 무효

1. 신탁약정

앞서 살펴본 바와 같이 신탁의 약정은 신탁에 관련한 용어의 사용만으로 이루어지지 않으며, 전반적인 맥락을 통하여 신탁의 취지가 인정되는 경우에만 신탁설정이 가능하다. 또한 구체적인 신탁약정상 내용의 경우에 당사자의 의사를 좇게 되는데, 위탁자의 사망으로 유언신탁이 이루어지는 경우 신탁을 약정한 당사자의 의사를 물을 수 없게 되므로 신탁약정에 대한 해석이 불가피하게 된다. 이에 따라 DCFR은 이러한 약정의 해석에 관하여 기준을 두고 있다. 우선 신탁의 선언은 다른 당사자의 승낙을 요하지 않는 일방적인 의사표시이므로 그 해석에 있어서 이러한 일방적 의사표시에 대한 규정에 반하지 않아야 한다. 그리고 이를 전제로 하여 신탁약정의 의미가 달리 이해되지 않는 경우에는 우선 사용된 단어 및 표현 전체를 판단하여 효력이 발생하도록 해석하여야 한다(Ⅹ.-4:101 (a)). 단순히 몇몇 표현에 비추어 위탁자의 의사를 추단할 경우 위탁자의 의사존중에 어긋날 가능성이 있으며, 신탁관계의 특성상 수탁자와 수익자에 대한 관계가 복잡하게 얽혀 있을 가능성이 크므로 위탁자의 신탁설정 목적을 중심으로 하여 전반적인 내용을 파악하여야 한다.

수탁자의 합리적인 업무수행이 의무의 불이행으로 되지 않도록 해석하여야 한다(Ⅹ.-4:101 (b)). 만약 수탁자가 자신의 의무를 다하였음에 불구하고 약정의 해석상 의무의 불이행이 된 것으로 해석하는 경우, 예를 들어 수탁자의 노력에도 불구하고 불가항력적인 환경으로 인하여 수익자에게 예정된 수익을 보장할 수 없게 된 경우까지 수탁자의 의무 불이행으로 보게 된다면 수탁자의 관점에서는 불완전 처분에 따른 책임의 부담을 피하고자 신탁기금을 소극적으로 운용하게 됨으로써 정상적인 신탁관계의 유지가 어려워 질 수 있게 된다. 따라서 DCFR은 수탁자에게 과도한 책임을 부과하는 해석을 금지한다.

신탁기금의 처분에 관련한 조항에서 불완전 처분이 방지 또는 최소화되도록 해석하여야 한다(Ⅹ.-4:101 (c)). 신탁기금의 불완전 처분이 발생할 가능성이 크게 해석할 경우 신탁목적의 달성이 어렵게 되어 결국 수익자로 지정된 자의 수익권 보장이 어렵게 될 수 있다. 따라서 이러한 문제의 발생을 방지하기 위하여 최대한 신탁기금의 완전한 처분이 가능할 수 있도록 하여 이러한 처분을 통하여 신탁이 명확하게 종료될 수 있도록 해석하여야 한다.

위탁자 생전에 무상으로 신탁이 설정되고 위탁자가 수익권을 가지거나 가질 수 있다면, 위탁자에게 수익권을 수여하거나 이러한 권리가 확대되는 것으로 해석한다(Ⅹ.-4:101 (d)). 신탁선언 시 반드시 제3자인 수익자를 지정해야 하는 것은 아니다. 따라서 유언신탁에 있어서 역시 수익자를 지정하지 않더라도 신탁설정은 유효하게 인정된다. 그러나 신탁관계는 결국 수익자가 특정되어야 한다.[11] 이러한 경우 과연 수익자를 누구로 할 것인지가 문제된다. DCFR은 이러한 문제와 관련하여 위탁자가 수익권을 가지는 경우는 물론 가질 수 있는 경우까지 폭넓게 해석하여 수익자를 특정하고자 한다. 따라서 유언신탁의 경우 위탁자의 수익권을 상속인이 승계한 것이 되므로, 상속자가 수익자가 된다. 이것은 신탁의 설정자인 위탁자에게 신탁약정을 유리하게 해석하여 자칫 임의적으로 수탁자 또는 타인에게 수익권을 부여하여 발생할 수 있는 문제를 최소하기 위한 규정으로 보인다.

신탁기금을 처분해야 하는 경우 신탁약정 및 본 권의 규정과 달리 처분하지 않는

11 영미법상 신탁 설정의 요건은 전통적으로 ① 신탁설정의사의 확정성, ② 신탁재산의 확정성, ③ 수익자의 확정성 세 가지 요건을 구비할 것을 요구한다(정소민, 전게논문 54면). 이러한 점에서 비추어 볼 때 당해 규정은 수익자의 확정성을 보장하기 위한 것으로 볼 수 있으며, 신탁제도 운영의 안정성을 담보하기 위한 것이다.

범위 내에서, 신탁기금은 수익자가 아닌 위탁자의 이익을 위하여 처분되어야 한다(Ⅹ.-4:102 (1)). 수익자는 신탁관계에서 수익권 지정을 통하여 수익을 얻는 자이므로 수탁자의 신탁활동을 통하여만 그 수익이 보장될 뿐이며, 신탁기금 그 자체의 처분은 신탁활동에 포함되지 않으므로 수익자의 이익을 위하여 처분될 수 없다. 또한 수탁자 역시 일정 보수를 수익자에게 청구하여 받을 수 있을 뿐이고, 신탁기금과 직접적으로 관계된 이익을 취할 수 없다. 따라서 신탁기금의 처분은 신탁의 종료를 의미하기 때문에 본래 소유자였던 위탁자의 이익을 위하여 처분되어야 한다. 그러나 만약 공익상 목적의 증진을 위하여 신탁에 효과가 수여될 수 없기 때문에 또는 신탁에 따른 의무의 이행결과 신탁기금의 전부가 고갈되지 못했기 때문에 신탁기금의 불완전 처분이 발생하였다면, 신탁기금은 본 목적과 가장 유사한 공익상 목적의 증진을 위하여 처분되어야 한다.

DCFR 수익자와 관련하여 수익자를 확정하도록 규정한다. 구체적으로 신탁약정에서 수익권의 수여를 유효하게 정하기 위하여는 위탁자에 의하여 수익자가 명확하게 확정되거나 수익이 예정될 당시 확정 가능한 경우이어야 한다(Ⅹ.-4:103 (1)). 만약 수익자가 개인이 아닌 단체의 구성원으로 되는 경우 수탁자 또는 제3자가 이를 선택하도록 신탁약정으로 정해진 경우에는 그 선택 당시, 해당 당사자가 그 단체의 구성원인지 여부가 합리적으로 확실하게 결정되어야만 유효하다(Ⅹ.-4:103 (2)). 신탁관계상 수익자는 단지 수익권을 향유할 뿐 신탁재산의 관리·처분권은 갖지 못하는 형평법상의 소유권 내지 경제적 소유권을 갖는 관계일 뿐이다.[12] 따라서 별도의 법률행위능력이 요구되지 않으며, 법인격 없는 단체나 기관 또는 미성년자나 피후견인 등에게도 수익권의 수여가 가능하다. 또한 시간적 관계에서 신탁이 설정된 이후에 태어난 신생아 또는 설정 이후에 설립된 단체까지 수익권의 대상이 될 수 있다(Ⅹ.-4:103 (3)).

위와 같이 수익자의 확정에 대한 규정 외에도 DCFR은 수익자가 확정되지 않고, 수익권 및 수익자격만 확정된 경우를 규정한다. Ⅹ.-4:104에 따르면 수익권 및 수익자격

12 김진우, 「공익신탁의 법적 구조」, 『비교사법』 제19권 제1호, 4면(2011).

은 신탁약정에 의하여 충분히 규정되거나 아니면 수익이 예정되거나 수여된 당시 확정이 가능한 범위 내에서만 유효하게 된다. 따라서 신탁약정상 수익권 등에 대한 내용이 포괄적으로 정해지는 경우에는 수익권 및 수익자격은 무효가 된다. 또한 수익자의 확정성이라는 목적상 이러한 무효의 발생은 신탁관계의 무효사유로 이어질 수 있다. 그러나 수익자가 정해지지 않는 경우라도 단지 제3자가 수익에 관한 선택을 하지 않거나 할 수 없기 때문에 수여된 수익이 확정 가능하지 않은 경우라면, 신탁약정에 다른 정함이 없는 한 수탁자가 이를 선택할 수 있다. 이는 일방적 의사표시에 따라 발생할 수 있는 신탁설정의 문제를 해결하고자 하기 위하여 법률상 수탁자의 권리로서 인정하고 있는 것이다.

이외에도 신탁의 목적이 채권자에게 채무를 변제할 목적으로 설정되는 경우가 있다. 이렇듯 채무의 변제를 목적으로 하거나 채권자의 이익을 위한 신탁은, 채무자가 부담하는 의무를 변제함으로써 채무자 이익을 위한 신탁으로서 효력이 발생한다(X.-4:105).

2. 무효

위탁자의 생전 중 설정된 무상 신탁과 관련하여 그 무효는 제2권 제7장의 내용이 수정되어 적용된다. 구체적으로는 II.-7:201(착오) 제(1)항 제(b)호의 요건 충족 여부와 관계없이, 사실 또는 법률의 착오로 인하여 신탁이 설정되거나 신탁약정이 삽입된 때에는 위탁자는 신탁 또는 신탁약정을 취소할 수 있다(X.-4:201 (a)). 또한 수익자에게 의존적이거나, 수익자와의 신뢰관계에서 보다 취약했던 당사자인 위탁자는 수익이 수익자에게 제공되는 한 신탁 또는 신탁약정을 취소할 수 있다. 다만, 수익자가 과도한 수익 또는 현저히 불공정한 유리함을 취하는데 상대방의 상황을 이용하지 않음을 증명한 때에는 그러하지 아니하다(X.-4:201 (b)). 즉 신탁관계는 위탁자와 수익자 간의 대등한 지위에서의 관계를 전제로 하고 있으므로 양자 간의 관계가 불균형을 이루는 상황, 특히 위탁자가 수익자보다 열악한 지위에 있어 수익자가 이러한 상황을 자신의 이익을 위하여 이용하는 경우에는 위탁자로 하여금 신탁약정을 취소할 수 있는 권한을 부여함으로써 공평한 신탁관계를 도모하고자 한다. 이러한 취소가 있는 경우 취소통지는 합리적 기간(II-7:201(기간)) 내에 이루어져야 하며, 다만 위탁자가 수입으로부터 발생하는 수익에 대한 독점적 권리를 행사하는 경우나 신탁기금이 아직 실현되지 않은 수익에 대한 하나 또는 그 이상의 권리로 이루어진 경우에는 그 기간을 기산하지 않는다(X.-4:201 (c)). 수익자의 경우 신탁설정에 명시적으로 동의하지 않더라도 수익의 수령으로서 묵시적으로 신탁을 추인한 것으로 보는데, 만약 위탁자가 수익에 대하여 독점적 권리를 행사하는 경우에는 단순히 수익의 수령만으로 신탁을 묵시적으로 추인하였다고 보지 않는다(X.-4:201 (d)).

DCFR은 위탁자의 착오에 의한 신탁설정이나 수익자와의 관계에서 신탁의 취소를 규정하고 있는데. 이 경우 다른 당사자인 수탁자와 신탁과 관계된 제3자의 보호가 문제된다. 이에 대하여 신탁기금에 대한 수탁자의 권원은 취소에 영향을 받지 않으며(X.-4:202 (1)), 수탁자가 신탁 또는 신탁약정이 취소될 수 있음을 알았거나 이러한 사실을 알고 있었던 것으로 합리적으로 기대할 수 있었던 경우를 제외하고 수탁자는 신탁이 취소되기 이전에 이루어진 신탁약정 따른 신탁기금의 관리 또는 처분에 대하여 책임을 부담하지 않는다. 또한 수탁자가 취소 이전에 수익자에 대하여 원용할 수 있었던 항변은 취소로 인하여 수익자가 된 자에 대하여도 원용할 수 있으며, 수탁자는 취소 이전에 발생했던 신탁기금에 대한 구상권(right of recourse)을 가지게 된다(X.-4:202 (2)). 제3자가 신탁의 취소 이전에 수익자로부터 수익권을 이전 받은 경우에는 그 수익권 또는 수익권에 설정된 담보권이나 기타 제한적 권리는 신탁의 취소에 영향을 받지 않는다. 그러나 신탁 또는 신탁약정이 취소될 수 있었음을 제3자가 알았거나 알 수 있었을 경우나, 신탁기금의 처분이 무상인 경우에는 제3자와 관련한 신탁상 권리는 신탁설정의 취소와 함께 취소된다(X.-4:202 (3)).

수익자의 이익 또는 공익상 목적의 증진 목적 이외의 신탁은 위탁자를 위한 신탁으로써 효력이 발생한다(X.-4:203 (1)). 또한 수탁자는 ① 신탁목적의 개선이 근본적 원칙 또는 강행규정에 위반되지 않고, 공공의 이익에 반하지 않는 경우, ② 이미 실행된 신탁기금의 처분이 목적의 개선을 위한 것인지 여부가 합리적인 확실성으로 결정될 수 있는 경우, ③ 처분으로 발생할 수 있는 이익과 처분이 명백한 불균형을 초래하지 않는 경우에 한하여 실현 불가능한 신탁의 목적을 개선하기 위하여 본래의 신탁에 따른 신탁기금의 처분을 철회할 권한을 가진다(X.-4:203 (2)).

Ⅴ. 수탁자의 의사결정 및 권한

1. 수탁자의 의사결정

기본적으로 DCFR은 수탁자의 재량범위에 대하여 정한다. 우선 수탁자는 신탁 하에서의 의무이행에 가장 적합한 권한 및 재량의 행사 여부, 시간, 방법을 자유롭게 정할 수 있다(X.-5:101 (1)). 또한 신탁약정 또는 기타 규정에 달리 정한 경우를 제외하고, 수탁자는 신탁상 여하한 당사자 또는 그 외의 자의 지시 또는 기원(wish)에 구속되지 않고 자신의 판단에 따라 신탁을 영위할 수 있다(X.-5:101 (2)). 또한 그러한 재량판단에 별도의 이유를 묻지 않으나, 다만 신탁이 공익상 목적의 증진을 위한 것이거나 신탁약정에 다른 정함이 있는 경우에는 수탁자의 재량판단에 대한 이유를 공개할 의무가 부과된다(X.-5:101 (3)). 이렇듯 수탁자의 재량을 널리 인정하는 이유는 수탁자의 판단에 강제적인 외부개입이 있을 경우 자칫 신탁행위가 경직될 염려가 있으며, 법리적으로 볼 때 신탁설정은 수탁자에게 자산의 제한된 소유권이 이전되는 형태로 이루어지므로 이러한 소유권을 바탕으로 한 자산운용을 강제할 이유가 없기 때문이다. 복수의 수탁자의 경우에는 신탁약정 등에 다른 정함이 없는 한 자신들의 권한 및 재량은 단순 다수결에 의하여 행사된다(X.-5:102). 그러나 수탁자의 권한 및 재량행사 또는 불행사의 결정이 수탁자를 위한 수익권 또는 수익자격을 수여, 확정 또는 확대하여 스스로의 이익을 위하여 효력을 가지는 경우라면 수탁자는 그러한 결정에 참여할 수 없다(X.-5:103).

2. 수탁자의 권한

일반규정

수탁자는 신탁상 의무를 이행함에 있어 본래의 소유자인 위탁자를 대신하여 자산을 관리・운용 함으로써 신탁과 관련하여 위탁자가 합법적으로 하였을 행위를 하여야 하며 대리인으로서 허용된 행위의 범위 내에서 신탁상 의무를 이행할 수 있다(Ⅹ.-5:201).

신탁약정 등에서 수탁자의 수를 복수로 정하였음에도 최소 인원 수보다 적은 수탁자가 있는 경우에는 그 수탁자는 수탁자의 임명권, 법원에 조력 요청권, Ⅹ.-6:201(신탁기금으로부터 상환 및 면책을 받을 권리) 하에서의 권리를 행사할 수 있다. 즉 이 경우 DCFR은 수탁자가 정상적인 신탁업무를 처리할 수 없다고 전제하는 것으로 보인다. 그러나 약정에 미달된 수의 수탁자라 할지라도 일정부분에 있어서는 신탁업무를 처리할 수 있는데, 이러한 경우로는 ① 신탁약정에 따라 특정 상황 하에서 명시적으로 허용된 경우, ② 신탁기금의 보전을 위하여 필수적인 경우, ③ 이행기가 도래하거나 임박한 신탁채무의 충당을 위하여 필수적인 경우가 있다(Ⅹ.-5:202 (1)). 이러한 경우는 대부분 신탁업무가 불가피하거나 급박한 상황을 정한 것으로서 신탁의 유지를 위하여 필요한 최소한의 업무라고 보아야 할 것이다. 신탁약정상 수탁자의 수에 대한 별도의 정함이 없더라도 최소 2인의 수탁자에게 양도로 신탁이 설정된 경우라면, 수탁자의 최소 인원수는 2인이 된다(Ⅹ.-5:202 (2)).

수탁자의 특정권한

수탁자의 권한은 대리인에게 위임할 수 있으며, 대리인이 아닌 경우라도 신탁에 따른 의무의 이행을 타인에게 위임할 수 있다(Ⅹ.-5:203 (1)). 복수의 수탁자들은 그들 중 1인에게 그들을 대신하여 행위 할 수 있는 권한을 수여할 수 있다(Ⅹ.-5:203 (2)). 그러나 수탁자의 일신전속적 이행은 ① 수익자에게 수익을 향유시키기 위한 재량 또는 증진시킬 공익상 목적이나 그 방법을 선택하기 위한 재량, ② 수탁자 변경에 관한 권한, ③

신탁 하에서 의무이행을 위임하기 위한 권한의 행사 여부 또는 방법에 대한 결정이 요구된다(Ⅹ.-5:203 (3)). 의무이행을 위임 받는 자는 수탁자의 의무이행과 관련한 범위 내에서 수탁자와 동일한 의무를 부담하게 된다(Ⅹ.-5:203 (4)). 수탁자는 일정한 경우에 위임계약을 체결하지 않을 수 있는데, 우선 정당한 이유 없이, 수탁자는 서면에 의하지 않거나, ① 철회 불가능한 위임을 수여하는 약정, ② 대리인의 의무를 배제하거나 본인에게 불리하도록 의무를 변경하는 약정, ③ 대리인에게 복대리를 허용하는 약정, ④ 대리인의 입장에서 이해충돌을 허용하는 약정, ⑤ 본인에 대한 대리인의 의무불이행의 책임을 배제하거나 제한하는 약정이 포함된 위임계약을 거부할 수 있다(Ⅹ.-5:203 (5)). 이외에도 수탁자는 자신의 감독 하에서 대리인의 이행을 지속시킬 의무를 가지며, 사정상 필요하다면, 대리인에 대하여 지시를 하거나 위임관계를 해제할 의무를 가진다(Ⅹ.-5:203 (6)).

수탁자는 자신 이외의 자를 또 다른 수탁자로서 또는 본래의 수탁자의 지시대로 자산을 처분하는 자로서 정하여 신탁자산을 양도할 수 있다. 만약 이러한 자가 수탁자의 지시를 위반한 경우 수탁자의 요구에 따라 자산은 본래의 수탁자에게 신탁자산을 반환하여야 한다(Ⅹ.-5:204 (1)). 이와 같이 수탁자에게 자산을 양수받는 자는 ① 사업 수행에 있어 이러한 약속을 한 자, ② 수탁자가 지배하는 법인, ③ 신탁의무 수행을 위한 자격을 규정한 법률에 의하여 지정되거나 이러한 목적을 위하여 당해 법률에서 정한 요건을 충족한 법인으로 한정되며 이외의 자에게 자산을 양도하는 것은 무효이다. 이 경우에는 대리인 선임 권한에 대한 규정(Ⅹ.-5:203(대리인 선임 권한) (5) 및 (6))이 경우에 따라 준용된다.

수탁자는 신탁기금에 대한 재량의 행사, 신탁자산의 처분권한 및 위임권한을 포함한 신탁상 수탁자의 의무 및 수탁자의 권한행사를 타인에게 위임할 수 있다. 이러한 위임은 위탁자나 수익자의 별도의 동의 없이 이루어지게 되며, 단 Ⅲ.-2:106(이행의 위임)에 따라 그 이행에 대한 수탁자의 책임은 유지된다(Ⅹ.-5:206). 수탁자의 신탁자산 운용방법 중에 하나로서 DCFR은 투자를 정하고 있다. 수탁자가 신탁기금을 투자할 의무가 있는 경우, 수탁자는 여하한 투자의 형태로 투자할 수 있고 의무이행에 가장 적합한 투자의 방법을 정할 수 있다(X. -5:207). 적절한 경우, 수탁자는 독립적이고 적합한 회계사에게 회계감사를 위하여 신탁계정을 제출할 수 있다(X. -5:208).

Ⅵ. 수탁자 및 신탁보조인의 의무와 권리

1. 수탁자의 의무

신탁이 유효하게 성립되면 일반적으로 신탁재산이 수탁자에게 이전되고 수탁자는 여러 의무와 권리가 발생하게 된다. 특히 수탁자는 위탁자가 설정한 신탁목적을 수행할 의무가 부여되는데 그 의무는 결국 수익자에게 신탁재산에서 발생하는 이익을 제공하는 것이다. 따라서 수탁자는 위탁자와 수익자에게 신탁약정에 따르는 의무를 지게 되며 이 의무를 타당하게 이행하기 위해 신탁재산에 대한 관리 의무를 지게 된다. 이러한 의무를 성실히 이행할 수 있도록 수탁자에게 일정한 권리도 부여 받게 된다. 궁극적으로 수탁자는 신탁에 있어 신탁의무를 이행하는 주체이고 수익자는 이러한 이행에 대한 수혜자가 된다. 이러한 수탁자의 의무는 일반의무와 특정의무로 구분된다. 이렇게 일반의무와 특정의무로 구분되는 것은 영미법상 수탁자의 의무인 신인의무(Fiduciary Duty)의 영향과 수탁자가 부담하게 되는 의무의 본질에서 연유한다고 할 수 있다.[13] DCFR의 신탁법에서도 영미법과 같이 수탁자의 의무를 일반의무와 개별의무(특정의무)를 구분하여 규정하고 있다.

일반의무

우선 일반의무와 관련하여 수탁자는 법률 및 신탁약정에 따라 수익자의 이익 또는 공익상 목적의 증진을 위하여 타인의 업무에 대한 신중한 관리인으로서 신탁기금을 관

13 가정준, 상게 「신탁재산에 대한 수탁자와 수익자의 권리」, 155면.

리하고 신탁의 처분권한을 행사할 의무가 있다(Ⅹ.-6:101 (1)). 특히, 수탁자는 필요한 주의와 기술을 갖추고 공정하고 성실하게 행위할 의무를 부담한다(Ⅹ.-6:101 (2)). 이렇듯 일반의무에서 수탁자에게 요구되는 행위기준은 신중인(a prudent person)의 입장에서 공정하고 성실하게 행위할 것을 제시하고 있다.[14] 이는 민법상 시각에서 본다면 위임계약에서 수임인의 선량한 관리자로서 주의의무(이하 '선관주의의무')와 유사해 보이며(민법 제681조), 우리나라 신탁법에서도 이를 원용하고 있다(신탁법 제32조). 그러나 신탁관계상의 수탁자의 선관주의의무는 수탁자가 선량한 관리자로서 기울여야 할 주의를 가지고 신탁재산을 관리·처분하여야 한다는 의무이다. 그리고, 선관주의의무는 타인의 재산을 관리하는 자에게 부과된 사법상의 의무이고, 민법상 요구되는 주의의무로서 관리자의 개인적, 구체적 능력의 차이가 아니라 거래상 일반적으로 평균인에게 요구되는 정도의 주의의무이며, 그 사람이 종사하는 직업 또는 사회적 지위에 상응하는 일반적으로 요구되는 주의를 말한다.[15]

Ⅹ.-6:102은 수탁자에게 필요한 주의 및 기술에 대하여 보다 구체적으로 정하고 있다. 우선 일반적인 견지에서 볼 때는, 수탁자가 보수를 받을 권리를 가지는지 여부를 고려하여, 수탁자는 합리적으로 숙련되고 주의 깊게 타인의 업무를 다루는 자에게 예상될 수 있는 주의 및 기술을 가지고 행동할 것이 요구된다(Ⅹ.-6:102 (1)). 그리고 특별히 수탁자에게 전문적인 지식 및 업무를 기대하여야 하는 상황이라면, 수탁자는 반드시 그 직종의 구성원으로서 예상되는 주의 및 기술을 가지고 행동하여야 한다(Ⅹ.-6:102 (2)).

특정의무

우선 수탁자는 신탁기금을 다른 상속재산으로부터 분리시키고, 신탁자산을 안전하게 보존할 의무가 있다(Ⅹ.-6:103 (1); 분리의무). 특히, 자산의 보존에 관한 특별한 주의가

14 가정준, 전게논문, 156면.

15 이정옥, 「신탁재산과 수익자에 대한 수탁자의 지위」, 박사학위논문, 경북대학교, 2009, 105면.

필요한 경우를 제외하고, 수탁자는 특별히 오용의 위험이 있는 자산에 투자할 수 없다. 자산이 문서의 소지자에게 이행되어야 할 권리를 표창하는 문서인 경우, Ⅹ.－5:205(보관인에게 물리적 관리를 이전하는 권한)에 따라 문서가 보관인의 보관 하에 있다면 이러한 주의가 요구된다(Ⅹ.－6:103 (2); 보호의무). 또한 수탁자는 신탁자산에 대해 보험가입이 가능하고 더 나아가 보험에 가입하는 것이 적절한 경우에 한하여, 수탁자는 손실에 대비하여 신탁자산에 대한 보험가입의 의무를 부담한다(Ⅹ.－6:103 (3); 보험가입의무).

수탁자는 수익권을 가지는 수익자에게 신탁의 존재 및 수익자의 권리에 대한 정보를 제공할 의무가 있다(Ⅹ.－6:104 (1); 정보제공의무). 이와 관련하여 수탁자는 수익자격이 있는 수익자에게 신탁의 존재 및 수익자의 권리에 대한 정보를 제공하기 위하여 합리적인 노력을 할 의무를 부담하는데(Ⅹ.－6:104 (2)), 여기서 합리적인 노력이 무엇인지에 대하여는 ① 필요한 지출(필요경비)이 수익자에게 수여될 수 있는 수익의 가치와 비례적인지 여부, ② 수익자가 수탁자에 의해 수익을 부여 받는 단체의 구성원인지 여부, ③ 수익자를 확인하고 이들과 소통하는 것에 대한 현실성을 고려하여야 한다(Ⅹ.－6:104 (3)). 또한 적절한 경우에 한하여, 수탁자는 신탁기금의 상태 및 투자, 신탁채무, 그리고 신탁자산 및 이들 대위물의 처분에 관한 정보를 이용 가능하게 할 의무가 있다(Ⅹ.－6:104 (4)). 수탁자는 신탁기금과 관련하여 장부에 기재할 의무를 부담한다(Ⅹ.－6:105).

이외에도 DCFR은 신탁문서에 대한 관리 의무를 부여하고 있는데, 우선 수탁자는 수익자 또는 신탁 하에서 의무의 이행을 청구할 권리가 있는 자에게 자신의 비용으로 신탁문서를 검사하고 복사하는 것을 허용하여야 한다(Ⅹ.－6:106 (1); 신탁문서의 검사 및 복사를 허용할 의무). 여기서 신탁문서란 ① 신탁에 관한 위탁자의 의사 선언 및 신탁약정을 변경하는 여하한 법률행위나 법원명령이 기재된 문서, ② 수탁자의 회의록, ③ 신탁기금의 비용으로 수탁자가 관여된 법률자문가의 의견을 포함하여, 수탁자의 지위로 수령한 문서화된 기록, 통지 및 기타 대화, ④ 수탁자가 체결하거나 행한 법률행위가 기재된 여하한 문서, ⑤ 신탁자산의 처분에 관한 영수증, ⑥ 신탁계정을 의미한다(동법 (6)). 다만 ① 검사를 요구하는 자에 대하여, 수탁자가 그 지위로 수행하는 실제 또는 예정된 소송절차와 관련한 법률자문가의 의견 그리고 이러한 소송절차를 위하여 수집된 증거, ② 수탁자와 다른 수익자 간의 대화, 그리고 공개 시 다른 자에 대하여 수탁자의 지위로 비밀유지의무의 위반이 초래되는 기타의 대화에는 이러한 의무가 부여되지 않는다(X.-6:106 (2)). 기밀성이 유지될 것에 대하여 수익자가 적절한 보증을 제공하지 않는다면, 수탁자의 지위에서 신탁문서가 비밀정보인 경우에 한하여 수탁자는 당해 신탁문서의 검사 및 복사를 거절할 수 있다(X.-6:106 (3)). 그리고 신탁이 공익상 목적의 증진을 위한 경우를 제외하고, 문서가 수탁자의 재량 행사 여부를 결정한 이유, 이러한 재량을 행사한 수탁자의 의도, 그리고 이러한 의도와 관련한 자료 등을 공개시키는 범위에서, 수탁자는 당해 문서의 검사 및 복사를 거절할 수 있다(X.-6:106 (4)). 이러한 의무 및 권리는 신탁약정을 통하여 본 법에서 규정된 것 이상으로 확대할 수 있다(X.-6:106 (5)).

수탁자는 신탁자산에 대하여 그 운용의 한 방법으로서 투자가 가능한데, DCFR은 이러한 투자행위를 의무로 규정한다(X.-6:107 (1); 투자의무). 구체적으로 ① 일반적으로 수입이 발생하지 않거나 가치가 상승하지 않는 자산을 처분하고 그 대위물을 투자할 의무, ② 수탁자가 신탁기금의 규모와 성격에 따른 효율적이고 신중한 기금의 투자를 위하여 요구되는 전문지식이 부족하면, 기금의 투자에 대하여 전문가에게 조언을 받을 의무, ③ 특정 투자의 실패 또는 손실위험이 다양화 되도록, 그리고 예상이익이 잠재적 실패 또는 손실보다 현저히 많도록 (단, 신탁기금의 너무 적어 투자를 분산시키는 것이 부적절한 경우에는 제외) 투자를 분산시킬 의무, ④ 적절한 시간적 간격으로 투자의 유지 또는 변경의 적합성에 대한 검토 의무를 부담하게 된다. 그러나 수탁자는 수익자에게 이전 또는 수익자의 이용이나 신탁채무를 충당하기 위해 즉시 요구되는 경우나 자산의 투자가 본 권에서 정한 수탁자의 다른 의무이행을 방해할 수 있는 경우에는 신탁자산을 투자할 의무를 부담하지 않는다(X.-6:107 (2)). 이렇듯 투자의무가 인정된다 하더라도 이러한 투자의무가 신탁약정에 따라 수탁자가 신탁자산을 보유하여야 하거나 수익자에게 현물로서 양도하여야 하는 신탁자산을 처분할 권한을 수탁자에게 부여하는 것은 아니다(X.-6:107 (3)).

개인적으로 또는 대리인을 통하는 방법 여부와 상관없이, 수탁자는 신탁자산을 구매하거나 수탁자에 대한 신탁채권자의 권리를 취득하지 못한다(X.-6:108 (1); 신탁자산 또는 신탁채권자의 권리를 취득하지 않을 의무). 본 의무를 불이행한 결과로 체결된 신탁자산의 매매계약은 신탁상 다른 당사자 또는 신탁 하에서 의무이행을 청구할 권리가 있는 자에 의하여 취소될 수 있다(X.-6:108 (2)). 본 의무에 대한 내용은 신탁자산 또는 신탁채무에 상응하는 권리의 취득 및 이용을 위한 다른 계약에 준용된다(X.-6:108 (3)).

수탁자는 이득을 얻기 위하여, 신탁기금을, 또는 수탁자의 지위에서 얻은 정보나 기회를, 이용하지 말아야 할 의무가 있다(X.-6:109 (1); 승인되지 않은 이득 또는 혜택을 취득하지 않을 의무). 그러나, 신탁약정상 그러한 이용이 허용되는 경우에는 그러하지 않는다. 또한 수탁자는 수탁자 개인 자격으로 수익자로부터 발생한 수탁자의 채권과 수익자의 수익권을 상계할 수 없다(X.-6:109 (2)). 우리나라 신탁법의 경우 제25조에 상계금지를 규정하고 있으나, 이 경우의 상계금지는 신탁재산에 속하는 채권과 신탁재산에 속하지 아니하는 채무 간의 상계를 금지하는 것으로서 DCFR 규정과는 다소 차이가 있다.

복수의 수탁자인 경우 이러한 수탁자들 간의 관계에서 각각의 수탁자는 의무를 부담하게 된다(X.-6:110: 공동수탁자에 관한 의무). 즉, 신탁 하에서 의무이행에 대한 공동수탁자 간의 협력할 의무가 있으며, 공동수탁자가 신탁 또는 이로 인해 발생하는 의무를 불이행하거나 이러한 불이행이 임박한 것과 불이행이 신탁기금의 손실을 초래할 여지가 있거나 초래한 것을 알았거나 의심할만한 이유가 있는 경우, 수탁자는 이에 대하여 적절한 조치를 취할 의무를 부담한다.

2. 수탁자의 권리

수탁자에게 위와 같은 다양한 의무를 부가하면서 동시에 이를 이행하면서 발생한 비용과 채무에 대한 부담을 면할 수 있는 권리와 보수청구권을 부여하고 있다. 이를 구체적으로 보면 수탁자가 의무를 이행하면서 발생한 비용과 채무에 대해 신탁재산으로부터 상환 및 면책을 받을 권리, 수탁자의 의무를 수행하면서 제공한 노무에 대해 보수를 받을 권리, 기타 투자로 인해 발생한 이익에 대한 추가적으로 보수를 받을 권리, 수탁자의 상환 및 면책을 받을 권리를 수익자로부터 보전 받을 권리, 보험가입에 대한 권리 등이 있다.

우선 신탁 하에서 수탁자의 의무이행으로 인하여 발생하는 지출 및 신탁채무에 대하여, 수탁자는 신탁기금으로부터 상환 또는 면책을 받을 권리를 가진다(X.-6:201). 물론 이 경우의 의무의 이행은 신탁약정에 따른 합리적인 의무이행의 경우에 한하며, 그 지출 역시 합리적인 판단 하에 신탁자산 유지 등을 위하여 필요한 지출이어야 한다. 따라서 신탁과 관계없이 수탁자 개인을 위하여 사용한 비용이나 활동은 비록 간접적으로 신탁활동에 영향을 미쳤다 하더라도 상환 및 면책의 범위에 포함되지 않을 것이다.

신탁약정에 의하여 정해진 바에 따라 수탁자는 신탁기금으로부터 보수를 받을 권리를 가진다(X.-6:202 (1)). 신탁약정에 반하지 않는 한, 전문적인 수탁업무를 한 수탁자는 신탁의무의 이행이 완료된 업무에 대하여 신탁기금으로부터 합리적인 보수를 받을 권리를 가진다(X.-6:202 (2)). 그러나 X.-6:202 (2)는 수탁자가 수익자의 자격으로 신탁기금으로부터 상당한 수익을 수취할 자격이 있거나 수탁자와 위탁자 간의 계약의 결과로 신탁이 성립하였다면, 그리고 신탁이 공익상 목적의 증진을 위한 공익신탁인 경우에는 적용되지 않는다.

신탁의무 불이행의 결과로 수탁자가 자산 또는 기타 이득을 취득하는 경우 및 반환의무이행으로 자산이 신탁기금의 일부가 되거나 이득이 신탁기금에 추가되는 경우에는 수탁자는 취득을 위해 필수적으로 발생하는 지출 및 의무에 대하여 상환 또는 면책받을 권리를 가진다. 사전에 수탁자가 X.-7:201(신탁기금 상환을 위한 수탁자의 책임) 하에서 책임의 전부 또는 일부를 이행하였다면, 취득 후 신탁기금의 초과 상환분 한도에서 수탁자는 신탁기금으로부터 보전받을 권리를 가진다(X.-6:203 (2)). 또한 취득이 신탁기금 증가를 위하여 성실하게 이루어 졌거나 신탁상 의무이행으로 취득이 발생하여 수탁자가 X.-6:202(신탁기금으로부터 보수를 받을 권리) 제(2)항 제(b)호 하에서 보수를 받을 권리가 있었다면 수탁자는 또한 합리적인 보수를 받을 권리를 가진다(Ⅹ. - 6:203 (3)). Ⅹ. - 6:109(승인되지 않은 이득 또는 혜택을 취득하지 않을 의무) 하에서 수익자가 유효하게 동의한 의무불이행의 결과로 취득이 발생하였다면, 수탁자는 위 권리의 행사를 포기하고 이를 동의한 수익자가 취득한 수익권을 인수할 수 있다(Ⅹ. - 6:203 (4)). 그리고 수탁자는 취득한 가치의 이상에 대하여는 권리를 인정하지 않아 그 취득의 제한을 명백히 하고 있다(Ⅹ. - 6:203 (5)).

수익자와 관련하여 수탁자는 일정한 권리를 행사할 수 있다. 즉 Ⅹ. - 6:201(신탁기금으로부터 상환 및 면책을 받을 권리) 하에서의 수탁자의 권리가 신탁기금을 초과하는 경우, 수탁자는 수익자로부터 초과분을 보전 받을 수 있다(Ⅹ. - 6:204 (1)). 단 이러한 수익자의 책임은 수익자가 신탁약정에 따라 수취하는 이득으로 제한되며, Ⅶ. - 6:101(수익의 상실)이 준용되는 처분의 항변 대상이 된다(Ⅹ. - 6:204 (2)). 그리고 이러한 권리는 그 행사에 별도의 기한(6개월)을 두고 있다(Ⅹ. - 6:204 (3)).

Ⅹ. - 7:201(신탁기금 회복을 위한 수탁자의 책임)의 책임과 관련하여 수탁자가 보험에 가입하기 위하여 합리적으로 초래한 지출 및 채무에 대하여 수탁자는 신탁기금으로부터 상환 및 면책을 받을 권리를 가진다(Ⅹ. - 6:205 (1)). 단, 이는 수탁자가 신탁상 의무이행에 대한 보수를 받을 권리를 가지는 경우나 보험이 고의 또는 중과실로 인한 불이행으로부터 발생하는 책임에 대한 것일 경우에는 적용되지 않는다(Ⅹ. - 6:205 (2)).

3. 신탁보조인의 의무

DCFR은 수탁자 외에도 신탁보조인에 대한 의무도 규정한다. Ⅹ. - 6:301에 따르면 수탁자의 인적 사항에 대한 정보를 신탁보조인이 알고 있으며 달리 명백해 지지 않는다면, 신탁보조인은 이를 공개할 의무가 있다(Ⅹ. - 6:301 (1)). 그리고 권한의 행사여부를 결정함에 있어서, 신탁보조인은 성실하게 행위할 의무를 부담하며, 신탁약정상 승인되지 않은 이득을 취득하지 않을 의무를 부담한다(Ⅹ. - 6:301 (2)).

Ⅶ. 불이행에 대한 구제수단

DCFR은 수탁자 또는 신탁보조인의 불이행에 대한 구제수단을 규정한다. 그러나 구체적인 불이행 유형에 대하여는 별도의 규정을 두지 않는다. 신탁에서 수탁자 등이 야기시킬 수 있는 불이행은 일반적으로 수탁자 등이 신탁행위에 의하여 또는 신탁법에 의하여 수익자에 대하여 부담하고 있는 각종 의무를 이행하지 않는 경우이다.

1. 특정이행, 사법심사 및 부수적 구제수단

신탁은 그 특성상 물권성과 더불어 채권성을 가지므로 의무의 불이행으로 인한 피해의 구제수단은 채권에 따른 채무불이행책임 및 물권성에 기한 반환청구권이 동시에 존재하게 된다. 우선 DCFR은 불이행에 대한 구제수단과 관련하여 특정이행과 사법심사, 그리고 부수적 구제수단으로 나누어 규정한다.

우선 특정이행과 관련하여 신탁 하에서 의무에 대한 특정이행의 청구는 신탁약정에 따르는 것 외에 수탁자가 신탁자산의 처분 또는 기타 처리하는 것을 유지留止하는 것을 포함한다(Ⅹ.-7:101 (1)). 즉 신탁약정상 의무를 적극적으로 이행시킬 뿐만 아니라, 신탁관계에 따라 신탁기금에 대하여 본 법에서 인정하는 수탁자의 기본적인 의무의 이행을 중지할 것을 규정한 것이다. 다만 그 특정이행이 수탁자의 재량행위에 속한 것이라면 이러한 재량행위까지 금지할 수는 없다(Ⅹ.-7:101 (2)).

신탁상 당사자 또는 신탁 하에서 의무의 이행을 청구할 수 있는 자의 신청에 따라, 법원은 신탁약정 또는 본 권에서 수탁자 또는 신탁보조인에게 수여한 권한 또는 재량의 행사 여부나 방법에 대한 결정을 심사할 수 있다(Ⅹ.-7:102 (1)). 이 경우 수탁자 본인의 동의 없이 수탁자들 또는 신탁보조인에 의하여 해임된 이전 수탁자는 그 결정의 사법심사에 대하여 상응하는 권리를 가지게 된다(Ⅹ.-7:102 (2)). 법원은 수탁자 또는 신탁보조인의 신탁행위를 판단하며 이들이 내린 비이성적이거나 현저하게 비합리적인 결정, 관련성이 없거나 부적절한 고려에 의한 결정, 또는 그 외에 수탁자나 신탁보조인의 권한의 남용이나 권한범위 외에서 이루어진 결정을 취소할 수 있는 권한을 가진다(Ⅹ.－7:102 (3)).

이외에도 추가적 구제수단으로서 신탁 하에서 의무의 불이행이 실제로 발생하거나 발생이 의심되는 경우에는 법원명령에 따른 신탁기금 및 신탁기금의 관리와 처분에 관한 설명 및 조사, 신탁기금상 금전 또는 기타 자산을 법원에 지급 또는 이전, 법원명령에 따라 신탁기금을 관리하기 위한 관리인 임명, 특히 공익상 목적의 증진을 위한 신탁과 관련하여, 공무원 또는 공공단체가 수탁자의 권리와 권한의 행사, 신탁기금의 관리 및 처분을 위한 수탁자의 권리 및 권한의 정지 등이 이루어 질 수 있다(Ⅹ.－7:103).

2. 승인되지 않은 이득의 배상 및 반환

본 조항은 수탁자의 상환책임에 대하여 규정한다. 신탁 또는 이로 인해 발생하는 의무의 불이행으로 인하여 신탁기금에 발생한 손실에 대하여, 의무의 불이행이 면제되지 않고, 의무의 불이행이 수탁자가 필요한 주의와 기술을 행하지 않음으로써 발생하였다면 수탁자는 신탁기금의 상황에 대한 책임을 부담하게 된다(Ⅹ.－7:201 (1)). 그러나 이 경우 책임 있는 수탁자는 자신이 수탁자의 지위를 가지고 있음을 알았거나 알고 있을 것이 명백한 경우에만 한정된다(Ⅹ.－7:201 (2)). 신탁의 설정은 수탁자의 합의를 요구하지 않고 위탁자의 일방적인 통지로서 이루어지므로, 본 규정은 자신이 수탁자임을 모르는 선의의 자에 대하여 발생할 수 있는 불측의 손해를 방지하고자 하는 취지에서 이루어진 것이다.

수탁자는 자신의 의무가 아닌 경우에 의하여 발생한 책임, 즉 공동수탁자, 대리인, 기타 이행을 위임 받은 자, 신탁자산의 권한 있는 수령에 의하여 신탁기금에 손해가 발생한 경우에는 그 책임이 면제된다(Ⅹ.－7:201 (3)). 그러나 이 경우에 수탁자가 예외적으로 책임을 부담하는 경우를 정하고 있는데(Ⅹ.－7:201 (4)), 이는 신탁기금에 대하여 수탁자에게 직접적으로 부과되는 신탁의무가 아닌 수탁자와 그 외의 자와의 관계에서 발생하는 의무위반으로 인하여 발생하는 책임이다. 즉 수탁자가 ① 임명 또는 고용할 자를 선정하고 그 자와 업무약정을 체결 시 필요한 주의와 기술을 가지고 이를 행할 의무, ② 그 자의 의무이행을 계속해서 감독할 의무 그리고, 사정상 필요하다면, 신탁기금을 보호하기 위한 조치를 취할 의무를 소홀히 한 경우에는 손해에 대하여 수탁자가 직접적인 영향을 미치지 않았더라도 책임을 부담하게 되는 것이다. 또한 DCFR상 위임권한과 관련한 책임규정(Ⅹ. -5:206(위임권한)), Ⅵ. -3:201(종업원 및 대표자에 의해 발생한 손해에 대한 책임) 상의 책임 역시 부담하게 되는 바, 이는 DCFR이 신탁에서 수탁자와 대리인 및 기타 이행에 대하여 위임을 받은 자 등과의 관계를 종업원과 대표자의 관계로 보고 있다는 취지를 규정한 것으로 보인다. 따라서 수탁자 외에 이러한 자가 신탁행위에 종사하는 과정에서 고의 또는 과실로 손해를 발생시켰거나, 손해발생에 책임을 부담하는 경우에는 수탁자에게 책임이 부과된다. 이 규정을 살펴보면 수탁자가 책임이 면제되는 수탁자 외의 자에 의하여 신탁기금에 발생한 책임이라는 것은 수탁자와 그 자 간에 신탁행위와 관련한 도급, 위임계약 등이 없거나, 이러한 계약관계가 있다고 하더라도 그 자가 신탁행위 중 발생한 책임이 아니어야 한다. 그리고 이러한 면제사유에 해당한다고 하더라도 수탁자가 그 자의 불이행을 유도, 조력, 협력하여 발생한 책임의 경우에는 수탁자의 책임으로 인정된다. 이러한 협력 등은 명시적인 경우는 물론 의무위반의 발생을 알았음에도 이를 묵시한 경우도 포함되어야 할 것이다. 이러한 규정으로 본다면 수탁자의 책임면제사유는 매우 좁게 판단할 수밖에 없으며, 신탁행위 내에서 발생한 모든 책임은 사실상 수탁자가 부담할 수밖에 없게 되는 것이다. 이는 DCFR이 신탁기금에 대한 수탁자의 책임을 매우 강하게 규정함으로써 신탁의 핵심인 신탁기금에 대한 관리의 안전성을 담보하기 위한 것으로 보인다.

수탁자의 상환에 대한 구체적인 금액은 Ⅲ. -3:702(손해배상액의 일반적 산정 기준)의 경우에 맞추어 산정된다(Ⅹ. -7:201 (5)). 그리고 신탁기금에 대한 수탁자의 구상권, 수탁자가 수익자가 되는 경우에 가지는 수익권은 수탁자가 신탁기금을 완전히 상환할 때까지 유지된다(Ⅹ. -7:201 (6)). 이러한 수탁자의 상환책임은 신탁약정에서 달리 정할 수 있다

(Ⅹ.-7:201 (7)).

위에서 살펴본 신탁기금에 대한 수탁자의 책임은 사실상 신탁기금을 이전한 위탁자에 대한 책임으로 볼 수 있다. 이외에도 DCFR은 수탁자의 수익자에 대한 책임 또한 규정한다. 이에 따르면 위의 상환책임이 있는 수탁자는 그가 신탁기금에 대한 상환책임을 전부 이해하였다 하더라도, 수익권이 있었던 수익자 또는, 불이행이 없었더라면, 신탁약정에 따라 수익을 얻을 수 있었을 수익자에게 배상할 의무 역시 부담한다(Ⅹ.-7:202 (1)). 수익자의 이러한 권리는 계약상 수탁자의 의무의 불이행으로부터 발생하는 손해배상청구권과 동일한 지위에 있으며 이러한 손해배상청구권에 관한 규정에 따라 그 권리를 행사할 수 있다. 이러한 수탁자의 상환책임은 신탁약정에서 달리 정할 수 있다(Ⅹ.-7:202 (3)).

만약 수탁자가 Ⅹ.-6:109(승인되지 않은 이득 또는 혜택을 취득하지 않을 의무)에 규정된 의무를 불이행한 결과로 이득을 수취하였고 그 이득이 Ⅹ.-3:201(신탁기금에 대한 추가)에 따라 신탁기금의 일부가 되지 않은 경우, 수탁자는 당해 이득을 신탁기금에 추가하거나, 그것이 가능하지 않다면, 이득의 금전상 가치를 신탁기금에 추가하여야 한다(Ⅹ.-7:203).

3. 항변

수익자가 수탁자의 의무불이행에 대하여 동의한 경우, 수익자가 수탁자의 상환, 배상 또는 반환의 책임에 대하여 이익을 얻으려 한다면 수탁자는 수익자의 동의를 이유로 하여 그 책임에 대하여 항변할 수 있다(Ⅹ.-7:301 (1)). 이러한 수익자의 동의는 수탁자의 행위가 불이행에 해당함을 수익자가 알았던 경우나 수탁자의 행위가 불이행에 해당함이 명백하였던 경우에 이루어진 것이라면 수익자는 수탁자의 불이행에 동의한 것으로 볼 수 있다(Ⅹ.-7:301 (2)). 비록 수익자가 자신이 동의한 수탁자의 불이행으로 인하여 불이익을 얻은 경우라도 수탁자는 제(1)항에서의 항변을 유효하게 할 수 있게 된다(Ⅹ.-7:301 (3)). 만약 수익자가 수탁자의 지위에 있는 경우에는 제(1)항은 책임 있는 공동수탁자에 관하여 적용된다. 신탁기금을 상환하기 위한 책임이나 수익자에게 배상하기 위한 여하한 기타 책임에 관한 연대채무자 간의 구상권은 여기에 영향을 받지 않는다. 단 수탁자의 잘못된 정보 또는 수탁자가 정보제공의무를 불이행함으로써 수익자가 그 동의를 착오로서 한 경우에는 이 동의는 무효이다.

신탁 하에서 의무이행에 있어서의 손해배상청구에 대한 권리의 일반적인 시효기간은 수익자에게 수익이 부여될 때까지는 수익자에 대하여 진행되지 않는다(X.-7:302). 따라서 단순히 수익자격을 가지거나 X.-1:206 제(3)항에 따라 수탁자가 수익자에게 수익을 수여한다는 결정을 통지함으로써 수익권만을 가지는 경우에는 이러한 시효가 진행되지 않고 수익자가 실제로 수익을 수취하고 이에 대한 거부의 의사표시를 명시적으로 하지 않은 때에만 시효진행이 인정된다고 할 것이다. 따라서 만약 아직 존재하지 않는 자에 대하여 수익권을 부여하는 신탁약정의 경우에는 그 자가 실재하게 되어 그 자가 직접적으로 수익을 얻는 경우에만 시효가 인정된다고 할 것이다.

4. 연대책임 및 박탈

수탁자의 책임에 대하여 의무불이행의 수탁자가 복수인 경우에는 복수의 수탁자들은 연대책임을 부담하게 된다(X.-7:401 (1)). 이러한 수탁자들의 연대책임은 일반적인 연대채무와 유사하다. 따라서 연대채무자 사이에서와 같이, 책임의 분배는 수탁자로서 각 채무자의 기술 및 경험을 고려하여, 채무자의 불이행에 대한 상대적 책임 비율에 따라 이루어지게 된다(X.-7:401 (2)). 어떠한 채무자가 불이행에는 동의하였으나 불이행 발생에 적극적으로 참여하지 않은 경우, 당해 채무자에 대한 상대적 책임은 이를 이유로 경감되지 않는다(X.-7:401 (3)).

공동수탁자 외에도 수탁자의 불이행에 협력한 수익자의 경우에는, 다른 수탁자 또는 다른 수익자의 신청에 따라 법원은 수익자의 수익권을 박탈하는 명령을 내릴 수 있다(X.-7:402 (1)). 만약 수익자가 그 불이행에 대하여는 동의하였으나, 불이행 자체에는 협력하지 않은 경우 그 수익자의 수익권은 오직 그 불이행으로 인하여 얻은 이득에 대하여만 박탈될 뿐이다(Ⅹ.-7:402 (2)). 이렇게 수익권이 박탈됨에 따라 본래 수익자에게 예정되었던 수익은 수탁자의 책임이 소멸되거나 수익권이 소진될 때까지 수탁자의 책임을 충당하기 위하여 사용된다(Ⅹ.-7:402 (3)).

Ⅷ. 수탁자 또는 신탁보조인의 변경

1. 수탁자의 변경에 대한 일반적 규정

수탁자는 신탁이 개설됨으로써 임명되고 수탁자가 없는 신탁은 종료된다. 그러나 이러한 수탁자는 특정한 경우에 있어서 사임하거나 해임될 수 있다. 즉 신탁약정 상 수탁자의 변경에 대한 권한으로써, 수탁자에게 부여한 권한을 행사함으로써 그리고 법원의 명령으로써 수탁자의 변경이 발생할 수 있다(Ⅹ.-8:101 (1)). 이러한 신탁약정 및 수탁자의 권한의 행사는 서면으로 이루어져야 하며(Ⅹ.-8:101 (2)), 계속적으로 수탁자의 지위가 유지되지 않는 자에 의하여 이루어진 신탁약정 하에서의 변경의 권한의 행사는 계속적으로 수탁자의 지위를 가지는 자에 대하여 통지하기 전까지 효력이 발생하지 않는다(Ⅹ.-8:101 (3)). 단독인 수탁자가 사임 또는 해임되는 경우, 수탁자의 부재는 신탁의 종료사유가 되므로 위의 권한행사만으로 바로 사임 또는 해임되는 것이 아니라 이를 대체할 다른 수탁자가 임명되는 동시에 그 권한의 행사가 효력을 갖게 된다(Ⅹ.-8:101 (4)).

위의 규정 중 수탁자에게 수여된 수탁자의 변경 권한과 관련하여 이러한 수탁자의 권한은 다른 수탁자와의 만장일치에 의하여 이루어져야 하며, 수탁자가 권한의 행사를 요구한 이후 신탁보조인이 상응하는 권한을 가지지 않는 사정이 있거나 또는 신탁보조인이 합리적인 기간 내에 그러한 권한을 행사하지 않거나 할 수 없는 경우에만 행사할 수 있다(Ⅹ.-8:102 (1)). 또한 수익자들이 전체 기금과 관련하여 신탁을 종료시킬 권리를 공동으로 갖는다면, 수탁자는 수익자들의 공동지시에 따라 수익자의 권한을 행사할 의무가 있다(Ⅹ.-8:102 (2)). 이러한 권한은 신탁약정으로서 변경 또는 배제할 수 있다(Ⅹ.-8:102 (3)).

2. 수탁자의 임명

DCFR은 본 규정 제8장 제2절에서 수탁자의 임명에 대하여 규정한다. 그러나 DCFR은 앞서 본 바와 같이 최초 수탁자의 임명에 대하여 위탁자의 신탁설정시 지정하도록 규정하고 있을 뿐이며, 그 외에는 임명에 대한 별다른 절차를 규정하고 있지 않다. 따라서 본 절은 수탁자의 임명무효의 사유와 최초로 지정된 수탁자 외에 다른 수탁자를 임명하는 행위에 적용되는 규정으로 이에 따르면 기존의 수탁자와 법원이 그러한 임명권한을 갖게 된다.

수탁자는 신탁기금에 대한 전반적인 권리와 의무의 주체가 되므로, 이에 합당한 권리능력과 행위능력을 갖춰야 한다. 이러한 능력을 갖춘 자는 누구든 수탁자로서 임명될 수 있는데, 다만 만약 여하한 자가 수탁자로 임명되었다면, 그 자의 무능, 행위거절 또는 부적임을 근거로 공동수탁인이 그 자의 해임에 대한 권한을 가짐이 명백한 경우, 임명된 자가 수탁자로서 행위할 것에 동의하지 않는 경우, 임명된 자가 수탁자로서 행위할 것에 동의하지 않는 경우, 신탁약정에 의하여 정해진 수탁자의 최대 인원수를 초과하는 경우에는 그 임명의 효력이 없다(Ⅹ.-8:201 (1)). 단 오직 1인 수탁자만을 인정하는 신탁약정 상의 규정은 최대 2인으로서 효력이 발생한다(Ⅹ.-8:201 (2)). 이러한 권한은 DCFR에서 수탁자에 대하여 부여한 수탁자의 고유권한으로서 신탁약정상 제한할 수 없다고 보아야 할 것이다. 그러나 만약 신탁약정에서 수탁자를 오직 1인으로만 두도록 되어 있다면 사실상 이러한 약정을 통하여 수탁자의 권한을 제한하는 결과를 초래하게 된다. 또한 수탁자의 사임에 있어 다른 수탁자나 신탁보조인의 동의를 받도록 되어 있는데(Ⅹ.-8:301), 신탁보조인이 신탁관계에서 필수당사자가 아닌 이상 신탁보조인이 없는 유효한 신탁에서는 단독 수탁자가 스스로 사임하기 위하여는 결국 자신의 동의에 따라 사임하게 되는 법리의 모순이 발생하게 된다. 따라서 DCFR은 이러한 불합리를 해결하기 위하여 2인으로서 효력이 발생하도록 강제하는 것으로 보인다.

수탁자 또는 신탁보조인 1인 또는 그 이상의 추가적인 수탁자를 임명할 수 있는데, 신탁약정에 다른 정함이 없는 한 신탁보조인에 의한 자기임명은 효력이 없다(Ⅹ.-8:202). 수탁자의 임명은 수탁자나 신탁보조인 이외에 법원에 의하여 이루어질 수 있다(Ⅹ.-8:203). 구체적으로, 법원은 신탁상 당사자 또는 신탁 하에서 의무이행을 청구할 수 있는 권한을 갖는 자의 신청에 따라 ① 수탁자가 될 수 없는 자를 위한 대체 수탁자, ② 아무도 임명에 대한 권한을 행사할 수 없고 권한을 행사하고자 하지 않는 경우나 임명이 신탁약정에 따라 신탁기금의 효율적이고 신중한 관리 및 처분을 증진시킬 수 있을 것 같은 경우 1인 또는 그 이상의 추가적인 수탁자를 임명할 수 있다. 여기서 신탁당사자란 신탁관계에 직접적인 관련이 있는 자로서 수탁자와 수익자, 신탁보조인을 포함한다. 또한 이 외에도 수탁자에게 관련 권한을 위임 받은 자의 경우도 그 지위와는 관계없이 그 임명을 구할 수 있도록 규정하여 DCFR은 임명청구의 권한을 가진 자를 넓게 인정하는 것으로 생각된다.

3. 수탁자의 사임

대체 수탁자를 임명할 수 있는 권한을 가진 신탁보조인과 계속수탁자는 수탁자의 사임에 동의할 수 있으며(Ⅹ.-8:301 (1) 및 (3)), 대체 수탁자가 동시에 임명된 경우에 한하여 수탁보조인은 계속수탁자의 동의 없이 사임에 동의할 수 있다(Ⅹ.-8:301 (2)). 이는 대체 수탁자가 존재하고 임명된 경우 신탁행위의 연속성이 보장되므로, 그 사임의 동의 요건을 완화한 것으로 보인다. 또한 수탁자의 사임 후 최소 2인의 계속수탁자 또는 1인의 특별수탁자가 존재한다면, 그 수탁자는 신탁보조인 또는 공동수탁자의 동의에 의하여만 사임 할 수 있다(Ⅹ.-8:301 (4)). 여기서 특별수탁자란 수탁자로서 역할을 할 수 있는 여하한 공무원 또는 공공단체, 그리고 법령에서 지정되거나 본 권의 목적을 위해 법령에서 요구하는 요건을 충족하는 여하한 법인을 의미한다(Ⅹ.-8:301 (5)).

수탁자의 사임은 법원에 의하여도 가능하다. 구체적으로 수탁자의 사임 후 신탁약정에 따라 신탁기금의 효율적이고 신중한 관리 및 처분이 확보될 수 있는지 여부를 고려하여, 신탁상 의무가 종료되어야 하는 것이 타당함에도 불구하고 사임할 수 없는 수탁자가 있는 경우 법원은 그의 사임을 승인할 수 있다(Ⅹ.-8:302). 여기서 '사임할 수 없는 수탁자'란 Ⅹ.-8:301 (4)와 같은 상황에서 공동수탁자 및 신탁보조인이 그 사임에 승인하지 않아 수탁자의 지위가 강제로 유지되는 수탁자를 의미한다. 그렇다면 수탁자가 1인인 경우 그 수탁자가 '사임할 수 없는 수탁자'에 포함되면 그 사임을 승인할 수 있는지 의문이다. 이 경우 법원이 그 신청을 승인한다면 사실상 신탁의 종료를 선언하는 것이므로 이는 '신탁기금의 효율적이고 신중한 관리 및 처분의 확보'에 어긋나게 되어 승인이 어렵다고 볼 것이다. 그러나 법원명령에 의한 선임(Ⅹ.-8:203) 권한에 따라 사임을 원하는 수탁자가 대체 수탁자의 임명을 신청하고, 그 자가 수탁자로서 임명될 수 있으며 그 자에 의하여 신탁기금의 효과적인 운용이 가능하다면, 그 자의 임명과 동시에 사임이 가능하다고 보아야 한다.

4. 수탁자의 해임

수탁자의 해임은 사임과 달리 해임의 원인이 발생하여야 한다. DCFR은 해임의 원인과 관련하여 법원이 판단한다면 수탁자의 무능, 이행거절, 또는 부적임을 이유로 수탁자를 해임할 수 있는 경우를 규정하고 있으며 이러한 요건이 충족될 경우 계속수탁자는 해당 수탁자를 해임할 수 있다(Ⅹ.-8:401 (1)). 수탁보조인 또는 수탁자들에 의한 수탁자의 해임은 해임될 수탁자에게 해임통지가 이루어 질 때까지 효력이 발생하지 않는다(Ⅹ.-8:401 (2)).

수탁자의 해임은 법원에 의하여도 가능하다. 법원은 수탁자로서의 지위를 유지하는 것이 부적절 하다면, 여하한 신탁상 당사자의 신청에 따라, 수탁자들의 동의 없이 그리고 신탁약정에도 불구하고 수탁자를 해임할 수 있다(Ⅹ.-8:402 (1)). 여기서 신탁당사자란 수탁자의 임명과 같이 신탁관계에 직접적인 관련이 있는 자로서 수탁자와 수익자, 신탁보조인을 포함한다. 그러나 임명과는 달리 이에 관련한 청구권을 행사할 수 있는 자는 해임의 신청자에서 제외되었다는 점에서 차이가 있다. 법원이 해임의 근거로 삼을 수 있는 것들로는 ① 무능력, ② 중대한 의무불이행, ③ 부적임, ④ 수탁자의 만장일치가 요구되는 사안에 대하여 공동수탁자와의 영구적이거나 반복적인 중대한 반대, ⑤ 신탁상 의무와 상당하게 충돌하는 수탁자의 기타 이익이 있다.

5. 수탁자 변경의 효과

위의 규정된 바에 따라 수탁자의 지위에서 사임 또는 해임된 자는 신탁관계가 종료되며, 일반적으로 수탁자로서의 권리와 권한을 상실하게 된다(Ⅹ.–8:501 (1)). 그러나 의무에 대하여는 바로 면제되는 것은 아니며, 공동수탁자와 협력할 의무의 경우는 사임 또는 해임 후 합리적인 기간 만료 시까지 종료되지 않는다(Ⅹ.–8:501 (2)). 이 외에도 Ⅹ.–6:109(승인되지 않은 이득 또는 혜택을 취득하지 않을 의무) 상 의무, 신탁채무, 불이행으로부터 발생한 의무의 경우 이전 수탁자를 계속 구속한다(Ⅹ.–8:501 (4)). 권리에 대하여도 모든 권리가 상실되는 것은 아니며 신탁기금에 대한 이전 수탁자의 구상권은 계속수탁자에 대한 권리로서 효력을 갖는다. 또한 수익자에 의한 배상, 면책 또는 보수에 대한 권리는 영향을 받지 않고 계속하여 유지된다(Ⅹ.–8:501 (3)).

수탁자로 선임된 자의 신탁자산의 소유권은 본래 양도인과 양수인 간의 합의를 통하여 양도되거나 해당 자국법 상 소유권 전체로 수탁자에게 귀속되는 것으로 의제되는 경우에는 별도의 법원명령 없이 그 자에게 귀속된다(Ⅹ.–8:502 (1)). 새로이 수탁자로 선임된 자에게 이러한 재산이 귀속되더라도 다른 계속수탁자들의 지위는 박탈되지 않는다(Ⅹ.–8:502 (2)). 다만, 수탁자의 지위에서 사임 또는 해임된 자는 신탁재산과 관련한 권리와 지위가 박탈된다(Ⅹ.–8:502 (3)). 계속 또는 대체 수탁자는 이전 수탁자가 소지한 신탁문서를 인도 받을 수 있다. 문서를 소지한 자는 자신의 부담으로서 문서의 사본을 작성하고 보유할 권리를 가진다(Ⅹ.–8:503).

수탁자는 그 지위를 사임 또는 해임으로서 잃을 수 있지만, 이외에도 사망이나 법인의 경우 해산으로서 지위의 상실이 발생할 수 있다. 이 경우, 신탁기금은 다른 계속 수탁자에게 귀속된 채로 유지된다. 이 규정은 사망한 수탁자 또는 해산한 법인수탁자의 기타 재산을 상속한 자를 배제하는데 적용된다(X.-8:504 (1)). 만약 수탁자가 단독이었고 그 수탁자가 사망한 경우라면 사망한 수탁자의 승계인이 수탁자가 되며 이에 따라 수탁자의 승계인은 신탁에 종속되며 이에 상응하는 권리와 권한을 취득한다. 또한 수탁자의 승계인은 사망한 수탁자에 의하여 발생한 신탁채무에 대하여 사망한 수탁자의 재산의 범위 내에서 책임을 지고 신탁기금은 수탁자의 승계인에게 귀속된다. 그러나 수탁자의 승계인은 승계인의 수와 상관없이 X.-5:202(수탁자의 최소 인원 수에 대한 제한) 제(1)항에서 정해진 권한만을 행사할 수 있을 뿐이다(X.-5:202 (2)). 이러한 규정으로 보건대 DCFR은 수탁자가 사망한 경우 그 지위를 일반적인 상속과 같이 승계되는 것은 아니며, 단독 수탁자인 경우로 한정하여 매우 제한적으로 인정하고 있는 것으로 보인다. 신탁과 관련한 수탁자의 유언의 효력은 신탁기금의 처분에는 효력이 없으나, 신탁약정을 통하여 유언으로써 수탁자를 임명할 권한을 정할 수 있다(X.-5:202 (3)). 이렇듯 권한에 있어서는 사망한 수탁자의 승계인에게 당연히 이전되는 것은 아니나, 그 수탁자가 생전의 불이행으로 발생하는 의무는 사망한 수탁자의 승계인에게 이전되며 그 승계인은 수탁자로서가 아닌 피상속인으로서 수탁자의 채무 등을 부담하게 된다(X.-5:202 (4)).

6. 신탁보조인의 사망 또는 해산

신탁보조인의 권한은 신탁보조인이 사망하거나 해산한 때 종료되지만, 신탁약정은 유언을 통한 권한의 행사를 허용할 수 있다(X.-8:601).

Ⅸ. 신탁의 종료 및 변경 그리고 수익권의 양도

1. 종료

종료에 관한 일반적 규정

신탁은 그 약정을 통하여 신탁의 종료에 대한 사항을 정할 수 있으며, 이 경우 신탁의 종료권한을 갖는 자는 위탁자와 수익자에 한정하며, 수탁자나 신탁보조인의 경우는 신탁의 종료권한에서 제외된다. 그러나 위탁자가 신탁행위(신탁약정)에서 수탁자에게 신탁종료권을 부여할 수 있는가가 문제된다. 이는 특히 Ⅹ.－1:303(규정의 강행성)에서 "본편에서 달리 규정하고 있는 경우를 제외하고 본편의 규정은 강행규정이다"이라고 하는 규정과의 관계에서 문제된다. '신탁법 규정이 원칙적으로 강행규정'이라는 Ⅹ.－1:303 규정을 존중한다면, 본 규정도 강행규정이라고 보아야 할 것이므로, 위탁자가 신탁약정에 위탁자, 수익자 외에 수탁자에게도 신탁종료권을 부여하더라도 이는 무효라고 해석할 수도 있다. 그러나 이에 대하여 신탁은 "위탁자의 의사존중"과 "내용상의 유연성"이라는 다른 제도가 대체할 수 없는 신탁의 장점 때문에 영미법국가에서는 신탁제도를 통한 재산관리가 폭넓게 행해지고 있다는 점을 고려하여 위탁자가 신탁을 설정할 때 어느 정도는 내용상의 유연성을 보장해 주는 것이 바람직하며, 이 점은 신탁종료(종료권자도 포함)와 관련하여서 동일하다고 보아야 할 것이다. 따라서 위탁자가 신탁약정으로 신탁종료권을 수탁자에게 부여하더라도 이는 유효하게 되며, 위탁자와 수익자를 종료권자로 규정하고 있는 Ⅹ.－9:101 (a)호는 단순히 예시규정에 불과하다.

이러한 약정에 의한 종료 외에도 DCFR은 그 규정으로써 신탁 당사자에게 신탁의 종료권한을 부여하고 있는데, 이러한 종료권한은 위탁자, 수익자는 물론 수탁자에 의하여도 가능하다. 또한 신탁당사자의 이러한 권한행사 외에도 신탁상 권리 및 의무의 혼동이 발생한 경우에는 사실상 신탁목적 달성이 어렵게 되므로 이러한 혼동을 신탁의 종료사유로 정한다(Ⅹ.－9:101).

신탁이 종료되는 경우 그 범위 내에서 수탁자의 책임은 면책된다(Ⅹ.-9:102 (1)). 그러나 위에서 살펴본 수탁자의 해임과 마찬가지로 모든 책임이 면책되는 것은 아니며, 신탁 또는 이로부터 발생하는 의무를 수탁자가 불이행함으로써 발생한 수익자에 대한 책임 또는 신탁채권자에 대한 책임은 신탁의 종료 후에도 계속 지속된다. 단, 이러한 책임의 관련 당사자가 이를 면제할 것에 합의한 경우에는 이러한 합의에 따라 그 책임이 면제된다((Ⅹ.-9:102 (2)).

위탁자 또는 수익자에 의한 종료

위탁자는 신탁의 최초설정자로서 신탁을 종료할 권한을 갖는다. 그러나 위탁자라는 이유로 신탁을 조건 없이 종료할 수 있다면, 신탁관계에 있는 다른 당사자에게 불측의 손해를 입힐 수 있으며, 신탁행위의 안정성 측면을 심각하게 저해할 수 있다. 따라서 DCFR은 이러한 위탁자의 신탁 종료권한을 제한적으로 인정한다. 이에 따르면 위탁자는 무상으로 설정된 신탁의 경우에만 종료권한을 행사할 수 있으며, 무상신탁이라 할지라도 위탁자에 의한 양도 없이 신탁이 설정되었는지 여부 및 위탁자가 위탁자 생선에 수익권을 가졌는지 여부를 고려하지 않고 단순히 무상이라는 이유만으로 신탁을 종료할 당연한 권리를 갖지 않는다(Ⅹ.-9:103 (1)). 위탁자의 구체적인 종료권한의 행사는 아직 현존하지 않은 자의 수익을 위하여 무상으로 설정된 신탁, 또는 그러한 신탁 약정의 경우에 이를 종료할 수 있으며(Ⅹ.-9:103 (2)), 수익이 증여의 방식으로 수여되었더라면 위탁자가 수익자에 대한 증여를 철회하였을 동일한 범위에서 위탁자는 다른 자의 수익을 위하여 무상으로 설정된 신탁을 종료할 수 있다(Ⅹ.-9:103 (3)). 즉 무상신탁임을 전제로, 구체적인 신탁관계가 설정되기 전이나 수탁자의 하자 등으로 인하여 그 신탁자산의 증여를 철회할 사유가 발생한 경우에만 위탁자는 신탁을 종료할 수 있으며, 유상신탁의 경우에는 DCFR에는 위탁자의 종료권에 관한 규정을 두고 있지 않지만, 본조의 반대해석으로 예외 없이 위탁자의 종료권은 인정하지 않는 것으로 보아야 할 것이다. 또한 법문의 해석상 만약 신탁자산의 증여 철회 사유가 발생한 경우에도 다른 자가 아닌 위탁자 자신을 수익자로 하는 신탁이라면 위탁자의 종료권한은 제한된다.

수익자는 신탁목적의 최종 단계에 있는 자로서 자신의 의사에 따라 신탁을 종료할 수 있다. 이 경우 수익자는 완전한 법적능력(full legal capacity)을 가져야 하며, 여기서 완전한 법적 능력이란 자연인인 경우 일반적인 행위능력을 의미하는 것으로 의사능력이나 권리능력이 있음을 전제로 한다. 법인의 경우는 완전한 법인격을 가진 단체로서 정관상 목적을 수행하기 위한 능력을 갖추는 것을 의미하는 것으로 보인다. 이러한 수익자는 자신의 독점적 이익을 위한 기금 또는 기금의 일부와 관련한 신탁을 종료할 수 있다(Ⅹ.-9:104 (1)). 본래 수익자는 미성년자 등 제한능력자도 될 수 있다는 점에서 특별한 행위능력을 요하지 않고, 민법상 권리능력만 있으면 된다고 보는 것이 일반적이다. 이러한 이유로 우리 신탁법도 수익자의 능력에 관하여 특별한 규정을 두지 않으며, 이는 DCFR에서도 동일하다. 따라서 일반적으로 권리능력자이면 수익자가 될 수 있다. 그러나 신탁의 종료에 대하여는 수익자에게 권리능력 이상의 행위능력을 요구하는데, 이는 기존의 수익권이 신탁행위를 통해 발생하는 수익을 수취하는 소극적 권리임에 반해 신탁의 종료권은 자신의 독점적 이익을 박탈하는 적극적 권리라는 점에서 그 행사요건으로서 행위능력을 요구하는 것으로 판단된다. 또한 복수의 수익자가 있는 경우에는 각각의 수익자가 완전한 법적 능력을 갖는 것을 전제로, 본인들의 독점적 이익을 위한 기금 또는 기금의 일부와 관련한 신탁을 종료할 수 있는 공동의 권리를 가진다(Ⅹ.-9:104 (2)). 다만 일부의 신탁기금이 종료되는 경우, 그 종료로 인하여 다른 수익자의 수익이나 공익상 목적을 위하여 설정된 나머지 신탁기금에 불리한 영향을 미치게 된다면, 그 일부의 신탁기금에 대한 종료는 제한된다(Ⅹ.-9:104 (3)).

'독점적 이익'이란 단독의 수탁자에게만 수익이 집중된다는 의미가 아니라, 신탁자금의 원금 전부와 원금으로 발생하는 장래 수익 전부가 오직 수익자의 수익 등을 위하여 처분되는 것을 의미한다(Ⅹ.-9:105 (1)). 이러한 목적을 위하여 수익자 본인의 이익에 동의할 수 있거나, 또는 본인의 이익과 상반된 권리행사를 하지 않을 가능성은, 고려되지 않는다.

위탁자와 수익자에 의한 신탁의 종료는 수탁자에게 그 내용을 서면으로 통지함으로써 권한의 행사가 가능하다(Ⅹ.-9:106 (1)). 위탁자에 의하여 종료된 신탁 또는 신탁의 일부는 종료 시점부터 위탁자의 이익을 위한 신탁으로 효력이 발생하여 위탁자에게 수익권이 부여된다(Ⅹ.-9:106 (2)). 수익자가 종료권한을 행사하는, 수익자가 자신 이외의 자에게 기금 또는 기금의 일부를 양도할 것을 수탁자에게 지시하는 경우, 양도되는 기금 또는 기금의 일부에 대한 수익권은 해제의 통지로써 그 자에게 귀속된다(Ⅹ.-9:106 (3)). 또한 양도가 불가능하거나 불법적인 것이 아니라면, 수탁자는 지체 없는 종료의 통지에 따라 기금 또는 기금의 일부를 양도할 의무가 있다. 양도할 의무는 신탁약정에 따라 기금 또는 그 일부의 관리 및 처분할 의무를 대신하게 된다(Ⅹ.-9:106 (4)). 불가분 자산에서 불가분 지분의 교부를 요구함에 따라 양도가 불가능하게 되면 수탁자는 ① 가능하고 합리적인 한도에서, 자산을 분할하고 분할분을 양도할 의무, ② 가능할 경우, 자산을 매각하고 그 대위물에 상응하는 지분을 양도할 의무를 부담하게 된다(Ⅹ.-9:106 (5)). 위와 같이 수탁자에게 신탁자산의 양도의무가 있는 경우에는 양도가 이루어진 때 그 한도에서 신탁은 종료된다(Ⅹ.-9:106 (6)).

이러한 수익자의 양도행위는 양도의 대상이 되는 기금의 일부가 여하한 권리 및 의무와 관련되어 있는 경우에는 수탁자는 이러한 기금의 일부의 양도를 보류시킬 수 있다. 대표적인 권리·의무로는 신탁채무, 기금에 대한 수탁자의 장래의 구상권이 있으며 신탁채무, 권리, 및 비용이 양도될 기금의 일부에 할당된 범위에서, 자산의 양도비용 및 여하한 필요적 분할비용 또는 매각 비용을 충당하기 위하여 이러한 보류권의 행사가 가능하다(Ⅹ.-9:107 (1)).

이러한 이유로 말미암아 수탁자가 보류권을 행사한 경우에는 신탁을 종료할 권리를 행사하는 자, 즉 위탁자 및 수익자가 양도될 기금의 일부에 할당된 신탁채무, 권리 및 비용에 대해 보상한 경우에는 이러한 보류권은 종료된다(Ⅹ.-9:107 (2)).

기타 종료방식

신탁행위의 종료를 기본적으로 위탁자와 수익자에 의하여 이루어지는데, 앞서 계속하여 본 바와 같이 신탁관계에서 수탁자는 신탁의 집행에 관한 사무에 그 역할이 한정되어 있을 뿐, 신탁의 창설 및 종료에서는 수동적인 지위에 있을 뿐이다. 그러나 예외적으로 DCFR은 신탁의 종료방식으로서 수탁자에 의한 신탁의 종료를 인정한다. 그러나 위탁자 및 수익자와는 다르게 종료를 수탁자의 권한으로서 인정하고 있는 것은 아니며, Ⅹ.-9:104(종료를 위한 수익자의 권리) 제1항 하에 따라 수익자가 신탁을 종료할 권리를 가지는 경우, 수탁자는 수익자에 대한 통지에서 정한 합리적인 기간 내에 수익자가 그 권리를 행사할 것을 최고하는 통지를 할 수 있을 뿐이다. 만약 수익자가 그 기간 내에 권리행사를 하지 않는다면, 비로소 수탁자는 수익자에게 자산을 양도함으로써 자신의 힘으로 신탁을 종료시킬 수 있다. 이 경우 수익자는 그 양도를 승낙하여야 할 의무가 있다(Ⅹ.-9:108 (1)). 이는 신탁종료권이 독점적 이익을 가진 수익자가 자유롭게 행사할 수 있다는 점, 수탁자에게 불측의 불이익이 생길 수 있다는 점에서 당연히 인정된 것으로 본다. 다른 규정에서 정해진 경우라면 수탁자는 금전을 지급하거나 신탁기금 중 기타 자산을 법원으로 양도함으로써 신탁을 종료할 수 있다(Ⅹ.-9:108 (2)).

신탁자의 권한에 의한 종료 외에도 신탁기금의 특성상 신탁이 더 이상 유지되기 어려운 상황이 발생하게 되면 신탁은 종료된다. 우선 신탁은 단독의 수탁자가 유일한 수익자이고 신탁기금이 그 수익자의 독점적 이익을 위한 것일 때 종료된다(Ⅹ.-9:109 (1)). 이 경우 수탁자가 자신의 재산을 운영하여 자신의 이익을 충당하는 것이므로 사실상 재산을 수탁자에게 증여한 것과 동일하게 되므로, 신탁으로서의 의미를 상실하게 되어 신탁이 종료되는 것이다. 또한 복수의 수탁자가 있는 경우, 이들이 공동으로 수익권을 가지는 경우에 한하여 그들이 독점적 이익이 있는 경우에는 (1)과 마찬가지로 신탁은 종료된다(Ⅹ.-9:109 (2)). 신탁이 수익자의 수익권과 관련하여 존속하거나 수익권이 담보권 또는 기타 제한된 권리에 영향을 받는다면, 수탁자는 이러한 신탁 또는 영향에 구속된다(Ⅹ.-9:109 (3)).

2. 변경

일반 거래에서 계약조건이 당사자의 합의를 통하여 변경 가능한 것과 마찬가지로 신탁약정 역시 변경이 가능하다. 우선 신탁약정의 경우에는 기존 신탁약정에서 정한 권리를 통하여 신탁약정을 통하여 위탁자 또는 수익자에 의하여 신탁약정을 변경하는 것이 가능하다(X.-9:201 (1)). 여기에서 수탁자는 신탁약정 변경의 당사자에서 제외된다는 점을 주의하여야 한다. 또한 신탁약정에 정한 경우 외에도 신탁을 종료할 권리를 가지는 위탁자 또는 수익자는 신탁에 관한 기금 전체 또는 기금의 일부에 관련된 범위 내에서 신탁약정을 변경할 권리를 가진다. 단 이 경우 신탁은 종료될 수 있었던 신탁인 경우에만 그 변경이 인정된다(X.-9:201 (2)). 수익자가 단독인 경우에는 단독인 수익자에 의하여 신탁약정을 변경할 수 있는데, 만약 복수의 수익자가 산탁약정의 변경에 대하여 공동의 권리를 가지는 경우에는 그 복수의 수익자 모두의 동의가 있는 경우에만 신탁약정의 변경이 가능하다(X.-9:201 (3)). 변경권을 행사하는 자가 사망한 경우에 효력이 발생하는 변경은 그 변경이 유언에 의해 행사되지 않는다면 효력이 없다(X.-9:201 (4)). 이러한 변경은 수탁자에게 서면으로 통지가 이루어질 때까지 효력이 발생하지 않는다(X.-9:201 (5)).

신탁약정의 변경은 신탁당사자 뿐만 아니라 법원명령에 의하여도 가능하다. 신탁상 당사자 또는 신탁 하에서 의무의 이행을 청구할 수 있는 자의 신청에 따라, 변경을 통하여 보다 효율적이고 신중한 기금의 관리를 증진시킬 수 있는 가능성이 있다면, 법원은 신탁기금의 관리에 관한 신탁약정을 변경할 수 있다(X.-9:202 (1)). 그러나 법원이 X.-9:203: (법원명령에 의한 수익자를 위한 신탁의 변경)이나 X.-9:204: (공익목적을 위한 신탁의 법원명령에 의한 변경) 중 하나에 따른 처분에 관한 신탁약정을 변경할 권한을 가지지 않는다면, 이러한 변경은 처분에 관한 신탁약정의 운용에 중대한 영향을 미칠 수 없다(X.-9:202 (2)).

법원은 수익권 또는 수익자격의 부여와 관련한 신탁약정을 변경할 수 있는데, 이러한 변경은 신탁상 당사자 또는 약정의 변경이 없었다면 수익을 얻을 수 있었던 자의 신청에 의하여 이루어진다. 그러나 이 경우 수익권 또는 수익자격을 얻을 수 있는 자는, ① 아직 존재하지 않는 자, 또는 ② 단체의 구성원에 대한 설명과 같이, 권리가 설명에 따라 결정되는데 그 설명에 따라 현재 확정되지 않는 자로 한정된다(Ⅹ.-9:203 (1)). 따라서 신탁약정상 그 자격이나 존재가 확정적인 경우 이러한 신탁약정의 변경이 허용되지 않으며, 단지 본 권 제3절(수익권의 이전)에 따라서 자신의 수익권만을 이전할 수 있을 뿐이다. 만약 신탁약정이 먼 장래에 수익권 또는 수익자격을 수여하거나 비현실적인 사건의 발생을 조건으로 하는 경우에도 이러한 규정이 동일하게 적용된다(Ⅹ.-9:203 (2)).

사정변경의 결과로 신탁약정에 따른 신탁행위가 비효율적으로 이루어지게 된 경우에는 신탁상 여하한 당사자 또는 신탁 하에서 의무의 이행을 청구할 수 있는 여하한 자의 신청에 따라, 법원은 공익목적의 증진을 위하여 정해진 신탁약정을 변경할 수 있다(Ⅹ.-9:204 (1)). 사정이 변경된 이후 위탁자가 신탁을 설정하였다면 이러한 변경은 그 위탁자가 선택하였을 일반적 또는 개별적 공익상 목적을 위하여야 한다(Ⅹ.-9:204 (2)).

3. 수익권의 이전

수익권도 일종의 채권의 성격을 가지므로 그 양도가 자유롭다. 따라서 수익자는 자신의 수익권을 타인에게 양도할 수 있으며, 이 경우 그 구체적인 절차나 방식은 제3권 제5장 제1절(채권의 양도)이 적용된다(Ⅹ.-9:301 (1)). 앞선 권리행사의 방법과 마찬가지로 수익권의 양도 역시 서면으로 이루어져야 하며(Ⅹ.-9:301 (2)) 양도인의 사망으로 효과가 발생하는 이전은 오직 상속법에 따르는 경우에 효력이 발생한다(Ⅹ.-9:301 (3)).

Ⅹ. 제3자에 대한 관계

1. 채권자에 관한 일반적 규정

지금까지 DCFR 규정이 신탁자산을 중심으로 한 위탁자, 수탁자, 수익자의 신탁행위에 대한 것이라면 제10장은 신탁당사자 외에 수탁자가 신탁행위 등으로 인하여 발생하는 제3자의 채권·채무관계에 대하여 정한다. 신탁의 원칙상 신탁의 채권·채무는 신탁과 관련하여 발생한 것으로 한정하며, 수탁자의 개인적인 채권·채무관계는 신탁기금과 관계없이 수탁자의 개인재산으로 처리되어야 한다. 따라서 수탁자가 신탁채무를 부담하는 여하한 자(신탁 채권자)는 신탁기금으로부터 본인의 권리를 충족할 수 있으나, 다른 채권자들은, 이 규정에서 다르게 정하지 않는 한, 그렇게 할 수 없다(Ⅹ.-10:101 (1)). 또한 신탁기금과 관련한 당사자의 권리를 원용하기 위한 신탁에 대하여 제(1)항은 당사자의 채권자가 가지는 여하한 권리에 영향을 미치지 않는다(Ⅹ.-10:101 (2)).

DCFR은 신탁채무에 대하여 규범적으로 정의를 내린다. 이에 따르면 수탁자가 의무를 부담하는 원인에 따라 신탁채무 여부를 결정한다. 구체적인 원인사항으로서는 수탁자가 ① 한시적인 신탁자산의 소유자로서, ② 신탁목적 및 신탁약정에 따라, ③ 의무가 발생하지 않는다는 것을 채권자가 알지 못하였거나 이를 알고 있었던 것으로 합리적으로 기대 되지 않는다면, 수탁자의 지위 및 무상이 아닌 계약 또는 기타 법률행위에 따라, ④ 신탁기금의 관리 또는 처분이나 신탁채무의 이행에 있어 작위 또는 부작위의 결과로서, ⑤ 그렇지 않으면 신탁상속재산과 관련하여 중대하게 의무를 부담하는 경우에는 그 의무가 신탁채무로서 인정된다(Ⅹ.-10:102 (1)). 이전 수탁자나 거절권을 행사한 예정수탁자의 경우도 현재의 지위상 신탁과 직접적인 관계가 없게 되므로 제3자에 해당하게 되며, 이들에 대하여 상환, 면책 또는 보수를 위한 수탁자의 의무 역시 신탁채무가 된다(Ⅹ.-10:102 (2)). 이외의 수탁자의 기타의무는 신탁채권이 아니다(Ⅹ.-10:102 (3)).

2. 신탁채권자

만약 신탁행위와 관련한 채무가 발생한 경우 그 책임은 신탁기금으로 한정되어야 하는가? 이에 대하여 DCFR은 수탁자가 신탁채무를 충당하기 위한 책임을 개인적인 책임으로 정함(Ⅹ.－10:201 (1))으로써 신탁기금에 한정되는 것이 아닌 수탁자 개인 재산으로의 충당까지 그 책임을 확장한다. 우리나라 신탁법이 신탁행위로 인하여 수익자에게 부담하는 채무에 대하여는 신탁재산만으로 책임을 진다는 점(신탁법 제38조)에서 그 차이를 보인다. 우리나라의 이러한 수탁자의 유한책임은 주식회사의 유한책임과 유사한 성격을 가지는 것으로 상사신탁을 염두에 둔 규정으로 보인다. 반면 민사신탁을 규정한 DCFR은 이러한 책임을 무한책임으로서 정함으로써 제3자 보호에 더욱 큰 비중을 두려는 것으로 생각된다. 수탁자와 신탁채권자가 달리 동의하지 않았다면, 책임은 신탁채권자의 이행청구권(right to performance)이 실행된 당시 신탁기금의 가치로 제한되지 않으며, 채무발생 당시의 가치로 환산한다. 또한 수탁자의 변경에 대한 규정을 따를 조건으로, 수탁자에게 신탁기금이 귀속되는 것이 중단되면 책임은 종료되지 않는다(Ⅹ.－10:201 (2)). 수탁자의 무한책임은 당사자 간의 약정을 통하여 책임제한을 정할 수 있는데. 이 경우 단지 상대방이 자신이 수탁자의 지위에서 체약을 체결한다는 사실을 공개하였다는 이유만으로 계약당사자는 책임배제 또는 유한책임에 동의한 것으로 취급되지 않는다(Ⅹ.－10:201 (3)). 신탁채권자는 수탁자의 개인적 책임의 이행을 실행함으로써 또는 신탁자산에 대한 담보권의 행사로서 신탁기금으로부터 권리를 충족할 수 있다(Ⅹ.－10:202). 신탁채권자에 대하여 위탁자와 수익자는 책임을 지지 않는다(Ⅹ.－10:203).

3. 신탁채무자

일반적으로 수탁자가 이행에 대한 권리를 가지고 그 권리가 신탁자산인 경우, 채무자(신탁채무자)의 의무에 대한 이행청구권이 수탁자에게 발생한다(Ⅹ.－10:301 (1)). 다만 본 조항은 신탁채무에 대한 권리와 관련하여 수탁자에 대한 수익자의 신탁상 의무의 이행청구권 또는 수탁자 역시 당사자가 되는 신탁채무자에 대한 법적 절차에서 수익자를 당사자로서 허용하는 절차규정에 영향을 미치지 않는다(Ⅹ.－10:301 (2)).

상계와 관련하여 우리나라의 신탁법은 신탁재산에 속하는 채권과 신탁재산에 속하지 아니하는 채무는 상계하지 못하며(신탁법 제25조 제1항), 반대로 신탁재산에 속하는 채무에 대한 책임이 신탁재산만으로 한정되는 경우에는 신탁재산에 속하지 아니하는 채권과 신탁재산에 속하는 채무는 상계하지 못한다(신탁법 제25조 제2항). 다만, 양 채권・채무가 동일한 재산에 속하지 아니함에 대하여 제3자가 선의이며 과실이 없을 때에는 이와 상관없이 상계가 가능하다. 반면 DCFR은 이러한 상계에 대하여 보다 엄격하게 규정하고 있는데, Ⅹ.－10:302에 따르면 신탁채무자에 대한 수탁자의 권리는 오직 신탁채무에 상응하는 권리, 또는 신탁기금으로부터의 수익자의 수익권에 대하여만 상계가 가능하다. 우리나라와 DCFR은 모두 기본적으로 신탁재산과의 관련성을 기초로 채권・채무관계가 성립되어야 함을 전제로 하고 있으나, 제3자의 선의・무과실 여부는 별도로 묻지 않는다는 점에서 우리나라의 신탁법과는 차이가 있다.

신탁채무자의 의무는 신탁 하에서 수탁자의 의무이행 내에 있는 경우에 면책이 가능하며, 이 경우 면책이 유상으로 이루어져야 하며 면책이 신탁 하에서 수탁자의 의무이행 내에 있지 않음을 채무자가 알았거나 알고 있었던 것으로 합리적으로 기대할 수 없는 상황이어야 한다(Ⅹ.－10:303 반대해석). 즉 이러한 면책행위는 신탁약정상 수탁자의 의무로서 정해져야 하는 것으로 수탁자가 자의로 특정 신탁채무자의 채무를 면제해주는 것은 안된다. 또한 그 의무 이행 내에서 이루어진 면책이라 할지라도 이에 대하여 채무자가 악의인 경우에는 채무가 이를 이용하여 신탁기금에 손해를 입힐 개연성이 크므로 이 경우에도 면책을 금지하는 것이다.

4. 신탁자산 및 신탁자산을 담보하는 권리의 취득자

수탁자가 신탁약정에 따르지 않고 신탁자산을 다른 자에게 양도한 경우에는 그 양도가 무상이거나 양도가 수탁자에 의한 것이고 신탁약정에 따르지 않았음을 양수인이 알았거나 알고 있었던 것으로 합리적으로 기대할 수 있는 경우에만 신탁에 종속되는 자산을 취득한다(Ⅹ.－10:401 (1)). 이에 따라 신탁에 종속되는 양수인은 교환적으로 수여된 여하한 수익의 반환에 상응하는 권리를 가진다(Ⅹ.－10:401 (2)).

여기서 양수인이 알았거나 알고 있었던 것에 대한 판단은 ① 합리적으로 주의 깊은 조사를 통하여 명백하게 알 수 있었거나, ② 자산의 특징 및 가치, 조사의 특징 및 비용 그리고 상사관행과 관련하여, 그러한 사정 하에서 이러한 조사를 하는 것이 양수인에게 기대하는 것이 정당하고 합리적인 경우에 인정된다(Ⅹ.－10:401 (4)).

이러한 종속된 신탁은 양수인에게 제공된 수익이 교환적으로 신탁 하에서의 의무이행으로 처분되는 경우, 또는 수탁자 또는 제3자가 신탁기금의 회복을 위한 의무를 충족하는 경우에 소멸된다(Ⅹ.－10:401 (3)). 수탁자가 다른 자를 위하여 신탁자산에 담보권 또는 기타 제한된 권리를 설정하는 경우, 본 조는 해당 경우에 따라 적용된다(Ⅹ.－10:401 (5)).

5. 제3자의 책임과 보호에 관한 기타 규정

Ⅵ.－2:211(의무의 불이행을 유도하여 발생한 손실)에 따라 다른 자에게 발생한 손해에 대한 비계약적 책임은 신탁의 경우에 있어서, 고의로 신탁 하에서의 수탁자의 의무불이행을 유발하거나, 고의적으로 그와 같은 불이행에 조력한 자는, 만약 수탁자가 신탁자금의 원상회복에 대해 책임을 진다면, 그 수탁자와 연대책임을 지는 것으로 변경되어 적용한다(Ⅹ.－10:501).

신탁 하에서의 의무불이행의 결과로서 신탁상 당사자가 아닌 자와 수탁자가 체결한 계약은 그러한 이유로 인하여 무효가 되거나 취소되지 않으며(Ⅹ.－10:502 (1)), 신탁상 당사자가 아닌 자를 위하여 그리고 수탁자에 반하여, 진실한 사실을 알지 못한 자는 신탁문서의 외관상 효과 및 신탁문서에 기재된 진술의 진실성을 원용할 수 있다(Ⅹ.－10:502 (2)).

제2부

제5권 (Book Ⅴ) Benevolent intervention in another's affairs

제6권 (Book Ⅵ) Non-contractual liability arising out of damage caused to another

제7권 (Book Ⅶ) Unjustified enrichment

제8권 (Book Ⅷ) Acquisition and loss of ownership of goods

제9권 (Book Ⅸ) Proprietary security in movable assets

제10권 (Book Ⅹ) Trusts

DCFR 제5권~제10권 번역飜譯

제2부

DCFR 제5권~제10권 번역

일러두기

1. 원문의 용어를 충실하게 번역하고자 하였으며, 민법 등 다른 법률에 일치하는 용어가 있으면 그 용어를 사용하되, 단순히 근접하게 해당할 뿐이며 DCFR이 의도하는 바를 정확하게 전달하는 것이 아닌 경우에는 기존 용어를 차용하는 대신 원문을 그대로 번역하는 방향으로 하였다.

2. "Unless" 구문이 많이 사용되는바, unless 구문이 들어가는 경우에는 가능한 하나의 문장 안에서 표현이 되도록 노력하였으나, 이를 하나의 문장 안에서 표현하는 경우에는 지나치게 문장이 길어지고 복잡해져서 이해하기 어려운 번역문이 되는 경우에는 "다만"으로 시작하는 별개의 문장으로 분리하였다. 이때 문장 구조가 변경됨으로 인해 DCFR이 본래 의도한 입증책임 표현의 정확한 전달에는 한계가 있을 수 있으므로 주의하기 바란다.

3. 특히, DCFR의 문장 중 많은 부분이 이중 부정을 포함하고 있어 이 경우 이중 부정을 그대로 번역하게 되면 번역문이 극도로 난해하게 되므로 경우에 따라 긍정문으로 바꾸어 표현한 부분들이 있으므로 참고하기 바란다.

4. 원문에 분명한 오류가 있는 것으로 보이는 경우에는 오류를 수정한 내용으로 번역하고 미주를 달아 두었으므로 참고하기 바란다.

Book V

Benevolent intervention in another's affairs

Chapter 1: Scope

V.-1:101: Intervention to benefit another

(1) This Book applies where a person, the intervener, acts with the predominant intention of benefiting another, the principal, and:

(a) the intervener has a reasonable ground for acting; or

(b) the principal approves the act without such undue delay as would adversely affect the intervener.

(2) The intervener does not have a reasonable ground for acting if the intervener:

(a) has a reasonable opportunity to discover the principal's wishes but does not do so; or

(b) knows or can reasonably be expected to know that the intervention is against the principal's wishes.

제5권

타인 사무에 대한 호의적 관리

제1장
범위

V. - 1:101: 타인의 이익을 위한 관리

(1) 본 권은 여하한 자(관리자)가 타인(본인)의 이익을 위한다는 현저한 의도를 가지고 행위하는 경우와 다음의 경우에 적용된다:

(a) 관리자가 행위에 대한 합리적인 이유를 가지는 경우; 또는

(b) 본인이 관리자에게 부정적인 영향이 없도록 지체없이 그 행위를 승인하는 경우.

(2) 만약 다음의 경우라면, 관리자는 행위에 대하여 합리적인 이유를 가지지 않는다:

(a) 관리자가 본인의 의사를 알기 위한 합리적인 기회를 가졌음에도 그렇게 하지 않는 경우

(b) 관리자가 본인의 의사에 반한다는 것을 알거나 알 것으로 합리적으로 기대될 수 있는 경우

V. – 1:102: Intervention to perform another's duty

Where an intervener acts to perform another person's duty, the performance of which is due and urgently required as a matter of overriding public interest, and the intervener acts with the predominant intention of benefiting the recipient of the performance, the person whose duty the intervener acts to perform is a principal to whom this Book applies.

V. – 1:103: Exclusions

This Book does not apply where the intervener:

(a) is authorised to act under a contractual or other obligation to the principal;

(b) is authorised, other than under this Book, to act independently of the principal's consent; or

(c) is under an obligation to a third party to act.

Chapter 2: Duties of intervener

V. – 2:101: Duties during intervention

(1) During the intervention, the intervener must:

(a) act with reasonable care;

(b) except in relation to a principal within V. – 1:102 (Intervention to perform another's duty), act in a manner which the intervener knows or can reasonably be expected to assume accords with the principal's wishes; and

V. − 1:102: 타인의 의무를 이행하기 위한 관리

관리자가 타인의 의무를 이행하는 경우, 그 의무의 이행기가 도래하고 최우선적인 공익적인 사안으로 요구되는 경우, 그리고 관리자가 의무이행의 수취인에게 이익을 줄 의도로 행위 한 경우, 관리자가 이행한 의무의 당사자가 본 권의 적용대상이 되는 '본인'이다.

V. − 1:103: 적용제외

본 권은 다음의 경우에 적용되지 않는다:

(a) 관리자가 계약 또는 본인에 대한 기타 의무에 따라 행위할 권한이 있는 경우;

(b) 관리자가, 본 권 외에, 본인의 동의에 따라 별도로 행위할 권한이 있는 경우; 또는

(c) 관리자가 행위할 의무를 제3자에 대하여 부담하는 경우.

제2장
관리자의 의무

V. − 2:101: 관리 동안의 의무

(1) 관리 동안, 관리자는 반드시:

(a) 합리적인 주의를 가지고 행위 하여야 한다;

(b) V. − 1:102(타인의 의무를 이행하기 위한 관리)에서 본인에 관한 것을 제외하고, 관리자가 본인의 의사와 부합하는 방향으로 또는 본인의 의사에 적합할 것으로 가정하여 합리적으로 기대될 수 있는 방식으로 행위하여야 한다; 그리고

(c) so far as possible and reasonable, inform the principal about the intervention and seek the principal's consent to further acts.

(2) The intervention may not be discontinued without good reason.

V. – 2:102: Reparation for damage caused by breach of duty

(1) The intervener is liable to make reparation to the principal for damage caused by breach of a duty set out in this Chapter if the damage resulted from a risk which the intervener created, increased or intentionally perpetuated.

(2) The intervener's liability is reduced or excluded in so far as this is fair and reasonable, having regard to, among other things, the intervener's reasons for acting.

(3) An intervener who at the time of intervening lacks full legal capacity is liable to make reparation only in so far as that intervener is also liable to make reparation under Book VI (Non – contractual liability arising out of damage caused to another).

V. – 2:103: Obligations after intervention

(1) After intervening the intervener must without undue delay report and account to the principal and hand over anything obtained as a result of the intervention.

(2) If at the time of intervening the intervener lacks full legal capacity, the obligation to hand over is subject to the defence which would be available under VII. – 6:101 (Disenrichment).

(3) The remedies for non – performance in Book III, Chapter 3 apply but with the modification that any liability to pay damages or interest is subject to the qualifications in paragraphs (2) and (3) of the preceding Article.

(c) 가능하고 합리적인 범위에서, 본인에게 관리에 대한 정보를 제공하여야 하고, 추가적 행위에 대하여 본인의 동의를 구하여야 한다.

(2) 관리는 정당한 이유 없이 중단될 수 없다.

V. - 2:102: 의무위반에 따라 발생한 손해에 대한 배상

(1) 만약 손해가 관리자가 야기, 증가 또는 의도적으로 영구화시킨 위험으로 인하여 발생하였다면, 관리자는 본 장에서 정한 의무의 위반으로 인하여 발생한 손해에 대하여 본인에게 배상할 책임이 있다.

(2) 관리자의 책임은, 행위에 대한 관리자의 이유를 우선적으로 고려하여 공정하고 합리적인 경우 감경 또는 면제된다.

(3) 관리 당시 완전한 행위능력이 결여된 관리자는 오직 제6권(타인에게 발생한 손해에 대한 비계약적 책임) 하에서도 배상책임이 있는 경우에 한하여 배상책임이 있다.

V. - 2:103: 관리 이후의 의무

(1) 관리 이후, 관리자는 반드시 지체없이 본인에게 보고 및 설명하고 관리의 결과로 취득한 것을 인도하여야 한다.

(2) 만약 관리 당시 완전한 행위능력이 결여되어 있었다면, 양도의무는 Ⅶ. - 6:101(이익의 상실) 하에서 주장 가능한 항변사유에 적용을 받는다.

(3) 손해배상 또는 이익을 지급할 여하한 책임은 전 조의 제(2)항 및 제(3)항에서의 요건을 조건으로 한다는 변경내용에 따라 제3권 제3장에서의 불이행에 대한 구제가 적용된다.

Chapter 3:

Rights and authority of intervener

V. – 3:101: Right to indemnification or reimbursement

The intervener has a right against the principal for indemnification or, as the case may be, reimbursement in respect of an obligation or expenditure (whether of money or other assets) in so far as reasonably incurred for the purposes of the intervention.

V. – 3:102: Right to remuneration

(1) The intervener has a right to remuneration in so far as the intervention is reasonable and undertaken in the course of the intervener's profession or trade.

(2) The remuneration due is the amount, so far as reasonable, which is ordinarily paid at the time and place of intervention in order to obtain a performance of the kind undertaken. If there is no such amount a reasonable remuneration is due.

V. – 3:103: Right to reparation

An intervener who acts to protect the principal, or the principal's property or interests, against danger has a right against the principal for reparation for loss caused as a result of personal injury or property damage suffered in acting, if:

(a) the intervention created or significantly increased the risk of such injury or damage; and

(b) that risk, so far as foreseeable, was in reasonable proportion to the risk to the principal.

제3장
관리자의 권리와 권한

V. – 3:101: 면책 또는 상환에 대한 권리

관리자는 그 관리의 목적을 위하여 합리적으로 초래된 의무 또는 비용(금전 또는 기타 자산)에 관하여 본인에게 면책 또는 경우에 따라서는 상환을 요구할 권리가 있다.

V. – 3:102: 보수청구권

(1) 관리자는 관리가 합리적이고 관리자의 직업이나 영업의 과정에서 이루어진 경우에 한하여 보수에 대한 권리를 가진다.

(2) 보수액은, 합리적인 한도에서, 관리의 시간과 장소에서 그러한 종류의 업무의 이행을 위하여 통상적으로 지급되는 액수이다. 만약 그러한 액수가 없다면, 합리적인 보수액이 액수가 된다.

V. – 3:103: 손해배상청구권

만약 다음의 경우라면, 위험에 대하여 본인이나, 본인의 재산 또는 이익을 보호하기 위하여 행위한 관리자는 본인에 대하여, 그 행위로 인하여 겪은 신체적 상해 또는 재산상 손실의 결과로써 야기된 손해에 대하여 배상청구권을 가진다.

(a) 관리가 그러한 상해나 손실의 위험을 야기시켰거나 현저하게 증가시킨 경우; 그리고

(b) 예견 가능한 범위 내에서, 그 위험이 본인의 위험에 대하여 합리적인 비율 내에 있는 경우.

V. – 3:104: Reduction or exclusion of intervener's rights

(1) The intervener's rights are reduced or excluded in so far as the intervener at the time of acting did not want to demand indemnification, reimbursement, remuneration or reparation, as the case may be.

(2) These rights are also reduced or excluded in so far as this is fair and reasonable, having regard among other things to whether the intervener acted to protect the principal in a situation of joint danger, whether the liability of the principal would be excessive and whether the intervener could reasonably be expected to obtain appropriate redress from another.

V. – 3:105: Obligation of third person to indemnify or reimburse the principal

If the intervener acts to protect the principal from damage, a person who would be accountable under Book VI (Non – contractual liability arising out of damage caused to another) for the causation of such damage to the principal is obliged to indemnify or, as the case may be, reimburse the principal's liability to the intervener.

V. – 3:106: Authority of intervener to act as representative of the principal

(1) The intervener may conclude legal transactions or perform other juridical acts as a representative of the principal in so far as this may reasonably be expected to benefit the principal.

(2) However, a unilateral juridical act by the intervener as a representative of the principal has no effect if the person to whom it is addressed rejects the act without undue delay.

V. - 3:104: 관리자 권리의 감경 및 배제

(1) 행위 당시 관리자가 면책, 상환, 보수 또는 배상을 요구하는 것을 원하지 않았던 경우에 한하여, 경우에 따라서는 관리자의 권리는 감경 또는 배제 된다.

(2) 관리자가 여러 위험상황에서 본인을 보호하기 위하여 행위를 하였는지 여부, 본인의 책임이 과도하게 될 것인지 여부 그리고 관리자가 타인으로부터 보상을 얻을 것으로 합리적으로 기대될 수 있는지 여부를 우선적으로 고려하여, 공정하고 합리적인 범위에서 이러한 권리는 또한 축소 또는 배제 된다.

V. - 3:105: 면책 또는 상환에 대한 제3자의 의무

만약 관리자가 손해로부터 본인을 보호하기 위하여 행위를 하였다면, 본인에게 그러한 손해를 야기시킨 제6권(불법행위책임) 하에서의 책임 있는 자는 관리자에 대한 본인의 책임을 면책 또는, 경우에 따라서는 상환할 의무를 부담한다.

V. - 3:106: 본인의 대리인으로서 행위 하는 관리자의 권한

(1) 합리적이고 본인에게 이익이 될 것으로 기대될 수 있는 경우에 한하여, 관리자는 본인의 대리인으로서 법적인 거래를 하거나 기타 법률행위를 할 수 있다.

(2) 그러나, 본인의 대리인으로서 관리자가 행하는 일방적 법률행위는 만약 행위의 상대방이 지체 없이 행위를 거절할 경우에는 효력이 없다.

Book VI

Non-contractual liability arising out of damage caused to another

Chapter 1:

Fundamental provisions

VI. – 1:101: Basic rule

(1) A person who suffers legally relevant damage has a right to reparation from a person who caused the damage intentionally or negligently or is otherwise accountable for the causation of the damage.

(2) Where a person has not caused legally relevant damage intentionally or negligently that person is accountable for the causation of legally relevant damage only if Chapter 3 so provides.

VI. – 1:102: Prevention

Where legally relevant damage is impending, this Book confers on a person who would suffer the damage a right to prevent it. This right is against a person who would be accountable for the causation of the damage if it occurred.

제6권

타인에게 발생한 손해에 대한 비계약적 책임

제1장
기초 규정

VI. – 1:101 : 기본 규정

(1) 법적 책임이 따르는 손해를 입는 자는 고의 또는 과실로 인하여 그 손해를 발생시켰거나 그 손해의 발생에 대해 책임이 있는 자로부터 배상을 받을 권리를 갖는다.
(2) 고의 또는 과실로 인하여 법적 책임이 따르는 손해를 발생시킨 것이 아닌 경우라면 제3장(법적 책임)에서 규정하고 있는 경우에만 법적 책임이 따르는 손해의 발생에 대한 책임이 있다.

VI. – 1:102 : 예방

법적 책임이 따르는 손해가 위급하게 발생하는 경우, 본 권은 그 손해를 입게 될 자에게 그 손해를 미리 예방할 수 있는 권리를 수여한다. 이 권리는 손해가 발생하면 그 손해 발생에 대한 책임을 지게 될 자를 대상으로 하는 것이다.

VI. – 1:103: Scope of application

VI. – 1:101 (Basic rule) and VI. – 1:102 (Prevention):

(a) apply only in accordance with the following provisions of this Book;

(b) apply to both legal and natural persons, unless otherwise stated;

(c) do not apply in so far as their application would contradict the purpose of other private law rules; and

(d) do not affect remedies available on other legal grounds.

Chapter 2: Legally relevant damage

Section 1: General

VI. – 2:101: Meaning of legally relevant damage

(1) Loss, whether economic or non-economic, or injury is legally relevant damage if:

(a) one of the following rules of this Chapter so provides;

(b) the loss or injury results from a violation of a right otherwise conferred by the law; or

(c) the loss or injury results from a violation of an interest worthy of legal protection.

VI. - 1:103 : 적용범위

VI. - 1:101 (기본규정)과 VI. - 1:102(예방)에 관한 규정들은:

(a) 본 권의 다음 규정들과 일치하는 경우에만 적용된다;

(b) 달리 규정되어있지 않다면 법인과 자연인 양자 모두에게 적용된다;

(c) 다른 사법(私法)의 목적과 배치될 경우에 배제된다; 그리고

(d) 다른 법적 근거에 따른 가능한 구제수단에 영향을 미치지 않는다.

제2장 법적 책임이 따르는 손해

제1절 일반

VI. - 2:101: 법적 책임이 따르는 손해의 의미

(1) 경제적이든 비경제적이든 손실 및 상해는 다음의 조건 하에서 법적 책임이 따른다:

(a) 본 장의 규정에서 언급하고 있는 손실 또는 상해;

(b) 달리 법으로 보호되는 권리를 침해한 결과로 발생한 손실 또는 상해; 또는

(c) 법적 보호를 받을 만한 가치가 있는 이익을 침해한 결과로 인하여 발생한 손실 또는 상해.

(2) In any case covered only by sub-paragraphs (b) or (c) of paragraph (1) loss or injury constitutes legally relevant damage only if it would be fair and reasonable for there to be a right to reparation or prevention, as the case may be, under VI.–1:101 (Basic rule) or VI.–1:102 (Prevention).

(3) In considering whether it would be fair and reasonable for there to be a right to reparation or prevention regard is to be had to the ground of accountability, to the nature and proximity of the damage or impending damage, to the reasonable expectations of the person who suffers or would suffer the damage, and to considerations of public policy.

(4) In this Book:

(a) economic loss includes loss of income or profit, burdens incurred and a reduction in the value of property;

(b) non-economic loss includes pain and suffering and impairment of the quality of life.

Section 2: Particular instances of legally relevant damage

VI.–2:201: Personal injury and consequential loss

(1) Loss caused to a natural person as a result of injury to his or her body or health and the injury as such are legally relevant damage.

(2) In this Book:

(a) such loss includes the costs of health care including expenses reasonably incurred for the care of the injured person by those close to him or her; and

(b) personal injury includes injury to mental health only if it amounts to a medical condition.

(2) 위의 제(1)항의 제(b)호나 제(c)호에 의해서만 규율 되는 여하한 경우에도 손실이나 상해는, VI. -1:101(기본규정) 또는 VI. -1:102(예방)의 규정과 같이, 배상을 받거나 예방을 할 수 있는 권리가 공정하고 합리적인 경우에 한하여 법적 책임이 따르는 손해를 구성한다.

(3) 배상을 받거나 예방할 수 있는 권리가 공정하고 합리적인지 여부를 고려할 때에는, 법적 책임의 근거, 손해 또는 위급한 사정 하에서 손해의 본질 및 근접성, 그 손해를 입거나 입게 될 자의 합리적인 예상, 그리고 공공정책 등을 참고해야 한다.

(4) 본 권에서:

(a) 경제적 손실은 수입 또는 이윤의 상실, 초래된 부담 및 재산가치의 감소를 포함한다;

(b) 비경제적 손실은 '고통 및 곤란(pain and suffering)' 그리고 삶의 질에 대한 지장을 포함한다.

제2절
법적 책임이 따르는 손해에 대한 구체적 예시

VI. -2:201: 신체적 상해 및 결과손실

(1) 신체나 건강에 대한 상해의 결과로 인해 자연인에게 발생된 손실 그리고 그와 같은 상해는 법적 책임이 따르는 손해이다.

(2) 본 권에서:

(a) 이러한 손실은 피해자를 보살피기 위해 합리적으로 부담하는 비용을 포함한 '환자간호(health care)' 비용을 포함한다; 그리고

(b) 신체적 상해는 의학적 치료를 요하는 상태에 이르는 정신적 건강에 대한 상해를 포함한다.

VI. – 2:202: Loss suffered by third persons as a result of another's personal injury or death

(1) Non-economic loss caused to a natural person as a result of another's personal injury or death is legally relevant damage if at the time of injury that person is in a particularly close personal relationship to the injured person.

(2) Where a person has been fatally injured:

(a) legally relevant damage caused to the deceased on account of the injury to the time of death becomes legally relevant damage to the deceased's successors;

(b) reasonable funeral expenses are legally relevant damage to the person incurring them; and

(c) loss of maintenance is legally relevant damage to a natural person whom the deceased maintained or, had death not occurred, would have maintained under statutory provisions or to whom the deceased provided care and financial support.

VI. – 2:203: Infringement of dignity, liberty and privacy

(1) Loss caused to a natural person as a result of infringement of his or her right to respect for his or her dignity, such as the rights to liberty and privacy, and the injury as such are legally relevant damage.

(2) Loss caused to a person as a result of injury to that person's reputation and the injury as such are also legally relevant damage if national law so provides.

VI. – 2:204: Loss upon communication of incorrect information about another

Loss caused to a person as a result of the communication of information about that person which the person communicating the information knows or could reasonably be expected to know is incorrect is legally relevant damage.

VI. – 2:202: 타인의 신체적 상해 또는 사망의 결과로 인해 제3자에게 부담하는 손실

(1) 타인의 신체적 상해 또는 사망의 결과로 인해 자연인에게 발생되는 비경제적 손실은, 상해를 입게 될 당시에 그 자가 피해자와 특별하게 친밀한 개인적 관계가 있다면, 법적 책임이 따르는 손해가 된다.

(2) 어떠한 자가 치명상을 입게 된 경우에는:

(a) 사망 당시 그 상해 때문에 사망자에게 발생한 법적 책임이 따르는 손해는, 그 사망자의 상속인들에게 법적 책임을 부담하는 손해가 된다;

(b) 합리적 수준의 장례경비는 그 비용을 초래한 자들에게 법적 책임을 지게 되는 손해가 된다; 그리고

(c) 부양의 상실은, 사망자가 부양해왔거나 사망이 발생치 않았더라면 사망자가 적용되는 규정 하에서 부양했었을 또는 사망자가 보호관리와 경제적 지원을 제공해주고 있던 자연인에 대한, 법적 책임이 따르는 손해이다.

VI. – 2:203: 존엄성, 자유 및 사생활에 대한 침해

(1) 자유와 사생활을 향유할 권리와 같이, 개인의 존엄성을 존중 받을 권리를 침해한 결과로 인해 자연인에게 발생되는 손실과 그 침해는 법적 책임이 따르는 손해이다.

(2) 개인의 명예에 대해 손상을 입을 결과로 인해 자연인에게 초래되는 손실과 그 침해는 자국법이 규정되어 있다면 그 자체로 법적 책임이 따르는 손해이다.

VI. – 2:204: 타인에 관한 부정확한 정보를 보도(communication)한 것에 관한 손실

정보를 전달하는 자가 알고 있거나 아는 것으로 합리적으로 기대될 수 있는 어떠한 자에 관한 정보를 허위로 보도한 결과로 그 자에게 발생되는 손실은 법적 책임이 따르는 손해이다.

VI. – 2:205: Loss upon breach of confidence

Loss caused to a person as a result of the communication of information which, either from its nature or the circumstances in which it was obtained, the person communicating the information knows or could reasonably be expected to know is confidential to the person suffering the loss is legally relevant damage.

VI. – 2:206: Loss upon infringement of property or lawful possession

(1) Loss caused to a person as a result of an infringement of that person's property right or lawful possession of a movable or immovable thing is legally relevant damage.

(2) In this Article:

(a) loss includes being deprived of the use of property;

(b) infringement of a property right includes destruction of or physical damage to the subject-matter of the right (property damage), disposition of the right, interference with its use and other disturbance of the exercise of the right.

VI. – 2:207: Loss upon reliance on incorrect advice or information

Loss caused to a person as a result of making a decision in reasonable reliance on incorrect advice or information is legally relevant damage if:

(a) the advice or information is provided by a person in pursuit of a profession or in the course of trade; and

(b) the provider knew or could reasonably be expected to have known that the recipient would rely on the advice or information in making a decision of the kind made.

VI. – 2:208: Loss upon unlawful impairment of business

(1) Loss caused to a person as a result of an unlawful impairment of that person's exercise of a profession or conduct of a trade is legally relevant damage.

VI. – 2:205: 비밀 침해로 인한 손실

취득된 정보의 본질 또는 제반 사정을 통해, 정보를 전달하는 자가 알고 있거나 아는 것으로 합리적으로 기대될 수 있는 정보가 (손실을 입는) 특정인에게 비밀에 해당하는 것을 보도한 결과로 개인에게 발생되는 손실은 법적 책임이 따르는 손해이다.

VI. – 2:206: 재산 또는 적법한 점유 침해에서 발생되는 손실

(1) 동산 또는 부동산에 대한 재산권 또는 적법한 점유를 침해한 결과로 어떠한 자에게 발생된 손실은 법적 책임이 따르는 손해이다.

(2) 본 조에서:

(a) 손실은 재산의 사용을 박탈당한 것을 포함한다;

(b) 재산권의 침해는 권리의 주된 내용을 훼손하거나 물적 손해(재산손해), 권리의 처분, 권리의 사용에 대한 방해 및 권리행사에 대한 기타 방해를 포함한다.

VI. – 2:207: 부적절한 조언 또는 허위정보에 대한 신뢰에서 발생되는 손실

부적절한 조언이나 허위정보를 합리적으로 신뢰한 상태에서 이루어진 의사결정의 결과로 어떠한 자에게 발생된 손실은 다음의 요건에 해당하면 법적 책임이 따르는 손해이다:

(a) 그 조언이나 정보가 전문가 또는 상인에 의해 제공된 경우; 그리고

(b) 이미 이루어진 종류의 의사결정 시 정보수령자가 그 조언이나 정보에 의존할 것이라는 점을 정보제공자가 알았거나 알았을 것으로 합리적으로 기대할 수 있는 경우.

VI. – 2:208: 사업에 대한 불법적 침해에 따른 손실

(1) 직업 활동 또는 상거래 행위에 대한 불법적 침해를 한 결과로 발생된 손실은 법적 책임이 따르는 손해이다.

(2) Loss caused to a consumer as a result of unfair competition is also legally relevant damage if Community or national law so provides.

VI. – 2:209: Burdens incurred by the state upon environmental impairment

Burdens incurred by the State or designated competent authorities in restoring substantially impaired natural elements constituting the environment, such as air, water, soil, flora and fauna, are legally relevant damage to the State or the authorities concerned.

VI. – 2:210: Loss upon fraudulent misrepresentation

(1) Without prejudice to the other provisions of this Section loss caused to a person as a result of another's fraudulent misrepresentation, whether by words or conduct, is legally relevant damage.

(2) A misrepresentation is fraudulent if it is made with knowledge or belief that the representation is false and it is intended to induce the recipient to make a mistake.

VI. – 2:211: Loss upon inducement of non-performance of obligation

Without prejudice to the other provisions of this Section, loss caused to a person as a result of another's inducement of the non-performance of an obligation by a third person is legally relevant damage only if:

(a) the obligation was owed to the person sustaining the loss; and

(b) the person inducing the non-performance:

(i) intended the third person to fail to perform the obligation, and

(ii) did not act in legitimate protection of the inducing person's own interest.

(2) 불공정 경쟁의 결과로 인해 소비자에게 발생된 손실은 유럽공동체(Community) 또는 자국법이 규정하고 있으면 이 또한 법적 책임이 따르는 손해가 된다.

VI. – 2:209: 환경침해에 대한 개별국가(State)의 부담

환경을 구성하는 자연요소, 즉 공기, 수자원, 토양, 동식물 등의 실질적 침해에 대한 회복과 관련하여 국가 또는 지정된 관할기관에 의하여 초래된 부담은 관련 국가 또는 기관에게 법적 책임 따르는 손해이다.

VI. – 2:210: 기망적 허위진술에 따른 손실

(1) 본 절의 다른 규정에 대한 해함 없이, 구두에 의한 것이든, 행위에 의한 것이든 타인의 기망적 허위진술의 결과로 인해 발생된 손실은 법적 책임이 따르는 손해이다.

(2) 허위진술은 그 진술이 허위임을 알거나 그와 같이 믿은 상태에서 이루어지고 그 진술의 수신인이 착오를 일으키도록 유도하기 위하여 의도된 경우에는 기망적이다.

VI. – 2:211: 의무의 불이행을 유도하여 발생한 손실

본 절의 다른 규정에 대한 해함 없이, 제3자의 의무를 타인이 이행하지 않도록 유도하여 발생된 손실은 다음의 요건 하에서 법적 책임이 따르는 손해이다:

(a) 본 의무가 손실을 입는 자에게 지워지고; 그리고

(b) 불이행을 유도한 자가:

(i) 제3자로 하여금 자신의 의무를 이행하지 못하도록 의도한 경우, 그리고

(ii) 자신의 이익을 보호하는 방법이 합법적으로 인정되지 않은 경우.

Chapter 3: Accountability

Section 1: Intention and negligence

VI. – 3:101: Intention

A person causes legally relevant damage intentionally when that person causes such damage either:

(a) meaning to cause damage of the type caused; or

(b) by conduct which that person means to do, knowing that such damage, or damage of that type, will or will almost certainly be caused.

VI. – 3:102: Negligence

A person causes legally relevant damage negligently when that person causes the damage by conduct which either:

(a) does not meet the particular standard of care provided by a statutory provision whose purpose is the protection of the person suffering the damage from that damage; or

(b) does not otherwise amount to such care as could be expected from a reasonably careful person in the circumstances of the case.

제3장

책임

제1절 고의와 과실

VI. – 3:101: 고의

다음의 경우에는 고의로 법적 책임이 따르는 손해를 발생시키는 것이다:

(a) 야기된 유형의 손해를 발생시키고자 의도한 경우이거나; 또는

(b) 그러한 손해나, 그런 유형의 손해가 분명히 또는 거의 확실하게 발생될 것이라는 것을 알면서 하고자 의도한 경우.

VI. – 3:102: 과실

다음의 행위는 과실로서 법적 책임이 따르는 손해를 발생시키는 것이다:

(a) 손해를 입은 피해자를 보호하는 것을 목적으로 하는 법률규정이 제시하는 특정 주의기준을 충족시키지 못하거나; 또는

(b) 해당 경우의 제반 사정에 비추어 합리적으로 주의를 갖은 자가 예견할 수 있는 주의에 도달하지 못한 행위를 한 경우.

VI. – 3:103: Persons under eighteen

(1) A person under eighteen years of age is accountable for causing legally relevant damage according to VI. – 3:102 (Negligence) sub-paragraph (b) only in so far as that person does not exercise such care as could be expected from a reasonably careful person of the same age in the circumstances of the case.
(2) A person under seven years of age is not accountable for causing damage intentionally or negligently.
(3) However, paragraphs (1) and (2) do not apply to the extent that:

(a) the person suffering the damage cannot obtain reparation under this Book from another; and

(b) liability to make reparation would be equitable having regard to the financial means of the parties and all other circumstances of the case.

VI. – 3:104: Accountability for damage caused by children or supervised persons

(1) Parents or other persons obliged by law to provide parental care for a person under fourteen years of age are accountable for the causation of legally relevant damage where that person under age caused the damage by conduct that would constitute intentional or negligent conduct if it were the conduct of an adult.
(2) An institution or other body obliged to supervise a person is accountable for the causation of legally relevant damage suffered by a third party when:

(a) the damage is personal injury, loss within VI. – 2:202 (Loss suffered by third persons as a result of another's personal injury or death) or property damage;

(b) the person whom the institution or other body is obliged to supervise caused that damage intentionally or negligently or, in the case of a person under eighteen, by conduct that would constitute intention or negligence if it were the conduct of an adult; and

VI. – 3:103: 18세 미만의 미성년자

(1) VI. – 3:102(과실) 제(b)항에 따라, 18세 미만인 자는 해당 경우의 제반 사정에 비추어 동일 연령에게 예상될 수 있는 합리적인 주의를 행하지 않은 경우에만 법적 책임이 따르는 손해를 야기한 책임이 있다.

(2) 7세 미만인 자는 고의 또는 과실로써 발생시킨 손해에 대한 책임이 없다.

(3) 그러나 위의 제(1)항과 제(2)항은 다음 한도에서는 적용되지 않는다:

(a) 본 권에서 피해자가 타인으로부터 배상을 받을 수 없는 경우; 그리고

(b) 배상해야 할 책임이 당사자의 경제력 및 해당 경우의 제반 사정에 비추어 공정한 경우.

VI. – 3:104: 아동이나 보호자에 의해 발생된 손해에 대한 책임

(1) 부모 또는 법률에 의해 14세 미만의 자에게 부모로서 보호를 제공할 의무가 지워진 자는, 성인의 행위라면 고의 또는 과실을 구성할 수 있는 행위로 14세 미만의 자가 손해를 야기시키는 경우에는 법적 책임이 따르는 손해를 야기한 책임이 있다.

(2) 지휘감독 의무가 지워진 기관이나 단체는, 다음의 경우 제3자가 입은 법적 책임이 따르는 손해를 발생시킨 책임이 있다:

(a) 그 손해가 신체적 상해, VI. – 2:202(타인의 신체적 상해 또는 사망의 결과로 인해 제3자에게 부담하는 손실)에 따른 손실, 또는 재산적 손해인 경우;

(b) 그 기관이나 단체가 지휘 감독하도록 의무가 지워진 대상이 되는 자가 고의 또는 과실로, 또는 성인의 행위라면 고의 또는 과실을 구성할 수 있는 행위로 18세 미만의 자가 손해를 야기시키는 경우; 그리고

(c) the person whom the institution or other body is obliged to supervise is a person likely to cause damage of that type.

(3) However, a person is not accountable under this Article for the causation of damage if that person shows that there was no defective supervision of the person causing the damage.

Section 2: Accountability without intention or negligence

VI.－3:201: Accountability for damage caused by employees and representatives

(1) A person who employs or similarly engages another is accountable for the causation of legally relevant damage suffered by a third person when the person employed or engaged:

(a) caused the damage in the course of the employment or engagement; and

(b) caused the damage intentionally or negligently, or is otherwise accountable for the causation of the damage.

(2) Paragraph (1) applies correspondingly to a legal person in relation to a representative causing damage in the course of their engagement. A representative is a person who is authorised to effect juridical acts on behalf of the legal person by its constitution.

(c) 그 기관이나 단체가 지휘감독 하도록 의무가 지워진 보호 대상인 자가 그런 유형의 손해를 야기할 가능성이 높은 자인 경우.

(3) 그러나 그 손해를 야기한 자의 지휘감독에 하자가 없다는 것을 증명하면 본 조의 규정에 따라 발생한 손해에 대한 책임이 없다.

제2절
무과실 책임

VI. – 3:201: 종업원 및 대표자에 의해 발생한 손해에 대한 책임

(1) 타인을 고용하거나 유사한 형태로 사용하는 자는, 피고용인 또는 피사용인이 다음과 같은 행위로 제3자에게 발생한 손해에 대한 법적 책임을 진다:

(a) 고용 또는 종사하는 과정에서 그 손해에 원인을 제공하는 경우; 그리고

(b) 고의 또는 과실로 그 손해를 발생시킨 경우, 그렇지 않으면 책임을 부담하게 된다.

(2) 제(1)항은 법인의 대표자로서 직무를 수행하는 과정에서 손해를 야기한 경우 대표와 법인관계에서도 동일하게 적용된다. 본 항에서 대표자란 정관에 의해 그 법인을 대리하여 법적인 행위를 행할 권한을 부여 받은 자를 말한다.

VI. – 3:202: Accountability for damage caused by the unsafe state of an immovable

(1) A person who independently exercises control over an immovable is accountable for the causation of personal injury and consequential loss, loss within VI. – 2:202 (Loss suffered by third persons as a result of another's personal injury or death), and loss resulting from property damage (other than to the immovable itself) by a state of the immovable which does not ensure such safety as a person in or near the immovable is entitled to expect having regard to the circumstances including:

(a) the nature of the immovable;

(b) the access to the immovable; and

(c) the cost of avoiding the immovable being in that state.

(2) A person exercises independent control over an immovable if that person exercises such control that it is reasonable to impose a duty on that person to prevent legally relevant damage within the scope of this Article.

(3) The owner of the immovable is to be regarded as independently exercising control, unless the owner shows that another independently exercises control.

VI. – 3:203: Accountability for damage caused by animals

A keeper of an animal is accountable for the causation by the animal of personal injury and consequential loss, loss within VI. – 2:202 (Loss suffered by third persons as a result of another's personal injury or death), and loss resulting from property damage.

VI. – 3:204: Accountability for damage caused by defective products

(1) The producer of a product is accountable for the causation of personal injury and consequential loss, loss within VI. – 2:202 (Loss suffered by third persons as a result of another's personal injury or death), and, in relation to consumers, loss resulting from property damage (other than to the product itself) by a defect in the product.

VI. – 3:202: 부동산의 위험한 상태에 의해 발생된 손해에 대한 책임

(1) 신체적 상해의 원인과 결과손실, VI. – 2:202(타인의 신체적 상해 또는 사망의 결과로 인해 제3자에게 부담하는 손실)에 따른 손실, 그리고 재산손해(부동산 그 자체에 대한 손실을 제외한)의 결과로 인한 손실에 대하여 부동산을 독립적으로 통제하는 자는 책임을 진다. 이러한 손실은 부동산 내부 또는 근접에 있는 자가 다음 사항을 포함하여 주변 환경에 대한 고려를 하면서 예상할 수 있는 안전을 보장하지 못하는 부동산의 상태에 대한 책임이다:

(a) 부동산의 성격;

(b) 부동산에 대한 접근; 그리고

(c) 부동산을 그런 상태로의 존치를 회피하기 위한 비용.

(2) 어떠한 자가 통제를 실행함에 있어 본 조의 범위 내에 속하는 법적 책임이 따르는 손해를 예방하기 위하여 어떠한 자에게 의무를 부과하는 것이 합리적이라면, 그 자는 부동산에 대해 독립적인 통제를 행사하는 것이다.

(3) 타인이 독립적으로 통제하고 있다는 것을 부동산 소유자가 보여주지 않는다면, 부동산 소유자는 독립적으로 통제하고 있는 것으로 볼 수 있다.

VI. – 3:203: 동물에 의해 발생되는 손해에 대한 책임

동물에 의한 신체적 상해 및 결과손실, VI. – 2:202(타인의 신체적 상해 또는 사망의 결과로 인해 제3자에게 부담하는 손실)에 따른 손실 및 재산손해의 결과로 인해 발생한 손실의 원인에 대해 동물의 관리자는 책임이 있다.

VI. – 3:204: 결함이 있는 상품에 의해 발생되는 손해에 대한 책임

(1) 상품의 생산자는 신체적 상해 및 결과손실, VI. – 2:202(타인의 신체적 상해 또는 사망의 결과로 인해 제3자에게 부담하는 손실)에 따른 손실 및 소비자와 관련하여 상품의 결함에 의한 재산손해(상품 그 자체에 발생한 것은 제외)의 결과로 인해 발생한 손실에 대한 원인에 대해 책임을 진다.

(2) A person who imported the product into the European Economic Area for sale, hire, leasing or distribution in the course of that person's business is accountable correspondingly.

(3) A supplier of the product is accountable correspondingly if:

(a) the producer cannot be identified; or

(b) in the case of an imported product, the product does not indicate the identity of the importer (whether or not the producer's name is indicated), unless the supplier informs the person suffering the damage, within a reasonable time, of the identity of the producer or the person who supplied that supplier with the product.

(4) A person is not accountable under this Article for the causation of damage if that person shows that:

(a) that person did not put the product into circulation;

(b) it is probable that the defect which caused the damage did not exist at the time when that person put the product into circulation;

(c) that person neither manufactured the product for sale or distribution for economic purpose nor manufactured or distributed it in the course of business;

(d) the defect is due to the product's compliance with mandatory regulations issued by public authorities;

(e) the state of scientific and technical knowledge at the time that person put the product into circulation did not enable the existence of the defect to be discovered; or

(f) in the case of a manufacturer of a component, the defect is attributable to:

(i) the design of the product into which the component has been fitted; or

(ii) instructions given by the manufacturer of the product.

(5) "Producer" means:

(2) 상품을 사업운영 과정에서의 판매, 사용, 임대 또는 배포를 하기 위해 유럽경제구역 내로 수입한 자도 해당 책임이 있다.

(3) 상품의 공급자도 다음의 조건 하에서 또한 책임이 있다:

(a) 생산자를 특정할 수 없다면; 또는

(b) 수입품의 경우, 공급자가 피해자에게 합리적인 기간 내에 생산자 또는 그 공급자에게 그 상품을 공급했던 자가 누구인지 알려주지 않은 경우, 수입품이 수입업자(생산자의 이름이 알려지건 아니건 간에)가 누구인지를 표시하지 않았다면.

(4) 본 조에서 다음과 같은 경우에는 손해의 발생에 대한 책임은 없다:

(a) 당사자가 그 상품을 유통시키지 않은 경우;

(b) 손해를 발생시킨 결함이 상품을 유통시킬 당시에 존재하지 않았다는 것이 상당한 경우;

(c) 당사자가 경제적 목적을 위한 판매나 유통을 하기 위해 그 상품을 제조하지 않았거나 해당 사업을 위해 그 상품을 제조하거나 유통하지 않은 경우;

(d) 제조물 결함이 공공당국에 의한 강행규정을 준수하였기 때문에 발생한 것인 경우;

(e) 그 상품을 유통시킬 당시에 과학기술로 그 결함의 존재를 발견할 수 없었던 경우; 또는

(f) 부품제조업자의 경우, 그 결함은 다음을 원인으로 한다:

(i) 그 부품이 사용된 제품의 디자인; 또는

(ii) 그 제품의 제조자에 의해 주어진 설명.

(5) "생산자"란 다음의 자이다:

(a) in the case of a finished product or a component, the manufacturer;

(b) in the case of raw material, the person who abstracts or wins it; and

(c) any person who, by putting a name, trade mark or other distinguishing feature on the product, gives the impression of being its producer.

(6) "Product" means a movable, even if incorporated into another movable or an immovable, or electricity.

(7) A product is defective if it does not provide the safety which a person is entitled to expect, having regard to the circumstances including:

(a) the presentation of the product;

(b) the use to which it could reasonably be expected that the product would be put; and

(c) the time when the product was put into circulation,

but a product is not defective merely because a better product is subsequently put into circulation.

VI. – 3:205: Accountability for damage caused by motor vehicles

(1) A keeper of a motor vehicle is accountable for the causation of personal injury and consequential loss, loss within VI. – 2:202 (Loss suffered by third persons as a result of another's personal injury or death), and loss resulting from property damage (other than to the vehicle and its freight) in a traffic accident which results from the use of the vehicle.

(2) "Motor vehicle" means any vehicle intended for travel on land and propelled by mechanical power, but not running on rails, and any trailer, whether or not coupled.

(a) 완성품 또는 부품의 경우, 그 제조자;

(b) 원료의 경우, 원료를 추출하거나 획득하는 자; 그리고

(c) 이름, 상표 또는 그 상품에 구분되는 특징을 부착함으로써 그 상품의 생산자라고 여겨 질 수 있는 자.

(6) "상품"이란, 다른 동산이나 부동산과 결합된 경우라 하더라도, 동산이나 전기를 의미한다.

(7) 다음의 사항을 포함한 제반 사정을 고려하면서 예상해야 할 안전을 제공하고 있지 않는 상품은 결함이 있다:

(a) 제품의 표시;

(b) 제품이 사용될 것이라고 합리적으로 예상될 수 있을 용도; 그리고

(c) 제품이 유통되었던 기간,

그러나 보다 우수한 제품이 사후에 유통되고 있는 것만으로 제품이 결함 있는 것은 아니다.

VI. - 3:205: 자동차에 의해 발생되는 손해에 대한 책임

(1) 자동차의 관리자는 신체적 상해와 결과손실, VI. - 2:202(타인의 신체적 상해 또는 사망의 결과로 인해 제3자에게 부담하는 손실)에 따른 손실, 그리고 자동차를 사용한 결과로 인하여 발생하는 교통사고에 의한 재산손해의 결과로 나타나는 손실(자동차와 화물 그 자체에 대한 것은 제외)의 원인에 대해 책임을 진다.

(2) "자동차"란 육상에서 이동을 위해 의도되고 기계적 동력으로 추진되는 여하한 차량을 의미하지만, 철도궤도 위를 주행하는 차량은 아니며, 차량과 결합이 되거나 되지 않은, 여하한 트레일러도 차량을 의미한다.

VI. – 3:206: Accountability for damage caused by dangerous substances or emissions

(1) A keeper of a substance or an operator of an installation is accountable for the causation by that substance or by emissions from that installation of personal injury and consequential loss, loss within VI. – 2:202(Loss suffered by third persons as a result of another's personal injury or death), loss resulting from property damage, and burdens within VI. – 2:209 (Burdens incurred by the State upon environmental impairment), if:

(a) having regard to their quantity and attributes, at the time of the emission, or, failing an emission, at the time of contact with the substance it is very likely that the substance or emission will cause such damage unless adequately controlled; and

(b) the damage results from the realisation of that danger.

(2) "Substance" includes chemicals (whether solid, liquid or gaseous).Microorganisms are to be treated like substances.

(3) "Emission" includes:

(a) the release or escape of substances;

(b) the conduction of electricity;

(c) heat, light and other radiation;

(d) noise and other vibrations; and

(e) other incorporeal impact on the environment.

(4) "Installation" includes a mobile installation and an installation under construction or not in use.

(5) However, a person is not accountable for the causation of damage under this Article if that person:

(a) does not keep the substance or operate the installation for purposes related to that person's trade, business or profession; or

(b) shows that there was no failure to comply with statutory standards of control of the substance or management of the installation.

VI. – 3:206: 위험물질이나 위험한 배출물에 의해 발생되는 손해에 대한 책임

(1) 다음의 경우라면, 어떤 물질의 관리자 또는 기계설비의 운영자는 그 물질이나 그 기계설비에서의 배출에 의한 신체적 상해 및 결과손실, VI. – 2:202(타인의 신체적 상해 또는 사망의 결과로 인해 제3자에게 부담하는 손실)에 따른 손실, 재산손해의 결과로 인해 발생하는 손실, VI. – 2:209(환경침해에 대한 개별국가의 부담)에 따른 손실에 대한 원인에 책임이 있다:

(a) 배출 당시, 배출물의 양과 속성을 고려해 볼 때, 또는 그 물질과의 접촉 당시 배출을 하지 못할 때에, 그 물질이나 배출이 적절하게 통제되지 않는다면 물질 또는 배출물로 인해 그러한 손해가 발생할 가능성이 매우 높은 경우; 그리고

(b) 손해가 그 위험의 현실로 발생한 경우.

(2) "물질"은 화학물질(고체, 액체, 또는 기체)을 포함한다. 미생물은 물질처럼 취급되어야 한다.

(3) "배출"에는 다음 사항이 포함된다:

(a) 물질의 방출이나 누출;

(b) 전기의 유도;

(c) 열, 광, 및 기타 방사능;

(d) 소음 및 기타 진동; 그리고

(e) 환경에 대한 기타 무형의 영향.

(4) "기계설비"는 이동 가능한 기계설비 및 공사 중 또는 사용되고 있지 않는 기계설비도 포함한다.

(5) 그러나 다음의 조건이라면 본 조에서는 손해의 원인에 대한 책임이 없다:

(a) 관련 자의 거래, 사업 또는 직업과 관계가 있는 목적을 위해서 그 물질을 관리하고 있지 않거나 그 기계설비를 운영하는 것이 아니라면; 또는

(b) 물질의 통제 또는 기계설비의 관리에 대한 안전기준을 준수함에 이상이 없다는 것을 증명한다면.

VI. – 3:207: Other accountability for the causation of legally relevant damage

A person is also accountable for the causation of legally relevant damage if national law so provides where it:

(a) relates to a source of danger which is not within VI. – 3:104 (Accountability for damage caused by children or supervised persons) to VI. 3:205 (Accountability for damage caused by motor vehicles);

(b) relates to substances or emissions; or

(c) disapplies VI. – 3:204 (Accountability for damage caused by defective products) paragraph (4)(e).

VI. – 3:208: Abandonment

For the purposes of this section, a person remains accountable for an immovable, vehicle, substance or installation which that person abandons until another exercises independent control over it or becomes its keeper or operator. This applies correspondingly, so far as reasonable, in respect of a keeper of an animal.

Chapter 4: Causation

VI. – 4:101: General rule

(1) A person causes legally relevant damage to another if the damage is to be regarded as a consequence of that person's conduct or the source of danger for which that person is responsible.

VI. – 3:207: 법적 책임이 따르는 손해의 원인에 대한 기타 책임

다음의 경우에 자국법이 그렇게 규정하고 있다면 법적 책임이 따르는 손해의 원인에 대한 책임도 있다:

(a) VI. – 3:104(아동 또는 보호자에 의해 발생되는 손해에 대한 책임) 규정 내에 속하지 않는 위험의 근원과 관계가 있는 경우;

(b) 물질이나 배출물과 관계가 있는 경우; 또는

(c) VI. – 3:204(결함이 있는 상품에 의해 발생되는 손해에 대한 책임) 규정의 제(4)항의 제(e)호가 적용되지 않는 경우.

VI. – 3:208: 유기

본 절의 목적을 위해서, 어떠한 자가 유기한 부동산, 차량, 물질 및 기계설비에 대하여 타인이 독립적 통제를 행사하거나 타인이 관리자나 운영자가 될 때까지 그 자에게 책임이 있다. 이 규정은 동물의 관리자와 관련하여서도 합리적인 한도에서 준용된다.

제4장
인과관계

VI. – 4:101: 일반규정

(1) 만약 손해가 어떠한 자의 행위의 결과 또는 그 자가 책임을 질 위험의 근원에 의한 것으로 보여진다면, 그 자는 법적 책임이 따르는 손해를 발생시킨 것이다.

(2) In cases of personal injury or death the injured person's predisposition with respect to the type or extent of the injury sustained is to be disregarded.

VI. – 4:102: Collaboration

A person who participates with, instigates or materially assists another in causing legally relevant damage is to be regarded as causing that damage.

VI. – 4:103: Alternative causes

Where legally relevant damage may have been caused by any one or more of a number of occurrences for which different persons are accountable and it is established that the damage was caused by one of these occurrences but not which one, each person who is accountable for any of the occurrences is rebuttably presumed to have caused that damage.

Chapter 5: Defences

Section 1: Consent or conduct of the person suffering the damage

VI. – 5:101: Consent and acting at own risk

(1) A person has a defence if the person suffering the damage validly consents to the legally relevant damage and is aware or could reasonably be expected to be aware of the consequences of that consent.

(2) 신체적 상해 또는 사망의 경우에는 발생된 상해의 유형 또는 상해의 정도에 관해서 피해자의 성향은 무시되어야 한다.

VI. - 4:102: 협력

법적 책임이 따르는 손해를 발생한 경우에 동참, 선동, 또는 물질적으로 도움을 주는 자는 그 손해의 원인을 제공하는 것으로 간주되어야 한다.

VI. - 4:103: 선택적 인과관계

법적 책임이 따르는 손해가 상이한 자들이 책임을 질 하나 또는 이상의 사건들을 원인으로 하는 경우 그리고 그 손해가 이러한 사건들 중 하나로 발생하였지만 어느 것을 원인으로 하는 것을 특정할 수 없는 경우, 해당 사건에 책임을 부담하는 자는 반증이 없으면 발생한 손해에 원인을 제공한 것으로 추정된다.

제5장
항변사유

제1절
피해자의 승낙 또는 행위

VI. - 5:101: 승낙 및 위험의 인수

(1) 피해자가 법적 책임이 따르는 손해에 대해 유효하게 승낙을 하고 그 승낙의 결과에 대해 알고 있거나 알 것으로 합리적으로 기대할 수 있다면 상대방은 항변권을 갖는다.

(2) The same applies if the person suffering the damage, knowing the risk of damage of the type caused, voluntarily takes that risk and is to be regarded as accepting it.

VI. – 5:102: Contributory fault and accountability

(1) Where the fault of the person suffering the damage contributes to the occurrence or extent of legally relevant damage, reparation is to be reduced according to the degree of such fault.

(2) However, no regard is to be had to:

(a) an insubstantial fault of the person suffering the damage;

(b) fault or accountability whose contribution to the causation of the damage is insubstantial;

(c) the injured person's want of care contributing to that person's personal injury caused by a motor vehicle in a traffic accident, unless that want of care constitutes profound failure to take such care as is manifestly required in the circumstances.

(3) Paragraphs (1) and (2) apply correspondingly where the fault of a person for whom the person suffering the damage is responsible within the scope of VI. – 3:201 (Accountability for damage caused by employees and representatives) contributes to the occurrence or extent of the damage.

(4) Compensation is to be reduced likewise if and in so far as any other source of danger for which the person suffering the damage is responsible under Chapter 3 (Accountability) contributes to the occurrence or extent of the damage.

VI. – 5:103: Damage caused by a criminal to a collaborator

Legally relevant damage caused unintentionally in the course of committing a criminal offence to another person participating or otherwise collaborating in the offence does not give rise to a right to reparation if this would be contrary to public policy.

(2) 피해자가 발생된 유형의 손해를 입게 될 위험성을 알고 있으며, 자발적으로 그 위험을 부담하고 그 위험을 인수한 것으로 볼 수 있다면 것이라면 동일하게 적용된다.

VI. – 5:102: 기여 과실과 책임

(1) 피해자의 과실이 법적 책임이 따르는 손해의 발생이나 손해 정도에 기여한 경우, 손해배상은 그 과실의 정도에 따라 감경될 수 있다.

(2) 그러나 다음 사항에 대해서는 어떠한 고려도 이루어져서는 안된다:

(a) 피해자의 경미한 과실;

(b) 손해 발생 원인을 기여한 경미한 과실 또는 책임; 또는

(c) 교통사고에서 차량을 원인으로 발생한 피해자의 신체적 상해에 기여한 피해자의 주의부족 – 그 주의부족이 주변상황에서 명백히 요구되는 그러한 주의를 취하는데 크게 기여한 것이 아니라면.

(3) VI. – 3:201(종업원과 대표자에 의해 발생된 손해에 대한 책임) 규정의 범위 내에서 피해자가 책임을 져야 하는 자의 과실이 손해의 발생이나 손해의 정도에 기여한 경우에는 제(1)항과 제(2)항이 해당 경우에 따라 적용된다.

(4) 제3장(책임)의 규정에서 피해자가 책임 져야 하는 위험의 여하한 다른 근원이 그 손해의 발생이나 손해의 정도에 기여한 경우 그 한도에서 손해배상은 이와 같이 감경될 수 있다.

VI. – 5:103: 범죄자에 의해 공범자에게 발생한 손해

만약 공공정책에 반하는 것이 된다면 범죄를 자행하는 과정에서 범행에 가담하거나 협력하고 있는 타인에게 우연하게 발생된 법적 책임이 따르는 손해는 손해배상권을 발생시키지 않는다.

Section 2:
Interests of accountable persons or third parties

VI. – 5:201: Authority conferred by law

A person has a defence if legally relevant damage is caused with authority conferred by law.

VI. – 5:202: Self-defence, benevolent intervention and necessity

(1) A person has a defence if that person causes legally relevant damage in reasonable protection of a right or of an interest worthy of legal protection of that person or a third person if the person suffering the legally relevant damage is accountable for endangering the right or interest protected. For the purposes of this paragraph VI. – 3:103 (Persons under eighteen) is to be disregarded.

(2) The same applies to legally relevant damage caused by a benevolent intervener to a principal without breach of the intervener's duties.

(3) Where a person causes legally relevant damage to the patrimony of another in a situation of imminent danger to life, body, health or liberty in order to save the person causing the damage or a third person from that danger and the danger could not be eliminated without causing the damage, the person causing the damage is not liable to make reparation beyond providing reasonable recompense.

VI. – 5:203: Protection of public interest

A person has a defence if legally relevant damage is caused in necessary protection of values fundamental to a democratic society, in particular where damage is caused by dissemination of information in the media.

제2절
책임 당사자 또는 제3자의 이해관계

VI. -5:201: 법률에 의해 수여되는 권한

법적 책임이 따르는 손해가 법률에 의해 수여된 권한 행사로 발생된다면 이에 대한 항변권을 갖는다.

VI. -5:202: 정당방위, 선의 개입 및 긴급피난

(1) 어떠한 자가 자신 또는 제3자의 권리 또는 법적 보호를 위한 가치 있는 이익을 합리적으로 보호하는 과정에서 법적 책임이 따르는 손해를 발생시킨 경우 항변권을 가지며 피해자는 권리 또는 보호이익을 위험하게 만든 것에 대해 책임을 진다. 본 항의 목적을 위해서 VI. -3:103(18세 미만의 미성년자)의 규정은 적용되지 않는다.

(2) 주의의무 위반 없는 선의의 간섭자는 보호대상자에게 발생된 법적 책임이 따르는 손해에 대해서도 동일한 규정이 적용된다.

(3) 생명, 신체, 건강, 또는 자유가 급박한 위험에 처해있는 상황에서 그 위험을 발생시킨 자 또는 제3자를 그 위험에서 모면하기 위해서 타인의 재산에 손해를 발생시키지 않고서는 그 위험이 제거될 수 없을 경우, 손해의 원인을 제공한 자는 합리적인 변상범위를 넘는 손해배상 책임은 없다.

VI. -5:203: 공익의 보호

민주주의 사회의 근본이 되는 가치를 위해 필요한 보호함에 있어 법적 책임이 따르는 손해가 발생된다면, 특히 그 손해가 대중매체에서 정보를 유포함으로써 발생된다면, 당사자는 항변권을 갖는다.

Section 3:
Inability to control

VI. – 5:301: Mental incompetence

(1) A person who is mentally incompetent at the time of conduct causing legally relevant damage is liable only if this is equitable, having regard to the mentally incompetent person's financial means and all the other circumstances of the case. Liability is limited to reasonable recompense.

(2) A person is to be regarded as mentally incompetent if that person lacks sufficient insight into the nature of his or her conduct, unless the lack of sufficient insight is the temporary result of his or her own misconduct.

VI. – 5:302: Event beyond control

A person has a defence if legally relevant damage is caused by an abnormal event which cannot be averted by any reasonable measure and which is not to be regarded as that person's risk.

Section 4:
Contractual exclusion and restriction of liability

VI. – 5:401: Contractual exclusion and restriction of liability

(1) Liability for causing legally relevant damage intentionally cannot be excluded or restricted.

(2) Liability for causing legally relevant damage as a result of a profound failure to take such care as is manifestly required in the circumstances cannot be excluded or restricted:

제3절
통제 불능

VI. - 5: 301: 정신적(불법행위) 무능력

(1) 법적 책임이 따르는 손해를 야기한 행위를 할 당시 정신적으로 무능력 상태에 있는 자는, 정신적 무능력자의 경제사정과 당해 경우의 모든 제반 사정을 고려해 볼 때, 이것이 정당한 경우에만 책임이 있다. 책임은 합리적인 배상으로 제한된다.

(2) 자신의 행위에 대한 본성에 충분한 통찰력이 부족한 경우, 그 통찰력의 결핍이 자신의 잘못된 행위 따른 일시적인 결과가 아니라면, 그 자는 정신적으로 무능력 상태인 것으로 간주된다.

VI. - 5: 301: 통제할 수 없는 사건

만약 법적으로 책임이 따르는 손해가 합리적인 수단으로 예방할 수 없고 당사자의 위험으로 간주될 수 없는 비정상적인 사건에 의하여 발생한다면, 그 자는 이와 관련된 항변권을 갖는다.

제4절
계약상 책임의 배제와 제한

VI. - 5:401: 계약상 책임의 배제와 제한

(1) 고의로 법적 책임이 따르는 손해를 발생시킨 책임은 배제되거나 제한 될 수 없다.

(2) 상황에서 명백히 요구되는 주의의무를 다하지 못한 중과실을 원인으로 발생한 법적 책임이 따르는 손해에 대한 책임은 다음과 관련하여 배제되거나 제한 될 수 없다:

(a) in respect of personal injury (including fatal injury); or

(b) if the exclusion or restriction is otherwise illegal or contrary to good faith and fair dealing.

(3) Liability for damage for the causation of which a person is accountable under VI.－3:204 (Accountability for damage caused by defective products) cannot be restricted or excluded.

(4) Other liability under this Book can be excluded or restricted unless statute provides otherwise.

Section 5: Loss within VI.－2:202 (Loss suffered by third persons as a result of another's personal injury or death)

VI.－5:501: Extension of defences against the injured person to third persons

A defence which may be asserted against a person's right of reparation in respect of that person's personal injury or, if death had not occurred, could have been asserted, may also be asserted against a person suffering loss within VI.－2:202 (Loss suffered by third persons as a result of another's personal injury or death).

(a) 신체적 상해(치명상을 포함)와 관련하여; 또는

(b) 배제나 제한이 불법적이거나 신의성실과 공정거래에 반하는 경우,

(3) VI. - 3:204(결함이 있는 상품에 의해 발생되는 손해에 대한 책임)에 따른 책임은 제한되거나 배제될 수 없다.

(4) 본 권에서 다른 책임은 법률로 달리 규정하지 않는 한 배제되거나 제한 될 수 있다.

제5절 VI. - 2:202 (타인의 신체적 상해 또는 사망의 결과로 인해 제3자에게 부담하는 손실)에서의 손실

VI. - 5:501: 피해자에 대하여 제3자에게 주어지는 항변권의 확장

사망하지 않았더라면, 주장될 수 있었던 항변권, 신체적 상해에 관한 손해배상권에 대항하여 항변권이 주장될 수 있거나 또는, VI. - 2:202 (타인의 신체적 상해나 사망의 결과로 인해 제3자가 당하는 손실)에 따른 손실을 입은 당사자에게도 항변권이 주장될 수 있다.

Chapter 6:
Remedies

Section 1: Reparation in general

VI. – 6:101: Aim and forms of reparation

(1) Reparation is to reinstate the person suffering the legally relevant damage in the position that person would have been in had the legally relevant damage not occurred.

(2) Reparation may be in money (compensation) or otherwise, as is most appropriate, having regard to the kind and extent of damage suffered and all the other circumstances of the case.

(3) Where a tangible object is damaged, compensation equal to its depreciation of value is to be awarded instead of the cost of its repair if the cost of repair unreasonably exceeds the depreciation of value. This rule applies to animals only if appropriate, having regard to the purpose for which the animal was kept.

(4) As an alternative to reinstatement under paragraph (1), but only where this is reasonable, reparation may take the form of recovery from the person accountable for the causation of the legally relevant damage of any advantage obtained by the latter in connection with causing the damage.

VI. – 6:102: De minimis rule

Trivial damage is to be disregarded.

제6장

구제수단

제1절 손해배상 일반

VI. - 6:101: 손해배상의 목적과 형식

(1) 손해배상이란 법적 책임이 따르는 손해가 발생하지 않았더라면 있을 상태(지위)로 피해자를 원상회복시키는 것이다.

(2) 발생한 손해의 종류 및 정도와 해당 사건의 모든 기타 상황을 고려하여, 손해배상은 금전(배상) 아니면 다른 형식으로, 가장 적절한 모습으로, 행해질 수 있다.

(3) 유형의 물체가 파손될 경우 수리비용이 저하된 가치보다 불합리한 정도로 초과한다면 그 수리비용 대신 저하된 가치와 동등한 배상이 판결될 수 있다. 이 규정은 동물이 관리되는 목적을 고려하여, 타당하다고 인정되는 경우에 한하여 동물의 경우에 적용된다.

(4) 제(1)항의 원상회복에 대신으로, 그러나 합리적인 경우에 한하여, 손해배상은 법적 책임이 따르는 손해에 책임을 지는 자로부터 손해의 원인과 관련한 특정인이 취득한 이득에 대한 반환의 형식을 취할 수 있다.

VI. - 6:102: 최소의 규칙

미미한 손해는 무시될 수 있다.

VI. – 6:103: Equalisation of benefits

(1) Benefits arising to the person suffering legally relevant damage as a result of the damaging event are to be disregarded unless it would be fair and reasonable to take them into account.

(2) In deciding whether it would be fair and reasonable to take the benefits into account, regard shall be had to the kind of damage sustained, the nature of the accountability of the person causing the damage and, where the benefits are conferred by a third person, the purpose of conferring those benefits.

VI. – 6:104: Multiple persons suffering damage

Where multiple persons suffer legally relevant damage and reparation to one person will also make reparation to another, Book III, Chapter 4, Section2 (Plurality of creditors) applies with appropriate adaptation to their rights to reparation.

VI. – 6:105: Solidary liability

Where several persons are liable for the same legally relevant damage, they are liable solidarily.

VI. – 6:106: Assignment of right to reparation

The person suffering the damage may assign a right to reparation, including a right to reparation for non-economic loss.

VI. – 6:103: 이익의 균등화

(1) 손해가 발생하는 사건의 결과로 법적 책임이 따르는 손해를 겪고 있는 자에게 발생한 이익은 그것을 고려하는 것이 공정하고 합리적으로 될 것이 아니라면 무시될 수 있다.

(2) 이익을 고려하는 것이 공정하고 합리적으로 될 것인지 여부를 결정함에 있어서, 손해의 종류, 가해자가 부담하는 책임의 본질, 그리고, 그 이익이 제3자에 의해 수여되는 경우, 그러한 이익을 수여하게 되는 목적 등이 고려되어야 한다.

VI. – 6:104: 다수의 피해자

법적 책임이 따르는 손해가 다수 당사자에게 발생하고, 그 중 한 당사자에게 행한 손해배상이 타인에 대한 손해배상으로도 인정되는 경우, 제3권의 제4장 제2절의 규정(다수의 채권자)은 손해배상권에 대해 준용된다.

VI. – 6:105: 연대 책임

다수 당사자들이 법적 책임이 따르는 동일한 손해에 대한 책임이 있는 경우 연대책임을 진다.

VI. – 6:106: 손해배상권의 양도

피해자는, 비경제적 손실에 대한 것을 포함하여 손해배상청구권을 양도할 수 있다.

Section 2: Compensation

VI. – 6:201: Right of election

The person suffering the damage may choose whether or not to spend compensation on the reinstatement of the damaged interest.

VI. – 6:202: Reduction of liability

Where it is fair and reasonable to do so, a person may be relieved of liability to compensate, either wholly or in part, if, where the damage is not caused intentionally, liability in full would be disproportionate to the accountability of the person causing the damage or the extent of the damage or the means to prevent it.

VI. – 6:203: Capitalisation and quantification

(1) Compensation is to be awarded as a lump sum unless a good reason requires periodical payment.

(2) National law determines how compensation for personal injury and non-economic loss is to be quantified.

VI. – 6:204: Compensation for injury as such

Injury as such is to be compensated independent of compensation for economic or non-economic loss.

제2절
손해배상

VI. – 6:201: 피해자의 선택권

피해자는 피해를 입은 이익의 회복에 관한 손해배상금을 사용할 것인지 여부를 선택할 수 있다.

VI. – 6:202: 책임의 감경

손해가 고의를 원인으로 하지 않는 경우, 가해자의 책임 또는 손해의 범위 또는 손해를 방지하기 위한 방법이 전체에 대한 책임과 비례하지 않으면, 그렇게 하는 것이 공정하고 합리적인 경우, 손해배상의 책임은 전체적으로 또는 부분적으로 감경 될 수 있다.

VI. – 6:203: 자본화와 계량화

(1) 정기적인 지불에 대한 타당한 이유가 없다면, 손해배상은 일시불로 주어져야 한다.
(2) 신체적 상해 및 비경제적 손실에 대한 배상이 어떻게 계량화 되어야 하는 지는 자국법으로 결정한다.

VI. – 6:204 상해에 대한 배상

신체적 상해와 같은 손실은 경제적 손실과 비경제적 손실을 구분하여 배상이 되어야 한다.

Section 3: Prevention

VI. – 6:301: Right to prevention

(1) The right to prevention exists only in so far as:

(a) reparation would not be an adequate alternative remedy; and

(b) it is reasonable for the person who would be accountable for the causation of the damage to prevent it from occurring.

(2) Where the source of danger is an object or an animal and it is not reasonably possible for the endangered person to avoid the danger the right to prevention includes a right to have the source of danger removed.

VI. – 6:302: Liability for loss in preventing damage

A person who has reasonably incurred expenditure or sustained other loss in order to prevent that person from suffering an impending damage, or in order to limit the extent or severity of damage suffered, has a right to compensation from the person who would have been accountable for the causation of the damage.

Chapter 7: Ancillary rules

VI. – 7:101: National constitutional laws

The provisions of this Book are to be interpreted and applied in a manner compatible with the constitutional law of the court.

제3절
예방

VI. – 6:301: 예방권

(1) 예방권은 다음의 한도에서만 행사할 수 있다:

(a) 손해배상이 적절한 대안이 되는 구제가 되지 못한 경우; 그리고

(b) 손해의 발생에 대해 책임이 지게 될 자가 그 손해가 발생하지 않도록 하는 것이 합리적인 경우.

(2) 위험의 근원이 물체나 동물이고 위험에 처한 자가 그 위험을 회피하는 것이 합리적으로 가능하지 않는 경우 예방권은 위험의 근원을 제거시킬 권리를 포함한다.

VI. – 6:302: 손해를 예방하기 위한 발생한 손실에 대한 책임

특정인에게 임박한 손해를 예방하기 위해서 또는 겪고 있는 손해의 범위나 그 정도를 감경 시키기 위해 합리적으로 발생한 지출 또는 다른 손실을 감수한 자는 그 손해 발생에 대해 책임을 부담할 자로부터 손해배상권을 갖는다.

제7장
부수 규칙

VI. – 7: 101: 헌법

본 권의 규정들은 헌법과 양립하는 방식으로 해석되고 적용된다.

VI. – 7:102: Statutory provisions

National law determines what legal provisions are statutory provisions.

VI. – 7:103: Public law functions and court proceedings

This Book does not govern the liability of a person or body arising from the exercise or omission to exercise public law functions or from performing duties during court proceedings.

VI. – 7:104: Liability of employees, employers, trade unions and employers' associations

This Book does not govern the liability of:

(a) employees (whether to co-employees, employers or third parties) arising in the course of employment;

(b) employers to employees arising in the course of employment; and

(c) trade unions and employers' associations arising in the course of an industrial dispute.

VI. – 7:105: Reduction or exclusion of liability to indemnified persons

If a person is entitled from another source to reparation, whether in full or in part, for that person's damage, in particular from an insurer, fund or other body, national law determines whether or not by virtue of that entitlement liability under this Book is limited or excluded.

VI. – 7:102: 법률규정

어떠한 규정이 법률 규정인지는 자국법으로 결정한다.

VI. – 7:103: 공법기능과 소송절차

본 권은 공법의 여러 기능을 행사하거나 실행을 생략함으로써 발생하는 또는 소송절차 동안 의무를 수행함으로써 발생하는 개인 또는 신체에 대한 책임에 대한 것은 규율하지 않는다.

VI. – 7:104: 종업원, 고용주, 노조 및 사용자 협회의 책임

본 권은 다음의 책임을 다루지 않는다:

(a) 고용과정에서 발생하는 종업원(동료 종업원, 고용주 또는 제3자인지 여부는 무관)의 책임;

(b) 고용과정에서 발생하는 종업원에 대한 사용자의 책임; 그리고

(c) 산업분쟁과정에서 발생하는 노동조합과 사용자 협회의 책임.

VI. – 7:105: 책임의 축소 또는 배제

어떠한 자가 전체 또는 부분적으로, 자신이 입은 손해에 대한 배상을 다른 자로부터, 특히 보험회사, 펀드 또는 기타 단체로부터 받을 권리가 있다면, 이러한 권리가 있다는 이유로 본 서의 규정 하에서 책임이 제한되거나 배제되는지 여부는 자국법이 결정한다.

Book VII

Unjustified enrichment

Chapter 1: General

VII. – 1:101: Basic rule

(1) A person who obtains an unjustified enrichment which is attributable to another's disadvantage is obliged to that other to reverse the enrichment.

(2) This rule applies only in accordance with the following provisions of this Book.

Chapter 2: When enrichment unjustified

VII. – 2:101: Circumstances in which an enrichment is unjustified

(1) An enrichment is unjustified unless:

제7권

부당이득

제1장

일반규정

VII. – 1:101: 기본조항

(1) 어떠한 자의 손실로 인하여 부당한(unjustified) 이득을 얻은 자는 그 이득을 그 자에게 반환하여야 한다.

(2) 이 원칙은 본 권의 다음 조항에 따라서만 적용된다.

제2장

부당이득의 경우

VII. – 2:101:이득이 부당한 경우

(1) 다음의 경우가 아니라면 이득은 부당하다.

(a) the enriched person is entitled as against the disadvantaged person to the enrichment by virtue of a contract or other juridical act, a court order or a rule of law; or

(b) the disadvantaged person consented freely and without error to the disadvantage.

(2) If the contract or other juridical act, court order or rule of law referred to in paragraph (1)(a) is void or avoided or otherwise rendered in effective retrospectively, the enriched person is not entitled to the enrichment on that basis.

(3) However, the enriched person is to be regarded as entitled to an enrichment by virtue of a rule of law only if the policy of that rule is that the enriched person is to retain the value of the enrichment.

(4) An enrichment is also unjustified if:

(a) the disadvantaged person conferred it:

(i) for a purpose which is not achieved; or

(ii) with an expectation which is not realised;

(b) the enriched person knew of, or could reasonably be expected to know of, the purpose or expectation; and

(c) the enriched person accepted or could reasonably be assumed to have accepted that the enrichment must be reversed in such circumstances.

VII. – 2:102: Performance of obligation to third person

Where the enriched person obtains the enrichment as a result of the disadvantaged person performing an obligation or a supposed obligation owed by the disadvantaged person to a third person, the enrichment is justified if:

(a) the disadvantaged person performed freely; or

(b) the enrichment was merely the incidental result of performance of the obligation.

(a) 수익자가 손실자에 대하여 계약 또는 기타의 법률행위, 법원의 명령 또는 법률의 규정에 의하여 이득에 대한 권한이 있는 것으로 인정되는 경우; 또는

(b) 손실자가 착오 없이 그 손실에 대하여 동의한 경우.

(2) 만약 제(1)항 (a)에서의 계약 또는 기타의 법률행위, 법원의 명령 또는 법률의 규정이 무효이거나 취소된 경우 또는 다른 방식에 의하여 소급적으로 효력을 상실한다면, 수익자는 그로 인한 이득에 대해 권리를 갖지 못한다.

(3) 그러나, 수익자가 이득의 가치를 보유하는 것이 법규의 정책인 경우에만 수익자는 법률의 규정에 의해 이득에 대한 권리를 갖는 것으로 간주된다.

(4) 다음의 경우에도 이득은 부당하다:

(a) 다음과 같이 손실자가 재산을 양도한 경우:

(i) 성취되지 않는 목적을 위해; 또는

(ii) 실현되지 않는 기대를 가지고;

(b) 수익자가 그러한 목적이나 기대를 알았거나 합리적인 측면에서 알 수 있었을 것으로 기대될 수 있는 경우; 그리고

(c) 이러한 경우에 이득을 반환해야 한다는 점을 수익자가 인정하거나 인정할 것을 합리적으로 추정할 수 있는 경우.

VII. - 2:102: 제3자에 대한 채무의 이행

손실자가 제3자에게 부담하는 채무 또는 추정 채무의 이행의 결과로 수익자가 이득을 얻은 경우, 다음의 경우 그 이득은 정당화 된다:

(a) 손실자가 임의로 행한 경우; 또는

(b) 이득이 단순히 채무이행의 부수적인 결과인 경우.

VII. – 2:103: Consenting or performing freely

(1) If the disadvantaged person's consent is affected by incapacity, fraud, coercion, threats or unfair exploitation, the disadvantaged person does not consent freely.

(2) If the obligation which is performed is ineffective because of incapacity, fraud, coercion threats or unfair exploitation, the disadvantaged person does not perform freely.

Chapter 3:
Enrichment and disadvantage

VII. – 3:101: Enrichment

(1) A person is enriched by:

(a) an increase in assets or a decrease in liabilities;

(b) receiving a service or having work done; or

(c) use of another's assets.

(2) In determining whether and to what extent a person obtains an enrichment, no regard is to be had to any disadvantage which that person sustains in exchange for or after the enrichment.

VII. – 3:102: Disadvantage

(1) A person is disadvantaged by:

(a) a decrease in assets or an increase in liabilities;

(b) rendering a service or doing work; or

(c) another's use of that person's assets.

VII. – 2:103: 임의로 동의 또는 이행한 경우

(1) 손실자의 동의가 무능력, 사기, 강요, 협박 또는 불공정한 착취 등에 의하여 이루어졌다면, 손실자는 임의로 동의한 것이 아니다.

(2) 무능력, 사기, 강요, 협박 또는 불공정한 착취로 이행된 채무가 유효하지 않다면, 손실자는 임의로 동의한 것이 아니다.

제3장
이득과 손실

VII. – 3:101: 이득

(1) 어떠한 자는 다음에 의하여 이득을 얻는다:

(a) 자산의 증가 또는 책임의 감소;

(b) 서비스 또는 노무의 수령; 또는

(c) 타인의 자산을 사용.

(2) 어떠한 자가 이득을 취하였는지의 여부나 그 정도를 결정함에 있어서, 이득에 대한 대가 또는 이득 후에 입은 손실은 고려되지 않는다.

VII. – 3:102: 손실

(1) 어떠한 자는 다음에 의하여 손실을 입는다:

(a) 자산의 감소 또는 책임의 증가;

(b) 서비스 또는 노무의 제공; 또는

(c) 어떠한 자의 자산에 대한 타인의 사용.

(2) In determining whether and to what extent a person sustains a disadvantage, no regard is to be had to any enrichment which that person obtains in exchange for or after the disadvantage.

Chapter 4: Attribution

VII. – 4:101: Instances of attribution

An enrichment is attributable to another's disadvantage in particular where:

(a) an asset of that other is transferred to the enriched person by that other;

(b) a service is rendered to or work is done for the enriched person by that other;

(c) the enriched person uses that other's asset, especially where the enriched person infringes the disadvantaged person's rights or legally protected interests;

(d) an asset of the enriched person is improved by that other; or

(e) the enriched person is discharged from a liability by that other.

VII. – 4:102: Intermediaries

Where one party to a juridical act is an authorised intermediary indirectly representing a principal, any enrichment or disadvantage of the principal which results from the juridical act, or from a performance of obligation sunder it, is to be regarded as an enrichment or disadvantage of the intermediary.

(2) 어떠한 자가 손실을 입었는지의 여부나 그 정도를 결정함에 있어서, 손실에 대한 대가 또는 손실 후에 취득한 이득은 고려되지 않는다.

제4장
인과관계

VII. - 4:101: 인과관계가 인정되는 경우

다음의 경우 특히 이득과 타인의 손실 사이에 인과관계가 인정된다:

(a) 손실자의 자산이 손실자에 의하여 수익자에게 양도된 경우;

(b) 손실자의 서비스나 노무가 수익자에게 제공된 경우;

(c) 수익자가 손실자의 자산을 사용한 경우, 특히 수익자가 손실자의 권리나 법익을 침해하는 경우;

(d) 수익자의 자산이 손실자에 의하여 증대된 경우; 또는

(e) 손실자에 의하여 수익자가 책임을 면제받은 경우.

VII. - 4:102: 중개자

법률행위의 당사자가 본인을 간접적으로 대리하는 권한 있는 중개자인 경우, 법률행위 또는 이를 원인으로 발생한 채무의 이행으로 본인이 이익을 얻었거나 손실을 입었다면 이는 중개자의 이득 또는 손실로 본다.

VII. – 4:103: Debtor's performance to a non-creditor; onward transfer in good faith

(1) An enrichment is also attributable to another's disadvantage where a debtor confers the enrichment on the enriched person and as a result the disadvantaged person loses a right against the debtor to the same or a like enrichment.

(2) Paragraph (1) applies in particular where a person who is obliged to the disadvantaged person to reverse an unjustified enrichment transfers it to a third person in circumstances in which the debtor has a defence under VII. – 6:101 (Disenrichment).

VII. – 4:104: Ratification of debtor's performance to a non-creditor

(1) Where a debtor purports to discharge a debt by paying a third person, the creditor may ratify that act.

(2) Ratification extinguishes the creditor's right against the debtor to the extent of the payment with the effect that the third person's enrichment is attributable to the creditor's loss of the claim against the debtor.

(3) As between the creditor and the third person, ratification does not amount to consent to the loss of the creditor's right against the debtor.

(4) This Article applies correspondingly to performances of non-monetary obligations.

(5) Other rules may exclude the application of this Article if an insolvency or equivalent proceeding has been opened against the debtor before the creditor ratifies.

VII. – 4:105: Attribution resulting from an act of an intervener

(1) An enrichment is also attributable to another's disadvantage where a third person uses an asset of the disadvantaged person without authority so that the disadvantaged person is deprived of the asset and it accrues to the enriched person.

(2) Paragraph (1) applies in particular where, as a result of an intervener's interference with or disposition of goods, the disadvantaged person ceases to be owner of the goods and the enriched person becomes owner, whether by juridical act or rule of law.

VII. – 4:103: 제3자에 대한 채무자의 의무이행; 선의로 양도한 경우

(1) 채무자가 제3자에게 이득을 양도하고 그 결과로 손실자가 채무자에 대하여 갖는 권리를 동일하게 또는 유사한 정도의 이득을 상실한 경우 역시 이득과 손실 사이에 인과관계가 인정된다.

(2) 제(1)항은 채무자가 VII. – 6:101(이득의 상실)에 따라 항변사유가 존재하는 상황에서 특히 손실자에게 부당이득반환의 의무가 있는 어떠한 자가 그 이득을 제3자에게 양도한 경우에 적용한다.

VII. – 4:104: 제3자에 대한 채무자의 이행에 대한 추인

(1) 채무자가 제3자에 대한 변제에 의하여 자신의 채무를 면하려고 한 경우, 채권자를 이를 추인할 수 있다.

(2) 제3자의 이득이 채무자에 대한 채권자의 권리상실을 원인으로 발생한 결과의 범위만큼 추인은 채무자에 대한 채권자의 권리를 소멸시킨다.

(3) 채권자와 제3자의 관계에서와 같이, 추인이 채무자에 대한 채권자의 권리상실에 동의한 것은 아니다.

(4) 이 조항은 비금전채무를 이행한 경우에 준용한다.

(5) 채권자가 추인을 하기 전에 채무자에 대한 파산이나 이와 동등한 절차가 개시되면, 다른 규정에 의하여 이 조항의 적용을 배제할 수 있다.

VII. – 4:105: 관리자의 행위로 인한 인과관계

(1) 제3자가 손실자의 자산을 권원 없이 사용하여 손실자의 자산이 훼손되고 이로써 수익자에게 이득이 된 경우 이득과 손실 사이에 인과관계가 인정된다.

(2) 제(1)항은 특히, 관리자의 물건에 대한 관리나 처분의 결과로, 법률행위나 법률의 규정에 의하여 손실자가 그 물품의 소유권을 상실하고 수익자가 소유권자가 되는 경우에 적용된다.

VII. – 4:106: Ratification of intervener's acts

(1) A person entitled to an asset may ratify the act of an intervener who purports to dispose of or otherwise uses that asset in a juridical act with a third person.
(2) The ratified act has the same effect as a juridical act by an authorized intermediary. As between the person ratifying and the intervener, ratification does not amount to consent to the intervener's use of the asset.

VII. – 4:107: Where type or value not identical

An enrichment may be attributable to another's disadvantage even though the enrichment and disadvantage are not of the same type or value.

Chapter 5:
Reversal of enrichment

VII. – 5:101: Transferable enrichment

(1) Where the enrichment consists of a transferable asset, the enriched person reverses the enrichment by transferring the asset to the disadvantaged person.
(2) Instead of transferring the asset, the enriched person may choose to reverse the enrichment by paying its monetary value to the disadvantaged person if a transfer would cause the enriched person unreasonable effort or expense.
(3) If the enriched person is no longer able to transfer the asset, the enriched person reverses the enrichment by paying its monetary value to the disadvantaged person.
(4) However, to the extent that the enriched person has obtained a substitute in exchange, the substitute is the enrichment to be reversed if:

VII.－4:106: 관리자의 행위의 추인

(1) 자산에 대하여 권리가 있는 자는 제3자와 법률행위를 통해 그 자산을 처분하려고 하거나 달리 사용하려는 관리자의 행위를 추인할 수 있다.

(2) 추인된 행위는 권한 있는 중개인의 법률행위와 동일한 효력을 갖는다. 추인을 한 자와 관리자와의 관계에서와 같이, 추인이 권리자의 자산에 대한 관리자의 사용을 동의하는 것은 아니다.

VII.－4:107: 형태나 가치가 동일하지 않은 경우

비록 이득과 손실이 동일한 형태나 가치를 갖지 않는다고 하더라도 이득은 다른 자의 손실과 인과관계가 인정될 수 있다.

제5장 이득의 반환

VII.－5:101: 양도 가능한 이득

(1) 이득이 양도 가능한 자산인 경우, 수익자는 손실자에게 그 자산을 양도함으로써 이득을 반환하여야 한다.

(2) 자산을 양도하는 것이 수익자에게 불합리한 노력이나 비용을 야기하는 경우, 수익자는 재산의 양도 대신 이에 갈음하여 자산의 금전적 가치를 지급하는 방법으로 이득을 반환할 수 있다.

(3) 수익자가 더 이상 자산을 양도할 수 없다면, 수익자는 손실자에게 이득의 가치에 해당하는 금액을 지급함으로써 이득을 반환한다.

(4) 그러나, 수익자가 대가로서 대체물을 얻은 경우에 한하여, 다음의 경우라면 그 대체물은 반환하여야 할 이득이 된다:

(a) the enriched person is in good faith at the time of disposal or loss and the enriched person so chooses; or

(b) the enriched person is not in good faith at the time of disposal or loss, the disadvantaged person so chooses and the choice is not in equitable.

(5) The enriched person is in good faith if that person neither knew nor could reasonably be expected to know that the enrichment was or was likely to become unjustified.

VII. – 5:102: Non-transferable enrichment

(1) Where the enrichment does not consist of a transferable asset, the enriched person reverses the enrichment by paying its monetary value to the disadvantaged person.

(2) The enriched person is not liable to pay more than any saving if the enriched person:

(a) did not consent to the enrichment; or

(b) was in good faith.

(3) However, where the enrichment was obtained under an agreement which fixed a price or value for the enrichment, the enriched person is at least liable to pay that sum if the agreement was void or voidable for reasons which were not material to the fixing of the price.

(4) Paragraph (3) does not apply so as to increase liability beyond the monetary value of the enrichment.

VII. – 5:103: Monetary value of an enrichment; saving

(1) The monetary value of an enrichment is the sum of money which a provider and a recipient with a real intention of reaching an agreement would lawfully have agreed as its price. Expenditure of a service provider which the agreement would require the recipient to reimburse is to be regarded as part of the price.

(a) 수익자가 처분이나 손실의 당시 선의였고, 수익자가 대체물의 반환을 선택한 경우; 또는

(b) 수익자가 처분이나 손실의 당시 선의가 아니었지만, 손실자가 이를 선택하였고 그러한 선택이 불공정하지 않은 경우.

(5) 이득이 정당화 사유가 없거나 정당화 사유의 부재가 될 여지가 많다는 점을 알지 못하였거나 알 것이라고 합리적으로 기대할 수 없는 경우라면, 수익자는 선의이다.

VII.－5:102: 양도 불가능한 이득

(1) 이득이 양도할 수 없는 자산인 경우에 수익자는 손실자에게 이득의 가치에 해당하는 금액을 지급하는 방법으로써 부당이득을 반환하여야 한다.

(2) 수익자는 다음의 경우, 자신이 얻은 절감액(saving) 이상으로 지불할 책임이 없다:

(a) 이득에 동의하지 않았거나; 또는

(b) 선의인 경우.

(3) 그러나, 합의에 의하여 가격이나 가치가 정해졌고 이를 근거로 이득이 발생한 경우, 수익자는 합의가 가격을 결정하는데 중요하지 않은 사유로 무효로 되거나 취소될 수 있다면, 최소한 그 금액을 지불하여야 할 책임이 있다.

(4) 제(3)항은 이득의 금전적 가치를 넘어서는 책임의 증가에는 적용되지 않는다.

VII.－5:103: 이득의 금전적 가치; 절감액

(1) 이득의 금전적 가치는 합의에 이르려는 진정한 의도를 가지진 제공자와 수령자가 적법하게 동의하였을 가격으로, 금전의 총액이다. 당사자의 합의에 의하여 수령자가 상환하기로 정한 서비스제공자의 지출은 이 가격의 일부분으로 본다.

(2) A saving is the decrease in assets or increase in liabilities which the enriched person would have sustained if the enrichment had not been obtained.

VII. – 5:104: Fruits and use of an enrichment

(1) Reversal of the enrichment extends to the fruits and use of the enrichment or, if less, any saving resulting from the fruits or use.

(2) However, if the enriched person obtains the fruits or use in bad faith, reversal of the enrichment extends to the fruits and use even if the saving is less than the value of the fruits or use.

Chapter 6: Defences

VII. – 6:101: Disenrichment

(1) The enriched person is not liable to reverse the enrichment to the extent that the enriched person has sustained a disadvantage by disposing of the enrichment or otherwise (disenrichment), unless the enriched person would have been disenriched even if the enrichment had not been obtained.

(2) However, a disenrichment is to be disregarded to the extent that:

(a) the enriched person has obtained a substitute;

(b) the enriched person was not in good faith at the time of disenrichment, unless:

(i) the disadvantaged person would also have been disenriched even if the enrichment had been reversed; or

(2) 절감액은 만약 이득이 없었더라면 수익자가 입게 되었을 자산의 감소나 책임의 증가를 의미한다.

VII. – 5:104: 이득의 과실과 사용

(1) 이득의 반환은 이득의 과실과 그 사용 또는 이보다 적은 경우 그로부터 생긴 절감액에 한한다.

(2) 그러나 수익자가 악의로 과실을 수취하거나 사용한 경우, 반환의 범위는 과실의 수취나 사용이 절감액 보다 크다고 하더라도 이를 반환하여야 한다.

제6장
항변

VII. – 6:101:이득의 상실

(1) 이득을 취득하지 못하였더라도 수익자가 이를 상실하는 것이 아니라면, 이득의 처분 또는 이것이 아니면 이득의 상실에 의해 수익자가 불이익을 감수하는 범위 내에서 이득의 반환에 대해 수익자는 책임을 지지 않는다.

(2) 그러나 손실은 다음의 한도에서는 고려되지 않는다.

(a) 수익자가 대상을 취득한 경우;

(b) 다음의 경우를 제외하고, 수익자가 상실의 시점에 선의가 아닌 경우:

(i) 손실자가 이득이 반환되더라도 손실을 입었을 것이라고 인정할 수 있을 때; 또는

(ii) the enriched person was in good faith at the time of enrichment, the disenrichment was sustained before performance of the obligation to reverse the enrichment was due and the disenrichment resulted from the realisation of a risk for which the enriched person is not to be regarded as responsible; or

(c) paragraph (3) of VII.－5:102 (Non-transferable enrichment) applies.

(3) Where the enriched person has a defence under this Article as against the disadvantaged person as a result of a disposal to a third person, any right of the disadvantaged person against that third person is unaffected.

VII.－6:102: Juridical acts in good faith with third parties

The enriched person is also not liable to reverse the enrichment if:

(a) in exchange for that enrichment the enriched person confers another enrichment on a third person; and

(b) the enriched person is still in good faith at that time.

VII.－6:103: Illegality

Where a contract or other juridical act under which an enrichment is obtained is void or avoided because of an infringement of a fundamental principle (II.－7:301 (Contracts infringing fundamental principles)) or mandatory rule of law, the enriched person is not liable to reverse the enrichment to the extent that the reversal would contravene the policy underlying the principle or rule.

(ii) 수익자가 이득을 얻을 당시 선의였고, 이득반환의무의 이행기 전에 손실을 입었으며 수익자의 책임으로 볼 수 없는 위험의 실현으로 손실이 발생한 경우; 또는

(c) VII. - 5:102(양도 불가능한 이득) 제(3)항이 적용되는 경우.

(3) 본 조에 의하여 제3자에 대한 처분의 결과로서 손실자에 대하여 수익자가 항변권을 행사하는 경우, 손실자의 제3자에 대한 권리에는 영향을 미치지 않는다.

VII. - 6:102: 제3자와의 선의의 법률행위

다음의 경우 수익자는 이득의 반환책임이 없다:

(a) 이득의 대가로 수익자가 제3자에게 다른 이득을 공여하였다면; 그리고

(b) 수익자가 그 당시 여전히 선의라면.

VII. - 6:103: 불법원인급여

근본적 원칙을 위반하는 계약으로(II. - 7:301(근본적 원칙을 위반하는 계약)) 또는 강행법규의 위반을 원인으로, 이득을 취득하는 계약 또는 기타 법률행위가 무효 또는 취소되는 경우, 그 반환이 원칙 또는 규칙을 전제로 하는 정책과 모순되는 범위에서 수익자는 이득을 반환하는 것에 책임을 지지 않는다.

Chapter 7:
Relation to other legal rules

VII.–7:101: Other private law rights to recover

(1) The legal consequences of an enrichment which is obtained by virtue of a contract or other juridical act are governed by other rules if those rules grant or exclude a right to reversal of an enrichment, whether on withdrawal, termination, price reduction or otherwise.

(2) This Book does not address the proprietary effect of a right to reversal of an enrichment.

(3) This Book does not affect any other right to recover arising under contractual or other rules of private law.

VII.–7:102: Concurrent obligations

(1) Where the disadvantaged person has both:

(a) a claim under this Book for reversal of an unjustified enrichment; and

(b) (i) a claim for reparation for the disadvantage (whether against the enriched person or a third party); or

(ii) a right to recover under other rules of private law as a result of the unjustified enrichment, the satisfaction of one of the claims reduces the other claim by the same amount.

(2) The same applies where a person uses an asset of the disadvantaged person so that it accrues to another and under this Book:

(a) the user is liable to the disadvantaged person in respect of the use of the asset; and

(b) the recipient is liable to the disadvantaged person in respect of the increase in assets.

제7장

다른 법규범과의 관계

VII. - 7:101: 다른 사법상의 회복청구권

(1) 다른 법규범이 철회, 해제, 대금감액 기타 사유에 기하여 이득의 반환을 부여하거나 배제한다면, 계약이나 기타 다른 법률행위를 통하여 취득한 이익에 관한 법적 결과는 그 법규범에 의한다.

(2) 본 권은 이득의 반환에 관한 권리의 물권적 효력을 규정하지 않는다.

(3) 본 권은 계약이나 사법상 다른 규칙하에서 발생하는 어떠한 회복청구권에 영향을 미치지 않는다.

VII. - 7:102: 병존 채무

(1) 손실자가 다음 모두의 경우:

(a) 본 편에서 정하는 부당이득반환에 관한 청구; 그리고

(b) (i) 손실자를 위한 배상 청구(수익자에 대한 것 또는 제3자에 대한 것); 또는

(ii) 부당이득의 결과로서 이루어지는 사법상 다른 규칙하에서의 회복청구권, 청구권

중 하나의 충족은 다른 권리를 동일한 정도로 감소시킨다.

(2) 어떠한 자가 손실자의 자산을 사용하여 다른 자에게 이익을 준 경우, 본 권에 따라 다음의 경우에도 동일하게 적용된다:

(a) 사용자가 자산의 사용과 관련하여 손실자에 대하여 책임을 지는 경우; 그리고

(b) 수익자가 자산의 증가와 관련하여 손실자에게 책임을 지는 경우.

VII. – 7:103: Public law claims

This Book does not determine whether it applies to enrichments which a person or body obtains or confers in the exercise of public law functions.

VII. - 7:103: 공법상 청구권

본 권은 사람이나 기관이 공법상 기능을 수행하는 중에 획득하거나 양도한 이익에 적용될 지에 대하여 결정하지 않는다.

Book Ⅷ

Acquisition and loss of ownership of goods

Chapter 1:
General provisions

Section 1:
Scope of application and relation to other provisions

VIII. – 1:101: Scope of application

(1) This Book applies to the acquisition, loss and protection of ownership of goods and to specific related issues.

(2) This Book does not apply to the acquisition or loss of ownership of goods by:

(a) universal succession, in particular under the law of succession and under company law;

(b) expropriation and forfeiture;

(c) separation from movable or immovable property;

(d) division of co-ownership, unless provided by VIII. – 2:306 (Delivery out of the bulk) or VIII. – 5:202 (Commingling);

(e) survivorship or accrual, unless covered by Chapter 5 of this Book;

제8권

물품 소유권의 취득과 상실

제1장
일반 조항

제1절
적용 범위 및 다른 조항과의 관계

Ⅷ. – 1:101: 적용범위

(1) 본 권은 물품 소유권의 취득, 상실 그리고 보호 및 특정 관련 쟁점에 적용된다.

(2) 본 권은 다음에 의한 물품 소유권의 취득 또는 상실에는 적용되지 않는다:

(a) 특히 상속법 및 회사법 하에서의 포괄승계;

(b) 공용징수 및 몰수;

(c) 동산 또는 부동산으로부터의 분리;

(d) Ⅷ. – 2:306(집합물로부터의 인도) 또는 Ⅷ. – 5:202(혼합)에서 규정되지 않은 공동소유의 분할;

(e) 본 권의 제5장에서 다루지 않은 생존자권(survivorship) 또는 발생물;

(f) real subrogation, unless covered by Chapter 5 of this Book;

(g) occupation;

(h) finding; or

(i) abandonment.

(3) This Book applies to the acquisition and loss of ownership of goods by extrajudicial enforcement in the sense of Book IX or the equivalent. It may be applied, with appropriate adaptations, to the acquisition and loss of ownership of goods by judicial or equivalent enforcement.

(4) This Book does not apply to:

(a) company shares or documents embodying the right to an asset or to the performance of an obligation, except documents containing the undertaking to deliver goods for the purposes of VIII.–2:105(Equivalents to delivery) paragraph (4); or

(b) electricity.

(5) This Book applies, with appropriate adaptations, to banknotes and coins that are current legal tender.

VIII.–1:102: Registration of goods

(1) Whether ownership and the transfer of ownership in certain categories of goods may be or have to be registered in a public register is determined by national law.
(2) The effects of such registration, as determined by national law, have priority over the respective rules of this Book.

VIII.–1:103: Priority of other provisions

(1) In relation to a transfer, or retention, of ownership for purposes of security, the provisions of Book IX apply and have priority over the provisions in this Book.

(f) 본 권의 제5장에서 다루지 않은 물상대위;

(g) 점유;

(h) 발견; 또는

(i) 포기.

(3) 본 권은 제9권 또는 이와 유사한 규정에서 비사법 집행에 의해 물품 소유권의 취득과 상실이 발생한 경우에 적용된다. 이것은 사법적 또는 이와 유사한 절차에 의한 집행으로 물품 소유권의 취득과 상실이 발생한 경우에 준용된다.

(4) 본 권은 다음의 경우에 적용되지 않는다:

(a) Ⅷ.-2:105(상당인도) 제(4)항의 목적상 물품인도약속에 대한 내용이 포함된 문서를 제외하고, 회사의 주식 또는 자산이나 의무이행에 대한 권리를 표창하는 문서; 또는

(b) 전기.

(5) 본 권은 현행 통화인 지폐와 주화에 준용된다.

Ⅷ.-1:102: 물품의 등록

(1) 어떠한 범주의 물품에 대한 소유권 또는 소유권 이전의 내용이 공적 등록부에 기재될 수 있는 것인지 아니면 반드시 기재되어야 하는 것인지 여부는 자국법에 의하여 정해진다.

(2) 이와 같이 자국법에 의하여 정해진 등록의 효력은 본 권의 각 규정들에 우선한다.

Ⅷ.-1:103: 다른 규정의 우선 적용

(1) 담보 목적을 위한 소유권의 이전 또는 유보와 관련하여서는 제9권의 규정들이 적용되며 본 권의 규정들에 우선한다.

(2) In relation to a transfer of ownership for purposes of a trust, or to or from a trust, the provisions of Book X apply and have priority over the provisions in this Book.

VIII. –1:104: Application of rules of Books I to III

Where, under the provisions of this Book, proprietary effects are determined by an agreement, Books I to III apply, where appropriate.

Section 2: Definitions

VIII. –1:201: Goods

"Goods" means corporeal movables. It includes ships, vessels, hovercraft or aircraft, space objects, animals, liquids and gases.

VIII. –1:202: Ownership

"Ownership" is the most comprehensive right a person, the "owner", can have over property, including the exclusive right, so far as consistent with applicable laws or rights granted by the owner, to use, enjoy, modify, destroy, dispose of and recover the property.

VIII. –1:203: Co-ownership

Where "co-ownership" is created under this Book, this means that two or more co-owners own undivided shares in the whole goods and each coowner can dispose of that co-owner's share by acting alone, unless otherwise provided by the parties.

VIII. –1:204: Limited proprietary rights

Limited proprietary rights in the sense of this Book are:

(2) 신탁 목적을 위한 소유권 이전 또는 신탁재산으로 또는 신탁재산으로부터의 소유권 이전과 관련하여서는 제10권의 규정들이 적용되며 본 권의 규정들에 우선한다.

Ⅷ.－1:104: 제1권 내지 제3권의 규정의 적용

본 권의 규정 하에서, 합의에 의하여 물권적 효력이 정해진 경우에는 적절한 경우에 따라 제1권 내지 제3권이 적용된다.

제2절 정의

Ⅷ.－1:201: 물품

"물품"은 유체 동산을 의미한다. 여기에는 선박, 소선小船, 부선浮船 또는 항공기, 우주물체, 동물, 액체 그리고 가스가 포함된다.

Ⅷ.－1:202: 소유권

"소유권"이란 준거법 또는 소유자에 의하여 부여된 권리와 일치하는 범위 내에서 소유자가, 소유물의 이용, 향유, 변형, 파괴, 처분 및 회복에 대한 배타적 권리를 포함하여, 재산에 대하여 가지는 포괄적 권리이다.

Ⅷ.－1:203: 공유

본 권 하에서 "공유"가 설정된 경우, 이것은 2인 이상의 공동소유자가 전체 물품에 대하여 비분할 지분을 소유하고 있으며, 당사자들에 의하여 달리 정해지지 않는 한 각각의 공동소유자는 단독으로 자신의 지분을 처분할 수 있음을 의미한다.

Ⅷ.－1:204: 제한물권

본 권에서 제한물권은 다음과 같다:

(a) security rights if characterised or treated as proprietary rights by Book IX or by national law;

(b) rights to use if characterised or treated as proprietary rights by other provisions of these model rules or by national law;

(c) rights to acquire in the sense of VIII. – 2:307 (Contingent right of transferee under retention of ownership) or if characterised or treated as proprietary rights by other provisions of these model rules or by national law;

(d) trust-related rights if characterised or treated as proprietary rights by Book X or by national law.

VIII. – 1:205: Possession

(1) Possession, in relation to goods, means having direct physical control or indirect physical control over the goods.

(2) Direct physical control is physical control which is exercised by the possessor personally or through a possession-agent exercising such control on behalf of the possessor (direct possession).

(3) Indirect physical control is physical control which is exercised by means of another person, a limited-right-possessor (indirect possession).

VIII. – 1:206: Possession by owner-possessor

An "owner-possessor" is a person who exercises direct or indirect physical control over the goods with the intention of doing so as, or as if, an owner.

VIII. – 1:207: Possession by limited-right-possessor

(1) A "limited-right-possessor" is a person who exercises physical control over the goods either:

(a) 제9권 또는 자국법에 의하여 물권으로 특징지어지거나 취급되는 담보물권;

(b) 본 모범규정의 다른 조항 또는 자국법에 의하여 물권으로 특징지어지거나 취급되는 사용권;

(c) Ⅷ. - 2:307(소유권의 유보 하에서 양수인의 조건부 권리)에서의, 또는 본 모범규정의 다른 조항 또는 자국법에 의하여 물권으로 특징되거나 취급되는 취득권;

(d) 제10권 또는 자국법에 의하여 물권으로 특징지어지거나 취급되는 신탁 관련 권리.

Ⅷ. - 1:205: 점유

(1) 물품과 관련하여, 점유란 직접 또는 간접적인 물품의 물리적 지배를 의미한다.

(2) 직접적인 물리적 지배란, 점유자가 직접 또는 점유자를 대신하여 물품을 지배하는 점유-대리인이 행사하는 물리적 지배이다(직접점유).

(3) 간접적인 물리적 지배란, 제한-권리-점유자인 타인을 통해 행사되는 물리적 지배이다(간접점유).

Ⅷ. - 1:206: 소유자-점유자에 의한 점유

"소유자-점유자"란 소유자로서 또는 소유자와 같이 행위 할 의사를 가지고 물품에 대한 직접적 또는 간접적인 물리적 지배를 행사하는 자이다.

Ⅷ. - 1:207: 제한-권리-점유자에 의한 점유

(1) 제한-권리-점유자란 다음과 같은 의사로 물품에 대한 물리적 지배를 행사하는 자이다.

(a) with the intention of doing so in that person's own interest, and under a specific legal relationship with the owner-possessor which gives the limited-right-possessor the right to possess the goods; or

(b) with the intention of doing so to the order of the owner-possessor, and under a specific contractual relationship with the owner-possessor which gives the limited-right-possessor a right to retain the goods until any charges or costs have been paid by the owner possessor.

(2) A limited-right-possessor may have direct physical control or indirect physical control over the goods.

VIII. – 1:208: Possession through a possession-agent

(1) A "possession-agent" is a person:

(a) who exercises direct physical control over the goods on behalf of an owner-possessor or limited-right-possessor without the intention and specific legal relationship required under VIII. – 1:207 (Possession by limited-right-possessor) paragraph (1); and

(b) to whom the owner-possessor or limited-right-possessor may give binding instructions as to the use of the goods in the interest of the owner-possessor or limited-right-possessor.

(2) A possession-agent may, in particular, be:

(a) an employee of the owner-possessor or limited-right-possessor or person exercising a similar function; or

(b) a person who is given physical control over the goods by the owner-possessor or limited-right-possessor for practical reasons.

(3) A person is also a possession-agent where that person is accidentally in a position to exercise, and does exercise, direct physical control over the goods for an owner-possessor or limited-right-possessor.

(a) 제한-권리-점유자에게 물품을 점유할 권리를 부여한 소유자-점유자와 특정 법률 관계 하에서, 자신의 이익으로 행위 할 의사로; 또는

(b) 소유자-점유자가 여하한 대금 또는 비용을 지불할 때까지 제한-권리-점유자에게 물품을 보유할 권리를 부여한 소유자-점유자와의 특정한 계약관계 하에서, 소유자-점유자의 명령에 따라 행위 할 의사로.

(2) 제한-권리-점유자는 물품에 대한 직접적 또는 간접적인 물리적 지배를 한다.

Ⅷ.-1:208: 대리점유자를 통한 점유

(1) "대리점유자"란 다음의 자이다:

(a) Ⅷ.-1:207(제한-권리-점유자에 의한 점유) 제(1)항에서 요구하는 의사와 특정한 법률 관계 없이 소유자-점유자 또는 제한-권리-점유자를 대신하여 물품에 대한 직접적인 물리적 지배를 행사하는 자; 그리고

(b) 소유자-점유자 또는 제한-권리-점유자가 자신을 위한 물품 이용에 관한 구속력 있는 지시를 한 자.

(2) 특히, 점유-대리인은 다음의 자가 된다:

(a) 소유자-점유자 또는 제한-권리-점유자의 고용인 또는 이와 유사한 역할을 하는 자; 또는

(b) 실질적인 이유를 위하여 소유자-점유자 또는 제한-권리-점유자에 의해 물품에 대한 물리적 지배를 부여 받은 자.

(3) 소유자-점유자 또는 제한-권리-점유자를 위하여 우연히 물품에 대한 직접적인 물리적 지배를 행사할 지위에 있으며, 이러한 지배를 행사한 자 역시 점유-대리인이 된다.

Section 3:
Further general rules

VIII. – 1:301: Transferability

(1) All goods are transferable except where provided otherwise by law. A limitation or prohibition of the transfer of goods by a contract or other juridical act does not affect the transferability of the goods.

(2) Whether or to what extent uncollected fruits of, and accessories or appurtenances to, goods or immovable assets are transferable separately is regulated by national law. Chapter 5 remains unaffected.

Chapter 2:
Transfer of ownership based on the transferor's right or authority

Section 1:
Requirements for transfer under this chapter

VIII. – 2:101: Requirements for the transfer of ownership in general

(1) The transfer of ownership of goods under this Chapter requires that:

(a) the goods exist;

(b) the goods are transferable;

(c) the transferor has the right or authority to transfer the ownership;

제3절
추가적 일반규정

Ⅷ.-1:301: 양도성

(1) 법에 의하여 달리 정해진 경우를 제외하고 모든 물품은 양도할 수 있다. 계약 또는 기타 법률행위에 의한 물품양도의 제한 또는 금지는 물품의 양도성에 영향을 미치지 않는다.

(2) 물품 또는 부동산의 미수취 과실, 부속물 또는 장식물이 개별적으로 양도가능한지 여부 또는 그 한도는 자국법으로 정한다. 제5장은 영향을 받지 아니한다.

제2장
양도인의 권리 또는 권한에 기한 소유권의 이전

제1절
본 장에 따른 이전의 요건

Ⅷ.-2:101: 소유권 이전에 관한 일반요건

(1) 본 장에 따른 물품 소유권 이전은 다음이 요구된다:

(a) 물품이 존재할 것;

(b) 물품이 이전 가능할 것;

(c) 양도인이 소유권 이전에 대한 권리 또는 권한을 가질 것;

(d) the transferee is entitled as against the transferor to the transfer of ownership by virtue of a contract or other juridical act, a court order or a rule of law; and

(e) there is an agreement as to the time ownership is to pass and the conditions of this agreement are met, or, in the absence of such agreement, delivery or an equivalent to delivery.

(2) For the purposes of paragraph (1)(e) the delivery or equivalent to delivery must be based on, or referable to, the entitlement under the contractor other juridical act, court order or rule of law.

(3) Where the contract or other juridical act, court order or rule of law defines the goods in generic terms, ownership can pass only when the goods are identified to it. Where goods form part of an identified bulk, VIII. –2:305 (Transfer of goods forming part of a bulk) applies.

(4) Paragraph (1)(e) does not apply where ownership passes under a court order or rule of law at the time determined in it.

VIII. –2:102: Transferor's right or authority

(1) Where the transferor lacks a right or authority to transfer ownership at the time ownership is to pass, the transfer takes place when the right is obtained or the person having the right or authority to transfer has ratified the transfer at a later time.

(2) Upon ratification the transfer produces the same effects as if it had initially been carried out with authority. However, proprietary rights acquired by other persons before ratification remain unaffected.

VIII. –2:103: Agreement as to the time ownership is to pass

The point in time when ownership passes may be determined by party agreement, except where registration is necessary to acquire ownership under national law.

(d) 계약 또는 기타 법률행위, 법원명령 또는 법률규정에 따라 양수인이 양도인에 대하여 소유권 이전에 대한 권리가 있을 것; 그리고

(e) 소유권 이전 시기에 대한 합의가 존재하고 당해 합의 조건이 충족되거나, 또는, 이러한 합의가 없을 경우 인도 또는 상당인도를 충족할 것.

(2) 제(1)항 제(e)호의 목적상 인도 또는 상당인도는 반드시 계약 또는 기타 법률행위, 법원명령 또는 법률규정에 따른 권한에 기하거나 관련되어야만 한다.

(3) 계약 또는 기타 법률행위, 법원명령 또는 법률규정이 물품을 포괄적으로 정의한 경우, 오직 물품이 특정된 때에만 소유권이 이전될 수 있다. 물품이 특정된 집합물의 일부를 구성하는 경우, Ⅷ. – 2:305(집합물의 일부를 구성하는 물품의 이전)이 적용된다.

(4) 제(1)항 제(e)호는 소유권의 이전시점이 결정되어 법원명령 또는 법률규정에 따라 소유권이 이전되는 경우에는 적용되지 않는다.

Ⅷ. – 2:102: 양도인의 권리 또는 권한

(1) 소유권 이전 시 양도인에게 소유권 이전에 대한 권리 또는 권한이 결여된 경우, 이전은 권리를 획득하거나 이전에 대한 권리 또는 권한을 가진 자가 이전을 추후 승인한 때에 발생한다.

(2) 승인에 따라 이전은 처음부터 권한을 가지고 이루어진 것과 동일한 효과가 발생한다. 그러나 승인 이전以前에 다른 자가 취득한 물권은 영향을 받지 아니한다.

Ⅷ. – 2:103: 소유권 이전 시기에 대한 합의

소유권이 이전되는 시점은, 자국법상 소유권 취득을 위하여 등록이 필요한 경우를 제외하고 당사가 간의 합의에 의하여 결정될 수 있다.

VIII. – 2:104: Delivery

(1) For the purposes of this Book, delivery of the goods takes place when the transferor gives up and the transferee obtains possession of the goods in the sense of VIII. – 1:205 (Possession).

(2) If the contract or other juridical act, court order or rule of law involves carriage of the goods by a carrier or a series of carriers, delivery of the goods takes place when the transferor's obligation to deliver is fulfilled and the carrier or the transferee obtains possession of the goods.

VIII. – 2:105: Equivalents to delivery

(1) Where the goods are already in the possession of the transferee, the retention of the goods on the coming into effect of the entitlement under the contract or other juridical act, court order or rule of law has the same effect as delivery.

(2) Where a third person possesses the goods for the transferor, the same effect as delivery is achieved when the third party receives the transferor's notice of the ownership being transferred to the transferee, or at a later time if so stated in the notice. The same applies where notice is given to a possession-agent in the sense of VIII. – 1:208 (Possession through possession-agent).

(3) The same effect as delivery of the goods is achieved when the transferor gives up and the transferee obtains possession of means enabling the transferee to obtain possession of the goods.

(4) Where a person exercising physical control over goods issues a document containing an undertaking to deliver the goods to the current holder of the document, the transfer of that document is equivalent to delivery of the goods. The document may be an electronic one.

Ⅷ. – 2:104: 인도

(1) 본 권의 목적상, 물품의 인도는 양도인이 Ⅷ. – 1:205(점유)의 의미에서 양도인이 물품의 점유를 포기하고 양수인이 점유를 획득할 때 발생한다.

(2) 계약 또는 기타 법률행위, 법원명령 또는 법률규정이 운송인 또는 일련의 운송인들에 의한 물품의 운송을 포함하고 있다면, 물품의 인도는 양도인이 인도의무를 이행하고 운송인 또는 양수인이 물품의 점유를 획득한 때에 발생한다.

Ⅷ. – 2:105: 상당인도

(1) 이미 양수인이 물품을 점유하고 있는 경우, 계약 또는 기타 법률행위, 법원명령 또는 법률규정에 따른 권리의 효과 발생과 관련하여 물품의 보유는 인도와 동일한 효력을 가진다.

(2) 제3자가 양도인을 위하여 물품을 점유한 경우, 양수인에게 소유권이 이전됨을 나타내는 양도인의 통시를 제3자가 받은 때에, 또는 통지에 기재된 날짜대로 그 이후의 시점에 인도와 동일한 효력이 발생한다. Ⅷ. – 1:208(대리점유자를 통한 점유)의 의미에서 점유-대리인에게 통지가 된 경우에도 동일하게 적용된다.

(3) 양수인이 물품의 점유를 획득하는 것이 가능하도록 하는 수단의 점유를 양도인이 포기하고 양수인이 획득한 경우 물품의 인도와 동일한 효력이 발생한다.

(4) 물품의 물리적 지배를 행사하고 있는 자가 문서를 소지한 자에게 물품을 인도할 것이라는 약속이 포함된 문서를 발행한 경우, 문서의 인도는 물품의 상당인도가 된다. 문서는 전자문서가 될 수 있다.

Section 2:
Effects

VIII. – 2:201: Effects of the transfer of ownership

(1) At the time determined by Section 1, ownership passes within the limits of the transferor's right or authority to dispose, with effect between the parties and with effect against third persons.

(2) The transfer of ownership does not affect rights and obligations between the parties based on the terms of a contract or other juridical act, court order or rule of law, such as:

(a) a right resulting from the passing of risk;

(b) a right to withhold performance;

(c) a right to fruits or benefits, or an obligation to cover costs and charges; or

(d) a right to use or an obligation not to use or otherwise deal with the goods.

(3) The transfer of ownership does not affect rights of or against third parties under other rules of law, such as:

(a) any right of the transferor's creditors to treat the transfer as ineffective arising from the law of insolvency or similar provisions; or

(b) a right to claim reparation under Book VI (Non-contractual liability arising out of damage caused to another) from a third party damaging the goods.

(4) Where ownership has been transferred but the transferor still has a right to withhold delivery of the goods (paragraph (2)(b)), terminating the contractual relationship while exercising the right to withhold performance has retroactive proprietary effect in the sense of the following Article.

제2절
효과

VIII. – 2:201: 소유권 이전의 효과

(1) 제1절에 의해 결정된 때에, 소유권은 양도인의 처분할 수 있는 권리 또는 권한의 범위 내에서, 당사자 간의 효과 및 제3자에 대한 효과와 함께 이전된다.

(2) 소유권의 이전은 계약의 내용 또는 다른 법률행위, 법원의 명령 또는 법률에 근거한 다음과 같은 당사자 간의 권리 및 의무에는 영향을 미치지 아니한다:

(a) 위험의 이전으로부터 발생하는 권리;

(b) 이행을 보류할 수 있는 권리;

(c) 과실 또는 이익에 대한 권리, 또는 비용 및 대금을 지불할 의무; 또는

(d) 물품을 사용할 권리 또는 사용하지 않거나 달리 처리할 의무.

(3) 소유권의 이전은 다른 법률에 따른 다음과 같은 제3자의 또는 제3자에 대한 권리에는 영향을 미치지 아니한다:

(a) 도산법 또는 이와 유사한 규정에 따라 양도인의 채권자가 이전의 효력이 발생하지 않도록 하는 여하한 권리; 또는

(b) 물품을 손상시킨 제3자로부터 제6권(타인에게 가해진 손해로부터 발생하는 비계약적 책임)에 따른 배상을 청구할 권리.

(4) 소유권이 이전되었으나 양도인이 물품의 인도를 보류할 수 있는 권리를 여전히 갖고 있는 경우(제(2)항 제(b)호), 이행을 보류할 수 있는 권리를 행사하면서 계약관계를 종료하는 것은 차조次條의 의미에서 물적 소급효를 갖는다.

VIII. - 2:202: Effect of initial invalidity, subsequent avoidance, withdrawal, termination and revocation

(1) Where the underlying contract or other juridical act is invalid from the beginning, a transfer of ownership does not take place.

(2) Where, after ownership has been transferred, the underlying contractor other juridical act is avoided under Book II, Chapter 7, ownership is treated as never having passed to the transferee (retroactive proprietary effect).

(3) Where ownership must be re-transferred as a consequence of withdrawal in the sense of Book II, Chapter 5, or termination in the sense of Book III, Chapter 3, or revocation of a donation in the sense of Book IV. H, there is no retroactive proprietary effect nor is ownership re-transferred immediately. VIII. - 2:201 (Effects of the transfer of ownership)paragraph (4) remains unaffected.

(4) This Article does not affect any right to recover the goods based on other provisions of these model rules.

VIII. - 2:203: Transfer subject to condition

(1) Where the parties agreed on a transfer subject to a resolutive condition, ownership is re-transferred immediately upon the fulfilment of that condition, subject to the limits of the re-transferor's right or authority to dispose at that time. A retroactive proprietary effect of the re-transfer cannot be achieved by party agreement.

(2) Where the contract or other juridical act entitling to the transfer of ownership is subject to a suspensive condition, ownership passes when the condition is fulfilled.

VIII. - 2:202: 원시적 무효, 후발적 취소, 철회, 해제 및 증여해제의 효과

(1) 기초가 된 계약 또는 다른 법률행위가 처음부터 무효인 경우에는, 소유권의 이전은 발생하지 않는다.

(2) 소유권의 이전 이후, 제2권, 제7장에 따라 기초가 된 계약 또는 다른 법률행위가 취소된 경우, 소유권은 양수인에게 이전되지 않은 것으로 취급한다(물적 소급효).

(3) 제2권 제5장의 의미에서 철회, 또는 제3권 제3장의 의미에서 해제, 또는 제4권 제H편의 의미에서 증여를 해제한 결과로써 소유권이 재이전되어야 하는 경우에는, 물적 소급효가 없거나 소유권의 재이전이 즉시 되지 않는다. VIII. - 2:201(소유권 이전의 효과) 제(4)항은 영향을 받지 않는다.

(4) 본 조는 본 모범 규정들의 다른 조항들에 기하여 물품의 회복을 구할 여하한 권리에 영향을 미치지 아니한다.

VIII. - 2:203: 조건부 이전

(1) 당사자들이 해제조건부 이전에 합의한 경우, 소유권은 해당 조건이 성취된 때에 당시 재양도인이 처분할 수 있는 권리 또는 권한의 범위에서 즉시 재이전된다. 재이전의 물적 소급효는 당사자간 합의에 의해서 달성될 수 없다.

(2) 소유권 이전에 대한 권리를 부여하는 계약 또는 법률행위가 정지조건부인 경우, 소유권은 해당 조건이 성취된 때에 이전된다.

Section 3: Special constellations

VIII. – 2:301: Multiple transfers

(1) Where there are several purported transfers of the same goods by the transferor, ownership is acquired by the transferee who first fulfils all the requirements of Section 1 and, in the case of a later transferee, who neither knew nor could reasonably be expected to know of the earlier entitlement of the other transferee.

(2) A later transferee who first fulfils all the requirements of Section 1 but is not in good faith in the sense of paragraph (1) must restore the goods to the transferor. The transferor's entitlement to recovery of the goods from that transferee may also be exercised by the first transferee.

VIII. – 2:302: Indirect representation

(1) Where an agent acting under a mandate for indirect representation within the meaning of IV. D. – 1:102 (Definitions) acquires goods from a third party on behalf of the principal, the principal directly acquires the ownership of the goods (representation for acquisition).

(2) Where an agent acting under a mandate for indirect representation within the meaning of IV. D. – 1:102 (Definitions) transfers goods on behalf of the principal to a third party, the third party directly acquires the ownership of the goods (representation for alienation).

(3) The acquisition of ownership of the goods by the principal (paragraph(1)) or by the third party (paragraph (2)) takes place when:

(a) the agent has authority to transfer or receive the goods on behalf of the principal;

제3절
특수 관계

VIII. – 2:301: 이중양도

(1) 양도인에 의해 동일한 물품에 대한 다수의 의도된 이전이 있는 경우 제1절의 모든 요건을 가장 먼저 충족시킨 양수인에 의해 소유권이 취득되며, 전득자의 경우 다른 양수인의 선행하는 권리에 대하여 알지 못하였거나, 이를 알았을 것을 합리적으로 기대할 수 없는 전득자에 의해 소유권이 취득된다.

(2) 제1절의 모든 요건을 가장 먼저 충족하였으나 제(1)항의 의미에서 선의가 아닌전득자는 양도인에게 물품을 반환하여야만 한다. 해당 양수인으로부터의 물품의 반환에 대한 양도인의 권리는 최초 양수인에 의해서도 행사될 수 있다.

VIII. – 2:302: 간접대리

(1) IV. D. – 1:102(정의)의 의미 내에서 간접대리를 위한 위임에 따라 대리인이 본인을 위하여 제3자로부터 물품을 취득하는 경우, 본인은 해당 물품 소유권을 직접적으로 취득한다(취득을 위한 대리).

(2) IV. D. – 1:102(정의)의 의미 내에서 간접대리를 위한 위임에 따라 대리인이 본인을 위하여 물품을 제3자에게 이전한 경우, 제3자는 해당 물품 소유권을 직접적으로 취득한다(양도를 위한 대리).

(3) 본인에 의한 물품 소유권 취득(제(1)항) 또는 제3자에 의한 물품 소유권 취득(제(2)항)은 다음의 경우에 발생한다:

(a) 대리인이 본인을 위하여 물품을 이전하거나 수령할 권한이 있는 경우;

(b) there is an entitlement to transfer by virtue of a contract or other juridical act, a court order or a rule of law between the agent and the third party; and

(c) there has been an agreement as to the time ownership is to pass or delivery or an equivalent to delivery in the sense of VIII.－2:101(Requirements for the transfer of ownership in general) paragraph(1)(e) between the third party and the agent.

VIII.－2:303: Passing of ownership in case of direct delivery in a chain of transactions

Where there is a chain of contracts or other juridical acts, court orders or entitlements based on a rule of law for the transfer of ownership of the same goods and delivery or an equivalent to delivery is effected directly between two parties within this chain, ownership passes to the recipient with effect as if it had been transferred from each preceding member of the chain to the next.

VIII.－2:304: Passing of ownership of unsolicited goods

(1) If a business delivers unsolicited goods to a consumer, the consumer acquires ownership subject to the business's right or authority to transfer ownership. The consumer may reject the acquisition of ownership; for these purposes, II.－4:303 (Right or benefit may be rejected) applies by way of analogy.

(2) The exceptions provided for in II.－3:401 (No obligation arising from failure to respond) paragraphs (2) and (3) apply accordingly.

(3) For the purposes of this Article delivery occurs when the consumer obtains physical control over the goods.

VIII.－2:305: Transfer of goods forming part of a bulk

(1) For the purposes of this Chapter, "bulk" means a mass or mixture of fungible goods which is identified as contained in a defined space or area.

(b) 계약 또는 다른 법률행위, 법원의 명령 또는 법률에 의하여 대리인과 제3자 간에 이전할 권리가 있는 경우; 그리고

(c) VIII. – 2:101(소유권 이전을 위한 일반 요건) 제(1)항 제(e)호의 의미에서 소유권이 이전되는 또는 인도 또는 인도에 상당하는 시기에 대해 제3자와 대리인 간에 합의가 있은 경우.

VIII. – 2:303: 연쇄 거래에서 직접 인도가 이루어진 경우의 소유권 이전

동일한 물품에 대한 소유권의 이전에 관한 연쇄적 계약 또는 다른 법률행위, 법원의 명령 또는 법률에 근거한 권리가 있고, 인도 또는 상당인도가 연쇄적 계약 당사자 간에 직접적으로 효과가 발생한 경우, 소유권은 연쇄관계에 있는 각각의 전자에서 후자로 이전되는 것과 같은 효과로 수령인에게 이전된다.

VIII. – 2:304: 미청구물품에 관한 소유권 이전

(1) 소비자가 청구하지 않은 물품을 사업자가 인도한다면, 소비자는 소유권을 이전할 수 있는 사업자의 권리 또는 권한에 부수적인 소유권을 취득한다. 소비자는 소유권의 취득을 거절할 수 있다; 이러한 목적을 위하여, II. – 4:303(권리 또는 이익은 거절될 수 있음)를 유추하여 적용한다.

(2) II. – 3:401(응답하지 않은 경우 채무의 미발생) 제(2)항 및 제(3)항에 규정된 예외조항을 적용한다.

(3) 본 조의 목적상, 인도는 소비자가 물품에 대한 물리적 지배를 획득한 경우에 이루어진 것으로 본다.

Ⅷ. – 2:305: 집합물의 일부를 구성하는 물품의 이전

(1) 본 장의 목적 상, "집합물"이란 정해진 공간 또는 지역에 포함되어 있는 것으로 특정되는 대체 가능한 물품의 집합체 또는 혼합물을 의미한다.

(2) If the transfer of a specified quantity of an identified bulk fails to take effect because the goods have not yet been identified in the sense of VIII.－2:101 (Requirements for the transfer of ownership in general)paragraph (3), the transferee acquires co-ownership in the bulk.
(3) The undivided share of the transferee in the bulk at any time is such share as the quantity of goods to which the transferee is entitled out of the bulk as against the transferor bears to the quantity of the goods in the bulk at that time.
(4) Where the sum of the quantities to which the transferees are entitled as against the transferor and, if relevant, of the quantity of the transferor exceeds the total quantity contained in the bulk because the bulk has diminished, the diminution of the bulk is first attributed to the transferor, before being attributed to the transferees in proportion to their individual shares.
(5) Where the transferor purports to transfer more than the total quantity contained in the bulk, the quantity in excess of the total quantity of the bulk to which a transferee is entitled as against the transferor is reflected in the transferee's undivided share in the bulk only if the transferee, acquiring for value, neither knew nor could reasonably be expected to know of this excess. Where, as a result of such purported transfer of a quantity in excess of the bulk to a transferee in good faith and for value, the sum of the quantities to which the transferees are entitled as against the transferor exceeds the total quantity contained in the bulk, the lack of quantity is attributed to the transferees in proportion to their individual shares.

VIII.－2:306: Delivery out of the bulk

(1) Each transferee can take delivery of a quantity corresponding to the transferee's undivided share and acquires ownership of that quantity by taking delivery.

(2) Ⅷ. – 2:101(소유권 이전에 관한 일반요건) 제(3)항의 의미에서 물품이 아직 특정되지 않았기 때문에 특정된 집합물의 구체적 수량의 이전에 관한 효력이 발생하지 않는다면, 양수인은 집합물에 대한 공동소유권을 취득한다.

(3) 집합물에 대한 양수인의 미분할 지분은 항시 집합물에 있어서 당시 양도인이 가지고 있는 물품의 수량에 대하여 양수인이 집합물로부터 가지는 물품의 수량에 대한 권리와 같은 지분이다.

(4) 양도인에 대하여 양수인들이 권리를 갖는 수량과 관련이 있는 경우, 양도인이 가지는 수량의 합계가 집합물의 감소로 집합물에 포함되어 있는 총 수량을 초과하는 경우, 집합물의 감소는, 양수인들의 개별 지분 비율에 따라 양수인에게 할당되기 전에 우선 양도인에게 할당된다.

(5) 양도인이 집합물에 포함되어 있는 총 수량 이상을 이전하려고 의도한 경우, 유상으로 취득한 양수인이 당해 초과를 알지 못하였거나 알고 있었던 것으로 합리적으로 기대할 수 없는 경우에만, 양도인에 대하여 양수인이 권리를 갖는 총 집합물량의 초과수량은 양수인의 집합물에 있어 미분할 지분에 반영된다. 선의 및 유상으로 집합물에 대한 초과분을 양수인에게 이전할 것을 의도한 결과로써 양도인에 대하여 양수인이 권리를 갖는 수량의 합계가 집합물에 포함된 총 수량을 초과한 경우, 수량의 부족은 양수인들의 개별 지분 상 비율에 따라 양수인들에게 할당된다.

Ⅷ. – 2:306: 집합물로부터의 인도

(1) 각 양수인은 양수인의 미분할 지분에 상응하는 수량을 인수할 수 있으며 인수에 따라 해당 수량에 대한 소유권을 취득한다.

(2) Where the delivered quantity exceeds the quantity corresponding to the transferee's undivided share, the transferee acquires ownership of the excess quantity only if the transferee, acquiring for value, neither knew nor could reasonably be expected to know of possible negative consequences of this excess for the other transferees.

VIII. – 2:307: Contingent right of transferee under retention of ownership

Where the transferor retains ownership of the goods for the purposes of a "retention of ownership device" in the sense of IX. – 1:103 (Retention of ownership devices: scope), the transferee's right to pay the price under the terms of the contract and the transferee's right to acquire ownership upon payment have effect against the transferor's creditors.

Chapter 3: Good faith acquisition of ownership

VIII. – 3:101: Good faith acquisition through a person without right or authority to transfer ownership

(1) Where the person purporting to transfer the ownership (the transferor)has no right or authority to transfer ownership of the goods, the transferee nevertheless acquires and the former owner loses ownership provided that:

(a) the requirements set out in VIII. – 2:101 (Requirements for the transfer of ownership in general) paragraphs (1)(a), (1)(b),(1)(d), (2) and (3) are fulfilled;

(b) the requirement of delivery or an equivalent to delivery as set out in VIII. – 2:101 (Requirements for the transfer of ownership in general)paragraph (1)(e) is fulfilled;

(2) 인수한 수량이 양수인의 미분할 지분에 상응하는 수량을 초과하는 경우, 유상으로 취득한, 양수인이 다른 양수인들을 위한 당해 초과분에 관하여 발생 가능한 부정적 결과를 알지 못하였거나 알고 있었던 것으로 합리적으로 기대할 수 없는 경우에만 양수인은 그 초과분에 대한 소유권을 취득한다.

Ⅷ.－2:307: 소유권의 유보 하에서 양수인의 조건부 권리

양도인이 Ⅸ.－1:103(소유권 유보 방식: 범위)의 의미에서 "소유권 유보 방식"의 목적에 따라 물품의 소유권을 유보한 경우, 계약내용에 따른 양수인의 대금지급에 대한 권리 및 지급에 따른 소유권 취득에 대한 권리는 양도인의 채권자에 대하여 효력을 갖는다.

제3장
소유권의 선의취득

Ⅷ.－3:101: 소유권 이전에 대한 권리 또는 권한 없는 자를 통한 선의취득

(1) 소유권의 이전을 의도하는 자(양도인)가 물품 소유권 이전에 대한 권리 또는 권한을 가지지 않는 경우, 그럼에도 불구하고 다음의 경우 양수인은 소유권을 취득하며 이전 소유권자는 소유권을 상실한다:

(a) Ⅷ.－2:101(소유권 이전에 관한 일반요건) 제(1)항 제(a)호, 제(1)항 제(b)호 제(1)항 제(d)호, 제(2)항 및 제(3)항에서 정한 요건이 충족된 경우;

(b) Ⅷ.－2:101(소유권 이전에 관한 일반요건) 제(1)항 제(e)호에 정한 인도 또는 상당인도의 요건이 충족된 경우;

(c) the transferee acquires the goods for value; and

(d) the transferee neither knew nor could reasonably be expected to know that the transferor had no right or authority to transfer ownership of the goods at the time ownership would pass under VIII.-2:101 (Requirements for the transfer of ownership in general). The facts from which it follows that the transferee could not reasonably be expected to know of the transferor's lack of right or authority have to be proved by the transferee.

(2) Good faith acquisition in the sense of paragraph (1) does not take place with regard to stolen goods, unless the transferee acquired the goods from a transferor acting in the ordinary course of business. Good faith acquisition of stolen cultural objects in the sense of VIII.-4:102 (Cultural objects) is impossible.

(3) Where the transferee is already in possession of the goods, good faith acquisition will take place only if the transferee obtained possession from the transferor.

VIII.-3:102: Good faith acquisition of ownership free of limited proprietary rights

(1) Where the goods are encumbered with a limited proprietary right of a third person and the transferor has no right or authority to dispose of the goods free of the third person's right, the transferee nevertheless acquires ownership free of this right provided that:

(a) the transferee acquires ownership in a manner provided for in Chapter 2 or the preceding Article;

(b) the requirement of delivery or an equivalent to delivery as set out in VIII.-2:101 (Requirements for the transfer of ownership in general)paragraph (1)(e) is fulfilled;

(c) the transferee acquires the goods for value; and

(c) 양수인이 유상으로 물품을 취득한 경우; 그리고

(d) Ⅷ. – 2:101(소유권 이전에 관한 일반요건)에 따라 소유권이 이전되는 당시 양도인이 권리 또는 권한을 가지고 있지 않음을 양수인이 알지 못하였거나 알고 있었던 것으로 합리적으로 기대할 수 없는 경우. 양도인의 권리 또는 권한이 결여되었음을 양수인이 알고 있었던 것으로 합리적으로 기대할 수 없었다는 사실은 양수인이 입증하여야 한다.

(2) 일상적인 영업과정으로 행위 하는 양도인으로부터 물품을 취득한 양수인을 제외하고, 제(1)항에 따른 선의취득은 도품에 대하여 발생하지 않는다. Ⅷ. – 4:102(문화재) 상의 도난 된 문화재의 선의취득은 불가능하다.

(3) 양수인이 이미 물품을 점유하고 있는 경우, 양수인이 양도인으로부터 점유를 획득한 경우에만 선의취득이 발생한다.

Ⅷ. – 3:102: 제한물권이 없는 소유권의 선의취득

(1) 물품에 제3자의 제한물권이 설정되어 있고 양도인이 제3자의 권리 없는 물품의 처분에 대한 권리 또는 권한이 없는 경우, 그럼에도 불구하고 다음의 경우 양수인은 제한물권 없는 소유권을 취득한다:

(a) 양수인이 제3장 또는 전 항에 규정된 방식으로 소유권을 취득한 경우;

(b) Ⅷ. – 2:101(소유권 이전에 관한 일반요건) 제(1)항 제(e)호에 정한 인도 또는 상당인도의 요건이 충족된 경우;

(c) 양수인이 유상으로 물품을 취득한 경우; 그리고

(d) the transferee neither knew nor could reasonably be expected to know that the transferor had no right or authority to transfer ownership of the goods free of the third person's right at the time ownership passes. The facts from which it follows that the transferee could not reasonably be expected to know of the transferor's lack of right or authority have to be proved by the transferee.

(2) Paragraphs (2) and (3) of the preceding Article apply for the purposes of this Article.

(3) Where the goods are transferred by notice as provided for in VIII.–2:105 (Equivalents to delivery) paragraph (2), the notified person's limited proprietary rights in the goods are not extinguished.

(4) For the purposes of the application of this Article to proprietary security rights, IX.–6:102 (Loss of proprietary security due to good faith acquisition of ownership) paragraph (2) applies in addition to this Article.

Chapter 4: Acquisition of ownership by continuous possession

Section 1: Requirements for acquisition of ownership by continuous possession

VIII.–4:101: Basic rule

(1) An owner-possessor acquires ownership by continuous possession of goods:

(a) for a period of ten years, provided that the possessor, throughout the whole period, possesses in good faith; or

(d) 소유권이 이전되는 당시 양도인이 제3자의 권리가 없는 물품 소유권을 이전할 권리 또는 권한을 가지고 있지 않음을 양수인이 알지 못하였거나 알고 있었던 것으로 합리적으로 기대할 수 없는 경우. 양도인의 권리 또는 권한이 결여되었음을 양수인이 알고 있었던 것으로 합리적으로 기대할 수 없었다는 사실은 양수인이 입증하여야 한다.

(2) 본 조의 목적 상 전조의 제(2)항 및 제(3)항이 적용된다.

(3) Ⅷ. – 2:105(상당인도) 제(2)항 통지에 의하여 물품이 이전되는 경우, 통지 받은 자의 물품에 대한 제한물권은 소멸되지 않는다.

(4) 물적담보권에 대한 본 조의 적용 목적 상, Ⅸ. – 6:102(소유권의 선의취득으로 인한 물적담보의 소멸) 제(2)항이 본 조에 추가적으로 적용된다.

제4장
계속적인 점유에 의한 소유권 취득

제1절
계속적인 점유에 의한 소유권 취득을 위한 요건

VIII. – 4:101: 기본 규정

(1) 소유자–점유자는 다음 기간 동안 물품을 계속적으로 점유함으로써 소유권을 취득한다:

(a) 점유자가 십 년의 기간 동안 그 전체 기간 내내 선의로 점유하거나; 또는

(b) for a period of thirty years.

(2) For the purposes of paragraph (1)(a):

(a) a person possesses in good faith if, and only if, the person possesses in the belief of being the owner and is reasonably justified in that belief; and

(b) good faith of the possessor is presumed.

(3) Acquisition of ownership by continuous possession is excluded for person who obtained possession by stealing the goods.

VIII.–4:102: Cultural objects

(1) Under this Chapter, acquisition of ownership of goods qualifying as a "cultural object" in the sense of Article 1 (1) of Council Directive 93/7/EEC, regardless of whether the cultural object has been unlawfully removed before or after 1 January 1993, or not removed from the territory of a Member State at all, requires continuous possession of the goods:

(a) for a period of 30 years, provided that the possessor, throughout the whole period, possesses in good faith; or

(b) for a period of 50 years.

(2) Member States may adopt or maintain in force more stringent provisions to ensure a higher level of protection for the owner of cultural objects in the sense of this paragraph or in the sense of national or international regulations.

VIII.–4:103: Continuous possession

(1) Involuntary loss of possession does not exclude continuous possession for the purpose of VIII.–4:101 (Basic rule), provided that possession is recovered within one year or an action which leads to such recovery is instituted within one year.

(2) Where the owner-possessor is in possession of the goods at the beginning and at the end of the period there is a presumption of continuous possession for the whole period.

(b) 30년의 기간 동안.

(2) 제(1)항 제(a)호의 목적을 위해서:

(a) 자신이 소유자라는 믿음으로 점유하고 그 믿음에 합리적인 정당화 사유가 있는 자라면, 그리고 이러한 경우에만, 선의의 점유자이다; 그리고

(b) 점유자의 선의는 추정된다.

(3) 계속적인 점유에 의한 소유권 취득은 물품의 절도에 의해 점유를 획득한 자 에 대하여는 배제된다.

VIII. - 4:102: 문화재

(1) 본 장에서, Council Directive 93/7/EEC 제1조의 의미에서 "문화재"로서 자격을 갖는 물품에 대한 소유권 취득은, 1993년 1월 1일 전후에 불법적으로 반출되었는지 또는 회원국의 영역으로부터 전혀 반출되지 않았는지 여부와 상관없이, 다음의 기간 동안 물품의 계속적인 점유가 요구된다:

(a) 30년의 기간 동안, 점유자가, 그 전체 기간 내내, 선의로 점유한다면; 또는

(b) 50년의 기간 동안.

(2) 회원국들은 본 항의 의미에서 또는 국내 또는 국제 규율의 의미에서 문화재의 소유자를 위한 더 높은 수준의 보호를 위하여 더욱 엄격한 규정들을 채택하거나 또는 시행할 수 있다.

VIII. - 4:103: 계속적인 점유

(1) 본의 아닌 점유의 상실은 점유가 1년 이내에 회복되거나 또는 그러한 회복을 위한 조치가 1년 이내에 시작되었다면, VIII. - 4:101(기본 규정)의 목적상 계속적인 점유를 배제하지 아니한다.

(2) 소유자-점유자가 기간의 최초 및 최종에 물품을 점유하고 있은 경우 전체의 기간 동안 계속적인 점유를 한 것으로 추정한다.

Section 2:
Additional provisions as to the period required for acquisition of ownership

VIII. – 4:201: Extension in case of incapacity

(1) If an owner who is subject to an incapacity is without a representative when the period required for the acquisition of ownership by another by continuous possession would begin to run, the commencement of the period against that person is suspended until either the incapacity has ended or a representative has been appointed.

(2) If the running of the period has already begun before incapacity occurred, the period does not expire before one year has passed after either incapacity has ended or a representative has been appointed.

(3) The running of the period is suspended where the owner is a person subject to an incapacity and the owner-possessor is that person's representative, as long as this relationship lasts. The period does not expire before one year has passed after either the incapacity has ended or a new representative has been appointed.

VIII. – 4:202: Extension in case of impediment beyond owner's control

(1) The running of the period is suspended as long as the owner is prevented from exercising the right to recover the goods by an impediment which is beyond the owner's control and which the owner could not reasonably have been expected to avoid or overcome. The mere fact that the owner does not know where the goods are does not cause suspension under this Article.

(2) Paragraph (1) applies only if the impediment arises, or subsists, within the last six months of the period.

제2절
소유권 취득을 위해 요구되는 기간에 대한 추가 규정

VIII. – 4:201:권리능력 흠결의 경우 연장

(1) 다른 자가 계속적인 점유에 의해 소유권을 취득하기 위해 요구되는 기간의 진행이 시작하였을 때 권리능력이 흠결된 소유자가 대리인이 없다면, 그러한 자에 대한 기간의 기산은 그 권리능력의 흠결이 종료되거나 또는 대리인이 선임될 때까지 중단된다.
(2) 권리능력이 흠결되기 이전에 그 기간의 진행이 이미 시작되었다면, 기간은 그 권리능력의 흠결이 종료되거나 또는 대리인이 선임되고 난 후 일년이 경과하기 전에는 만료되지 않는다.
(3) 소유자가 권리능력이 흠결된 자이고 소유자–점유자가 그 자의 대리인인 경우 그러한 관계가 계속되는 한 기간의 진행은 중단된다. 기간은 그 권리능력의 흠결이 종료되거나 또는 새로운 대리인이 선임되고 난 후 일년이 경과하기 전에는 만료되지 않는다.

VIII. – 4:202: 소유자의 통제를 벗어난 장애의 경우 연장

(1) 소유자의 통제를 벗어나고 소유자가 회피하거나 극복할 것을 합리적으로 기대할 수 없었던 장애에 의하여 소유자가 물품의 회복을 구할 권리를 행사할 수 없는 동안 기간의 진행은 중단된다. 소유자가 물품의 행방을 알지 못한다는 단지 그 사실만으로는 본 조의 중단이 야기되지 않는다.
(2) 제(1)항은 기간의 마지막 6개월 동안 장애가 발생하거나 존속하는 경우에만 적용한다.

(3) Where the duration or nature of the impediment is such that it would be unreasonable to expect the owner to take proceedings to assert the right to recover the goods within the part of the period which has still to run after the suspension comes to an end, the period does not expire before six months have passed after the time when the impediment was removed.

VIII. – 4:203: Extension and renewal in case of judicial and other proceedings

(1) The running of the period is suspended from the time when judicial proceedings are begun against the owner-possessor or a person exercising physical control for the owner-possessor, by or on behalf of the owner, contesting the owner-possessor's ownership or possession. Suspension lasts until a decision has been made which has the effect of res judicata or until the case has otherwise been disposed of. Suspension has effect only in relation to the parties to the judicial proceedings and persons on whose behalf the parties act.

(2) Suspension under paragraph (1) is to be disregarded when the action is dismissed or otherwise unsuccessful. Where the action is dismissed because of incompetence of the court, the period does not expire before six months have passed from this decision.

(3) Where the action is successful, a new period begins to run from the day when the effect of res judicata occurs or the case has otherwise been disposed of in favour of the owner.

(4) These provisions apply, with appropriate adaptations, to arbitration proceedings and to all other proceedings initiated with the aim of obtaining an instrument which is enforceable as if it were a judgment.

(3) 장애의 지속기간 또는 성격상 중단이 종료된 이후에도 계속 진행 될 기간 내에 소유자가 물품의 회복을 주장하기 위한 절차를 취할 것을 기대하는 것이 불합리한 경우, 그 기간은 장애가 제거된 이후 6개월이 경과하기 전에는 종료하지 아니한다.

VIII.-4:203: 사법적 절차 또는 기타 절차의 경우 연장 및 갱신

(1) 소유자에 의해서 또는 소유자를 위하여, 시효기간의 진행은 소유자-점유자 또는 소유자-점유자를 위해 물리적 지배를 행사하고 있는 자에 대해 소유자-점유자의 소유권 또는 점유에 대해 이의를 제기하는 사법적 절차가 시작된 때로부터 중단된다. 중단은 기판력을 갖는 결정이 있는 때까지 또는 그 사건이 달리 처리된 때까지 계속된다. 중단은 사법적 절차의 당사자 및 당사자들이 대리한 자에 대해서만 효력이 있다.

(2) 제(1)항의 중단은 소송이 기각되거나 아니면 성공하지 못한 때에는 고려되지 아니한다. 관할권의 부재로 소송이 기각된 경우, 기간은 해당 결정으로부터 6개월이 경과하기 전에는 만료하지 아니한다.

(3) 소송을 성공한 경우 새로운 기간은 기판력이 발생하거나 아니면 사건이 소유자에게 유리하게 처리된 날로부터 진행하기 시작한다.

(4) 본 조항들은 중재 절차와 판결과 마찬가지로 집행할 수 있는 문서를 획득하기 위한 목적으로 개시된 다른 모든 절차에 준용한다.

VIII. – 4:204: Postponement of expiry in case of negotiations

If the owner and the owner-possessor or a person exercising physical control for the owner-possessor negotiate about the right of ownership, or about circumstances from which acquisition of ownership by the owner possessor may arise, the period does not expire before six months have passed since the last communication made in the negotiations.

VIII. – 4:205: Ending of period in case of acknowledgement

The period ends when the owner-possessor, or a person exercising physical control for the owner-possessor, acknowledges the owner's right to the goods. A new period begins to run when the former owner-possessor continues to exercise direct or indirect physical control with the intention of doing so as, or as if, an owner.

VIII. – 4:206: Period of a predecessor to be taken into account

(1) Where one person succeeds another in owner-possession and the requirements set out in this Chapter are fulfilled cumulatively by the predecessor and the successor in possession, the period of the predecessor is taken into account in favour of the successor.

(2) A successor in good faith may take into account the period of a predecessor in bad faith only for acquisition under VIII. – 4:101 (Basic rule)paragraph (1)(b).

Section 3: Effects of acquisition of ownership by continuous possession

VIII. – 4:301: Acquisition of ownership

(1) Upon expiry of the period required for the acquisition of ownership by continuous possession the original owner loses and the owner-possessor acquires ownership.

VIII. – 4:204: 협상의 경우 만료의 연기

소유권에 대하여 또는 소유자 – 점유자에 의해 소유권의 취득이 발생할 수 있는 상황에 대하여 소유자와 소유자 – 점유자가 또는 소유자와 소유자 – 점유자를 위해 물리적 지배를 행사하고 있는 자가 협상하는 경우, 기간은 협상에서 최종의 통신이 있은 때로부터 6개월이 경과하기 전에는 만료하지 아니한다.

Ⅷ. – 4:205: 승인 시 기간의 종료

기간은 소유자 – 점유자, 또는 소유자 – 점유자를 위하여 물리적 지배를 행사하고 있는 자가 물품에 대한 소유자의 권리를 승인한 때 종료된다. 새로운 기간은 이전 소유자 – 점유자가 소유자로서 또는 마치 소유자와 같이 행위 할 의도를 가지고 직접적 또는 간접적인 물리적 지배의 행사를 계속할 때 진행하기 시작한다.

Ⅷ. – 4:206: 전임자의 기간에 대한 고려

(1) 여하한 자가 다른 자로부터 소유자 – 점유(owner-possession)에 대하여 지위를 승계 받고 본 장에서 정한 요건이 점유에 있어서의 전임자와 승계인에 의하여 점차적으로 충족된 경우, 전임자의 기간은 승계인을 위한 기간으로 고려된다.

(2) 오직 VIII. – 4:101(기본 규정) 제(1)항 제(b)호에 따른 취득을 위하여 선의의 승계인은 악의의 전임자의 기간을 고려할 수 있다.

제3절
계속적인 점유에 의한 소유권 취득의 효과

Ⅷ. – 4:301: 소유권의 취득

(1) 계속 점유에 의한 소유권 취득에 요구되는 기간이 만료됨에 따라 본래의 소유자는 소유권을 상실하고 소유권자 – 점유자는 소유권을 취득한다.

(2) When the owner-possessor knows or can reasonably be expected to know that the goods are encumbered with a limited proprietary right of a third person, this right continues to exist as long as this right is not itself extinguished by expiry of the respective period, or a period of 30years (VIII. – 4:101 (Basic rule) paragraph (1)(b)) or 50 years (VIII. – 4:102 (Cultural objects) paragraph (1)(b)) has passed.

VIII. – 4:302: Extinction of rights under rules on unjustified enrichment and non-contractual liability for damage

Upon acquisition of ownership, the original owner loses all rights to recover the goods and all rights to payment of the monetary value of the goods or for any future use of the goods under the provisions on unjustified enrichment (Book VII) and non-contractual liability for damage (Book VI).

Chapter 5: Production, combination and commingling

Section 1: General provisions

VIII. – 5:101: Party autonomy and relation to other provisions

(1) The consequences of production, combination or commingling can be regulated by party agreement. The provisions of Section 2 apply where production, combination or commingling takes place:

(a) without the consent of the owner of the material; or

(2) 소유자-점유자가 물품에 제3자의 제한물권이 설정되어 있음을 알거나 알고 있는 것으로 합리적으로 기대할 수 있는 경우, 각 해당 기간의 만료, 또는 30년(Ⅷ.-4:101 (기본 규정) 제(1)항 제(b)호) 또는 50년(Ⅷ.-4:102 (문화재) 제(1)항 제(b)호)이 도과하여 해당 제한물권 자체가 소멸되지 않는 한 이 권리는 계속하여 존속한다.

Ⅷ.-4:302: 부당이득 및 손해에 대한 비계약적 책임 규정에 따른 권리의 소멸

소유권의 취득에 따라, 본래의 소유자는 물품의 회복에 대한 모든 권리 및 물품의 금전적 가치 지급에 대한 또는 부당이득(제7권) 및 손해에 대한 비계약적 책임(제6권) 규정에 따른 물품의 여하한 장래의 사용에 관한 모든 권리를 상실한다.

제5장

생산, 결합 및 혼합

제1절 일반 규정

Ⅷ.-5:101: 사적 자치 및 다른 규정과의 관계

(1) 생산, 결합 또는 혼합의 결과는 당사자 간의 합의에 의하여 정할 수 있다. 제2절의 규정은 생산, 결합 또는 혼합이 다음과 같이 발생한 경우에 적용된다:

(a) 재료 소유자의 동의가 없는 경우; 또는

(b) with the consent of the owner of the material, but without a party agreement as to the proprietary consequences.

(2) An agreement in the sense of paragraph (1) may provide for:

(a) proprietary rights as recognised by this Book; and

(b) a right to payment or other performance.

(3) The effects of production, combination and commingling as to goods subject to a retention of ownership device are regulated by Book IX.

(4) Proprietary security rights created under Section 2 of this Chapter are subject to the provisions on proprietary security rights in Book IX, unless provided otherwise in Section 2. Proprietary security rights created by a party agreement under paragraph (1) are subject to the provisions on proprietary security rights in Book IX except as provided otherwise by VIII.–5:204 (Additional provisions as to proprietary security rights)paragraph (3).

(5) This Chapter does not affect the applicability of the rules on non-contractual liability for damage (Book VI). The rules on benevolent intervention in another's affairs (Book V) have priority over the provisions of this Chapter.

Section 2: Default rules and supplementary provisions

VIII.–5:201: Production

(1) Where one person, by contributing labour, produces new goods out of material owned by another person, the producer becomes owner of the new goods and the owner of the material is entitled, against the producer, to payment equal to the value of the material at the moment of production, secured by a proprietary security right in the new goods.

(b) 재료 소유자가 동의하였으나, 물적 효과에 관한 당사자 간의 합의가 없는 경우.

(2) 제(1)항의 의미에서 합의는 다음을 정할 수 있다:

(a) 본 권에 의하여 인정되는 물권; 그리고

(b) 지급 또는 기타 이행에 관한 권리.

(3) 소유권 유보 방식의 대상이 되는 물품에 관한 생산, 결합 및 혼합의 효과는 제9권에서 정한다.

(4) 본 장의 제2절에 따른 물적 담보권은, 제2절에 달리 규정되지 않는 한 제9권의 물적 담보권에 관한 규정의 적용대상이 된다. 제(1)항에 따라 당사자의 합의에 의하여 설정된 물적 담보권은 Ⅷ. – 5:204(물적담보권에 대한 추가규정) 제(3)조에 의하여 달리 규정된 경우를 제외하고 제9권의 물적담보에 관한 규정의 적용대상이 된다.

(5) 본 장은 손해에 대한 비계약적 책임(제6권)에 대한 규정의 적용에 영향을 미치지 않는다. 사무관리(제5권)에 관한 규정은 본 장의 규정에 우선한다.

제2절 불이행 규정 및 보충 조항

Ⅷ. – 5:201: 생산

(1) 여하한 자가 노무의 제공을 통하여 다른 자가 소유한 재료로부터 새로운 물품을 생산한 경우 생산자가 새로운 물품의 소유자가 되며, 재료의 소유자는 생산자에 대하여 새로운 물품에서 물적담보권에 의하여 담보된 생산 당시 재료 가치에 상당한 지급을 받을 권리를 가진다.

(2) Paragraph (1) does not apply where:

(a) the labour contribution is of minor importance; or

(b) the producer knows that the material is owned by another person and that the owner of the material does not consent to the production, unless the value of the labour is much higher than the value of the material.

(3) In the cases covered by paragraph (2) and in cases where no new goods are produced, ownership remains with the owner of the material or, where there is more than one such owner, the attribution of ownership is determined by application of VIII.-5:202 (Commingling) or VIII.-5:203 (Combination). The person contributing labour is entitled to the reversal of any enrichment subject to the provisions of Book VII .For the purposes of this paragraph, VII.-2:101 (Circumstances in which an enrichment is unjustified) paragraph (1)(b) does not exclude the entitlement of a person contributing labour to a reversal of the enrichment.

VIII. -5:202: Commingling

(1) Where goods owned by different persons are commingled in the sense that it is impossible or economically unreasonable to separate the resulting mass or mixture into its original constituents, but it is possible and economically reasonable to separate the mass or mixture into proportionate quantities, these persons become co-owners of the resulting mass or mixture, each for a share proportionate to the value of the respective part at the moment of commingling.

(2) Each co-owner can separate a quantity equivalent to that co-owner's undivided share out of the mass or mixture.

VIII. -5:203: Combination

(1) This Article applies where goods owned by different persons are combined in the sense that separation would be impossible or economically unreasonable.

(2) 제(1)항은 다음의 경우에 적용되지 않는다:

(a) 노무의 제공이 비교적 중요한 역할을 하지 않은 경우; 또는

(b) 다른 자가 재료를 소유하고 있는 사실과 재료의 소유자가 생산에 동의하지 않았음을 생산자가 알았던 경우. 단, 노무의 가치가 재료의 가치를 상회하는 경우는 제외한다.

(3) 제(2)항이 적용되는 경우와 새로운 물품이 생산되지 않은 경우, 재료의 소유자가 소유권을 계속 유지한다. 또한 소유자가 수인인 경우, 소유권의 귀속은 Ⅷ. - 5:202(혼합) 또는 Ⅷ. - 5:203(결합)의 적용을 통하여 정해진다. 노무를 제공한 자는 제7권 규정의 대상이 되는 여하한 이득의 반환에 대한 권리가 있다. 본 항의 목적상, Ⅶ. - 2:101(이득이 부당한 경우) 제(1)조 제(b)호는 이득의 반환에 대하여 노무를 제공한 자의 권리를 배제하지 않는다.

Ⅷ. - 5:202: 혼합

(1) 집합체 및 혼합물을 원래의 구성물로 분리하는 것이 불가능하거나 경제적으로 비합리적인 상태로 다른 자들이 소유한 물품들이 혼합되어 있는 경우, 하지만 비율에 따라 집합물 또는 혼합물을 양적으로 나누는 것이 가능하고 경제적으로 합리적인 상태로 물품들이 혼합되어 있는 경우, 이들은 혼합 시 각 부분의 가치에 비례하는 지분에 따라 각각 집합체 및 혼합물의 공동소유자가 된다.

(2) 각 공동소유자는 집합체 및 혼합물에 대한 공동소유자의 미분할지분을 동일한 수량으로 나눌 수 있다.

Ⅷ. - 5:203: 결합

(1) 본 조는 분리가 불가능하거나 경제적으로 비합리적인 상태로 다른 자들이 소유한 물품들이 결합되어 있는 경우에 적용된다.

(2) Where one of the component parts is to be regarded as the principal part, the owner of that part acquires sole ownership of the whole, and the owner or the owners of the subordinate parts are entitled, against the sole owner, to payment subject to sentence 2, secured by a proprietary security right in the combined goods. The amount due under sentence 1 is calculated according to the rules on unjustified enrichment (Book VII); or, where the owner of the principal part effects the combination, is equal to the value of the respective subordinate part at the moment of combination.
(3) Where none of the component parts is to be regarded as the principal part, the owners of the component parts become co-owners of the whole, each for a share proportionate to the value of the respective part at the moment of combination. If, in the case of more than two component parts, one component part is of minimal importance in relation to other parts, the owner of this part is entitled, against the co-owners, only to payment proportionate to the value of the respective part at the moment of combination, secured by a proprietary security right in the combined goods.
(4) Paragraph (2) does not apply where the person who owns the principal part effects the combination, knowing that a subordinate part is owned by another person and that the owner of the subordinate part does not consent to combination, unless the value of the principal part is much higher than the value of the subordinate part. The owners of the component parts become co-owners, the shares of the owners of subordinate parts being equal to the value of their respective parts at the moment of combination.

VIII. - 5:204: Additional provisions as to proprietary security rights

(1) A proprietary security right created under the preceding Articles on production and combination is effective against third persons without requiring possession by, or registration of, the former owner of the material or of the component part.

(2) 구성 부분 중 하나가 주된 부분으로 여겨지는 경우 당해 부분의 소유자는 단독으로 전체에 대한 소유권을 취득하며, 종된 부분의 소유자 또는 소유자들은 단독 소유자에 대하여 결합된 물품에 있어서 물적담보권에 의하여 담보된, 제2문에 따른 지급에 대한 권리를 가진다. 제1문에 따른 지불액은 부당이득 규정(제7권)에 따라 정해지거나; 또는 주된 부분의 소유자가 결합을 발생시킨 경우, 지불액은 결합 시 각각의 종된 부분의 가치와 동일하다.

(3) 구성 부분 중 어느 것도 주된 부분으로 여겨지지 않는 경우, 구성 부분의 소유자들은 결합 시 각 부분의 가치에 비례하는 지분에 따라 전체에 대한 공동소유자가 된다. 두 개 보다 많은 구성부분이 있는 경우, 한 구성 부분이 다른 구성부분들에 대하여 상대적으로 중요성이 미미하다면, 당해 구성 부분의 소유자는 공동소유자에 대하여 단지 결합 시 각 부분의 가치에 비례하는 지분에 따른 결합된 물품에 있어서 물적담보권에 의하여 담보된 지급에 대한 권리만을 가진다.

(4) 주된 부분을 소유한 자가 종된 부분을 다른 자가 소유하고 있다는 사실과 종된 부분의 소유자가 결합에 동의하지 않았다는 사실을 알면서 결합을 발생시킨 경우, 주된 부분의 가치가 종된 부분의 가치를 상회하지 않는다면, 제(2)항은 적용되지 않는다. 결합 시 종된 부분의 소유자의 각 부분의 가치와 동일한 지분으로, 구성 부분의 소유자는 공동소유자가 된다.

Ⅷ. – 5:204: 물적담보권에 대한 추가 조항

(1) 생산과 결합에 대하여 전조에 따라 설정된 물적 담보권은 재료 또는 구성 부분의 이전 소유자에 의한, 점유나 등록을 요구함 없이 제3자에 대하여 효력이 있다.

(2) If the proprietary security right in the new or combined goods is extinguished by a third party's good faith acquisition (Chapter 3), the security right extends to the proceeds of the sale. Paragraph (1) applies accordingly.
(3) A proprietary security right created under the preceding Articles on production and combination takes priority over any other security right which has previously been created, by the producer or by the owner of the principal part, in the new or combined goods. The same applies to equivalent security rights created by agreement between the former owner of the material and the producer, or between the former owner of the subordinate part and the owner of the principal part.

Chapter 6:
Protection of ownership and protection of possession

Section 1:
Protection of ownership

VIII. – 6:101: Protection of ownership

(1) The owner is entitled to obtain or recover possession of the goods from any person exercising physical control over these goods, unless this person has a right to possess the goods in the sense of VIII. – 1:207(Possession by limited-right-possessor) in relation to the owner.
(2) Where another person interferes with the owner's rights as owner or where such interference is imminent, the owner is entitled to a declaration of ownership and to a protection order.
(3) A protection order is an order which, as the circumstances may require:

(2) 새로운 또는 결합된 물품에 대한 물적 담보권이 다른 자에 의한 선의취득에 의하여 소멸된다면(제3장), 담보권은 매매의 대위물에까지 확대된다. 제(1)항이 이에 따라 적용된다.

(3) 생산과 결합에 대한 전조에 따라 설정된 물적 담보권은, 새로운 또는 결합된 물품에서, 생산자 또는 주된 부분의 소유자에 의하여, 이전에 생성된 여하한 다른 담보권에 우선한다. 재료의 이전 소유자와 생산자, 또는 종된 부분의 이전 소유자와 주된 부분의 소유자 간의 합의에 의하여 설정된 유사 담보권에 대하여도 동일하게 적용된다.

제6장
소유권 및 점유의 보호

제1절
소유권의 보호

Ⅷ. – 6:101: 소유권의 보호

(1) Ⅷ. – 1:207(제한 – 권리 – 점유자에 의한 점유)의 의미에서 소유자에 대하여 물품의 점유에 대한 권리를 가진 자를 제외하고, 소유자는 물품에 대한 물리적 지배를 행사하고 있는 여하한 자로부터 물품의 점유를 획득 또는 회복할 권리를 가진다.

(2) 다른 자가 소유자로서의 소유자의 권리를 방해하는 경우 또는 이러한 방해가 급박한 경우, 소유자는 소유권의 선언 및 보호명령에 대한 권리를 가진다.

(3) 보호명령은, 상황이 요구함에 따라, 다음에 관한 명령이다:

(a) prohibits imminent future interference;

(b) orders the cessation of existing interference;

(c) orders the removal of traces of past interference.

VIII.–6:102: Recovery of goods after transfer based on invalid or avoided contract or other juridical act

(1) Where goods are or have been transferred based on a contract or other juridical act which is invalid or avoided, the transferor may exercise the right of recovery under paragraph (1) of the preceding Article in order to recover physical control of the goods.
(2) Where the obligation of the transferee to restore the goods to the transferor, after a transfer based on an invalid or avoided contract or other juridical act, is one of two reciprocal obligations which have to be performed simultaneously, the transferee may, in accordance with III.–3:401 (Right to withhold performance of reciprocal obligation), withhold performance of the obligation to restore the goods until the transferor has tendered performance of, or has performed, the transferor's reciprocal obligation.
(3) The preceding paragraphs also apply where the transfer was based on a contract or other juridical act subject to a resolutive condition in the sense of VIII.–2:203 (Transfer subject to condition) paragraph (1) and this condition is fulfilled.

Section 2: Protection of mere possession

VIII.–6:201: Definition of unlawful dispossession and interference

A person depriving the possessor of possession or interfering with that possession acts "unlawfully" under this Section if the person acts without the consent of the possessor and the dispossession or interference is not permitted by law.

(a) 급박한 장래의 방해에 대한 금지;

(b) 현존하는 방해의 중지에 대한 명령;

(c) 과거 방해의 잔재를 제거할 것에 대한 명령.

Ⅷ. – 6:102: 무효나 취소된 계약 또는 기타 법률행위에 기한 이전 이후 물품의 회복

(1) 무효나 취소된 계약 또는 기타 법률행위에 의해 물품의 이전이 이루어지거나 이루어진 경우, 물품의 물리적 지배를 회복하기 위하여 양도인은 전조의 제(1)항에 따른 회복에 대한 권리를 행사할 수 있다.

(2) 무효나 취소된 계약 또는 기타 법률행위에 의해 이전이 이루어진 이후 양도인에게 물품을 반환해야 하는 양수인의 의무가 반드시 동시에 이행되어야 할 쌍무적인 의무 중 하나일 경우, 양도인이 자신의 의무의 이행을 제공하거나, 이행할 때까지 양수인은 III. – 3:401(쌍무적 채무의 이행을 보류할 수 있는 권리)에 따라 물품반환의무의 이행을 보류할 수 있다.

(3) VIII. 2:203(조건부이전) 제(1)항의 의미에서 해제조건에 따른 계약 또는 기타 법률행위에 따른 이전이 있고 이 조건이 충족되는 경우에도 전 항이 적용된다.

제2절
단순점유의 보호

Ⅷ. – 6:201: 불법적인 탈취 및 방해의 정의

점유자의 점유를 박탈하거나 점유를 방해하는 자가 점유자의 동의 없이 행위를 하며 탈취 또는 방해가 법으로 허용되지 않는다면, 그 자는 본 절에서 불법적으로 행위를 하는 것이다.

VIII. – 6:202: Self-help of possessor

(1) A possessor or a third person may resort to self-help against another person who unlawfully deprives the possessor of possession of the goods, or who otherwise unlawfully interferes with that possession, or whose act of unlawful dispossession or interference is imminent.

(2) The means of self-help are limited to such immediate and proportionate action as is necessary to regain the goods or to stop or prevent the dispossession or interference.

(3) Under the restrictions of paragraphs (1) and (2) self-help may also be directed against an indirect owner-possessor who unlawfully deprives the limited-right-possessor of possession or interferes with that possession in violation of the specific legal relationship between owner possessor and limited-right-possessor. This rule applies equally to an indirect limited-right-possessor who unlawfully deprives the other limited-right-possessor of possession or interferes with that possession.

(4) Where a person in the exercise of a right of self-help conferred by this Article causes legally relevant damage to the person depriving the possessor of possession or interfering with that possession, VI. – 5:202(Self-defence, benevolent intervention and necessity) applies.

VIII. – 6:203: Entitlement to recover as protection of mere possession

(1) Where another person unlawfully deprives an owner-possessor or a limited-right-possessor of possession, the possessor is, within the period of one year, entitled to recover the goods, irrespective of who has the right or better position in terms of VIII. – 6:301 (Entitlement to recover in case of better possession) to possess the goods. The period of one year starts to run at the time of dispossession.

(2) The right to recover may also be directed against an indirect owner-possessor who unlawfully deprives the limited-right-possessor of possession in violation of the specific legal relationship between them. This rule applies equally to an indirect limited-right-possessor who unlawfully deprives the other limited-right-possessor of possession.

Ⅷ. -6:202: 점유자의 자력구제

(1) 물품에 대한 점유자의 점유를 불법적으로 박탈하거나, 또는 달리 불법적으로 그 점유를 방해하는 다른 자에 대하여, 또는 다른 자의 불법적인 탈취 또는 방해가 급박한 경우, 그 자에 대하여 점유자 또는 제3자는 자력구제를 행사할 수 있다.

(2) 자력구제의 수단은 물품을 회수하거나, 탈취 또는 방해를 중단 또는 예방하기 위하여 필요한 즉각적이고 비례적인 행위로 제한된다.

(3) 제(1)항 및 제(2)항의 제한에 따라, 제한-권리-점유자의 점유를 불법적으로 박탈하거나 소유자-점유자와 제한-권리-점유자 간 특정한 법률관계를 위반하여 제한-권리-점유자의 점유를 방해하는 간접적인 소유자-점유자에 대하여 자력구제가 또한 행하여 진다. 본 규정은 불법적으로 다른 제한-권리-점유자의 점유를 박탈하거나 그 점유를 방해한 간접적인 제한-권리-점유자에게도 동일하게 적용된다.

(4) 본 조에 의하여 부여된 자력구제권을 행사한 자가 물품의 점유자의 점유를 박탈하거나 그 점유를 방해하는 자에 대하여 합법적으로 관련된 손해를 발생시킨 경우, Ⅵ. -5:202(정당방위, 사무관리 및 긴급피난)이 적용된다.

Ⅷ. -6:203: 단순한 점유의 보호로서 회복할 권리

(1) 소유자-점유자 또는 제한-권리-점유자가 다른 자로부터 점유를 불법적으로 박탈당하는 경우, 점유자는, VIII. -6:301(우월한 점유의 경우 회복할 권리)의 내용에 따라 누가 물품을 점유할 권리를 갖는지 또는 우월한 지위에 있는 지와 무관하게, 1년의 기간 이내에 물품을 회복할 권리를 갖는다. 1년의 기간은 탈취를 당한 때로부터 진행하기 시작한다.

(2) 회복할 권리는 그들 간의 특정 법률관계를 위반하여 제한-권리-점유자로부터 점유를 불법적으로 박탈한 간접 소유자-점유자에 대하여 행사할 수 있다. 본 규정은 다른 제한-권리-점유자로부터 점유를 불법적으로 박탈한 간접적 제한-권리-점유자에게도 똑같이 적용한다.

(3) The right to recover is excluded if the person seeking to exercise it unlawfully deprived the other person of possession within the last year.
(4) Where the other person in the sense of paragraph (1) invokes an alleged right or better position in terms of VIII.－6:301 (Entitlement to recover in case of better possession) to possess the goods as a defence or counter-claim, the obligation to return the goods according to paragraph(1) may be replaced by an obligation to hand the goods over to the court or other competent public authority, or to a third person pursuant to an order of the competent authority.

VIII.－6:204: Entitlement to protection order to protect mere possession

(1) Where another person unlawfully interferes with the possession of goods or such interference or an unlawful dispossession is imminent, the owner-possessor or the limited-right-possessor is, within the period of one year, entitled to a protection order under VIII.－6:101 (Protection of ownership) paragraph (3), irrespective of who has the right or better position in terms of VIII.－6:301 (Entitlement to recover in case of better possession) to possess, use or otherwise deal with the goods. The period of one year starts to run from the time when the interference began or, in cases of repeated interferences, from the time when the last interference began.
(2) The protection order may also be directed against an indirect owner-possessor who unlawfully interferes with the possession of a limited-right-possessor in violation of the specific legal relationship between them. This rule applies equally to an indirect limited-right-possessor who unlawfully interferes with the possession of a subsidiary limited-right-possessor in violation of the specific legal relationship between them.
(3) Where the other person in the sense of paragraph (1) invokes an alleged right or better position to possess, use or otherwise deal with the goods as a defence or counter-claim, the court order may be suspended until, or replaced by, a decision on the existence of such alleged right or better position.

(3) 권리를 행사하려는 자가 지난 1년 내 다른 자의 점유를 불법하게 박탈하였다면 회복할 권리는 배제된다.

(4) 제(1)항의 의미에서 다른 자가 III. -6:301(우월한 점유의 경우 회복할 권리)의 내용에 따른 물품의 점유에 대한 주장된 권리 또는 우월한 지위를 항변 또는 반대 주장으로 원용하는 경우, 제(1)항에 따른 물품을 반환할 의무는 법원 또는 다른 관할 공공 기관에, 또는 관할 기관의 명령에 따라 제3자에게 물품을 인도할 의무로 교체될 수 있다.

Ⅷ. -6:204: 단순 점유 보호 명령에 대한 권리

(1) 다른 자가 불법적으로 물품의 점유를 방해하거나 또는 그러한 방해 또는 불법 탈취가 급박한 경우, 소유자-점유자 또는 제한-권리-점유자는 VIII. -6:301(우월한 점유의 경우 회복할 권리)의 내용에 따라 누가 물품을 점유, 사용 또는 달리 이를 처리할 권리를 갖는지 또는 우월한 지위에 있는 지와 무관하게, 1년의 기간 이내에 VIII. -6:101(소유권의 보호) 제(3)항의 보호 명령에 대한 권리를 갖는다. 1년의 기간은 방해가 시작되거나 또는 반복적인 방해의 경우에는, 가장 마지막으로 방해가 시작된 때로부터 진행하기 시작한다.

(2) 간접적 소유-점유자와 제한-권리-점유자 간의 특정 법률관계를 위반하여 제한-권리-점유자의 점유를 불법적으로 방해한 간접적 소유자-점유자에게 또한 보호명령을 내릴 수 있다. 본 규정은 간접적 제한-권리-점유자와 보조적 제한-권리-점유자 간의 특정 법률관계를 위반하여 보조적 제한-권리-점유자의 점유를 불법적으로 방해한 간접적 제한-권리-점유자에게도 똑같이 적용한다.

(3) 제(1)항의 의미에서 다른 자가 주장된 권리를 또는 물품을 점유, 사용 또는 달리 취급할 수 있는 우월한 지위를 항변 또는 반대주장으로 원용하는 경우, 법원명령은 그러한 주장된 권리 또는 우월한 지위의 존재에 관한 결정이 있기까지 중단되거나 또는 그러한 결정으로 교체될 수 있다.

Section 3: Protection of better possession

VIII. - 6:301: Entitlement to recover in case of better possession

(1) A former owner-possessor or former limited-right possessor is entitled to recover possession of the goods from another person exercising physical control over them if the former possession was "better" than the current possession of the other person in the sense of paragraph(2).

(2) The former possession is "better" than the current possession if the former possessor is in good faith and has a right to possess, while the other person has no right to possess, the goods. Where both persons are in good faith and have a right to possess the goods, the right derived from the owner prevails over a right derived from an owner-possessor who is not the owner; if this does not apply, the older rightful possession prevails. Where both persons are in good faith, but neither has a right to possess the goods, the current possession prevails.

VIII. - 6:302: Entitlement to protection order in case of better possession

Where another person interferes with the possession, or such interference or a dispossession is imminent, the owner-possessor or the limited-right possessor who is in good faith is entitled to a protection order under VIII. - 6:101 (Protection of ownership) paragraph (3), unless the other person would, in case of dispossession, have a better possession in the sense of VIII. - 6:301 (Entitlement to recover in case of better possession) paragraph(2), or the third person has a better right to use or otherwise deal with the goods than the owner-possessor or limited-right-possessor.

제3절
우월한 점유의 보호

Ⅷ. – 6:301: 우월한 점유의 경우 회복할 권리

(1) 제(2)항의 의미에서 다른 자의 현재 점유보다 이전 점유가 "우월"하다면 종전의 소유자–점유자 또는 종전 제한–권리–점유자는 물품에 대한 물리적 지배를 행사하고 있는 다른 자로부터 물품의 점유를 회복할 권리를 갖는다.

(2) 이전 점유자가 선의이고 물품을 점유할 권리를 가진 반면에, 다른 자는 물품을 점유할 권리를 갖고 있지 않다면 이전 점유는 현재 점유보다 "우월"하다. 양자가 모두 선의이고 물품을 점유할 권리를 가지고 있는 경우, 소유자로부터 연유한 권리가 소유자가 아닌 소유자–점유자로부터 연유한 권리보다 우선한다; 이것이 적용되지 않는다면, 더 오래된 적법한 점유가 우선한다. 양자가 선의이나, 양자 모두 물품을 점유할 권리가 없는 경우, 현재 점유가 우선한다.

Ⅷ. – 6:302: 우월한 점유의 경우 보호명령에 대한 권리

다른 자가 점유를 방해하거나, 또는 그러한 방해 또는 탈취가 급박한 경우, 선의의 소유자–점유자 또는 제한–권리–점유자는 VIII. – 6:101(소유권의 보호) 제(3)항의 보호 명령에 대한 권리를 갖는다. 다만 다른 자가, 탈취의 경우에, VIII. – 6:301(우월한 점유의 경우 회복할 권리) 제(2)항의 의미에서 우월한 점유를 갖고 있거나 또는 제3자가 소유자–점유자 또는 제한–권리–점유자보다 물품을 사용하거나 아니면 물품을 취급하는데 있어 우월한 권리를 갖고 있지 않아야 한다.

Section 4: Other remedies

VIII. – 6:401: Non-contractual liability

The owner and the limited-right-possessor are entitled to reparation for an infringement of their right of ownership or their right to possess the goods under the terms of VI. – 2:206 (Loss upon infringement of property or lawful possession).

Chapter 7: Consequential questions on restitution of goods

VIII. – 7:101: Scope

(1) This Chapter applies where the situations covered by the subsequent Articles occur while the goods are possessed by a person against whom, at that time, the owner is entitled to obtain or recover possession of the goods.
(2) Where the requirements for the application of Book V are fulfilled, the provisions of that Book apply and have priority over the provisions of this Chapter.
(3) The provisions of Chapter 5 have priority over the provisions of this Chapter.

VIII. – 7:102: Loss of, or damage to, the goods during possession

(1) Where the goods are lost, are destroyed or deteriorate during possession in the sense of VIII. – 7:101 (Scope of application), the rights of the owner resulting from such loss or damage are determined by Book VI.

제4절
기타 구제수단

Ⅷ. – 6:401: 비계약적 책임

소유자와 제한-권리-점유자는 VI. -2:206(재산 또는 적법한 점유의 침해에 대한 손실)의 규정에 따라 그들의 소유권 또는 물품을 점유할 권리를 침해한 것에 대해 배상에 대한 권리를 갖는다.

제7장
물품의 원상회복에 대한 중대한 문제

Ⅷ. – 7:101: 적용 범위

(1) 물품의 점유를 획득하거나 회복할 권리가 있는 소유자에 대하여, 당시에, 특정인이 물품을 점유하고 있는 동안 이후의 조항들이 적용될 수 있는 상황이 발생하는 경우 본 장은 적용된다.

(2) 제5권의 적용을 위한 요건이 충족된 경우, 제5권의 규정들이 적용되고 본 장 규정들보다 우선한다.

(3) 제5장의 규정들은 본 장의 규정들보다 우선한다.

Ⅷ. – 7:102: 점유 중의 물품의 손실 또는 파손

(1) VIII. -7:101(적용 범위)의 의미에서 점유 중 물품이 손실, 파손 또는 변질된 경우, 그러한 손실 또는 손해의 결과로 발생한 소유자의 권리는 제6권에 의해 결정된다.

(2) For the purposes of this Article, intention or negligence as to possessing the goods despite the owner's entitlement to obtain or recover possession suffice to establish accountability in the sense of Book VI, Chapter 3.

VIII. – 7:103: Fruits from, use of, and other benefits derived from the goods during possession

Where the possessor obtains fruits from, makes use of, or derives other benefits from the goods during possession in the sense of VIII. – 7:101(Scope of application), the rights of the owner resulting from such benefits are determined by Book VII.

VIII. – 7:104: Expenditure on, or parts added to, the goods during possession

(1) Where the possessor incurs expenditure on, or adds parts to, the goods during possession in the sense of VIII. – 7:101 (Scope of application),the rights of the possessor to reimbursement of such expenditure or for such addition are determined by Book VII.

(2) The possessor is entitled to retain the goods in order to secure the rights referred to in paragraph (1). Sentence 1 does not apply where the possessor knows of the owner's entitlement to obtain or recover possession at the time when expenditure is incurred on, or parts are added to, the goods.

(2) 본 조의 목적상, 소유자의 점유 획득 또는 회복에 대한 권리에도 불구하고 물품을 점유하는 것에 대한 고의 또는 과실은 제6권 제3장의 의미에서 책임을 발생시키기 위해 충분하다.

Ⅷ. - 7:103: 점유 중 물품으로부터 발생한 과실, 이용 및 기타 이익

VIII. - 7:101(적용 범위)의 의미에서 점유자가 점유 중 물품으로부터 과실을 획득하거나, 이용하거나, 또는 기타 이익을 얻은 경우, 그러한 이익의 결과로 발생한 소유자의 권리는 제7권에 의하여 결정된다.

Ⅷ. - 7:104: 점유 중 물품에 대한 지출 또는 추가된 부품

(1) VIII. - 7:101(적용 범위)의 의미에서 점유자가 점유 중 물품에 대한 지출 또는 추가된 부품을 발생시킨 경우, 그러한 지출 또는 추가된 부품에 대해 점유자가 상환 받을 권리는 제7권에 의하여 결정된다.

(2) 점유자는 제(1)항에서 언급된 권리를 담보하기 위하여 물품을 보유할 권리를 갖는다. 물품에 대한 지출이 발생하거나, 또는 물품에 부품이 추가되는 때에 소유자가 점유를 획득 또는 회복할 수 있는 권리를 점유자가 알고 있었던 경우 제1문은 적용되지 않는다.

Book IX

Proprietary security in movable assets

Chapter 1: General rules

Section 1: Scope

IX.–1:101: General rule

(1) This Book applies to the following rights in movable property based upon contracts for proprietary security:

(a) security rights; and

(b) ownership retained under retention of ownership devices.

(2) The rules of this Book on security rights apply with appropriate adaptations to:

(a) rights under a trust for security purposes;

(b) security rights in movable assets created by unilateral juridical acts; and

(c) security rights in movable assets implied by patrimonial law, if and in so far as this is compatible with the purpose of the law.

제9권

동산담보

제1장

일반 규정

제1절 범위

Ⅸ. -1:101: 일반규정

(1) 본 권은 물적담보 계약에 기한 다음과 같은 동산에 대한 권리에 적용한다.

(a) 담보권; 및

(b) 소유권 유보 방식으로 보유되는 소유권.

(2) 다음의 권리는 담보권에 관한 본 권의 규정들을 준용한다:

(a) 담보목적을 위한 신탁상 권리;

(b) 일방적 법률행위로 설정된 동산담보권; 및

(c) 상속법의 목적에 적합하고 그 범위 내인 경우, 상속법 상 묵시적으로 인정되는 동산 담보권.

IX. – 1:102: Security right in movable asset

(1) A security right in a movable asset is any limited proprietary right in the asset which entitles the secured creditor to preferential satisfaction of the secured right from the encumbered asset.

(2) The term security right includes:

(a) limited proprietary rights of a type which is generally recognised as designed to serve as proprietary security, especially the pledge;

(b) limited proprietary rights, however named, that are based upon a contract for proprietary security and that are either intended by the parties to entitle the secured creditor to preferential satisfaction of the secured right from the encumbered asset or have this effect under the contract; and

(c) other rights which are regarded as security rights under the rules of this Book, such as the right referred to in IX. – 2:114 (Right of retention of possession) and the rights covered by paragraph (3).

(3) A transfer or purported transfer of ownership of a movable asset which is made, on the basis of a contract for proprietary security, with the intention or the effect of securing satisfaction of a secured right can create only a security right in the asset for the transferee.

(4) Paragraph (3) applies in particular to:

(a) a security transfer of ownership of corporeal assets;

(b) a security assignment;

(c) a sale and lease-back; and

(d) a sale and resale.

IX. – 1:103: Retention of ownership devices: scope

(1) There is a "retention of ownership device" when ownership is retained by the owner of supplied assets in order to secure a right to performance of an obligation.

Ⅸ.-1:102: 동산담보권

(1) 동산담보권은 담보권자가 담보목적물로부터 우선적으로 피담보채권의 만족을 얻을 수 있는 그 자산에 대한 여하한 제한물권이다.

(2) 담보권은 다음을 포함한다:

(a) 특히 질권과 같이, 물적담보로 이용되기 위해 의도된 것으로 일반적으로 인식되는 형태의 제한물권;

(b) 명칭을 불문하고, 물적담보를 설정하기 위한 계약을 기초로 담보권자가 담보목적물로부터 피담보채권의 우선적 만족을 얻을 수 있도록 의도 되었거나 계약에 의해 이러한 효과가 발생하도록 하는 제한물권; 및

(c) Ⅸ.-2:114(점유유보권)에 명시된 권리와 제(3)항에 규정된 권리와 같이, 본 권의 규정에서 담보권이라고 볼 수 있는 기타 권리.

(3) 피담보채권의 확실한 만족을 위한 의도 또는 효과로, 물적담보를 위한 계약을 기초로 한 동산 소유권의 이전 또는 의도된 이전은 양수인을 위하여 해당 자산에 담보권만을 설정할 수 있다.

(4) 제(3)항은 특히 다음에 적용한다:

(a) 유체자산에 대한 소유권의 담보목적이전;

(b) 양도담보;

(c) 매각 후 재리스; 및

(d) 매매와 재매매.

Ⅸ.-1:103: 소유권 유보 방식; 범위

(1) 채무(obligation)의 이행에 관한 권리를 담보하기 위해 제공된 자산의 소유권을 소유자가 보유하고 있는 경우를 "소유권 유보 방식"이라고 한다.

(2) The term retention of ownership device includes:

(a) retention of ownership by a seller under a contract of sale;

(b) ownership of the supplier under a contract of hire-purchase;

(c) ownership of the leased assets under a contract of leasing, provided that according to the terms of the contract the lessee at the expiration of the lease period has an option to acquire ownership of, or a right to continue to use, the leased asset without payment or for merely nominal payment (financial leasing); and

(d) ownership of the supplier under a contract of consignment with the intention or the effect of fulfilling a security purpose.

IX.-1:104: Retention of ownership devices: applicable rules

(1) Retention of ownership devices are subject to the following rules on security rights, unless specifically provided otherwise:

(a) IX.-2:104 (Specific issues of transferability, existence and specification) paragraphs (2) to (4);

(b) Chapter 2, Sections 3 and 4;

(c) Chapters 3 to 6; and

(d) Chapter 7, Section 1.

(2) When applying rules on security rights to retention of ownership devices, the following adaptations apply:

(a) references to the encumbered assets refer to the assets supplied under a contract of sale, hire-purchase, leasing or consignment, respectively;

(b) in retention of ownership under contracts of sale, references to the secured creditor are to be understood as referring to the seller, and references to the security provider as referring to the buyer;

(2) 소유권 유보 방식의 용어는 다음을 포함한다.

(a) 매매계약에서 매도인의 소유권 유보;

(b) 할부계약에서 공급자의 소유권;

(c) 리스계약에서 리스자산의 소유권, 만약 리스계약에 따라 리스기간 만기 시 이용자가 소유권을 취득할 선택권을 갖거나, 지급 없이 또는 단지 명목상 지불만으로 리스자산을 계속 이용할 수 있는 권리를 갖는다면(금융리스); 및

(d) 담보목적을 충족시킬 의도 또는 효과를 갖고 있는 위탁계약에서 공급자의 소유권.

Ⅸ.－1:104: 소유권 유보 방식: 적용되는 규정들

(1) 소유권 유보 방식은, 특별히 다른 규정이 없는 한, 담보권에 관하여 다음 규정들의 적용을 받는다.

(a) Ⅸ.－2:104(양도성, 실재성 및 특정성에 관한 특정 문제들) 제(2)항에서 제(4)항;

(b) 제2장, 제3절 및 제4절;

(c) 제3장에서 제6장; 및

(d) 제7장, 제1절.

(2) 소유권 유보 방식의 담보권에 관한 규정을 적용할 경우, 다음의 변경을 적용한다:

(a) 담보목적물이란 각각 매매계약, 할부계약, 리스계약 또는 위탁계약에 따라 제공된 자산이다;

(b) 매매계약에서 소유권 유보의 경우, 담보권자는 매도인으로, 담보제공자는 매수인으로 이해된다;

(c) in retention of ownership devices under contracts of hire-purchase, references to the secured creditor are to be understood as referring to the supplier, and references to the security provider as referring to the hire-purchaser;
(d) in retention of ownership devices under contracts of financial leasing, references to the secured creditor are to be understood as referring to the lessor, and references to the security provider as referring to the lessee; and
(e) in retention of ownership devices under contracts of consignment, references to the secured creditor are to be understood as referring to the supplier, and references to the security provider as referring to the consignee.

IX. – 1:105: Exclusions

(1) This Book does not apply to security rights for micro-credits, if and in so far as national legislation of the place where the security provider's business or residence is located contains specific protective rules for the security provider.
(2) The rules of an international Convention dealing with a subject-matter regulated in this Book and binding upon a member state are presumed to have for that member state precedence over the rules of this Book.

Section 2: Definitions

IX. – 1:201: Definitions

(1) For the purposes of this Book the following definitions apply.
(2) An "accessory" is a corporeal asset that is or becomes closely connected with or part of a movable or an immovable, provided it is possible and economically reasonable to separate the accessory without damage from the movable or immovable.

(c) 할부계약에서 소유권 유보 방식의 경우, 담보권자는 공급자(신용제공자)로, 담보제공자는 할부구매자로 이해된다;

(d) 금융리스계약에서 소유권 유보 방식의 경우, 담보권자는 대여자로, 담보제공자는 금융리스이용자로 이해된다; 그리고,

(e) 위탁매매에서 소유권 유보 방식의 경우, 담보권자는 공급자로, 담보제공자는 위탁자로 이해된다.

Ⅸ.－1:105: 적용의 배제

(1) 담보제공자의 영업 또는 주거가 위치하는 회원국의 국내법에 담보제공자를 보호하기 위한 특별규정이 존재하고 그 범위 내라면, 본 권은 소액대출(micro-credits)을 위한 담보권에는 적용하지 않는다.

(2) 회원국에 대해 구속력을 갖는 국제협약의 본 권 규정 내용과 관련되는 규정들은 본 권 규정보다 우선하는 것으로 추정된다.

제2절 정의

Ⅸ.－1:201: 정의

(1) 본 권의 목적을 위하여, 다음의 정의가 적용된다.

(2) "종물"이라 함은 동산 또는 부동산에 또는 그 일부에 연결되어 있거나 밀접하게 연결되는 유체재산이다. 다만, 종물은 동산 또는 부동산을 훼손하지 아니하고 분리할 수 있고 그 분리가 경제적으로 합리적이어야 한다.

(3) "Acquisition finance devices" cover:

(a) retention of ownership devices;

(b) where ownership of the sold assets has been transferred to the buyer, those security rights in the sold asset which secure the right:

(i) of the seller to payment of the purchase price for the encumbered asset under a contract of sale;

(ii) of a lender to repayment of a loan granted to the buyer for payment of the purchase price for the encumbered asset, if and in so far as this payment is actually made to the seller; and

(c) rights of third persons to whom any of the rights under sub-paragraph (a) or (b) has been transferred as security for a credit covered by sub-paragraphs (a) or (b).

(4) A "contract for proprietary security" is a contract under which:

(a) a security provider undertakes to grant a security right to the secured creditor;

(b) a secured creditor is entitled to retain a security right when transferring ownership to the transferee who is regarded as security provider; or

(c) a seller, lessor or other supplier of assets is entitled to retain ownership of the supplied assets in order to secure its rights to performance.

(5) "Default" means:

(a) any non-performance by the debtor of the obligation covered by the security; and

(b) any other event or set of circumstances agreed by the secured creditor and the security provider as entitling the secured creditor to have recourse to the security.

(6) "Financial assets" are financial instruments and rights to the payment of money.

(7) "Financial instruments" are:

(3) "인수금융방식"은 다음을 포함한다:

(a) 소유권 유보 방식;

(b) 매각된 재산의 소유권이 매수인에게 이전된 경우, 매각된 재산에 다음의 자의 권리를 담보하기 위해 설정된 담보권:

(i) 매매계약에서 담보목적물의 매매대금 지급에 대한 매도인;

(ii) 매매대금을 실제로 매도인에게 지급하고 그 범위 내라면, 담보목적물의 매매대금을 지급하기 위해 매수인에게 제공된 대출의 상환에 대한 대부자; 및

(c) 전항의 제(a)항 또는 제(b)항에 따른 여하한 채권을 위한 담보로 해당 규정에 존재하는 어느 권리가 제3자에게 이전되는 경우 그 자의 권리들.

(4) "물적담보계약"이란 다음을 내용으로 하는 계약이다:

(a) 담보제공자가 담보권자에게 담보권을 설정해 주기로 한 계약;

(b) 담보제공자로 여겨지는 양수인에게 소유권을 양도할 때 담보권자가 담보권을 보유할 권리가 있는 계약; 또는

(c) 재산의 매도인, 대여자 또는 재산의 기타 공급자가 채권을 담보하기 위해 제공된 재산의 소유권을 보유할 권리가 있는 계약.

(5) "채무불이행"이란 다음을 말한다.

(a) 담보권 범위 내 채무자의 채무에 대한 여하한 불이행; 및

(b) 담보권자가 담보권을 행사할 수 있는 담보권자와 담보제공자 간에 합의된 여하한 다른 사건 또는 일련의 상황.

(6) "금융자산"이란 금융상품 및 금전채권이다.

(7) "금융상품"이란 다음을 말한다.

(a) share certificates and equivalent securities as well as bonds and equivalent debt instruments, if these are negotiable;

(b) any other securities which are dealt in and which give the right to acquire any such financial instruments or which give rise to cash settlements, except instruments of payment;

(c) share rights in collective investment undertakings;

(d) money market instruments; and

(e) rights in or relating to the instruments covered by sub-paragraphs (a) to (d).

(8) "Intangibles" means incorporeal assets and includes uncertificated and indirectly held securities and the undivided share of a co-owner in corporeal assets or in a bulk or a fund.

(9) "Ownership" for the purposes of these rules covers ownership of movable corporeal assets and of intangible assets.

(10) A "possessory security right" is a security right that requires possession of the encumbered corporeal asset by the secured creditor or another person (except the debtor) holding for the secured creditor.

(11) "Proceeds" is every value derived from an encumbered asset, such as:

(a) value realised by sale or other disposition or by collection;

(b) damages or insurance payments in respect of defects, damage or loss;

(c) civil and natural fruits, including distributions; and

(d) proceeds of proceeds.

(12) The "secured creditor" may be the creditor of the secured right or a third person who may hold the security right in that person's own name for the creditor, especially as a trustee.

(13) The "security provider" may be the debtor of the obligation to be covered by the security right or a third person.

(a) 양도 가능하다면, 채권 및 이와 유사한 채무증서 뿐만 아니라 주권 및 이와 유사한 증권;

(b) 지급 수단을 제외한, 여하한 금융상품을 취득할 권리를 수여하거나 현금 결제가 발생하는, 거래되는 여하한 기타 증권;

(c) 집합투자인수에서 지분권;

(d) 단기금융상품; 및

(e) 전항의 제(a)호에서 제(d)호까지 범위에서 문서 상의 권리들 또는 문서와 관련한 권리들.

(8) "무형물"이란 무형의 자산을 의미하고, 보증 없이(uncertified) 간접적으로 발생된 증권과 유형 자산 또는 적하물 또는 기금(fund)에서 공동소유자의 비분할지분권을 포함한다.

(9) DCFR규정들의 목적상 "소유권"은 동산유형자산과 무형자산의 소유권을 포함한다.

(10) "점유담보권"이란 담보권자 또는 다른 자(채무자를 제외)가 담보권자를 위하여 담보목적물을 보유하는 것이 요구되는 담보권이다.

(11) "대위물"이란 담보목적물로부터 도출된 모든 가치로서, 다음과 같다.

(a) 매매 또는 기타 처분 또는 추심으로 실현된 가치;

(b) 담보목적물의 하자, 손해 또는 손실로 인하여 받은 손해배상금 또는 보험금;

(c) 배당을 포함한, 법정과실 및 천연과실; 및

(d) 대위물의 대위물.

(12) "담보권자"는 피담보채권을 가지는 채권자 또는 채권자를 위하여 자신의 이름으로, 특별히 수탁자로서, 담보권을 보유하는 제3자를 말한다.

(13) "담보제공자"는 담보권 범위 내 의무의 채무자 또는 제3자이다.

Chapter 2:

Creation and coverage

Section 1: Creation of security rights

Subsection 1: General provisions

IX. – 2:101: Methods of creation of security rights

A security right in a movable asset may be created:

(a) by the security provider granting the security right to the secured creditor;

(b) by the secured creditor retaining the security right when transferring ownership of the asset to the security provider; or

(c) by the secured creditor relying on a right of retention of possession.

IX. – 2:102: Requirements for creation of security rights in general

The creation of a security right in a movable asset requires that:

(a) the asset exists;

(b) the asset is transferable;

(c) the secured right exists; and

(d) the additional requirements for the creation of a security right by granting, by retention or on the basis of a right of retention of possession are fulfilled.

IX. – 2:103: Possessory and non-possessory security rights

Unless otherwise agreed by the parties, the creation of a security right by contract does not require possession of the encumbered asset by the secured creditor.

제2장
담보권의 설정과 범위

제1절
담보권의 설정

제1관 일반조항

Ⅸ.－2:101: 담보권의 설정방법

동산담보권은 다음의 자에 의해 설정될 수 있다:

(a) 담보권자에게 담보권을 부여하는 담보제공자;

(b) 담보제공자에게 소유권을 양도시 담보권을 보유하는 담보권자; 또는

(c) 점유유보권을 원용하는 담보권자.

Ⅸ.－2:102:담보권의 설정을 위한 요건 일반

동산에서 담보권을 설정하기 위한 요건은 다음과 같다:

(a) 담보목적물이 존재할 것;

(b) 담보목적물이 양도 가능할 것;

(c) 피담보채권이 존재할 것; 그리고

(d) 부여, 유보를 통해 또는 점유에 대한 유보권을 기초로 담보권을 설정하기 위한 추가적 요건들이 충족될 것.

Ⅸ.－2:103:점유적 및 비점유적 담보권

당사자 간에 달리 합의되지 않은 한 계약에 의한 담보권의 설정은 담보권자가 담보목적물을 점유할 것을 요하지 않는다.

IX. - 2:104: Specific issues of transferability, existence and specification

(1) A security right can be created in a right to performance other than a right to the payment of money, even if this right is not transferable, provided that it can be transformed into a right to the payment of money.

(2) A security right can be created in an asset, even if its owner had agreed not to transfer or to encumber the asset. This rule applies also to a righto performance, whether contractual or not, unless it is non-assignable by virtue of III. - 5:109 (Assignability: rights personal to the creditor) paragraph (1)).

(3) If the parties purport to create a security right in a future, generic or untransferable asset, the security right arises only if and when the asset comes into existence, is specified or becomes transferable. Paragraph (2) remains unaffected.

(4) Paragraph (3) sentence 1 applies with appropriate adaptations to the creation of security rights in a conditional right, including the rights covered by that paragraph. A security right may be created in a present conditional right, especially in the right of a transferee under a conditional transfer of ownership.

(5) Paragraph (3) sentence 1 applies with appropriate adaptations to the creation of security rights for secured rights which are future or only conditional.

Subsection 2: Granting of security right

IX. - 2:105: Requirements for granting of security right

In addition to the requirements under Subsection 1, the creation of a security right in a movable asset by granting requires that:

(a) the asset to be encumbered is specified by the parties;

(b) the security provider has the right or authority to grant a security right in the asset;

(c) the secured creditor is entitled as against the security provider to the granting of a security right on the basis of the contract for proprietary security; and

Ⅸ.-2:104: 양도성, 실재성 및 특정성에 관한 특정 문제들

(1) 금전채권 이외의 채권이라도 종국적으로 그 채권이 금전채권으로 변형될 수 있는 것이라면, 비록 그 채권이 양도될 수 없더라도 이를 담보목적물로 하는 담보권을 설정할 수 있다.

(2) 소유자가 자산을 양도하거나 담보제공을 하지 않겠다고 약정한 경우라도 그 자산에 담보권이 설정될 수 있다. 본 규정은 계약적이건 아니건 Ⅲ.-5:109(양도성:채권자에 일신전속적인 권리) 제(1)항에 의하여 양도가 불가능한 것이 아닌 한 채권에도 적용한다.

(3) 당사자가 장래자산, 포괄자산, 또는 양도불가자산에 담보권을 설정하려면 자산이 실존하거나 특정되거나 또는 양도가 가능하게 된 때에만 담보권이 발생한다. 본 항은 제(2)항에 영향을 주지 않는다.

(4) 제(3)항 제1문은 해당 항에 규정된 권리를 포함한 조건부 권리에 담보권을 설정하는 경우에 준용한다. 담보권은 현재 조건부 권리 특히 소유권의 조건부양도에서 양수인의 권리에 설정될 수 있다.

(5) 제(3)항 제1문은 장래 또는 단지조건부 피담보채권을 위한 담보권의 설정에 준용한다.

제2관 담보권의 부여

Ⅸ.-2:105: 담보권 부여 요건

제1관의 요건에 추가하여 부여를 통해 동산담보권이 설정되기 위해서는 다음을 요건으로 한다:

(a) 당사자들에 의하여 담보목적물이 특정되어야 한다;

(b) 담보제공자는 자산에 대하여 담보권을 부여할 권리 또는 권한을 가져야 한다;

(c) 물적 담보를 위한 계약을 근거로 담보권자는 담보제공자에 대하여 담보권을 부여할 권리가 있어야 한다; 그리고,

(d) the secured creditor and the security provider agree on the granting of a security right to the secured creditor.

IX. – 2:106: Time when security right is created by granting

Subject to IX. – 2:110 (Delayed creation), the security right is created by granting at the time when the requirements set out in the preceding Article are fulfilled, unless the parties have agreed on another time of creation.

IX. – 2:107: Granting of security right by consumer

(1) The creation of a security right by a consumer security provider by granting is only valid within the following limits:

(a) the assets to be encumbered must be identified individually; and

(b) an asset not yet owned by the consumer upon conclusion of the contract for proprietary security (apart from the rights to payment covered by paragraph (2)) can only be encumbered as security fora credit to be used for the acquisition of the asset by the consumer.

(2) Rights to payment of future salary, pensions or equivalent income cannot be encumbered in so far as they serve the satisfaction of the living expenses of the consumer security provider and his or her family.

IX. – 2:108: Good faith acquisition of security right

(1) Even where the security provider has no right or authority to dispose of a corporeal asset, the secured creditor nevertheless acquires a security right in it, provided that:

(a) the asset or a negotiable document to bearer on the asset is in the security provider's possession or, if so required, the asset is registered in an international or national register of ownership as owned by the security provider at the time the security right is to be created; and

(d) 담보권자에게 담보권을 부여한다는 것을 담보권자와 담보제공자가 합의해야 한다.

Ⅸ. - 2:106: 부여에 의한 담보권의 설정시기

당사자들이 담보권의 설정시기를 다르게 합의하지 않은 한 Ⅸ. - 2:110(지체된 설정)에 따라 전 조前條에 규정된 요건이 충족되는 때 부여에 의한 담보권이 설정된다.

Ⅸ. - 2:107: 소비자에 의한 담보권의 부여

(1) 부여에 의한 소비자 담보제공자의 담보권 설정은 다음의 범위 내에서만 유효하다:

(a) 담보될 자산은 개별적으로 특정되어야 한다; 그리고

(b) 물적 담보 계약 체결 시 소비자가 아직 소유하지 않은 자산(제(2)항의 채권을 제외하고)은 소비자가 해당 자산의 취득을 위해 이용될 대출을 위한 담보로만 설정될 수 있다.

(2) 장래급여, 연금 또는 이에 준하는 수입에 대한 채권이 소비자 담보제공자와 그 자의 가족 생계비로 이용되는 경우 그 범위에서는 담보가 설정될 수 없다.

Ⅸ. - 2:108: 담보권의 선의 취득

(1) 담보제공자가 유체자산을 처분할 권리 또는 권한이 없더라도 담보권자는 다음의 경우 해당 재산에 대해 담보권을 가진다:

(a) 자산 또는 자산에 대한 물품증권을 담보제공자가 점유하고 있거나 또는 필요한 경우, 담보권이 설정될 당시 자산이 국제 또는 국내 소유권 등록부에 담보제공자가 소유자로 등록되어 있는 경우; 그리고

(b) the secured creditor does not know and cannot reasonably be expected to know that the security provider has no right or authority to grant a security right in the asset at the time the security right is to be created.

(2) For the purposes of paragraph (1)(b), a secured creditor acquiring a security right in an asset that is subject to a retention of ownership device which is registered under Chapter 3 Section 3 against the security provider is regarded as knowing that the latter has no right or authority to grant a security right in the asset.

(3) Good faith acquisition of a security right is excluded for an asset that was stolen from the owner or the person holding for the owner.

IX. – 2:109: Good faith acquisition of security right in encumbered corporeal asset

(1) Where a corporeal asset is encumbered with a security right or another limited proprietary right and the security provider has no right or authority to dispose of the asset free from the third person's limited proprietary right, a secured creditor nevertheless acquires a security right free from that other right, provided that:

(a) the requirements of paragraph (1)(a) of the preceding Article are met; and

(b) the secured creditor does not know nor can reasonably be expected to know that the security provider has no right or authority to grant a security right in disregard of the third person's limited proprietary right at the time the security right is to be created.

(2) For the purposes of paragraph (1)(b), a secured creditor acquiring a security right in the encumbered asset is regarded as knowing that the security provider has no right or authority to grant a security right in the asset in disregard of the existing security right if this right is registered under Chapter 3, Section 3 against the security provider.

(3) Where the requirements of paragraph (1) are not met but the requirements of the preceding Article are met, the secured creditor obtains a security right in the encumbered assets. The priority between this security right and the prior encumbrance is determined according to the general provisions.

(b) 담보권이 설정될 당시 담보제공자에게 자산에 담보권을 부여할 수 있는 권리 또는 권한이 없다는 사실을 담보권자가 알지 못하고, 이를 알았을 것을 합리적으로 기대할 수 없는 경우.

(2) 제(1)항 제(b)호의 목적을 위해, 담보제공자에 대하여 제3장 제3절 하에서 등록된 소유권 유보 방식의 대상이 되는 자산에서 담보권을 취득하는 담보권자는 담보제공자에게 해당 자산에 담보권을 부여할 수 있는 권리 또는 권한이 없음을 알았다고 본다.

(3) 소유자 또는 소유자를 위해 보관하고 있는 자가 도난 당한 자산은 담보권의 선의 취득이 배제된다.

Ⅸ.－2:109: 담보된 유체자산에 설정된 담보권의 선의 취득

(1) 유체자산에 담보권 또는 다른 제한물권이 설정되어 있고 담보제공자가 제3자의 제한물권이 없는 재산을 처분할 수 있는 권리 또는 권한이 없더라도, 담보권자는 다른 권리와 절연된 담보권을 다음과 같은 조건으로 취득한다:

(a) 전 조前條의 제(1)항 제(a)호의 요건을 충족해야 한다; 그리고

(b) 담보권이 설정될 당시 제3자의 제한물권과 관계없이 담보제공자가 담보권을 부여할 수 있는 권리 또는 권한이 없음을 담보권자가 알지 못하고 또는 이를 알았을 것을 합리적으로 기대할 수 없어야 한다.

(2) 제(1)항 제(b)호의 목적을 위해, 제3장 제3절에 따라 담보권이 담보제공자에 대하여 등록되어 있다면 담보목적물에 대하여 담보권을 취득한 담보권자는 현존하는 담보권과 관계없이 담보제공자에게 자산에 담보권을 부여할 수 있는 권리 또는 권한이 없음을 알고 있는 것으로 본다.

(3) 전 조前條의 요건을 충족하였으나 제(1)항의 요건을 충족하지 못한 경우 담보권자는 담보목적물에 대한 담보권을 획득한다. 해당 담보권과 이전 담보물권간의 우선순위는 일반조항에 의해 결정된다.

IX. – 2:110: Delayed creation

In assets for which at the time when the security right would have been created according to IX. – 2:106 (Time when security right is created by granting) the requirements of IX. – 2:107 (Granting of security right by consumer) and IX. – 2:108 (Good faith acquisition of security right) have not yet been met, a security right automatically arises as soon as the events indicated in the preceding provisions have occurred.

IX. – 2:111: Security right in cash, negotiable instruments and documents

A security right in cash, negotiable instruments and documents to bearer may be created free from any earlier rights, even if the requirements of IX. – 2:105 (Requirements for granting of security right) sub-paragraph (b), IX. – 2:108 (Good faith acquisition of security right) and IX. – 2:109 (Good faith acquisition of security right in an encumbered corporeal asset) are not met, provided that direct possession of these assets is transferred to the secured creditor.

IX. – 2:112: General matters of property law

Rules on general matters of property law in Book VIII, Chapter 2 apply for the purposes of this Book with appropriate adaptations.

Subsection 3: Retention of security right

IX. – 2:113: Requirements for retention of security right

(1) In addition to the requirements under Subsection 1, the creation of a security right in a movable asset by retention requires that:

(a) the secured creditor is entitled as against the transferee to the retention of a security right by virtue of the contract for proprietary security; and

Ⅸ. - 2:110: 지체된 설정

Ⅸ. - 2:106(부여에 의한 담보권의 설정시기)에 따라 자산에 담보권이 설정될 수 있었을 시기에 Ⅸ. - 2:107(소비자에 의한 담보권 부여) 및 Ⅸ. - 2:108(담보권의 선의 취득)의 요건이 아직 충족되지 않은 자산에서 전 조前條에 명시된 사건이 발생하면 자동으로 담보권이 발생한다.

Ⅸ. - 2:111: 금전, 화폐증권 및 물품증권에 대한 담보권

Ⅸ. - 2:105(담보권부여 요건) 제(b)항, Ⅸ. - 2:108(담보권의 선의 취득) 및 Ⅸ. - 2:109(담보된 유체자산에 설정된 담보권의 선의취득)의 요건이 충족되지 못하더라도 이러한 자산의 직접 점유가 담보권자에게 이전되면 금전, 화폐증권 및 물품증권에 대한 담보권은 이전의 권리들과 절연되어 설정된다.

Ⅸ. - 2:112: 재산법의 일반적 사항

제8권 제2장 재산법의 일반적 사항에 대한 규정은 본 권의 목적을 위해 준용한다.

제3관 담보권의 유보

Ⅸ. - 2:113: 담보권의 유보를 위한 요건

(1) 제1관의 요건에 추가하여 유보에 의한 동산담보권의 설정은 다음과 같은 요건이 필요하다:

(a) 담보권자는 물적 담보계약에 의해 양수인에 대하여 담보권의 유보에 관한 권리를 갖는다; 그리고

(b) the secured creditor transfers its ownership in the asset to be encumbered by the retained security right to the transferee.

(2) The security right is created by retention at the time when all the requirements set out in the preceding paragraph are fulfilled.

(3) The transferee is regarded as the security provider for the purposes of the application of the rules of this Book.

Subsection 4: Right of retention of possession

IX. – 2:114: Right of retention of possession

Where under a contract or rule of law a person is entitled as against the owner of an asset to retain possession of the asset as security for a right to performance, this right of retention of possession gives rise to a possessory security right.

Section 2: Creation of retention of ownership devices

IX. – 2:201: Retention of ownership devices

(1) A retention of ownership device arises in the cases set out in IX. – 1:103 (Retention of ownership devices: scope) paragraph (2) if:

(a) the seller, supplier or lessor is the owner of the supplied asset or acts with authority in relation to this asset;

(b) the asset is specified in the contract for proprietary security;

(c) the secured right exists; and

(d) the seller, supplier or lessor retains ownership.

(b) 담보권자는 유보로 담보권이 설정될 자산의 소유권을 양수인에게 이전한다.

(2) 전 조前條에 규정된 모든 요건들이 충족한 때에 유보에 의한 담보권이 설정된다.

(3) 본 권 규정 적용의 목적을 위해 양수인은 담보제공자로 본다.

제4관 점유유보권

Ⅸ.－2:114: 점유유보권

계약 또는 법률에 의해 특정인이 자산의 소유자에 대하여 채권을 위한 담보로 해당 자산의 점유를 보유할 권리가 있는 경우 점유유보권은 점유적 담보권을 발생시킨다.

제2절 소유권 유보 방식의 성립

Ⅸ.－2:201: 소유권 유보 방식

(1) 다음과 같은 경우라면 소유권 유보 방식은 Ⅸ.－1:103(소유권 유보 방식: 범위) 제(2)항에서 규정된 상황에서 발생한다:

(a) 매도인, 공급자 또는 대여자가 제공된 자산의 소유자이거나, 해당 자산에 대한 권한을 가지고 있다;

(b) 물적담보를 위한 계약에 자산이 특정되어 있다;

(c) 피담보채권이 존재한다; 그리고

(d) 매도인, 공급자 또는 대여자가 소유권을 보유한다.

(2) Ownership is also retained for the purposes of paragraph (1)(d) where there is a transfer subject to the suspensive condition that obligation covered is performed.

Section 3: Creation of security rights in specific types of assets

IX. – 2:301: Encumbrance of right to payment of money

(1) The encumbrance of a right to payment of money is also subject to the following special rules.

(2) The provisions of Book III, Chapter 5 apply with appropriate adaptations, except III. – 5:108 (Assignability: effect of contractual prohibition)paragraphs (2) and (3) and III. – 5:121 (Competition between successive assignees).

(3) A right to payment held by the security provider against the secured creditor may be encumbered by the security provider also in favour of the secured creditor.

(4) A security right encumbering a right to payment extends to any personal or proprietary security right securing this right to payment.

IX. – 2:302: Security rights in shares of a company

(1) Possession of negotiable certificates of shares of a company which are directly held is regarded as possession of the shares.

(2) Shares of companies which do not meet the requirements of paragraph(1), whether or not they are registered, cannot be subject to a possessory security right.

(3) Security rights in shares of companies extend to dividends, bonus shares and other assets which the shareholder derives from the shares but are limited to the financial value of the shares and such assets.

(2) 해당 범위의 의무가 이행된다는 것을 정지조건으로 한 양도의 경우 소유권은 제(1)항 제(d)호의 목적을 위해 또한 보유된다.

제3절
특정 종류의 자산에 대한 담보권의 설정

Ⅸ. – 2:301: 금전채권에 대한 담보

(1) 금전채권에 대한 담보권은 또한 다음의 특별규정을 따를 것을 조건으로 한다.

(2) III. – 5:108(양도성: 계약상 금지의 효과) 제(2)항 및 제(3)항과 III. – 5:121(순차적 양수인 간의 순위)를 제외한 제3권 제5장의 규정들을 준용한다.

(3) 담보권자에 대하여 담보제공자가 가지고 있는 채권도 담보제공자에 의하여 담보권자를 위한 담보로 설정될 수 있다.

(4) 채권을 담보하는 담보권은 본 채권을 담보하는 인적 또는 물적 담보권에까지 확장된다.

Ⅸ. – 2:302: 회사의 주식에 대한 담보권

(1) 직접 보유된 회사의 양도 가능한 주권의 점유는 주식의 점유로 본다.

(2) 등록이 되었든 되지 않았든 제(1)항의 요건을 충족시키지 못한 회사의 주식은 점유적 담보권에 해당될 수 없다.

(3) 회사의 주식에 대한 담보권은 이익배당, 상여주식 및 주주들이 해당 주식으로부터 얻은 다른 자산에까지 확장된다. 다만, 이는 해당 주식이나 그러한 자산의 금전적 가치로 제한된다.

IX. – 2:303: Security rights in bonds

Paragraphs (1) and (2) of the preceding Article apply also to bonds.

IX. – 2:304: Negotiable documents of title and negotiable instruments

(1) If and as long as a negotiable document of title covers goods, a security right in the document covers also the goods.

(2) For negotiable instruments, a security right in the instrument covers also the right embodied in the instrument.

(3) Possession of a negotiable document of title or a negotiable instrument is regarded as possession of the goods covered by the document of title or the right embodied in the instrument.

IX. – 2:305: Security right in an accessory

(1) A security right may be created in an asset that, at the time of creation, is an accessory to a movable or an immovable. If the rules applicable to immovable property so provide, the security right may also be created according to the rules governing immovable property.

(2) A security right in goods continues even if the encumbered asset subsequently becomes an accessory to a movable or an immovable.

IX. – 2:306: Proceeds of the originally encumbered assets

(1) A security right extends to rights to payment due to a defect in, damage to, or loss of the originally encumbered asset, including insurance proceeds.

(2) A possessory security right extends to civil and natural fruits of the originally encumbered assets unless the parties agree otherwise.

(3) Other proceeds of the originally encumbered assets are covered only if the parties so agree.

Ⅸ. – 2:303: 채권(債券)에 대한 담보권

전 조前條 제(1)항 및 제(2)항은 채권에도 적용한다.

Ⅸ. – 2:304: 권원에 관한 물품증권 및 화폐증권

(1) 만약 권원에 관한 물품증권이 물품을 포함하고 그러한 한에서는 해당 서류에 설정된 담보권은 물품을 또한 포함한다.

(2) 화폐증권을 위해서 증권에 설정된 담보권은 증권에 표창된 권리를 또한 포함한다.

(3) 권원에 관한 물품증권 및 화폐증권의 점유는 권원증서에 의해 포함되는 물품 또는 증권에 표창된 권리를 점유하는 것으로 본다.

Ⅸ. – 2:305: 부속물에 대한 담보권

(1) 담보권 설정 당시의 동산 또는 부동산의 부속물에 담보권이 설정될 수 있다. 부동산에 적용 가능한 규정이 그렇게 규정한다면 담보권은 부동산 관련 규정에 따라서 또한 설정될 수 있다.

(2) 담보목적물이 추후에 동산 또는 부동산의 부속물이 되더라도 담보권은 계속 유지된다.

Ⅸ. – 2:306: 원래 담보목적물의 대위물

(1) 담보권은 보험금청구권을 포함하여 원래의 담보목적물의 하자, 손해 또는 손실로 인하여 발생한 채권에까지 확장된다.

(2) 당사자간에 달리 합의되지 않은 한 점유담보권은 원래의 담보목적물의 천연과실 및 법정과실에까지 확장된다.

(3) 원래의 담보목적물의 기타 대위물들은 양 당사자들이 합의에 의해서만 담보된다.

IX. – 2:307: Use of encumbered goods for production or combination

(1) Where encumbered materials owned by the security provider are used for the production of new goods, the secured creditor's security right may be extended by party agreement:

(a) to the products; and

(b) to the right to payment to which the security provider as former owner of the material is entitled by virtue of the production against the producer according to VIII. – 5:201 (Production).

(2) The preceding paragraph applies accordingly if goods are combined in such a way that separation would be impossible or economically unreasonable for the purposes of VIII. – 5:203 (Combination).

(3) The issue whether a former owner of material other than the holder of a retention of ownership device acquires a security right by operation of law as the result of production or combination involving the material, and the effectiveness and priority of this security right are governed by Book VIII, Chapter 5. If these security rights are created by party agreement, they are subject to the provisions of Book IX, but enjoy superpriority according to VIII. – 5:204 (Additional provisions as to proprietary security rights) paragraph (3).

(4) In the case of paragraph (1)(b), the right of the secured creditor, as the former holder of an encumbrance in the material, extends to the security rights mentioned in paragraph (3).

IX. – 2:308: Use of goods subject to a retention of ownership device for production or combination

(1) The rules of Book VIII, Chapter 5 (Production, combination and commingling) apply to the consequences of production or combination of goods subject to a retention of ownership device; references to the owner of these goods are to be understood as references to the buyer, hire-purchaser, lessee or consignee.

Ⅸ. – 2:307: 생산 또는 결합을 위한 담보목적물의 이용

(1) 담보제공자 소유의 담보된 재료가 새로운 물품의 생산을 위해 이용되는 경우 담보권자의 담보권은 당사자 합의에 의해 다음의 범위까지 확장된다:

(a) 새로운 생산물; 및

(b) Ⅷ. – 5:201(생산)의 규정에 따라 재료의 종전 소유자인 담보제공자가 생산자에 대하여 갖는 채권.

(2) Ⅷ. – 5:203(결합)의 목적상 분리가 불가능한 방법으로 또는 경제적으로 불합리한 방법으로 물품이 결합되었다면 전 항의 규정이 적용된다.

(3) 소유권 유보 방식의 소지자가 아닌 재료의 종전 소유자가 재료의 생산 또는 결합의 결과로 법률에 의해 담보권을 취득하는지 여부, 그리고 담보권의 효력 및 우선순위는 제8권 제5장의 규정을 적용한다. 이러한 담보권이 당사자의 합의에 의해 설정된다면 제9권의 규정이 적용되나, Ⅷ. – 5:204(물적담보권의 추가적 규정) 제(3)항에 따라 최우선권을 향유한다.

(4) 제(1)항 제(b)호의 경우 재료에 대한 담보권의 종전 소지자인 담보권자의 권리는 제(3)항의 담보권까지 확장된다.

Ⅸ. – 2:308: 생산 또는 결합을 위해 소유권 유보 방식을 조건으로 하는 물품의 이용

(1) 제8권 제5장(생산, 결합 및 혼합)의 규정은 소유권 유보 방식을 조건으로 한 물품의 생산 또는 결합의 결과물에 적용된다. 이러한 물품들의 소유자란 매수인, 할부구매자, 금융리스이용자 또는 위탁자로 이해된다.

(2) Where materials subject to a retention of ownership device are used for the production of new goods, the seller, supplier or lessor may acquire a security right by party agreement:

(a) in the products; and

(b) in the right to payment to which the buyer, hire-purchaser, lessee or consignee is entitled against the producer according to VIII. – 5:201 (Production) on the basis of being regarded as the former owner of the material according to paragraph (1).

(3) The preceding paragraph applies accordingly if the goods are combined.

(4) In the case of paragraph (2)(b), the right of the seller, supplier or lessor extends to the security rights in the products or combined goods acquired by the buyer, hire-purchaser, lessee or consignee as a result of the production or combination.

IX. – 2:309: Commingling of assets subject to proprietary security

(1) Where encumbered goods are commingled in such a way that it is impossible or economically unreasonable to separate the resulting mass or mixture into its original constituents, but it is possible and economically reasonable to separate the mass or mixture into proportionate quantities, the security rights that had encumbered the goods continue as encumbrances of the rights which the former owners of the goods have in the resulting mass or mixture by virtue of VIII. – 5:202 (Commingling) paragraph (1)); this encumbrance is limited to a share proportionate to the value of the respective goods at the moment of commingling.

(2) Where the goods that are commingled as set out in the preceding paragraph were subject to a retention of ownership device, VIII. – 5:202 (Commingling) paragraph (1) applies with the proviso that the rights of the holder of the retention of ownership device are continued in a share of the resulting mass or mixture proportionate to the value of the respective goods at the moment of commingling.

(2) 소유권 유보 방식을 조건으로 한 재료가 새로운 물품의 생산에 이용된 경우 매도인, 공급자 또는 대여자는 당사자 합의에 의해 다음에 대한 담보권을 취득한다.

(a) 생산물; 및

(b) 제(1)항에 따라 재료의 종전 소유자로 여겨지는 것을 기초로 Ⅷ. – 5:201(생산)에 따라 매수인, 할부구매자, 금융리스이용자 또는 위탁자가 생산자에 대하여 갖는 채권.

(3) 물품이 결합되면 전항이 그에 따라 적용된다.

(4) 제(2)항 제(b)호의 경우 매도인, 공급자 또는 대여자의 권리는 생산 또는 결합의 결과로 매수인, 할부구매자, 금융리스이용자 또는 위탁자가 취득한 생산물 또는 결합된 물품의 담보권에까지 확장된다.

Ⅸ. – 2:309: 물적담보의 대상이 되는 자산의 혼합

(1) 집합체 또는 혼합물을 원래의 구성물로 분리하는 것이 불가능하거나 경제적으로 불합리한 방법으로 담보목적물이 혼합되었으나 집합체 또는 혼합물을 양적으로 비례하여 분리할 수 있고 그 분리가 경제적으로도 합리적인 경우, 물품을 담보했던 담보권은 Ⅷ. – 5:202(혼합) 제(1)항에 따라 발생하는 집합체 또는 혼합물에서 물품의 종전 소유자가 가지는 권리의 담보로써 계속 존재한다. 이러한 담보는 혼합 당시 개별 물품의 가치에 대한 비례적 지분으로 제한된다.

(2) 전항의 규정에 따라 혼합된 물품이 소유권 유보 방식을 조건으로 한 경우, 소유권 유보 방식 보유자의 권리가 혼합 당시 개별 물품의 가치에 비례하는 집합체 또는 혼합물의 지분으로 계속 될 것을 조건으로 하여 Ⅷ. – 5:202(혼합) 제(1)항을 적용한다.

(3) Any secured creditor is entitled to exercise the security provider's right to separate a quantity equivalent to that co-owner's undivided share out of the mass or mixture (VIII. – 5:202 (Commingling) paragraph(2)).
(4) If encumbered financial assets held by the secured creditor are commingled by the latter in a fund, the security provider is entitled to a share in the fund. Paragraph (1) applies with appropriate adaptations.
(5) If in the cases covered by paragraphs (1), (2) and (4) the assets of the mass or fund do not suffice to satisfy all co-owners, VIII. – 2:305(Transfer of goods forming part of a bulk) paragraphs (4) and (5) apply accordingly.

Section 4: Coverage of security

IX. – 2:401: Secured rights

(1) The security covers, within its maximum amount, if any, not only the principal secured right, but also the ancillary rights of the creditor against the debtor, especially rights to payment of:

(a) contractual and default interest;

(b) damages, a penalty or an agreed sum for non-performance by the debtor; and

(c) the reasonable costs of extra-judicial recovery of those items.

(2) The right to payment of the reasonable costs of legal proceedings and enforcement proceedings against the security provider and against the debtor, if different from the security provider, is covered, provided the security provider had been informed about the creditor's intention to undertake such proceedings in sufficient time to enable the security provider to avert those costs.
(3) A global security covers only rights which originated in contracts between the debtor and the creditor.

(3) 여하한 담보권자는 집합체 또는 혼합물의 공동소유자의 미분리 지분에 상응하는 크기로 분리할 수 있는 담보제공자의 권리(Ⅷ.－5:202(혼합) 제(2)항)를 행사할 권리가 있다.
(4) 담보권자가 보유하고 있는 담보된 금융 자산이 담보권자에 의해 다른 기금에 혼합되면 담보제공자는 기금에 대한 지분에 권리가 있다. 제(1)항을 준용한다.
(5) 제(1)항, 제(2)항 및 제(4)항이 적용되는 경우 집합체의 자산 또는 기금이 모든 공동소유자를 충분히 만족시킬 없다면 Ⅷ.－2:305(적하물의 일부를 구성하는 물품의 이전) 제(4)항 및 제(5)항을 적용한다.

제4절
담보의 범위

Ⅸ.－2:401: 피담보채권

(1) 담보는 최대 액수의 범위 내에서 주된 피담보채권 뿐만 아니라 채무자에 대한 채권자의 부수적 채권, 특히 다음의 채권을 포함한다:

(a) 약정 및 지연이자;

(b) 손해배상, 위약금 또는 채무자의 불이행에 대한 합의된 지급; 및

(c) 그러한 항목의 법정 외 회복의 합리적 비용.

(2) 담보제공자 및 채무자(담보권 제공자와 다른 경우)에 대한 법적 절차 및 집행 절차의 합리적인 비용에 대한 채권이 포함된다. 다만, 그러한 절차를 취하려는 채권자의 의도에 대하여 담보제공자로 하여금 그러한 비용을 피할 수 있도록 하기에 충분한 시간 내에 담보제공자에게 고지되었어야 한다.
(3) 포괄 담보는 채무자와 채권자 간의 계약들에서 발생한 채권만을 담보한다.

Chapter 3:
Effectiveness as against third persons

Section 1: General rules

IX. – 3:101: Effectiveness as against third persons

(1) A security right created according to Chapter 2 has no effects against the following classes of third persons:

(a) holders of proprietary rights, including effective security rights, in the encumbered asset;

(b) a creditor who has started to bring execution against those assets and who, under the applicable law, has obtained a position providing protection against a subsequent execution; and

(c) the insolvency administrator of the security provider, unless, subject to exceptions, the requirements of this Chapter are met.

(2) Where a security right that is effective against third persons according to the provisions of this Chapter is extended by virtue of the provisions of this Book without a need for an agreement to this effect to assets other than the assets that were originally encumbered, the extension of the security right is not subject to the requirements of this Chapter.

(3) A security right that had been acquired by a good faith acquisition in disregard of a retention of ownership device or an earlier security right in the asset to be encumbered is effective against the holder of the retention of ownership device or the holder of the earlier security right even if the requirements of this Chapter are not met. The effectiveness of the security right that had been acquired by a good faith acquisition against other third persons remains subject to the other rules of this Chapter.

제3장

제3자에 대한 대항력

제1절 일반 규정

Ⅸ.-3:101: 제3자에 대한 대항력

(1) 제2장 규정에 따라 설정된 담보권은 다음 부류의 제3자에 대하여는 효력을 가지지 않는다.

(a) 유효한 담보권을 포함하여, 담보목적물에 설정된 물권을 보유하는 자;

(b) 그러한 담보목적물에 대하여 집행절차를 개시해왔고, 준거법상, 후속집행에 대하여 대항적 지위를 가진 채권자; 및

(c) 예외조항에 따라, 본 장의 요건이 충족되지 않은 한, 담보제공자의 파산관재인.

(2) 본 장의 규정에 따라 제3자에 대한 대항력을 갖춘 담보권이 해당 효력에 대한 합의 없이 본 권의 규정에 의하여 원래의 담보목적물이 아닌 자산에까지 확장되는 경우, 담보권의 확장은 본 장의 요건을 조건으로 하지 않는다.

(3) 담보목적물에 대한 소유권 유보 방식 또는 선순위 담보권과 관계없이 선의취득에 의하여 획득한 담보권은 본 장의 요건이 충족되지 않더라도 소유권 유보 방식의 보유자 또는 선순위 담보권자에 대해 대항력을 가진다. 선의취득에 의해 획득한 담보권의 제3자에 대한 대항력은 본 장의 다른 규정의 적용을 받는다.

IX. – 3:102: Methods of achieving effectiveness

(1) For security rights in all types of assets, effectiveness may be achieved by registration of the security right pursuant to Section 3.

(2) Effectiveness can also be achieved pursuant to Section 2:

(a) in the case of corporeal assets, by the secured creditor holding possession of the encumbered assets; or

(b) in the case of certain intangible assets, by the secured creditor exercising control over the encumbered assets.

IX. – 3:103: Security right made effective by several methods

(1) If a security right has been made effective by registration, possession or control, it may be made effective also by any of the other methods. Where the effects diverge, the stronger effects of a chosen method prevail.

(2) The preceding rules also apply if a security right that is exempted from the requirements of this Chapter is also made effective by registration, possession or control.

IX. – 3:104: Change of method

If the method for achieving effectiveness is changed, effectiveness is continuous, provided the requirements of the new method are met immediately upon termination of the preceding method.

IX. – 3:105: Security right in an accessory to an immovable

A security right in an accessory to an immovable may upon accession also be made effective by registration or annotation in a land register, provided this is authorised by the law governing the land register.

Ⅸ. – 3:102: 대항력 취득 방법

(1) 모든 유형의 자산에 설정된 담보권의 대항력은 제3절에 따른 담보권의 등록에 의하여 취득된다.

(2) 대항력은 또한 제2절에 따라 다음과 같이 취득될 수 있다:

(a) 유체자산의 경우, 담보권자가 담보목적물의 점유를 보유함으로써; 또는

(b) 일정한 무형자산의 경우, 담보권자가 담보목적물을 지배함으로써.

Ⅸ. – 3:103: 담보권이 대항력을 갖추기 위한 방법

(1) 담보권이 등록, 점유 또는 지배 중 하나의 요건을 갖추어 대항력을 갖추었다고 하더라도 여하한 기타 방법을 통해서도 대항력을 갖출 수 있다. 대항력이 상이한 경우, 더 큰 대항력을 가지는 방법이 우선한다.

(2) 본 장의 요건이 적용되지 않는 담보권이 등록, 점유 또는 지배 중 하나의 요건을 갖추어 대항력을 갖춘 경우에도 앞의 규정을 적용한다.

Ⅸ. – 3:104: 방법의 변경

대항력을 취득하는 방법이 변경되더라도 그 대항력은 지속된다. 다만, 기존의 방법이 종료됨과 동시에 새로운 방법에 따른 요건이 갖추어져야 한다.

Ⅸ. – 3:105: 부동산의 부속물에 대한 담보권

부합에 따른 부동산의 부속물에 대한 담보권은 토지등기에 관한 법에 의해 허용되는 한, 부동산 등기부에 등기 또는 부기함으로써 대항력을 갖출 수 있다.

IX. – 3:106: Security right in commingled assets

(1) Where a corporeal asset, which is encumbered with an effective security right, is commingled, the security right in the corresponding share of the bulk according to IX. – 2:309 (Commingling of assets subject to proprietary security) remains effective.
(2) The preceding paragraph applies with appropriate adaptations if financial assets are commingled in a fund.

IX. – 3:107: Registration of acquisition finance devices

(1) An acquisition finance device is effective only if registered.
(2) If registration is effected within 35 days after delivery of the supplied asset, the acquisition finance device is effective from the date of creation.
(3) If registration takes place later than 35 days after delivery, the acquisition finance device becomes effective only at the time of registration and does not enjoy superpriority under IX. – 4:102 (Superpriority).
(4) Where a credit for assets supplied to a consumer is secured by an acquisition finance device, this proprietary security is effective without registration. This exception does not apply to security rights in proceeds and other assets different from the supplied asset.

IX. – 3:108: Importation of encumbered asset

If an encumbered asset is brought from a country outside the European Union into this area, any pre-existing security right which is effective remains effective if the requirements laid down in this Chapter are fulfilled within three months.

Ⅸ.－3:106: 혼합된 자산에 대한 담보권

(1) 대항력을 갖춘 담보권의 목적물인 유체자산이 혼합된 경우 Ⅸ.－2:309(물적담보에 해당하는 자산의 혼합)에 따른 합성물에 상응하는 지분에 대한 담보권의 대항력은 유효하다.

(2) 금융자산이 기금에 혼합되면 전항을 준용한다.

Ⅸ.－3:107: 인수금융방식의 등록

(1) 인수금융방식은 등록에 의해서만 대항력을 갖는다.

(2) 제공된 자산의 인도 후 35일 이내에 등록의 효과가 발생하면 인수금융방식은 성립일로부터 대항력을 갖는다.

(3) 인도 이후 35일 이후에 등록이 발생하면, 인수금융방식은 등록한 때로부터만 대항력이 있고 Ⅸ.－4:102(최우선권)의 최우선권을 향유하지 못한다.

(4) 소비자에게 제공된 자산을 위한 대출이 인수금융방식에 의해 담보된 경우 이러한 물적담보는 등록 없이도 대항력을 갖는다. 이러한 예외는 대위물 또는 제공된 자산과 상이한 다른 자산에 대한 담보권에는 적용되지 않는다.

Ⅸ.－3:108: 담보목적물의 수입

담보목적물이 유럽연합 밖에서 해당지역으로 반입된 것이라면 대항력을 갖춘 여하한 선행담보권은 본 장에 의해 규정된 요건들이 3개월 이내에 충족되면 그 대항력이 유지된다.

Section 2: Possession or control by creditor

IX. –3:201: Possession

Security rights in encumbered corporeal assets can be made effective by the secured creditor holding possession:

(a) if the secured creditor or an agent (other than the security provider)acting for the secured creditor exercises direct physical control over the encumbered assets;

(b) where the encumbered assets are held by a third person (other than the security provider), if the third person has agreed with the secured creditor to hold the encumbered assets only for the latter; or

(c) where the encumbered assets are jointly held by the secured creditor and the security provider or where a third person holds the encumbered assets for both parties, if in either case the security provider has no access to the encumbered assets without the secured creditor's express consent.

IX. –3:202: Negotiable documents of title and negotiable instruments

(1) Possession of a negotiable document of title or negotiable instrument is also sufficient for the effectiveness of a security right in the goods covered by the document of title or in the right embodied in the instrument.

(2) The security right in the goods covered by the document of title according to paragraph (1) is not affected if the covered assets are relinquished to the security provider or another person for a period of up to ten days against a duly dated formal trust receipt and for the purpose of loading or unloading, sale or exchange or other dealing with the goods except the creation of a competing security right.

제2절
채권자에 의한 점유 또는 지배

Ⅸ. – 3:201: 점유

담보된 유체자산의 담보권은 다음의 경우 담보권자가 점유함으로써 대항력을 갖출 수 있다:

(a) 담보권자 또는 담보권자의 대리인(담보제공자를 제외하고)이 담보목적물에 대해 직접적인 물리적 지배를 행사하는 경우;

(b) 제3자(담보제공자를 제외하고)가 담보권자를 위해서만 담보목적물을 보유할 것을 담보권자와 합의하고, 담보목적물을 보유한 경우; 또는

(c) 담보권자와 담보제공자가 담보목적물을 공동으로 보유하고 있는 경우 또는 제3자가 양 당사자를 위해 담보목적물을 보유한 경우, 이 중 하나의 경우에서 담보제공자가 담보권자의 명시적 동의 없이 담보목적물에 접근을 할 수 없다면.

Ⅸ. – 3:202: 권원에 관한 물품증권 및 화폐증권

(1) 권원에 포함된 물품 또는 증권에 표창된 권리에 설정된 담보권의 대항력은 권원에 관한 물품증권 또는 화폐증권의 소지로도 충분하다.

(2) 만약 정시에 작성된 담보화물보관증(trust receipt)에 대하여 그리고 상충하는 담보권의 설정을 제외한 하역 또는 선적, 판매 또는 교환, 또는 기타 물품거래를 목적으로 해당 자산이 담보제공자 또는 이외의 자에게 10일 이내에 양도된다면, 제(1)항에 따른 권원에 관한 증서에 포함된 물품의 담보권은 아무런 영향을 받지 않는다.

IX. – 3:203: Certificated shares and bonds

Paragraph (1) of the preceding Article applies with appropriate adaptations to possession of directly held certificates of shares of companies, if negotiable, and directly held bond certificates.

IX. – 3:204: Control over financial assets

(1) Security rights can be made effective by the secured creditor exercising control over:

(a) financial assets which are entered into book accounts held by financial institution (intermediated financial assets); and

(b) non-intermediated financial instruments registered in a register maintained by or for the issuer or which under national law is determinative of title.

(2) The secured creditor exercises control over the assets mentioned in paragraph (1)(a), if:

(a) the secured creditor with the assent of the security provider has instructed the financial institution administering the book account not to admit dispositions by the security provider without the secured creditor's consent;

(b) the assets are held by the financial institution for the secured creditor in a special account; or

(c) the financial institution is the secured creditor.

(3) The preceding paragraph applies with appropriate adaptations to the exercise of control by the secured creditor over the assets mentioned in paragraph (1)(b).

(4) The satisfaction of the requirements of paragraphs (2) and (3) must be evidenced in writing or recording by electronic means or any other durable medium.

Ⅸ. – 3:203: 주권 및 채권증서

전 조前條 제(1)항은 직접 보유하는 회사의 주권(기명식 주권이라면)과 채권증서의 점유에 준용한다.

Ⅸ. – 3:204: 금융자산에 대한 지배

(1) 담보권자가 다음에 대한 지배를 행사함으로써 담보권은 대항력을 취득할 수 있다.

(a) 금융기관이 보유하고 있는 회계장부에 기재된 금융자산(중개금융자산); 및

(b) 발행인이 관리하거나 발행인을 위해 관리되는 등록부 또는 자국법상 권원을 결정하는 등록부에 등록된 비금융상품.

(2) 담보권자는 다음이 충족되면, 제(1)항 제(1)호에 언급된 자산에 대한 지배를 행사한다.

(a) 담보제공자의 동의 하에 담보권자가 회계장부(장부상 대차)를 관리하는 금융기관에게 담보권자의 동의 없는 담보제공자의 처분을 인정하지 않도록 지시한 경우;

(b) 금융기관이 담보권자를 위해 특별계좌에 자산을 보유하고 있는 경우; 또는

(c) 금융기관이 담보권자인 경우.

(3) 제(1)항 제(b)호에 언급된 자산에 대한 담보권자의 지배력 행사와 관련하여서는 전항의 규정을 준용한다.

(4) 제(2)항 및 제(3)항의 요건을 만족시키기 위해서는 서면 또는 전자적 수단 또는 여하한 기타 내구성 있는 매체로 작성된 기록을 통해 증명되어야만 한다.

Section 3: Registration

Subsection 1: Operation of the register of proprietary security

IX. -3:301: European register of proprietary security; other systems of registration or notation

(1) A registration that is required or allowed for any security right or retention of ownership device under the rules of this Book is to be effected in a European register of proprietary security, subject to paragraph (2).

(2) Where systems of registration or notation on title certificates for security rights in specific types of assets exist, the effectiveness of a security right to be registered or noted in these systems depends upon compliance with any mandatory rules applicable for these systems. For systems established under the national law of a member state, this rule is subject to IX. -3:312 (Transitional provision in relation to entries in other systems of registration or notation under national law).

(3) An entry of security rights in financial instruments into a register maintained by or for the issuer of financial instruments or which under national law is determinative of title is not regarded as registration for the purposes of this Section but may constitute control if the requirements of IX. -3:204 (Control over financial assets) paragraph (3) are complied with.

IX. -3:302: Structure and operation of the register

(1) The European register of proprietary security is to operate as a personal folio system, allowing entries concerning security rights to be filed against identified security providers.

(2) The register is to operate electronically and to be directly accessible for its users in an online format.

제3절
등록

제1관 물적담보등록부의 운영

Ⅸ. - 3:301:물적담보의 유럽등록부 ; 등기 또는 부기의 기타 제도

(1) 본 권의 규정에 따른 여하한 담보권 또는 소유권 유보 방식을 위해 요구되거나 허용되는 등록은 제(2)항의 규정에 따라 물적담보의 유럽등록부에서 그 효력이 발생한다.

(2) 특정한 종류의 자산에 설정된 담보권을 등기하는 제도나 권원증서에 부기하는 제도가 존재하는 경우 이러한 제도에 등기 또는 부기될 담보권의 유효성은 그 제도에 적용되는 강행법규의 준수 여부에 달려 있다. 각 회원국의 자국법에 따라 설립된 제도를 위하여 본 규정은 Ⅸ. - 3:312(자국법 상 상이한 등기 또는 부기의 기타 제도에 기입과 관련한 경과 규정)의 적용 대상이 된다.

(3) 발행인이 관리하거나 발행인을 위해 관리되는 등록부 또는 자국법상 권원을 결정하는 등록부에 금융상품 담보권의 기입은 본 절의 목적상 등록으로 보지 않는다. 그러나 이러한 기입은 Ⅸ. - 3:204(금융자산에 대한 지배) 제(3)항의 요건이 충족된다면 금융자산을 지배하는 것으로 볼 수 있다.

Ⅸ. - 3:302: 등록부의 구조와 운용

(1) 물적담보의 유럽등록부는 담보권 관련 기입을 특정 담보제공자들에 대해 신청할 수 있도록 하는 인적편성주의로 운영된다.

(2) 등록부는 전자적으로 운영되고 이용자들은 온라인으로 등록부에 직접 접근할 수 있다.

IX. – 3:303: Retention of ownership devices and security rights

(1) For the purposes of the European register of proprietary security no distinction is made between retention of ownership devices and security rights.

(2) Any reference in this Section to security rights includes retention of ownership devices.

IX. – 3:304: Authentication as requirement for declarations to the register

(1) Any declaration to the online register, such as filing, amending or deleting an entry in the register or a declaration of consent, requires authentication by the person making the declaration.

(2) Authentication requires:

(a) the use of log-in information which is issued to individual users of the online register after an initial enrolment in the register during which the identity and the contact details of the user are verified; or

(b) the use of secure online identity verification systems of general application, if such systems are brought into operation at a European or member state level.

Subsection 2: Entries in the register

IX. – 3:305: Entries to be made by secured creditor and advance filing

(1) Entries in the register can be made directly by the secured creditor.

(2) Entries can be made before or after the security right referred to has been created or the contract for proprietary security has been concluded.

IX. – 3:306: Minimum content of the entry in the register

(1) An entry can be entered into the register only if:

(a) it is made in respect of an identified security provider;

Ⅸ.-3:303: 소유권 유보 방식 및 담보권

(1) 물적담보의 유럽등록부의 목적상 소유권 유보 방식과 담보권을 구별하지 않는다.

(2) 이 절에서 담보권이라 함은 소유권 유보 방식을 포함한다.

Ⅸ.-3:304: 등록부 기재를 위한 요건으로서의 인증

(1) 등록, 기입의 수정 또는 삭제와 같은 전자등록부에 여하한 기재 또는 동의의 기재는 그 기재를 하는 자의 인증이 요구된다.

(2) 인증은 다음의 방법에 의한다.

(a) 이용자의 인적사항과 연락처를 확인하는 등록부 최초등록 이후에 전자등록부의 개인 이용자들에게 발급되는 접속개시 정보의 이용; 또는

(b) 만약 유럽 또는 EU 회원국 수준에서 운용되는 제도가 있다면, 일반적으로 적용되는 전자 보안 본인 인증장치의 이용.

제2관 등록부에 기입

Ⅸ.-3:305: 담보권자에 의한 기입과 사전등록

(1) 담보권자는 직접 등록부에 기입할 수 있다.

(2) 해당 담보권의 설정 또는 물적담보를 위한 계약의 체결 그 이전 또는 이후에 기입을 할 수 있다.

Ⅸ.-3:306: 등록부에 기입될 최소 사항

(1) 다음의 경우에 한해서만 등록부에 기입이 가능하다:

(a) 특정된 담보제공자에 관한 사항인 경우;

(b) it contains a minimum declaration as to the encumbered assets;

(c) it is indicated by one or several references to a list of categories of assets to which category the encumbered assets belong;

(d) the requirements of consent are fulfilled; and

(e) it is accompanied by a declaration of the creditor that the latter assumes liability for damage caused to the security provider or third persons by a wrongful registration.

(2) For the purposes of paragraph (1)(b) a declaration that the creditor is to take security over the security provider's assets or is to retain ownership as security is sufficient.

IX. – 3:307: Additional content of the entry

An entry in the register may include the following additional content:

(a) additional information provided by the creditor in relation to the encumbered assets or the content of the security right;

(b) a date at which the entry is to expire provided that it is before the end of the regular period of expiry of five years; and

(c) a maximum amount of the security.

IX. – 3:308: Information appearing on the register

In respect of each entry the following information appears on the register and is accessible to any user:

(a) the name and contact details of the security provider;

(b) the name and contact details of the creditor;

(c) the time the entry was made;

(d) the minimum content of the entry under IX. – 3:306 (Minimum content of the entry in the register) paragraph (1)(b) and (c); and

(b) 담보목적물에 관한 최소한의 기재를 포함하고 있는 경우;

(c) 담보목적물이 귀속되는 범주의 자산 구분 목록이 한 개 이상의 참고를 통해 표시되는 경우;

(d) 동의요건이 충족되는 경우; 그리고

(e) 오기 등록을 원인으로 담보제공자 또는 제3자가 입은 손해에 대한 책임을 채권자가 부담한다는 채권자의 기재가 수반되는 경우.

(2) 제(1)항 제(b)호의 목적상 기재는 채권자가 담보제공자의 자산에 대하여 담보권을 취득하려고 한다는 내용이나 담보로서 소유권을 보유한다는 내용이면 충분하다.

Ⅸ. – 3:307: 기입의 추가적 사항

등록부에의 기입에는 다음의 추가적 사항이 포함될 수 있다:

(a) 담보목적물 또는 담보권의 내용과 관련하여 채권자가 제공한 추가 정보;

(b) 기입의 만기일. 다만, 통상 5년의 기간 만기일 이전이어야 한다; 그리고

(c) 채권최고액

Ⅸ. – 3:308: 등록부에 게재되는 정보

기입에 관하여 다음의 정보가 등록부에 게재되며 어느 이용자나 열람할 수 있다.

(a) 담보제공자의 성명과 연락처;

(b) 채권자의 성명과 연락처;

(c) 기입일시;

(d) Ⅸ. – 3:306(등록부에 기입될 최소 사항) 제(1)항 제(b)호 및 제(c)호에 따라 기입될 최소 사항; 및

(e) any additional content of the entry under IX. – 3:307 (Additional content of the entry) sub-paragraphs (a) to (c).

IX. – 3:309: Required consent of the security provider

(1) An entry in the register can be made only if the security provider has consented to it by declaration to the register. Any such consent can be freely terminated by the security provider by declaration to the register. A termination of consent does not affect entries that have been entered before the termination of the consent is declared to the register.
(2) The secured creditor may demand from the security provider a declaration of consent to an entry to the extent that such a consent is necessary to cover the security rights created in the contract for proprietary security.
(3) This Article does not affect the validity, terms and effects of any of the security provider's agreements with the secured creditor other than the declaration of consent to the register.

IX. – 3:310: Identity of security provider, description of encumbered assets and effectiveness of registration

(1) If under the rules in this Book the effectiveness or priority of a security right encumbering assets of a certain security provider depends upon registration, an entry in the register according to this Subsection suffices only if:

(a) the entry is filed against the correct security provider;

(b) the creditor's declaration as to the encumbered assets as appearing on the register covers the assets encumbered by the security right;

(c) the encumbered assets actually belong to the category or categories of assets indicated in the entry; and

(d) the creditor's declaration is in an official language of the European Union. The creditor may add translations.

(e) IX. - 3:307(기입의 추가적 사항) 제(a)항에서 제(c)항에 따라 기입될 추가적 사항.

IX. - 3:309: 담보제공자의 필수적 동의

(1) 담보제공자가 등록부상 기재를 통해 동의한 경우에만 등록부상 기입이 이루어질 수 있다. 그러한 여하한 동의는 등록부상 기재를 통하여 담보제공자가 자유롭게 철회할 수 있다. 동의 철회는 그 철회선언이 등록부에 기재되기 전에 이미 이루어진 기입에는 영향을 미치지 않는다.

(2) 물적담보를 위한 계약에서 설정된 담보권을 포함하기 위해 필요한 동의 범위에서 담보권자는 기입에 동의의 기재를 담보제공자에게 요구할 수 있다.

(3) 이 조항은 등록부상의 동의의 기재 이외에 담보제공자가 담보권자와 한 합의에 대한 유효성, 내용 및 효과에 대하여 어떠한 영향도 미치지 않는다.

IX. - 3:310: 담보제공자의 인적사항, 담보목적물의 성상 및 등록의 유효성

(1) 본 권의 규정에 따라 일정한 담보제공자의 담보자산에 설정된 담보권의 유효성 또는 우선순위가 등록으로 결정된다면, 본 관에 따른 등록부상의 기입은 다음의 요건을 갖추어야만 한다.

(a) 정확한 담보제공자에 대한 기입이 등록된다;

(b) 등록부에 게재된 담보목적물에 대한 채권자의 기재가 담보권이 설정된 자산을 포함한다;

(c) 담보목적물이 기입에 표시된 범주 또는 자산의 범주에 실제로 귀속된다; 그리고

(d) 채권자의 기재는 유럽연합의 공식 언어로 행해져야 한다. 채권자는 번역문을 첨부할 수 있다.

(2) For the purposes of paragraph (1)(b):

(a) the entry is effective in respect of fruits, products, proceeds and any other assets different from the original assets serving as security only if these assets are also covered by the creditor's declaration as to the encumbered assets; and

(b) a description identifying individual assets is not necessary.

(3) The creditor making the entry bears the risk that:

(a) the description of the encumbered assets, the translation of this description or the indication of the category or categories of encumbered assets is wrong; and

(b) the entry is filed against a wrong person.

IX. - 3:311: Amendments of entries

(1) The creditor may amend any of the creditor's entries after filing.

(2) An amendment to an entry can only be entered into the register if:

(a) it is made in respect of a specific entry;

(b) it contains a declaration as to the content of the amendment; and

(c) it is accompanied by a declaration of the creditor that the latter assumes liability for damage caused to the security provider or third persons by a wrongful amendment to the original entry.

(3) In case of an amendment, the register preserves and shows both the original text and the amendment as such, including the time the amendment was made.

(4) An amendment to an entry is effective only if it does not extend the creditor's rights. In particular, an amendment can have the effect of limiting the creditor's rights, especially by subordinating the creditor's rights to another creditor's rights, by indicating a transfer of the security right to another creditor, by limiting the scope of assets covered according to the content of the creditor's declaration as to the encumbered assets or by setting or predating a date of expiry of the entry.

(5) An extension of the creditor's rights is effective only if contained in a new entry.

(2) 제(1)항 제(b)호의 목적을 위해:

(a) 기입은 담보목적물인 과실, 생산물, 대위물 및 담보를 위한 원래의 자산과 다른 여하한 기타 자산에 효력을 미친다. 다만 이러한 자산들이 담보목적물에 관한 채권자의 기재에 또한 포함되어야 하는 경우에 한한다.

(b) 개별적인 자산을 특정하는 기술은 필요하지 않다.

(3) 기입을 한 채권자는 다음과 같은 위험을 부담한다.

(a) 담보목적물에 대한 기술, 이 기술에 대한 번역 또는 담보목적물의 범주 또는 범주들의 표시 등이 잘못 등록된 것에 대한 위험; 및

(b) 당사자가 아닌 자에 대한 기입이 이루어진 위험.

Ⅸ.–3:311: 기입변경

(1) 신청 후 채권자는 자신이 한 기입을 변경할 수 있다.

(2) 다음의 경우에만 등록부에 기입의 변경이 가능하다.

(a) 특정한 기입에 대한 변경인 경우;

(b) 변경에 변경의 내용에 대한 기재가 포함된 경우; 그리고

(c) 변경에 담보제공자 또는 제3자가 원래 기입의 잘못된 변경을 원인으로 입은 손해에 대한 책임을 채권자가 부담한다는 채권자의 기재가 수반되는 경우.

(3) 변경기입의 경우, 등록부에는 변경 시각을 포함하여 원 등록 사항과 변경 사항이 모두 보존 및 기록된다.

(4) 기입에 대한 변경은 채권자의 권리를 확대하지 않아야만 효력이 있다. 특히, 변경은 채권자의 권리를 다른 채권자가 대신함으로써, 담보권을 다른 채권자에게 양도함을 표시함으로써, 담보목적물에 대한 채권자 기재의 내용에 따라 담보되는 자산의 범위를 제한함으로써, 또는 기입의 만기일을 설정하거나 이를 앞당김으로써 채권자의 권리를 제한할 수 있다.

(5) 채권자의 권리 확장은 새로운 기입을 하여야만 효력이 있다.

IX. – 3:312: Transitional provision in relation to entries in other systems of registration or notation under national law

(1) Where a security right is registered or noted in another system of registration or notation on title certificates under the national law of a member state, as long as such systems are still in operation for security rights in specific types of assets, an entry reiterating the content of that registration or notation, including the time of the registration or notation, is to be entered into the European register of proprietary security against the security provider by the body operating the other system. An entry in the European register of proprietary security is required for the effectiveness of the registration or notation under this Book.

(2) For purposes of priority according to Chapter 4, the time of registration or notation in the national system is decisive.

IX. – 3:313: Automated certification of entry to creditor and security provider

After an entry or an amendment to an entry has been filed, a certificate to that effect is to be communicated automatically to the creditor and the security provider.

IX. – 3:314: Third person acting as agent of the creditor

(1) As an additional content of the entry made by the secured creditor, the latter may identify a third person acting as agent of the creditor, whose name and contact details will appear on the register instead of those of the creditor. In such a situation, the entry can be entered into the register only if in addition to the requirements of the preceding Articles being satisfied this third person has also consented to it according to IX. – 3:309 (Required consent of the security provider) paragraphs (1) and (3), applied with appropriate adaptations.

Ⅸ. – 3:312: 자국법 상 상이한 등기 또는 부기 제도에 기입과 관련한 경과 규정

(1) 회원국의 자국법 상 상이한 등기 제도 또는 권원증서에 부기하는 제도에 담보권이 등기 또는 부기된 경우, 이러한 제도가 특정 자산에서 담보권을 위해 운용되는 한, 등록 또는 부기가 이루어진 때를 포함하여 이러한 등록 또는 부기 내용을 부언하는 기입은 담보제공자에 대항하여 다른 제도를 운영하는 기관에 의해 물적담보의 유럽등록부에 기재된다. 물적담보의 유럽등록부에 기입은 본 권의 등록 또는 부기의 유효성을 위해 요구된다.

(2) 제4장에 따른 우선순위를 위한 목적으로, 국내 제도에서 등록 또는 부기된 시각을 기준으로 결정한다.

Ⅸ. – 3:313: 채권자와 담보제공자에 대한 기입 자동 증명서

기입 또는 기입의 변경이 경료된 이후, 이와 관련한 효력에 대한 증명서는 자동적으로 채권자 및 담보제공자에게 송부된다.

Ⅸ. – 3:314: 채권자의 대리인으로서 제3자

(1) 기입의 내용을 추가함으로써, 담보권자는 채권자의 대리인이 될 제3자의 성명과 연락처를 채권자의 성명과 연락처를 대신하여 등록부에 표시하여 특정할 수 있다. 그러한 경우 선행 규정들의 요건이 충족되고, IX. – 3:309(담보제공자의 필수적 동의) 제(1)항 및 제(3)항을 준용하여 제3자가 이에 동의를 한 경우에 한하여 그 기입이 등록부에 기재될 수 있다.

(2) By a declaration to the register that is subject to IX. –3:309 (Required consent of the security provider) paragraphs (1) and (3), applied with appropriate adaptations, a secured creditor may authorise a third person to make declarations to the register on the secured creditor's behalf.
(3) Where a third person acting as agent for the secured creditor is identified in the entry, the secured creditor and the third person are liable as solidary debtors for all obligations of secured creditors under this Section.

Subsection 3: Protection of the security provider

IX. –3:315: Security provider's right to deletion or amendment of entry

The security provider is entitled against the secured creditor to deletion or amendment of an entry if and in so far as no corresponding security right exists.

IX. –3:316: Review of contested entries by registration office

(1) The security provider may apply for the assistance of the registration office in the assertion of the right to demand deletion or amendment of an entry from the secured creditor.
(2) On the security provider's application, the registration office asks the secured creditor whether the latter agrees to the security provider's demand.
(3) If the secured creditor does not object within two months of being asked by the registration office according to paragraph (2), the entry is deleted or amended according to the security provider's demand.
(4) If the secured creditor objects within the time limit of paragraph (3),the entry is marked as contested to the extent of the security provider's demand.
(5) The entry remains marked as contested until:

(a) the security provider withdraws the application by declaration to the registration office;

(2) IX. - 3:309(담보제공자의 필수적 동의) 제(1)항 및 제(3)항을 준용하여 이에 해당하는 등록부상의 기재를 통하여, 담보권자는 자신을 대신하여 제3자가 등록부에 기재를 할 수 있는 권한을 부여할 수 있다.
(3) 담보권자를 위한 대리인으로서 제3자가 기입에서 특정되는 경우, 담보권자와 제3자는 이 절에 따른 담보권자의 모든 의무에 관하여 연대채무자로서 책임을 진다.

제3관 담보제공자의 보호

IX. - 3:315: 담보제공자의 기입말소 또는 변경권

담보제공자는 담보권자에 대항하여 기입을 말소하거나 또는 변경할 권리가 있다. 다만 그에 상응하는 담보권이 존재하지 않고 그 범위 내이어야 한다.

IX. - 3:316: 이의 제기된 기입에 대한 등록소의 심사

(1) 담보제공자는 담보권자에 대해 기입의 말소 또는 변경을 요구할 권리를 행사하기 위해 등록소의 지원을 신청할 수 있다.
(2) 담보제공자의 신청으로, 등록소는 담보권자에게 담보제공자의 요구사항에 동의하는지 여부를 문의한다.
(3) 담보권자가 제(2)항에 따른 등록소의 문의에 대해 2개월 이내에 반대하지 않으면, 담보제공자의 요구에 따라 기입은 말소되거나 변경된다.
(4) 담보권자가 제(3)항의 기간 내에 반대하면, 기입은 담보제공자의 요구 범위까지 이의제기로 표시 된다.
(5) 기입은 다음의 시점까지 이의제기로 표시 된다:

(a) 담보제공자가 기재를 통하여 등록소에 신청을 철회할 때까지;

(b) the secured creditor agrees to the security provider's demand by declaration made to the registration office;

(c) the secured creditor deletes the entry; or

(d) a final decision is rendered on the security provider's demand by a competent court.

Subsection 4: Accessing and searching the register

IX. – 3:317: Access to the register for searching purposes

Access to the register for searching purposes is open to anyone, subject to the payment of fees; it does not depend upon a consent by the security provider or the secured creditor.

IX. – 3:318: Searching the register

The register can be searched for entries filed against individual security providers or for entries containing specified descriptions of the encumbered assets.

Subsection 5: Registered creditors' duty to answer requests for information

IX. – 3:319: Duty to give information

(1) Any registered secured creditor has a duty to answer requests for information by inquirers concerning the security right covered by the entry and the encumbered assets if these requests are made with the security provider's approval.

(2) The request must be in an official language of the member state of the European Union where the place of business or incorporation or the residence of the secured creditor is situated or in English.

(b) 담보권자가 등록소에 행해진 기재를 통하여 담보제공자의 요구에 동의할 때까지;

(c) 담보권자가 기입을 말소할 때까지; 또는

(d) 관할 법원에서 담보제공자의 요구에 대한 최종결정이 내려질 때까지.

제4관 담보등록부의 열람 및 검색

Ⅸ.-3:317: 검색을 목적으로 한 담보등록부의 열람

누구든지 수수료를 내고 검색을 목적으로 담보등록부를 열람할 수 있다; 이는 담보제공자 또는 담보권자의 동의에 종속되지 않는다.

Ⅸ.-3:318: 담보등록부의 검색

담보등록부에서 개별 담보제공자를 기준으로 또는 담보목적물의 구체적 기술을 기준으로 한 기입들을 검색할 수 있다.

제5관 정보요청에 대한 등록된 담보권자의 답변의무

Ⅸ.-3:319: 정보제공의무

(1) 여하한 등록된 담보권자는 질문자가 기입된 담보권 및 담보목적물에 관한 정보를 요청하는 경우 답변할 의무가 있다. 다만, 해당 문의는 담보제공자의 승인을 얻어야 한다.

(2) 정보의 요청은 담보권자의 영업소, 설립지 또는 거주지가 소재한 유럽연합 회원국의 공식 언어 또는 영어로 이루어져야만 한다.

(3) The request must be answered within fourteen days after the request, including the security provider's approval, has been received by the secured creditor.
(4) The secured creditor's duty to answer requests for information by inquirers according to the preceding paragraphs is owed both to the inquirer and to the security provider. To both parties, the secured creditor is liable in damages for any loss caused by breach of the duty.

IX. – 3:320: Content of the information

(1) Requests for information under the preceding Article must be answered by the secured creditor giving information concerning the existence of a security right in specific assets at the time when the information is given.
(2) The information may be given by:

(a) stating specifically whether the assets concerned are encumbered in favour of the secured creditor; or

(b) forwarding the relevant parts of the agreements between security provider and secured creditor covering the providing or retention of proprietary security.

(3) Where the security right has been transferred, the person registered as the secured creditor must disclose the name and contact details of the transferee.
(4) The information must be given in an official language of the member state of the European Union where the place of business or incorporation or the residence of the secured creditor is situated or in English.
(5) No information needs to be given:

(a) if it is apparent directly from the entry that the asset concerned is not encumbered, provided that the entry complies with the requirements of paragraph (4); or

(b) if the secured creditor had already answered a request for information by the same inquirer in relation to the same asset within the past three months and the information given is still correct.

(3) 담보권자는 담보제공자의 승인을 받아, 요청을 받고 난 이후 14일 이내에 답변을 하여야만 한다.

(4) 전항에 따른 질문자의 정보요청에 대한 담보권자의 답변의무는 질문자와 담보제공자 양쪽에 대해 부담한다. 담보권자는 양당사자에게 의무의 위반으로 인해 발생한 여하한 손실에 대하여 배상할 책임이 있다.

Ⅸ.－3:320: 정보의 내용

(1) 담보권자는 정보를 제공하는 시점에 특정한 자산에 담보권이 존재하는지 여부에 관한 정보를 제공함으로써 전 조前條의 정보요청에 대해 답변을 해야만 한다.

(2) 정보는 다음과 같이 제공될 수 있다:

(a) 관련 자산이 담보권자를 위한 담보로 제공된 것인지 여부에 대해 명확히 언급함으로써; 또는

(b) 물적담보의 제공 또는 보유에 관한 담보제공자와 담보권자간의 합의 중 관련 부분을 전달함으로써.

(3) 담보권이 이전된 경우, 담보권자로 등록된 자는 양수인의 성명 및 연락처를 공개하여야만 한다.

(4) 정보는 담보권자의 영업소, 설립지 또는 거주지가 소재한 유럽연합 회원국의 공식언어 또는 영어로 이루어져야 한다.

(5) 다음의 경우 정보가 제공될 필요가 없다:

(a) 제(4)항의 요건을 준수한 기입이라면, 해당 기입을 통해 관련 자산에 담보가 설정되지 않았음이 명백한 경우; 또는

(b) 동일한 질문자로부터 동일한 자산에 관한 정보제공요청에 대해 담보권자가 이미 답변을 하였고, 해당 답변이 지난 3개월 이내에 이루어졌으며 여전히 정확한 경우.

(6) These provisions do not affect the secured creditor's obligation to give information concerning the obligation covered by the security under IX.–5:401 (Secured creditor's obligation to give information about secured right) or any equivalent obligation owed to the debtor of the obligation covered by the security and the consequences of a non-performance of these obligations.

IX.–3:321: Consequences of correct information given by secured creditor

(1) If the secured creditor correctly informs the inquirer under this Subsection that the assets concerned are not encumbered, a security right in these assets which is subsequently created in favour of the secured creditor cannot enjoy priority conferred by the original entry over security rights of the inquirer. This rule applies only if the security rights of the inquirer are acquired by the latter within three months after the request for information had been made.
(2) If the secured creditor correctly informs the inquirer under this Subsection that the assets concerned are encumbered, the inquirer cannot acquire a proprietary right in the encumbered assets free of the encumbrance in favour of the secured creditor even if that would otherwise be possible under the principles of good faith acquisition.

IX.–3:322: Consequences of incorrect information given by secured creditor

(1) If the secured creditor incorrectly informs the inquirer under this Subsection that the assets concerned are not encumbered, the inquirer may within three months acquire a proprietary right in these assets free of any encumbrance in favour of the secured creditor on the basis of a good faith acquisition in spite of the entry in the register covering the secured creditor's rights.

(6) 이러한 조항들은 IX. －5:401(피담보채권에 관한 담보권자의 정보제공의무)상의 정보제공의무에 영향을 미치지 않으며 또는 여하한 유사의무 그리고 이러한 의무의 불이행으로 인한 결과들에는 영향을 미치지 않는다.

Ⅸ.－3:321: 담보권자가 제공한 정확한 정보의 결과

(1) 담보권자가 본 관에 따라 관련 자산에 담보권이 설정되지 않았다고 질문자에게 정확하게 알리면, 그 이후 담보권자를 위해 해당 자산에 설정된 담보권은 질문자의 담보권에 우선하여 원래의 기입에 부여된 우선권을 갖지 못한다. 본 규정은 질문자가 정보를 요청한 날로부터 3개월 이내에 담보권을 취득한 경우에만 적용된다.

(2) 담보권자가 본 관에 따라 질문자에게 관련 자산에 담보권이 설정되었다고 정확하게 알리면, 질문자는 담보권자를 위한 담보권이 없는 담보목적물에 대한 물적 권리를 취득할 수 없다. 질문자는 선의취득의 원칙에 따른 물적 권리를 취득하는 것은 가능하다.

Ⅸ.－3:322: 담보권자가 제공한 부정확한 정보의 결과

(1) 담보권자가 본 관에 따라 질문자에게 관련 자산에 담보권이 설정되지 않았다고 부정확하게 알리면, 질문자는 담보권자의 권리에 대한 등록부상의 기입에도 불구하고 선의취득의 원칙에 기하여 3개월 이내에 담보권자를 위한 담보권이 없는 해당 자산에 대한 물적 권리를 취득할 수 있다.

(2) If the secured creditor incorrectly informs the inquirer under this Subsection that the assets concerned are encumbered, and the inquirer nevertheless acquires a proprietary security right in the assets concerned from the security provider, IX.–3:321 (Consequences of correct information given by secured creditor) paragraph (1) first sentence applies with appropriate adaptations.

IX.–3:323: Consequences of failure to give information

(1) If the secured creditor fails to answer the request for information under IX.–3:319 (Duty to give information) and IX.–3:320 (Content of the information) or incorrectly answers that its security rights in the assets concerned have been transferred, the inquirer is to be treated as if the secured creditor had given the information that the assets concerned are not encumbered. IX.–3:321 (Consequences of correct information given by secured creditor) paragraph (1) or IX.–3:322 (Consequences of incorrect information given by secured creditor) paragraph (1), respectively, apply with appropriate adaptations.

(2) If the secured creditor delays in answering the request for information under IX.–3:319 (Duty to give information) and IX.–3:320 (Content of the information), the preceding paragraph applies if a proprietary right is created in favour of or acquired by the inquirer before the secured creditor answers the request for information.

IX.–3:324: Form of requests and information

The request for information under this Subsection and the answer must be in textual form. Both may be made via an electronic means of communication provided by the register, in which case a certification of the inquiry or the answer is to be communicated by the register to the inquirer or the secured creditor, respectively, serving as proof of receipt of the inquiry or of the answer by the other party.

(2) 담보권자가 본 관에 따라 질문자에게 관련 자산에 담보권이 설정되었다고 부정확하게 알리고, 그럼에도 불구하고 질문자가 담보제공자로부터 관련 자산에 대한 물적 담보권을 취득한다면, Ⅸ. - 3:321(담보권자가 제공한 정확한 정보의 결과) 제(1)항 제1문을 준용한다.

Ⅸ. - 3:323: 정보제공을 하지 않은 경우의 결과

(1) 담보권자가 Ⅸ. - 3:319(정보제공의무) 및 Ⅸ. - 3:320(정보의 사항)의 정보요청에 대해 답변하지 않거나 또는 관련 자산에 설정된 담보권이 이전되었다고 부정확하게 답변하면, 질문자는 담보권자로부터 관련 자산에 담보권이 설정되지 않았다는 정보를 받은 것과 같이 다루어진다. Ⅸ. - 3:321(담보권자가 제공한 정확한 정보의 결과) 제(1)항 또는 Ⅸ. - 3:322(담보권자가 제공한 부정확한 정보의 결과) 제(1)항을, 각각, 준용한다.

(2) 담보권자가 Ⅸ. - 3:319(정보제공의무) 및 Ⅸ. - 3:320(정보의 사항)의 정보요청에 대한 답변을 지체하면, 전항을 다음과 같은 조건으로 적용한다. 그 조건은 담보권자가 정보요청에 대해 답변하기 이전에 질문자를 위한 물적 권리가 설정되거나 또는 질문자가 물적 권리를 취득한다는 것이다.

Ⅸ. - 3:324: 요청 및 정보의 형식

본 관의 정보요청 및 답변은 문언적 형태이어야만 한다. 양쪽 모두 등록부가 제공하는 전자적 통신수단을 통해 이루어질 수 있다. 이 경우, 질문 또는 답변은 등록부상 질문자 또는 답변자에게 한 통신된 것을 통해 증명되며, 각각 다른 당사자로부터 받은 질문 또는 답변은 수령의 증거로써 효과를 갖는다.

Subsection 6: Duration, renewal and deletion of entries

IX. – 3:325: Duration

(1) An entry expires five years after it has been entered into the register or at the date of expiry indicated in the entry.

(2) Once an entry expires, it no longer appears on the register and is no longer directly accessible for any user. It ceases to have any effect under this Section. The content of the entry is kept for reference purposes in the archives of the registration office.

IX. – 3:326: Renewal

(1) Unless a date of expiry has been included in the entry, an entry may be renewed before the end of the regular period of expiry for an additional period of five years.

(2) The renewal of an entry is effected by a declaration of the secured creditor to the register.

IX. – 3:327: Deletion

(1) The secured creditor may at any time delete the entry by declaration to the register.

(2) For the consequences of a declaration according to the preceding paragraph IX. – 3:325 (Duration) paragraph (2) is applicable with appropriate adaptations.

Subsection 7: Transfer of the security right or of the encumbered asset

IX. – 3:328: Transfer of the security right: general rules

(1) Where the security right is transferred, it remains effective by virtue of the original entry.

(2) Even if there is no declaration indicating the transfer under IX. – 3:329(Transfer of the security right: declaration indicating the transfer), the transferee is bound under Subsection 5 in the same way as a secured creditor from the moment of the transfer.

제6관 기입의 존속기간, 갱신 및 말소

Ⅸ. - 3:325: 존속기간

(1) 기입은 등록부에 기재된 때로부터 5년 후 또는 기입에 표시된 만료일에 만료한다.

(2) 기입이 만료되면, 등록부에 기입은 더 이상 게재되지 않고 이용자들은 더 이상 이를 직접 열람할 수 없다. 본 절의 여하한 효력은 중단된다. 기입의 사항은 등록소의 보관소에 참고목적으로 보관된다.

Ⅸ. - 3:326: 갱신

(1) 기입에 만료일이 포함되지 않은 한, 기입은 일반적인 만료기간의 종료 전에 5년의 추가기간을 갱신할 수 있다.

(2) 담보권자가 등록부에 기재함으로써 기입 갱신의 효력이 생긴다.

Ⅸ. - 3:327: 말소

(1) 담보권자는 언제든지 등록부의 기재를 통해 기입을 말소할 수 있다.

(2) 전 항에 따른 말소의 결과를 위해, IX. - 3:325(존속기간) 제(2)항이 준용된다.

제7관 담보권 또는 담보목적물의 이전

Ⅸ. - 3:328: 담보권의 이전 : 일반규정

(1) 담보권이 이전되는 경우, 원래의 기입에 의한 효력이 유지된다.

(2) IX. - 3:329(담보권의 이전:이전표시의 기재)의 이전에 대한 표시가 기재되어 있지 않더라도, 양수인은 이전 시부터 담보권자와 같은 방식으로 제5관에 구속된다.

(3) The transferor is liable towards the transferee for any damage caused by its conduct in relation to the entry, as well as to amendments and deletions thereof from the moment of the transfer of the security right until a declaration indicating the transfer is filed or until the transferor declares its consent to such a declaration under IX.–3:329 (Transfer of the security right: declaration indicating the transfer) paragraph (4)).

IX.–3:329: Transfer of the security right: declaration indicating the transfer

(1) Where the security right is transferred, the original entry may be amended by a declaration indicating the transfer.

(2) The declaration indicating the transfer is subject to IX.–3:311(Amendments of entries) and any additional rules as laid down in this Article.

(3) The declaration indicating the transfer can be entered into the register only if:

(a) it is made in respect of a specific entry;

(b) it indicates the security rights to be transferred;

(c) it identifies the transferee; and

(d) it is accompanied by a declaration of the person making the amendment that the latter assumes liability for damage caused to the secured creditor or third persons by a wrongful entry.

(4) The declaration indicating the transfer may be filed by the transferor or, with the transferor's consent, by the transferee.

(5) On the basis and to the extent of the transfer of the security right, the security provider is entitled as against the transferor to the filing of a declaration indicating the transfer and the transferee is entitled to a declaration of consent by the transferor according to the preceding paragraph. IX.–3:316 (Review of contested entries by registration office)applies with appropriate adaptations to the assertion of these rights.

(6) Once the declaration indicating the transfer is filed, the original entry is amended accordingly and is no longer regarded as covering the security rights indicated as having been transferred.

(3) 양도인은 담보권의 이전 시부터 담보권의 이전표시의 기재가 신청될 때까지 또는 양도인이 Ⅸ.-3:329(담보권의 이전:이전표시의 기재) 제(4)항의 기재에 대한 동의를 기재할 때까지 기입의 변경 및 말소뿐만 아니라, 기입과 관련한 자신의 행위로 인해 양수인이 입은 여하한 손해에 대하여도 책임이 있다.

Ⅸ.-3:329: 담보권의 이전: 이전표시의 기재

(1) 담보권이 이전된 경우에, 원래의 기입은 이전을 표시하는 기재에 의해 수정될 수 있다.

(2) 이전을 표시하는 기재는 Ⅸ.-3:311(기입변경) 및 본 조의 추가적 규정들을 따를 것을 조건으로 한다.

(3) 이전을 표시하는 기재는 다음의 경우에만 등록부에 기입될 수 있다:

(a) 특정 기입에 관한 경우;

(b) 이전될 담보권을 표시한 경우;

(c) 양수인을 특정한 경우; 그리고

(d) 변경자는 잘못된 기입으로 인해 담보권자 또는 제3자가 입은 손해에 대한 책임을 진다는 기재를 수반하는 경우.

(4) 이전을 표시하는 기재는 양도인에 의하여 신청되거나 또는 양도인의 동의를 받아, 양수인에 의하여 신청될 수 있다.

(5) 담보권의 이전을 근거로 그 한도에서, 담보제공자는 양도인에 대항하여 이전을 표시하는 기재를 신청할 권리가 있으며, 양수인은 전 항에 따라 양도인에 의한 동의의 기재를 할 권리가 있다. Ⅸ.-3:316(이의 제기된 기입에 대한 등록소의 심사)은 이러한 권리의 주장에 준용한다.

(6) 일단 이전을 표시하는 기재가 신청되면, 원래의 기입은 그에 따라 수정되고 더 이상 이전되었다고 표시된 담보권으로 보여지지 않는다.

(7) Once the declaration indicating the transfer is filed, a new entry is automatically filed against the security provider reiterating the content of the original entry and stating that the security rights indicated are transferred to the transferee.
(8) The transferee assumes the position of the secured creditor in respect of the new entry for all purposes under this Section. In respect of the security rights indicated as transferred, the new entry preserves the priority conferred by the original entry.

IX. – 3:330: Transfer of the encumbered asset: general rules

(1) Ownership of the encumbered asset may be transferred subject to the existing security right without a new entry being filed in the register.
(2) The continuation of effectiveness and the priority of the security right in the encumbered asset by virtue of the original entry in the register are governed by IX. – 5:303 (Transfer of encumbered asset).
(3) For the purposes of this Section, the transferee assumes the position of the security provider in respect of the security right in the transferred assets from the moment of the transfer.
(4) The preceding paragraphs apply with appropriate adaptations where the rights of a buyer, hire-purchaser, lessee or consignee in or relating to the supplied assets are transferred subject to an existing retention of ownership device.

IX. – 3:331: Transfer of the encumbered asset: declaration of transfer

(1) A transferee acquiring ownership of an encumbered asset subject to an existing security right has a duty to enter in the register an entry against itself indicating the transfer, unless such a declaration has already been entered by the secured creditor.
(2) The transferee is liable towards the secured creditor holding a security right in the transferred asset for damage resulting from a breach of the duty under the preceding paragraph.

(7) 일단 이전을 표시하는 기재가 신청되면, 신규 기입은 담보제공자에 대항하여 원래 기입의 사항을 재확인하고 표시된 담보권이 양수인에게 이전되었음을 명시하며 자동으로 신청된다.
(8) 양수인은 본 절의 목적상 신규 기입에 대하여 담보권자의 지위를 갖는다. 이전되었다고 표시된 담보권에 대하여, 신규 기입은 원래의 기입에 의해 부여된 우선권을 갖는다.

Ⅸ.－3:330: 담보목적물의 이전: 일반규정

(1) 담보목적물의 소유권은 등록부에 신규 기입 신청 없이 현존하는 담보권에 종속되어 이전될 수 있다.
(2) 등록부상 원래의 기입에 따라 담보목적물에 설정된 담보권에 대한 효력의 지속과 우선권은 Ⅸ.－5:303(담보목적물의 이전)의 규정에 의한다.
(3) 본 절의 목적상, 양수인은 이전 시부터 이전된 자산의 담보권에 관하여 담보제공자의 지위를 갖는다.
(4) 제공된 자산에 또는 이와 관련한 매수인, 할부구매자, 금융리스이용자 또는 위탁자의 권리가 현존하는 소유권 유보 방식에 종속되어 이전되는 경우 전항을 준용한다.

Ⅸ.－3:331: 담보목적물의 이전: 이전의 기재

(1) 현존하는 담보권이 설정된 담보목적물의 소유권을 취득하는 양수인은 이전을 표시하는 기입에 대해 등록부에 기입을 할 의무가 있다. 다만 이러한 기재가 담보권자에 의해 이미 기입된 경우에는 그러하지 아니하다.
(2) 양수인은 이전된 자산에 설정된 담보권을 보유한 담보권자에게 전항의 의무를 위반한 결과로 발생한 손해에 대하여 책임진다.

(3) The declaration of transfer can be entered by the transferee or the secured creditor if:

(a) it is made in respect of an identified security provider as transferee;

(b) it indicates the identity of an identified security provider as transferor;

(c) it contains a minimum declaration as to the transferred asset;

(d) it is indicated by one or several references to a list of categories of assets to which category the transferred asset belongs; and

(e) it is accompanied by a declaration of the person making the declaration of transfer that the latter assumes liability for any damage caused to the transferee, the secured creditor or third persons by a wrongful entry.

(4) The preceding paragraphs apply with appropriate adaptations where the rights of a buyer, hire-purchaser, lessee or consignee in or relating to the supplied assets are transferred subject to an existing retention of ownership device.

Subsection 8: Costs

IX. – 3:332: Distribution of costs

(1) As between the parties:

(a) each party has to bear the costs of its enrolment or admission to a secure online identity verification system; and

(b) the security provider has to bear any other costs reasonably incurred by the secured creditor in connection with the registration.

(2) The costs of inquiries and of answers to such inquiries are to be borne by the inquirer.

(3) 양수인 또는 담보권자는 다음의 경우 이전의 기재를 할 수 있다:

(a) 양수인으로서 특정한 담보제공자에 관한 것인 경우;

(b) 양도인으로서 특정한 담보제공자의 인적사항을 표시한 경우;

(c) 이전된 자산에 관한 최소한의 기재를 포함한 경우;

(d) 이전된 자산이 속한 자산구분목록이 한 개 이상의 참고를 통해 표시되는 경우; 및

(e) 이전을 기재하는 자는 잘못된 기입으로 인해 양수인, 담보권자 또는 제3자가 입은 손해에 대한 책임을 진다는 기재를 수반하는 경우.

(4) 제공된 자산에 또는 그와 관련된 매수인, 할부구매자, 금융리스이용자 또는 위탁자의 권리가 현존하는 소유권 유보 방식에 종속되어 이전되는 경우 전항을 준용한다.

제8관 비용

Ⅸ.-3:332: 비용의 분배

(1) 당사자 간에서는 다음과 같다:

(a) 각 당사자는 전자보안 본인인증장치의 등록 또는 가입을 위한 비용을 부담해야 한다; 그리고

(b) 담보제공자는 등록부와 관련하여 담보권자에 의해 합리적으로 발생한 기타 비용을 부담해야 한다.

(2) 질문에 대한 질문 및 답변 비용은 질문자가 부담한다.

Subsection 9: Security rights created before establishment of register

IX.–3:333: Security rights created before establishment of register

(1) Security rights that were effective before the European register of proprietary security started to operate do not require registration under this Section in order to remain effective thereafter.

(2) If the security rights were registered or noted in any system of registration or notation on title certificates under the national law of a member state, an entry reiterating the content of that registration or notation, including the date of registration or notation, is to be entered in the European register of proprietary security against the security provider by the body operating the other register once this register is established.

Chapter 4: Priority

IX.–4:101: Priority: general rules

(1) Subject to exceptions, the priority between several security rights and between a security right and other limited proprietary rights in the same asset is determined according to the order of the relevant time.

(2) The relevant time is:

(a) for security rights, the time of registration according to Chapter 3,Section 3, if any, or the time at which the security right has otherwise become effective according to the other rules of Chapter 3,whichever is earlier;

제9관 등록부의 창설 이전에 설정된 담보권

Ⅸ. – 3:333: 등록부의 창설 이전에 설정된 담보권

(1) 물적담보의 유럽등록부가 운용되기 이전에 효력이 발생한 담보권은 그 후에 효력을 유지하기 위하여 본 절의 등록을 요하지 않는다.

(2) 회원국의 자국법 상 여하한 등기제도나 권원증서 상 부기제도에 따라 담보권이 등기 또는 부기되었다면, 등록 또는 부기가 이루어진 때를 포함하여 이러한 등록 또는 부기 내용을 부언하는 기입은 담보제공자에 대항하여 물적담보의 유럽등록부에 기재된다. 본 기재는 일단 등록부가 창설되면 다른 등록부를 운영하는 기관에 의해 이루어진다.

제4장

우선순위

Ⅸ. – 4:101: 우선순위: 일반 규정

(1) 일정한 예외를 제외하고, 동일한 자산에 설정된 수개의 담보권 및 담보권과 다른 제한물권간의 우선순위는 관련시점의 선후에 따라 결정된다.

(2) 관련시점은:

(a) 담보권의 경우, 만약 있다면, 제3장 제3절에 따라 등록이 이루어진 시기 또는 제3장의 기타 규정에 따라 담보권의 효력이 발생한 시기 중 먼저 도래한 시기

(b) for other limited proprietary rights, the time of creation.

(3) An effective security right has priority over an ineffective security right, even if the latter was created earlier.

(4) The ranking of two or more security rights which are ineffective is determined by the time of their creation.

(5) Subject to IX.–4:108 (Change of ranking), a security right that had been acquired by a good faith acquisition in an asset subject to a retention of ownership device or in disregard of an earlier encumbrance in the same asset always has priority over the retention of ownership device or earlier security right.

IX.–4:102: Superpriority

(1) An acquisition finance device that is effective against third persons according to the rules of Chapter 3 takes priority over any security right or other limited proprietary right created by the security provider.

(2) A security right in financial assets made effective by control according to IX.–3:204 (Control over financial assets) or by possession takes priority over any other security right or other limited proprietary right in the same asset. If control is created for different secured creditors, IX.–4:101 (Priority: general rules) paragraphs (1) and (2)(a) apply.

(3) A security right based upon a right of retention of possession according to IX.–2:114 (Right of retention of possession) takes priority over any other right in the retained asset.

(4) The preceding paragraphs are subject to IX.–4:101 (Priority: general rules) paragraph (5) and IX.–4:108 (Change of ranking).

IX.–4:103: Continuation of priority

(1) Priority is not affected if the encumbered asset:

(b) 기타제한물권의 경우, 제한물권이 설정된 시기.

(3) 대항력을 갖춘 담보권이 그렇지 않은 담보권보다 우선순위를 갖는다. 이는 대항력을 갖추지 않은 담보권이 먼저 성립하였더라도 마찬가지이다.

(4) 대항력이 없는 둘 또는 그 이상의 담보권의 순위는 담보권의 설정시기에 따라 결정된다.

(5) Ⅸ.－4:108(순위의 변동)을 조건으로, 소유권 유보 방식에 종속하는 자산을 선의취득에 의해 취득한 담보권 또는 동일한 자산에서 이전 담보권과 관계없이 취득한 담보권은 소유권 유보 방식 또는 이전의 담보권보다 항상 우선순위를 갖는다.

Ⅸ.－4:102: 최우선권

(1) 제3장의 규정에 따라 제3자에 대하여 대항력을 갖는 인수금융방식은 담보제공자에 의해 설정된 여하한 담보권 또는 기타 제한물권에 대해 우선권을 갖는다.

(2) Ⅸ.－3:204(금융자산에 대한 지배)에 따른 지배 또는 점유에 의해 대항력을 가지는 금융자산의 담보권은 동일한 자산의 여하한 담보권 또는 기타 제한물권에 대해 우선권을 갖는다. 다른 담보권자를 위한 지배라면, Ⅸ.－4:101(우선순위: 일반 규정) 제(1)항 및 제(2)항제(1)호를 적용한다.

(3) Ⅸ.－2:114(점유유보권)에 따른 점유유보권을 근거로 한 담보권은 보유한 자산의 다른 여하한 권리에 대해 우선권을 갖는다.

(4) 전항은 Ⅸ.－4:101(우선순위: 일반 규정) 제(5)항 및 Ⅸ.－4:108(순위의 변동)에 따를 것을 조건으로 한다.

Ⅸ.－4:103: 우선순위의 지속

(1) 다음의 경우 담보목적물의 우선순위는 영향을 받지 않는다.

(a) becomes an accessory to a movable asset; or

(b) is used for the production of new goods, or is commingled or combined with other assets, provided that the security right extends to the security provider's rights in the asset resulting from the production, commingling or combination.

(2) Paragraph (1)(a) also applies if a movable asset becomes an accessory to an immovable, unless the law governing the immovable determines otherwise.

IX.–4:104: Fruits and proceeds: general rules

(1) Security rights in fruits and proceeds of the following types of assets preserve the priority of the security right in the encumbered original assets:

(a) fruits and proceeds of the same kind as the assets that were originally encumbered;

(b) rights to payment due to defects in, damage to, or loss of the assets that were originally encumbered, including insurance proceeds; and

(c) fruits and proceeds that are covered by the registration of the security right in the assets that were originally encumbered.

(2) In cases not covered by paragraph (1), the priority of security rights in fruits and proceeds is determined according to the general rules laid down in IX.–4:101 (Priority: general rules) and IX.–4:102 (Superpriority).

IX.–4:105: Fruits and proceeds: exceptions

(1) Security rights in fruits and proceeds of assets that are subject to an acquisition finance device or are covered by VIII.–5:204 (Additional provisions as to proprietary security rights) paragraph (3) do not enjoy the superpriority of the security right in the assets that were originally encumbered.

(2) The preceding paragraph does not affect the superpriority of security rights in:

(a) rights to payment due to defects in, damage to, or loss of the assets that were originally encumbered, including insurance proceeds; and

(a) 담보목적물이 동산의 종물이 된 경우; 또는

(b) 담보권이 생산, 혼합 또는 결합으로 형성된 자산에 존재하는 담보제공자의 권리에까지 확장된다면, 담보목적물이 새로운 물품의 생산을 위해 이용되거나 또는 다른 자산과 혼합 또는 결합되는 경우.

(2) 부동산에 관한 법이 다르게 규정하고 있지 않는 한, 제(1)항 제(a)호는 동산이 부동산의 종물이 된 경우에 적용한다.

Ⅸ.－4:104: 과실 및 대위물: 일반 규정

(1) 자산의 다음과 같은 유형의 과실 및 대위물에 대한 담보권은 원래의 담보목적물에 대한 담보권의 우선순위를 보존한다.

(a) 원래의 담보목적물과 동일한 종류의 과실 및 대위물;

(b) 보험금청구권을 포함하여, 원래의 담보목적물의 하자, 손해 또는 손실로 인하여 발생한 채권; 및

(c) 원래의 담보목적물에 대한 담보권의 등록부가 적용되는 과실 및 대위물.

(2) 제(1)항이 적용되지 않는 경우, 과실 및 대위물에 설정된 담보권의 우선순위는 Ⅸ.－4:101(우선순위:일반 규정) 및 Ⅸ.－4:102(최우선권)의 일반 규정에 따라 결정된다.

Ⅸ.－4:105: 과실 및 대위물: 예외

(1) 인수금융방식의 대상이거나 또는 Ⅷ.－5:204(물적담보권의 추가적 규정) 제(3)항의 적용을 받는 자산의 과실 및 대위물에 설정된 담보권은 원래의 담보목적물에 설정된 담보권의 최우선권을 갖지 못한다.

(2) 전 항은 다음에 설정된 담보권의 최우선권에 영향을 미치지 않는다:

(a) 보험금청구권을 포함하여, 원래의 담보목적물의 하자, 손해 또는 손실로 인하여 발생한 채권; 및

(b) proceeds of the sale of the assets that were originally encumbered.

IX. – 4:106: Importation of encumbered asset

If an encumbered asset is brought from a country outside the European Union into this area, the priority of a security right which was effective before removal of the encumbered asset into the European Union and which fulfils the conditions of IX. – 3:108 (Importation of encumbered asset)
is preserved.

IX. – 4:107: Priority of execution creditor

For the purpose of determining priority, an execution creditor is regarded as holding an effective security right as from the moment of bringing an execution against specific assets if all preconditions for execution proceedings against these assets according to the procedural rules of the place of execution are fulfilled.

IX. – 4:108: Change of ranking

(1) The priority between a security right and other security rights as well as other limited proprietary rights in the same asset may be changed by an agreement in textual form between the holders of all rights that would be affected by the change of ranking.
(2) A third person acquiring a security right or a limited proprietary right that has been negatively affected by a change of ranking is bound only if the entry for the security right in the European register of proprietary security has been amended accordingly or if the third person at the time of the transfer knew or had reason to know of the change of ranking.

(b) 원래의 담보목적물 매매의 대위물.

Ⅸ.－4:106: 담보목적물의 수입

담보목적물이 유럽연합 밖에서 해당지역으로 반입된 것이라면, 담보목적물이 유럽연합 내로 이전되기 이전에 유효했고 Ⅸ.－3:108(담보목적물의 수입)의 조건들을 충족한 담보권의 우선권은 보존된다.

Ⅸ.－4:107: 집행채권자의 우선순위

우선순위를 결정하기 위한 목적상, 집행지의 절차법에 따라 특정자산에 대한 집행절차에 필요한 모든 사전조건들이 충족된다면 집행채권자는 특정자산에 대하여 집행을 개시하는 때로부터 유효한 담보권을 가진 것으로 본다.

Ⅸ.－4:108: 순위의 변동

(1) 동일한 자산에 설정된 담보권과 기타 제한 물적 권리간의 우선순위뿐만 아니라 담보권과 기타 담보권간의 우선순위는 순위의 변동에 의해 영향을 받게 될 모든 권리의 보유자들 간의 서면합의로 변동될 수 있다.

(2) 순위의 변동으로 인하여 부정적인 영향을 받는 담보권 또는 제한물권을 취득한 제3자는 물적담보의 유럽등록부의 담보권을 위한 기입이 그에 따라 변경되었거나 또는 제3자가 이전 당시 순위의 변동을 알았거나 알 수 있는 이유가 있어야지만 구속된다.

Chapter 5:
Predefault rules

Section 1: General principles

IX. – 5:101: General principles

(1) The security provider and the secured creditor are free to determine their mutual relationship with respect to the encumbered asset, except as otherwise provided in these rules.

(2) Any agreement concluded before default and providing for the appropriation of the encumbered assets by the secured creditor or having this effect, is void, unless expressly provided otherwise. This paragraph does not apply to retention of ownership devices.

Section 2: Encumbered assets

IX. – 5:201: Care and insurance of the encumbered assets

(1) The party who is in possession of the encumbered assets has an obligation to keep them identifiable from assets owned by others and must preserve and maintain them with reasonable care.

(2) The other party is entitled to inspect the encumbered assets at any reasonable time.

제5장

채무불이행 이전 단계에서의 규칙

제1절 일반원칙

Ⅸ.-5:101: 일반원칙

(1) DCFR 규정들에서 다르게 정하고 있지 않은 한, 담보제공자 및 담보권자는 담보목적물에 관하여 그들의 상호관계를 결정할 수 있다.

(2) 명시적으로 다른 규정이 없는 한, 채무불이행 전에 담보권자가 제공한 담보목적물의 유용을 위하거나 또는 이러한 효력을 가지는 합의는 무효로 한다. 본 항은 소유권유보 방식의 경우에는 적용하지 않는다.

제2절 담보목적물

Ⅸ.-5:201: 담보목적물의 주의 및 보험

(1) 담보목적물을 점유하는 당사자는 다른 이들이 소유하는 자산으로부터 담보목적물을 특정할 의무가 있고 상당한 주의로 담보목적물을 보존 및 관리하여야만 한다.

(2) 상대방은 여하한 합리적인 시기에 담보목적물을 검사할 권리가 있다.

(3) The security provider has an obligation to insure the encumbered assets against such risks as are usually insured against by a prudent owner at the location of the assets. Upon request of the secured creditor, the security provider must furnish proof of the insurance coverage. If there is no or only insufficient insurance coverage or no proof of it, the secured creditor is entitled to take out sufficient insurance and to add any expenses to the obligation covered by the security.

Subsection 1: Security provider's rights and obligations

IX. – 5:202: Rights in general

If and as long as the security provider is entitled to possession of the encumbered assets, the security provider is entitled to make use of them in a reasonable manner.

IX. – 5:203: Use of encumbered industrial material

A security provider in possession of encumbered industrial material, such as raw material or semi-finished products, may apply such material for production, unless expressly prohibited.

IX. – 5:204: Dispositions of encumbered assets by traders and manufacturers

(1) A security provider acting in the ordinary course of its business as a trader or manufacturer may dispose of the following types of encumbered assets free of any security right if they are in the security provider's possession:

(a) assets designated for sale and lease and industrial material (inventory);and

(b) products of industrial material.

(2) A trader or manufacturer may not dispose of items of its encumbered equipment, unless expressly so authorised by the secured creditor.

(3) 담보제공자는 자산이 위치하고 있는 곳에서 신중한 소유자들이 일반적으로 보험을 가입하는 그러한 위험을 대비하여 담보목적물에 대한 보험을 가입할 의무가 있다. 담보권자의 요청에 따라, 담보제공자는 보험의 담보 범위를 위한 증거를 제공하여야만 한다. 보험에 가입되어 있지 않거나, 또는 불충분한 보험의 담보범위를 갖거나 또는 이와 관련한 증거가 없다면, 담보권자는 충분한 보험을 가입하고 여하한 비용을 담보범위 채무에 추가 시킬 권리가 있다.

제1관 담보제공자의 권리 및 의무

Ⅸ.－5:202: 권리 일반

담보제공자가 담보목적물을 점유할 권리가 있고 그 권리가 계속되는 한, 담보제공자는 합리적인 방식으로 담보목적물을 이용할 권리가 있다.

Ⅸ.－5:203: 담보권이 설정된 산업용 재료의 이용

담보권이 설정된, 원료 또는 반제품과 같은, 산업용 재료를 점유하고 있는 담보제공자는, 명시적으로 금지되어 있지 않은 한, 생산을 위해 이러한 재료를 이용할 수 있다.

Ⅸ.－5:204: 상인 및 제조자에 의한 담보목적물의 처분

(1) 일상적인 영업과정에서 상인 또는 제조자로 활동하는 담보제공자가 담보권이 설정되어 있지 않은 다음 유형의 담보목적물을 점유하고 있다면, 이들을 처분할 수 있다:

(a) 매각 후 리스 및 산업용 재료를 위해 지정된 자산; 및

(b) 산업용 재료의 생산품.

(2) 담보권자에 의해 명시적으로 권한을 수여 받지 않은 한, 상인 또는 제조자는 담보권이 설정된 장비의 항목들을 처분할 수 없다.

IX. – 5:205: Unauthorised use or disposition

(1) A security provider in possession of the encumbered assets has an obligation to the secured creditor not to use or dispose of them in breach of the limits imposed by the preceding Articles of this Subsection.

(2) In addition to liability for damages for non-performance of the obligation referred to in paragraph (1), the security provider who is in breach of those limits is obliged to account to the secured creditor for the value derived from the use or the proceeds of the disposition and to pay the resulting amount, but only up to the amount of the secured right that would otherwise remain unsatisfied.

Subsection 2: Secured creditor's rights and obligations

IX. – 5:206: Limited right of use

A secured creditor who is in possession or control of the encumbered assets is not entitled to use the assets, unless and in so far as proper use is indispensable for their up-keep and preservation.

IX. – 5:207: Banks entitled to dispose of financial assets

(1) Banks and equivalent financial institutions holding financial assets as secured creditors are entitled to use, appropriate and dispose of the encumbered assets, provided this is expressly agreed.

(2) Upon satisfaction of the secured right, the secured creditor is only obliged to transfer financial assets of the same kind, quality and value to the security provider.

IX. – 5:208: Appropriation of civil fruits

If the security right extends to civil fruits of the assets that were originally encumbered, the secured creditor is entitled to collect and to apply money received as civil fruits to reduce the secured right even before it has become due.

Ⅸ. – 5:205: 승인되지 않은 이용 또는 처분

(1) 담보목적물을 점유하고 있는 담보제공자는 담보권자에 대하여 본 관의 전 조항들에 의해 부여된 제한을 위반하여 담보목적물을 이용 또는 처분하지 않을 의무가 있다.

(2) 제(1)항에서 언급된 의무의 불이행으로 발생한 손해에 대한 책임에 추가하여, 이러한 제한을 위반한 담보제공자는 이용으로 발생한 가치 또는 처분의 대위물에 대한 책임을 담보권자에게 질 의무와 이로써 발생한 금액을 지급할 의무가 있다. 그러나 이 금액은 피담보채권의 액수를 한도로 한다.

제2관 담보권자의 권리 및 의무

Ⅸ. – 5:206: 제한된 이용권

담보목적물을 점유 또는 지배하는 담보권자는 적절한 이용의 유지 및 보존을 위해 필수적인 것이 아닌 한 그 범위 내에서 해당 자산을 이용할 권리가 없다.

Ⅸ. – 5:207: 금융자산을 처분할 권리가 있는 은행

(1) 담보권자로서 금융자산을 보유하고 있는 은행 및 유사금융기관은 명시적인 합의가 있다면, 담보목적물을 이용, 충당 및 처분할 권리가 있다.

(2) 피담보채권의 만족을 위해, 담보권자는 동일한 종류, 품질 및 가치의 금융자산을 담보제공자에게 이전해야 할 의무만 있다.

Ⅸ. – 5:208: 법정과실의 충당

담보권이 원래 담보목적물의 법정과실에까지 확장된다면, 담보권자는 변제기일이 도래하기 이전이라도 피담보채권을 감소시키기 위해 법정과실을 수취하고 이를 충당시킬 권리가 있다.

Section 3: Change of parties

IX. – 5:301: Transfer of the secured right

(1) If a secured right is transferred to another creditor, the security right also passes to that creditor.

(2) The transferor is obliged to inform the transferee of any security right securing the transferred right.

(3) Effectiveness of the security right against third persons is achieved:

(a) by virtue of the original registration according to IX. – 3:328(Transfer of the security right: general rules) paragraph (1);

(b) if either possession or control of the encumbered asset is transferred to the transferee;

(c) if the transferor agrees to hold possession or control for the transferee; or

(d) if the security right had been effective without observation of any requirements under Chapter 3.

(4) If the security right remains effective, its priority is not affected by the transfer.

IX. – 5:302: Partial transfer of the secured right

If the secured right is divided into parts held by different persons as the result of a transfer of a part of the secured right or of a transfer of the whole secured right to different transferees each acquiring a part only:

(a) each holder of a part of the secured right is entitled to a part of the security right in proportion to the nominal amount of its part of the secured right; and

(b) the effectiveness of the security rights of each holder of a part of the secured right is to be determined individually; possession or control of the encumbered asset may be held by one holder of a part of the secured right for the others also.

제3절
당사자 변경

Ⅸ. – 5:301: 피담보채권의 이전

(1) 피담보채권이 다른 채권자에게 이전된다면, 담보권 또한 해당 채권자에게 이전된다.

(2) 양도인은 이전된 권리를 담보하는 여하한 담보권을 양수인에게 고지 할 의무가 있다.

(3) 담보권의 제3자에 대한 대항력은 다음의 방법을 통하여 취득된다:

(a) Ⅸ. – 3:328(담보권의 이전:일반 규정) 제(1)항에 따른 원래의 등록에 의하여;

(b) 담보목적물의 점유 또는 지배 중 하나가 양수인에게 이전된다면;

(c) 양도인이 양수인을 위해 점유 또는 지배하기로 합의한다면; 또는

(d) 제3장의 여하한 요건의 준수 없이 담보권이 대항력을 갖추었다면.

(4) 담보권의 대항력이 지속되면, 그 우선순위는 이전에 의해 영향을 받지 않는다.

Ⅸ. – 5:302: 피담보채권의 일부 이전

피담보채권의 일부분 또는 전부를 다른 양수인에게 이전함으로써 분할된 피담보채권이 서로 다른 자들에 의해 보유되면:

(a) 피담보채권의 일부분을 보유한 각자가 피담보채권의 해당 부분의 액면금액에 비례하여 담보권의 일부분에 대해 권리를 갖는다; 그리고

(b) 피담보채권의 일부분을 갖는 개별 보유자의 담보권의 대항력은 개별적으로 결정된다; 피담보채권의 일부분을 보유하고 있는 자는 또한 다른 자들을 위해 담보목적물을 점유 또는 지배할 수 있다.

IX. – 5:303: Transfer of encumbered asset

(1) Where ownership of an encumbered asset is transferred to another person, neither the existence nor the effectiveness against third persons of a security right in the asset is affected. As of the time of the transfer, the transferee is regarded as the security provider.
(2) The preceding paragraph does not apply if the transferor acted with authority to dispose of the encumbered asset free of the encumbrance or if the transferee acquires the asset free of the encumbrance on the basis of a good faith acquisition.
(3) Security rights which before transfer of ownership of the encumbered asset had been created for secured creditors in future assets of the new owner do not have priority over security rights encumbering the transferred asset at the time of the transfer.
(4) The preceding paragraphs apply with appropriate adaptations where there is a transfer of the rights of a buyer, hire-purchaser, lessee or consignee in or relating to the supplied assets subject to an existing retention of ownership device.

Section 4: Secured creditor's obligation to give information about secured right

IX. – 5:401: Secured creditor's obligation to give information about secured right

(1) The security provider has a right to, and the secured creditor has an obligation to provide on request by the security provider, information concerning the amount of the obligation covered by the security. The security provider can require this information to be given to a third person.
(2) If the security provider is not the debtor of the obligation covered by the security, the security provider's right under the preceding Article depends upon the debtor's approval.

Ⅸ. – 5:303: 담보목적물의 이전

(1) 담보목적물의 소유권이 다른 자에게 이전된 경우, 자산에 설정된 담보권의 현존 또는 제3자에 대한 대항력은 영향을 받지 않는다. 이전의 시점에, 양수인은 담보제공자로 여겨진다.

(2) 양도인이 담보권이 없는 담보목적물을 처분할 수 있는 권한을 가지고 행동하였거나 또는 양수인이 선의취득을 근거로 담보권이 없는 자산을 취득하였다면 전항은 적용되지 않는다.

(3) 담보목적물의 소유권이 이전되기 이전에 새로운 소유자의 장래 자산에 담보권자를 위해 설정된 담보권은 이전의 시점에 이전된 자산에 설정되어 있는 담보권보다 우선권을 갖지 못한다.

(4) 현존하는 소유권유보방식으로 제공된 자산에 존재하는 또는 이와 관련되는 매수인, 할부구매자, 금융리스이용자, 또는 위탁자의 권리가 이전된 경우, 전항을 준용한다.

제4절
피담보채권에 관한 담보권자의 정보제공의무

Ⅸ. – 5:401: 피담보채권에 관한 담보권자의 정보제공의무

(1) 담보제공자는 담보 범위 채무액과 관련된 정보를 요구할 권리가 있으며, 이를 요구받은 경우 담보권자는 이를 제공할 의무를 부담한다. 담보제공자는 해당 정보를 제3자에게 제공할 것을 요구할 수 있다.

(2) 담보제공자가 담보 범위 채무에 대한 채무자가 아니라면, 전조前條에 명시된 담보제공자의 권리는 채무자의 승인에 따른다.

Chapter 6:

Termination

IX.–6:101: Instances of termination of proprietary security

(1) A security right is terminated if, and in so far as:

(a) the security provider and secured creditor so agree;

(b) the secured creditor waives the security right, such a waiver being presumed where the secured creditor returns possession of the encumbered asset to the security provider;

(c) the encumbered asset ceases to exist;

(d) ownership of the encumbered asset is acquired by the secured creditor;

(e) ownership in the encumbered asset is acquired by a third person free from the security right; or

(f) any other provision so provides or this consequence is implied, such as where the debtor and creditor of the secured right become identical, especially by inheritance or merger.

(2) A security right is also terminated if the secured right ceases to exist entirely, especially if a right to payment is fully satisfied by payment to the secured creditor, unless the security right with the secured right passes to another person who has made payment to the secured creditor.

(3) Paragraph (1)(a) to (c), (e) and (f) and paragraph (2) apply with appropriate adaptations to the termination of a retention of ownership device. A retention of ownership device is also terminated if the rights of the buyer, hire-purchaser, lessee or consignee in or relating to the supplied assets under the contract of sale, hire-purchase, financial leasing or consignment cease to exist.

제6장
소멸

Ⅸ.-6:101: 물적담보의 소멸의 경우

(1) 담보권은 다음의 경우에 해당하고 그 범위 내라면 소멸된다:

(a) 담보제공자와 담보권자가 담보권의 소멸을 합의한 경우;

(b) 담보권자가 담보목적물의 점유를 담보제공자에게 반환하는 경우 담보권의 포기로 추정되는 것과 같이, 담보권자가 담보권을 포기한 경우;(c) 담보목적물이 멸실된 경우;(d) 담보권자가 담보목적물의 소유권을 취득한 경우;(e) 제3자가 담보권이 없는 담보목적물의 소유권을 취득한 경우; 또는(f) 특히 상속 또는 합병에 의하여, 피담보채권의 채무자와 채권자가 일치되는 경우와 같이, 다른 여하한 조항이 이와 같이 규정하거나 또는 이러한 결과가 암시된 경우.

(2) 피담보채권이 완전히 소멸하면, 특히 담보권자에게 지급함으로써 채권이 모두 만족되었다면, 담보권 역시 소멸된다. 다만 피담보채권과 함께 담보권이 담보권자에게 지급한 다른 이에게 이전된 것이 아닐 것을 조건으로 한다.

(3) 제(1)항 제(a)호에서 제(c)호까지, 제(e)호 및 제(f)호와 제(2)항은 소유권유보방식의 해제에 준용한다. 소유권유보방식은 매매계약, 할부계약, 금융리스계약 또는 위탁계약에 의해 제공된 자산의 또는 이와 관련된 매수인, 할부구매자, 금융리스이용자 또는 위탁자의 권리가 소멸하는 경우에도 해제된다.

IX. – 6:102: Loss of proprietary security due to good faith acquisition of ownership

(1) Whether a security right is lost due to good faith acquisition of ownership of the encumbered asset by a third person free from a security right is determined by VIII. – 3:102 (Good faith acquisition of ownership free of limited proprietary rights).

(2) For the purposes of VIII. – 3:102 (Good faith acquisition of ownership free of limited proprietary rights) paragraph (1)(d) sentence 1, a transferee is regarded as knowing that the transferor has no right or authority to transfer ownership free from the security right if this right is registered under Chapter 3, Section 3 unless:

(a) the transferor acts in the ordinary course of its business; or

(b) the entry is filed against a security provider different from the transferor.

(3) Whether a retention of ownership device is lost due to good faith acquisition of ownership of the supplied asset by a third person is determined by VIII. – 3:101 (Good faith acquisition through a person without right or authority to transfer ownership). Paragraph (2) above applies with appropriate adaptations.

IX. – 6:103: Prescription of the secured right

A security right can be enforced even if the secured right is prescribed and up to two years after the debtor of the secured right has invoked this prescription as against its creditor.

IX. – 6:104: Consequences of termination

(1) The full or partial termination of a security right implies the corresponding termination of the encumbrance of the asset concerned.

(2) If and in so far as a security right is terminated, the secured creditor is no longer entitled to possession or control of the asset that was encumbered as against its owner. For the right to deletion of an entry in the European register of proprietary security, IX. – 3:315 (Security provider's right to have entry deleted or amended) applies.

Ⅸ.－6:102: 소유권의 선의취득으로 인한 물적담보의 소멸

(1) 담보권이 없는 담보목적물의 소유권을 제3자가 선의취득함으로 인해 담보권이 소멸되는지 여부는 Ⅷ.－3:102(제한물권이 없는 소유권의 선의취득)에 의해 결정된다.

(2) Ⅷ.－3:102(제한물권이 없는 소유권의 선의취득) 제(1)항 제(d)호 제1문의 목적상, 담보권이 제3장 제3절에 따라 등록되어 있다면 양도인에게 담보권이 없는 소유권을 이전할 권리 또는 권한이 없다는 것을 양수인이 알고 있는 것으로 본다. 다만 다음의 경우는 그러하지 않는다:

(a) 양도인이 일상적인 영업과정에서 활동하는 경우; 또는

(b) 양도인과 상이한 담보제공자에 대한 기입이 이루어진 경우.

(3) 제공된 자산의 소유권을 제3자가 선의취득함으로써 소유권유보방식이 소멸되는지 여부는 Ⅷ.－3:101(소유권 이전의 권리 또는 권한이 없는 자에 의한 선의취득)에 의해 결정된다. 앞의 제(2)항을 준용한다.

Ⅸ.－6:103: 피담보채권의 시효

피담보채권이 시효로 소멸되고 피담보채권의 채무자가 그의 채권자에 대하여 시효를 원용한 이후로 2년까지는 담보권이 청구될 수 있다.

Ⅸ.－6:104: 소멸의 결과

(1) 담보권의 전부 또는 일부의 소멸은 이에 대응하는 관련자산의 담보의 소멸을 암시한다.

(2) 담보권이 소멸된다면 그 범위에서, 담보권자는 더 이상 소유권자에 대하여 담보권이 설정되었던 자산을 점유 또는 지배할 권리가 없다. 물적담보의 유럽등록부의 기입말소권을 위해서, Ⅸ.－3:315(담보제공자의 기입말소 또는 변경권)가 적용된다.

(3) The secured creditor is obliged to inform any third person holding the encumbered assets of the removal of the encumbrance and, if the third person holds the assets for the secured creditor's account, to ask the security provider for instructions.
(4) Where in the case of an encumbered right to payment notice of the encumbrance had been given to the third party debtor, the secured creditor is obliged to notify the debtor of the removal of the encumbrance.
(5) If and in so far as a retention of ownership device is terminated, the seller's, supplier's or lessor's ownership of the supplied assets is no longer subject to the rules of this Book. An acquisition of ownership of the supplied assets by the buyer, hire-purchaser, lessee or consignee or the latter's right to use the supplied assets is subject to an agreement of the parties. For the right to deletion of an entry in the European register of proprietary security, paragraph (2) second sentence applies.

IX.-6:105: Secured creditor liable to account for proceeds

Upon termination of the security right, the secured creditor is liable to account for any proceeds from the encumbered assets, whether or not it has received, used or consumed them, and to transfer them to the security provider.

IX.-6:106: Recourse of third party security provider

(1) If a security provider who is not the debtor of the secured right (a third party security provider), pays the outstanding amount of the obligation covered by the security, IV. G.-2:113 (Security provider's rights after performance), IV. G.-1:106 (Several security providers: internal recourse) and IV. G.-1:107 (Several security providers: recourse against debtor) apply with appropriate adaptations.
(2) A security provider other than the debtor has as against the debtor the same position as a person who has provided dependent personal security.

(3) 담보권자는 담보목적물을 보유하고 있는 제3자에게 담보권의 소멸을 고지할 의무가 있고, 제3자가 담보권자를 위해서 자산을 보유하고 있다면, 담보제공자에게 지시를 요청해야 할 의무가 있다.
(4) 제3채무자에게 담보에 대하여 지급통지가 이루어진 담보된 권리의 경우, 담보권자는 채무자에게 담보의 소멸을 통지할 의무가 있다.
(5) 소유권유보방식이 종료되고 그 범위에서, 제공된 자산에 대한 매도인, 공급자 또는 대여자의 소유권은 더 이상 본 권 규정의 적용을 받지 않는다. 매수인, 할부구매자, 금융리스이용자 또는 위탁자에 의한 자산의 소유권 취득 또는 이들이 자산을 이용할 권리는 당사자간의 합의를 조건으로 한다. 물적담보의 유럽등록부의 기입말소권을 위해서, 제(2)항 제2문을 적용한다.

Ⅸ. - 6:105: 대위물에 대한 담보권자의 설명책임

담보권 소멸 시, 담보권자는 담보목적물로부터 발생한 여하한 대위물의 수령 여부, 이용 또는 소비 여부를 설명할 책임이 있고, 담보제공자에게 대위물을 양도할 책임이 있다.

Ⅸ. - 6:106: 제3담보제공자의 구상

(1) 피담보채권의 채무자가 아닌 담보제공자(제3담보제공자)가, 담보 범위 채무의 잔액을 지급한다면, Ⅳ. G. - 2:113(이행 후 담보제공자의 권리), Ⅳ. G. - 1:106(수인의 담보제공자: 내부적 구상) 및 Ⅳ. G. - 1:107(수인의 담보제공자: 채무자에 대한구상)를 준용한다.
(2) 채무자가 아닌 담보제공자는 채무자에 대하여 비독립적 인적담보를 제공한 자와 같은 지위를 갖는다.

Chapter 7:
Default and enforcement

Section 1: General rules

IX.–7:101: Secured creditor's rights after default

(1) After an event of default, and provided that any additional conditions agreed by the parties are fulfilled, a secured creditor may exercise the rights under this Chapter.

(2) If a third person listed in IX.–3:101 (Effectiveness as against third persons) paragraph (1) and fulfilling the requirements of that provision is involved, a secured creditor may exercise the rights under this Chapter only if the security right is effective according to the rules of Book IX Chapter 3. If no such third person is involved, it is sufficient that the security right has been validly created. The provisions on priority remain unaffected.

IX.–7:102: Mandatory rules

As between the enforcing secured creditor and the security provider, the rules of this Chapter are mandatory, unless otherwise provided.

IX.–7:103: Extra-judicial and judicial enforcement

(1) Unless otherwise agreed, the secured creditor may carry out extra-judicial enforcement of the security right.

(2) A security right in an asset of a consumer can only be enforced by a court or other competent authority, unless after default the consumer security provider has agreed to extra-judicial enforcement.

제7장
채무불이행 및 이행청구

제1절 일반규정

Ⅸ. – 7:101: 채무불이행 이후 담보권자의 권리

(1) 채무불이행 이후, 당사자 간에 합의된 추가적 조건이 충족되었다면, 담보권자는 본 장의 권리를 행사할 수 있다.

(2) Ⅸ. – 3:101(제3자에 대한 대항력) 제(1)항에 규정되어 있고 해당 조항의 요건이 충족된 제3자가 관련된 것이라면, 담보권자는 제9권 제3장 규정에 따라 담보권이 대항력을 갖추어야만 본 장의 권리를 행사할 수 있다. 그러한 제3자가 관련되어 있지 않다면, 담보권이 유효하게 설정되었다는 것으로 충분하다. 우선순위에 관한 규정은 영향을 받지 않는다.

Ⅸ. – 7:102: 강행규정

달리 규정되지 않는 한, 이행청구 담보권자와 담보제공자 간에는 본 장의 규정이 강제적으로 적용된다.

Ⅸ. – 7:103: 비사법 및 사법 집행

(1) 달리 합의되지 않는 한, 담보권자는 담보권의 비사법적 집행을 실행할 수 있다.

(2) 채무불이행 이후 소비자 담보제공자가 비사법적 집행에 합의하지 않은 한, 소비자의 자산에 설정된 담보권은 법원 또는 다른 관할 기관에 의해서만 집행될 수 있다.

(3) In the case of retention of ownership devices the parties may not agree to exclude extra-judicial enforcement and paragraph (2) does not apply.

(4) Enforcement is to be undertaken by the secured creditor in a commercially reasonable way and as far as possible in cooperation with the security provider and, where applicable, any third person involved.

IX. – 7:104: Right to seek court assistance and damages

Any party or third person whose rights are violated by enforcement measures or by resistance to justified enforcement measures may:

(a) call upon a competent court or other authority, which must decide expeditiously, to order the party responsible to act in accordance with the provisions of this Chapter; and

(b) claim damages from the party responsible.

IX. – 7:105: Predefault agreement on appropriation of encumbered assets

(1) Any agreement concluded before default providing for the transfer of ownership of the encumbered assets to the secured creditor after default, or having this effect, is void.

(2) Paragraph (1) does not apply:

(a) if the encumbered asset is a fungible asset that is traded on a recognized market with published prices; or

(b) if the parties agree in advance on some other method which allows a ready determination of a reasonable market price.

(3) Paragraph (2)(b) does not apply to a consumer security provider.

(4) Where appropriation is allowed, the secured creditor is entitled to appropriate encumbered assets only for the value of their recognised or agreed market price at the date of appropriation. The security provider is entitled to any surplus over the obligations covered by the security right. The debtor remains liable for any deficit.

(3) 소유권유보의 방식의 경우 당사자들은 비사법적 집행을 배제할 것을 합의하지 않을 수 있고 제(2)항은 적용되지 않는다.
(4) 집행이 담보권자에 의해 상업적으로 합리적인 방식으로 실행되고 관계되는 여하한 제3자가 있을 경우에는 담보제공자와 가능한 한 협력하여 실행된다.

Ⅸ.-7:104: 법원의 조력 및 손해배상 청구권

강제집행에 의하여 또는 정당한 강제집행에 대한 불응에 의하여 권리가 침해된 당사자 또는 제3자는:

(a) 본 장의 조항에 따라 책임지고 행동할 것을 당사자에게 명령하도록, 신속하게 결정해야 하는 관할법원 또는 다른 기관에 요청할 수 있다; 그리고

(b) 책임 있는 당사자에게 손해배상을 청구할 수 있다.

Ⅸ.-7:105: 담보목적물 충당에 관한 불이행전 합의

(1) 채무불이행 이후에 담보목적물의 소유권을 담보권자에게 이전하는 것을 내용으로 하는 채무불이행 전 합의, 또는 이러한 효력을 가지는 합의는 무효이다.
(2) 다음의 경우 제(1)항을 적용하지 않는다:

(a) 담보목적물이 공인된 시장에서 공개된 가격으로 거래되는 대체자산인 경우; 또는

(b) 당사자들이 사전에 합리적인 시장가격에 대한 결정 방법을 합의한 경우.

(3) 제(2)항 제(b)호는 소비자 담보제공자에게는 적용하지 않는다.
(4) 충당이 허용되는 경우, 담보권자는 충당된 날의 담보목적물의 공인 또는 합의된 시장가격의 가치에서만 담보목적물을 충당할 수 있는 권리를 갖는다. 담보제공자는 담보범위 채무를 넘는 초과분에 대하여 권리를 갖는다. 채무자는 여하한 부족액에 대하여 여전히 책임이 있다.

(5) This Article does not apply to retention of ownership devices.

IX. –7:106: Security provider's right of redemption

(1) Even after default, if the outstanding amount of the obligation covered by the security right is paid, the security provider may require the secured creditor to terminate the exercise of the rights under this Chapter and to return possession of the encumbered asset.

(2) The security provider's rights under paragraph (1) may no longer be exercised if:

(a) in the case of an enforcement under Section 2, the encumbered asset has been appropriated or sold or the secured creditor has concluded a binding contract to sell the asset to a third person; or

(b) in the case of exercising the rights under Section 3, the holder of the retention of ownership device has terminated the relationship arising under the contract of sale, hire-purchase, financial leasing or consignment.

IX. –7:107: Enforcement notice to consumer

(1) A secured creditor may exercise the rights under this Chapter against a consumer security provider only if the secured creditor delivers at least ten days before enforcement is to begin an enforcement notice in textual form to the security provider and, if the latter is not the debtor, also
to the debtor, if the debtor also is a consumer.

(2) The enforcement notice must:

(a) unequivocally designate the obligation covered by the security right and state the amount that is due by the end of the day before the notice is sent;

(b) state that any other condition for enforcement agreed by the parties has been fulfilled;

(5) 본 조는 소유권유보방식에는 적용하지 않는다.

Ⅸ. - 7:106: 담보제공자의 상환권

(1) 채무불이행 이후에도, 담보 범위 채무의 잔액이 지급된다면, 담보제공자는 본 장에 따른 권리 행사를 종료하고 담보목적물의 점유를 반환할 것을 담보권자에게 요구할 수 있다.

(2) 제(1)항에 따른 담보제공자의 권리는 다음과 같은 경우 더 이상 행사될 수 없다:

(a) 제2절에 따른 강제이행의 경우에, 담보목적물이 충당 또는 매각되거나 또는 담보권자가 제3자에게 자산을 매도하기 위한 구속력 있는 계약을 체결한 경우; 또는

(b) 제3절의 권리를 행사하는 경우에, 소유권유보방식의 보유자가 매매계약, 할부계약, 금융리스계약 또는 위탁계약에 의해 발생한 관계를 종료한 경우.

Ⅸ. - 7:107: 소비자에 대한 집행통지

(1) 담보권자가 집행 개시 최소 10일 전에 담보제공자에게 문언적 형태의 집행통지를 전달하기만 하면 담보권자는 소비자 담보제공자에 대하여 본 장의 권리를 행사할 수 있다. 그리고 만약 담보제공자가 채무자가 아니고, 채무자가 또한 소비자라면, 채무자에게도 전달해야 본 장의 권리를 행사할 수 있다.

(2) 집행통지는:

(a) 명백하게 담보범위채무를 특정하고 통지가 발송되기 이전 마지막 날까지 지급되어야 하는 액수를 명시하여야 한다;

(b) 집행을 위해 당사자 간에 합의된 그 외의 조건이 충족되었음을 명시하여야 한다;

(c) state that the secured creditor intends to enforce the security and identify those encumbered assets against which the secured creditor intends to enforce it; and

(d) be signed by or on behalf of the secured creditor.

(3) The notice must be in an official language of the consumer's place of residence.

IX. – 7:108: Solidary liability of several security providers

(1) To the extent that several proprietary security rights have been created covering the same obligation or the same part of an obligation, the creditor may seek satisfaction from any, several or all of these security rights. IV. G. – 1:105 (Several security providers: solidary liability towards creditor) applies accordingly.

(2) Paragraph (1) applies with appropriate adaptations if, in addition to one or more proprietary security rights, personal security has been granted by one or more persons.

IX. – 7:109: Rights of recourse of third party security provider

If the obligation covered by the security right is satisfied by enforcement against the assets of a security provider who is not the debtor, the rights of recourse between several providers of proprietary security or between providers of proprietary security and personal security as well as recourse against the debtor are governed by IV. G. – 2:113 (Security provider's rights after performance), IV. G. – 1:106 (Several security providers: internal recourse) and IV. G. – 1:107 (Several security providers: recourse against debtor), applied with appropriate adaptations.

(c) 담보권자가 담보권을 집행하려고 의도하고 있음을 명시하고 담보권자가 강제하고자 하는 담보목적물을 특정하여야 한다; 그리고

(d) 담보권자의 또는 그를 대신한 자의 서명이 있어야 한다.

(3) 집행통지는 소비자의 거주지의 공식언어로 행해져야 한다.

Ⅸ. – 7:108: 다수 담보제공자의 연대채무

(1) 동일한 의무 또는 의무의 동일한 부분에 설정된 다수의 물적담보권의 범위까지, 채권자는 이러한 담보권들의 어느 하나, 다수 또는 전부로부터 만족을 얻을 수 있다. Ⅳ. G. – 1:105(수인의 담보제공자: 채권자에 대한 연대책임)는 이에 따라 적용된다.

(2) 하나 또는 그 이상의 물적담보권에 추가하여, 인적담보가 한 명 또는 그 이상의 자에 의해 부여된다면 제(1)항을 준용한다.

Ⅸ. – 7:109: 제3담보제공자의 구상권

채무자가 아닌 담보제공자의 자산에 대한 집행에 의하여 담보 범위 채무가 충족된다면, 채무자에 대한 구상권뿐만 아니라, 수인의 물적담보 제공자들 간의 또는 물적담보와 인적담보 제공자들 간의 구상권에는 Ⅳ. G. – 2:113(이행 후 담보제공자의 권리), Ⅳ. G. – 1:106(수인의 담보제공자: 내부적 구상) 및 Ⅳ. G. – 1:107(수인의 담보제공자: 채무자에 대한 구상)를 준용한다.

Section 2: Enforcement of security rights

Subsection 1: Extra-judicial enforcement: rules preparatory to realisation

IX. – 7:201: Creditor's right to possession of corporeal asset

(1) The secured creditor is not entitled to take possession of an encumbered corporeal asset, unless:

(a) the security provider consents at the time when the secured creditor exercises this right; or

(b) the security provider had agreed to the secured creditor's right to take possession and neither the security provider nor the actual holder objects at the time when the secured creditor exercises this right.

(2) In enforcements against a consumer, the right to take possession according to paragraph (1) does not arise until ten days have elapsed since an enforcement notice has been served.

(3) Unless it indicates otherwise, a consent or agreement to the taking of possession according to paragraph (1) covers the right to enter the security provider's or other holder's premises for the purpose of exercising the right to take possession.

IX. – 7:202: Creditor's right to immobilise and to preserve encumbered asset

(1) The secured creditor is entitled to take any steps necessary to immobilize the encumbered asset, to prevent unauthorised use or disposition of it, and to protect it physically. Paragraphs (1) to (3) of the preceding Article apply with appropriate adaptations.

(2) The secured creditor is entitled:

제2절
담보권의 집행

제1관 비사법집행 : 실현을 위한 준비규정

Ⅸ.-7:201: 담보권자의 유체자산 점유권

(1) 다음의 경우가 아닌 한, 담보권자는 담보목적물을 점유할 권리가 없다:

(a) 담보권자가 해당 권리를 행사하는 때 담보제공자가 동의 하는 경우; 또는

(b) 담보제공자가 담보권자의 점유권에 동의하였고 담보권자가 해당 권리를 행사하는 때 담보제공자와 실질적 보유자가 반대하지 않은 경우.

(2) 소비자에 대한 집행에 있어서, 제(1)항에 따른 점유권은 집행통지의 제공이 있은 지 10일이 경과할 때까지 발생하지 않는다.

(3) 다르게 표시되지 않은 한, 제(1)항에 따른 점유에 관한 동의 또는 합의는 점유권 행사를 위하여 담보제공자 또는 기타 보유자의 시설에 접근할 권리도 포함한다.

Ⅸ.-7:202: 담보권자의 담보목적물 이전금지권 및 보존권

(1) 담보권자는 담보목적물의 이전금지, 승인되지 않은 이용 또는 처분의 방지, 및 물리적 보호를 위해 필요한 조치를 취할 권리가 있다. 전 조의 제(1)항에서 제(3)항을 준용한다.

(2) 담보권자는 다음에 대한 권리가 있다:

(a) to take reasonable steps to preserve, maintain and insure the encumbered asset and to obtain reimbursement for such actions from the security provider;

(b) to lease the encumbered asset to a third party for the purpose of preserving its value; or

(c) to take any other protective measures agreed with the security provider.

IX.－7:203: Intervention of court or other authority

(1) The secured creditor may apply to the competent court or other authority for an order to obtain possession of or access to the encumbered asset, if the security provider or a third person in possession of the asset refuses delivery to or access by the secured creditor.

(2) Upon application by either party, a court or other authority may order the taking of any of the protective measures mentioned in the preceding Article.

IX.－7:204: Encumbrance of a right to payment

(1) Where the encumbered asset is a right entitling the security provider to payment from a third party debtor, the secured creditor may exercise the rights under this Chapter only if the secured creditor:

(a) sends to the third party debtor:

(i) where the security provider is a consumer, a copy of an enforcement notice complying with all the requirements of IX.－7:107 (Enforcement notice to consumer); and

(ii) in other cases, an enforcement notice complying with paragraph(2)(a) and (d) of that Article; and

(b) informs the third party debtor as precisely as possible in the circumstances of the nature, amount and maturity of the security provider's right to payment against the third party debtor.

(a) 담보목적물의 보존, 관리 그리고 보험 및 담보제공자의 여하한 행동에 대한 상환을 위한 합리적인 조치를 취할 권리;

(b) 가치보존을 위하여 제3자에게 담보목적물을 임대할 권리; 또는

(c) 담보제공자와 합의한 기타 보호조치를 취할 권리.

Ⅸ.-7:203: 법원 또는 다른 기관의 개입

(1) 자산을 점유하고 있는 담보제공자 또는 제3자가 담보권자에게 담보목적물의 인도 또는 접근을 거부한다면, 담보권자는 담보목적물의 점유 또는 접근에 대한 명령을 관할법원 또는 다른 기관에 신청할 수 있다.

(2) 당사자 일방의 신청이 있으면, 법원 또는 다른 기관은 전조에 명시된 여하한 보호조치를 취할 것을 명령할 수 있다.

Ⅸ.-7:204: 채권에 대한 담보

(1) 담보목적물이 담보제공자의 제3채무자에 대한 채권인 경우에, 담보권자는 다음의 경우에만 본 장의 권리들을 행사할 수 있다:

(a) 담보권자가 제3채무자에게 다음과 같은 집행통지를 발송한 경우:

(i) 담보제공자가 소비자인 경우, Ⅸ.-7:107(소비자에 대한 집행통지)의 모든 요건을 준수한 집행통지를; 그리고

(ii) 그 외의 경우, Ⅸ.-7:107(소비자에 대한 집행통지)의 제(2)항 제(a)호와 제(d)호를 준수한 집행통지; 그리고

(b) 담보권자가 제3채무자에 대한 담보제공자의 채권에 대한 성질, 금액 및 만기를 가능한 한 정확하게 제3채무자에게 고지하는 경우.

(2) The third party debtor is obliged to inform the enforcing secured creditor about the amount and maturity of competing rights of other secured creditors known to the third party debtor.

IX. – 7:205: Negotiable instrument

(1) IX. –7:201 (Creditor's right to possession of corporeal asset), IX. –7:202 (Creditor's right to immobilise and to preserve encumbered asset) and IX. –7:203 (Intervention of court or other authority) apply to the taking of possession of a negotiable instrument as such.

(2) IX. –7:204 (Encumbrance of a right to payment) does not apply to negotiable instruments.

IX. – 7:206: Negotiable document of title

The preceding Article applies also to the taking of possession of a negotiable document of title.

Subsection 2: Extra-judicial enforcement: realisation of encumbered asset

IX. – 7:207: General rule on realisation

(1) The secured creditor is entitled to realise the encumbered asset in order to apply the proceeds towards satisfaction of the secured right:

(a) by sale of the encumbered asset according to IX. –7:211 (Sale by public or private auction or by private sale), unless agreed otherwise by the parties;

(b) by leasing the encumbered asset to a third person and collecting the fruits;

(c) by appropriation according to IX. –7:216 (Appropriation of encumbered asset by secured creditor); or

(d) by exercising the methods of realisation (collection, sale or appropriation)for rights to payment and negotiable instruments according to IX. –7:214 (Realisation of security in right to payment or in negotiable instrument).

(2) 제3채무자는 이행청구 담보권자에게 제3채무자가 알고 있는 다른 담보권자의 경합하는 채권의 금액과 만기를 고지해야 할 의무가 있다.

Ⅸ.－7:205: 화폐증권

(1) Ⅸ.－7:201(담보권자의 유체자산 점유권), Ⅸ.－7:202(담보권자의 담보목적물 이전금지 및 보존권) 및 Ⅸ.－7:203(법원 또는 다른 기관의 개입)은 화폐증권의 점유에도 적용된다.

(2) Ⅸ.－7:204(채권에 대한담보)는 화폐증권에는 적용되지 않는다.

Ⅸ.－7:206: 권원에 관한 물품증권

전 조는 권원에 관한 물품증권의 점유에도 적용된다.

제2관 비사법집행 : 담보목적물의 실현

Ⅸ.－7:207: 실현에 관한 일반규정

(1) 담보권자는 피담보채권의 만족을 위해 다음의 방법을 통해 대위물을 충당하여 담보목적물을 실현할 권리가 있다:

(a) 당사자 간에 다르게 합의되지 않은 한, Ⅸ.－7:211(강제경매 또는 임의경매에 의한 매각 또는 사적 매각)에 따른 담보목적물의 매각을 통해;

(b) 담보목적물을 제3자에게 임대하거나 과실 수취를 통해;

(c) Ⅸ.－7:216(담보권자에 의한 담보목적물의 충당)에 따른 충당을 통해; 또는

(d) Ⅸ.－7:214(채권 또는 화폐증권에 설정된 담보의 실현)에 따라 채권 및 화폐증권을 위한 실현 방법(추심, 매각 또는 충당)의 행사를 통해.

(2) Where an enforcement notice is required under IX. – 7:107 (Enforcement notice to consumer), paragraph (1) applies only if ten days have elapsed since the delivery of that notice.
(3) The secured creditor may appoint a private agent or apply to a competent court officer to undertake all or some of the steps for realisation of the encumbered assets.

IX. – 7:208: Notice of extra-judicial disposition

(1) A secured creditor may exercise its right to dispose of the encumbered asset only if the secured creditor gives notice of its intention to do so.
(2) Paragraph (1) does not apply if the encumbered asset is perishable or may otherwise speedily decline in value or is a fungible asset that is traded on a recognised market with published prices.

IX. – 7:209: Addressees of the notice

The notice required by the preceding Article must be given:

(a) to the security provider, the debtor (if different from the security provider) and other persons who, to the knowledge of the secured creditor, are liable for the obligation covered by the security; and

(b) to the following persons with rights in the encumbered asset:

(i) other secured creditors who have registered such rights;

(ii) persons who were in possession or control of the encumbered asset when enforcement commenced; and

(iii) other persons who were actually known to the secured creditor to have a right in the encumbered asset.

(2) Ⅸ. - 7:107(소비자에 대한 집행통지)에 의해 집행통지가 요구되는 경우, 제(1)항은 해당 통지의 전달이 있은지 10일이 경과하여야만 적용된다.

(3) 담보권자는 담보목적물의 실현을 위한 전부 또는 일부의 조치를 취하도록 사적 대리인을 임명하거나 또는 관할법원의 직원에게 신청할 수 있다.

Ⅸ. - 7:208: 비사법처분의 통지

(1) 처분권 행사를 하려는 의도를 통지하여야만 담보권자는 담보목적물의 처분권을 행사할 수 있다.

(2) 제(1)항은 담보목적물이 부패하기 쉽거나 아니면 가치가 급격하게 저하될 수 있거나 또는 공인된 시장에서 공개된 가격으로 거래되는 대체자산이라면 적용되지 않는다.

Ⅸ. - 7:209: 통지의 수신인

전 조에서 요구되는 통지는 다음의 자에게 전달되어야만 한다:

(a) 담보제공자, 채무자(담보제공자와 다르다면) 및 담보권자가 알고 있는, 담보 범위 채무에 책임이 있는 다른 자들.

(b) 담보목적물에 대한 권리를 갖고 있는 다음의 자들:

(i) 여하한 권리를 등록한 다른 담보권자들;

(ii) 집행 개시 시, 담보목적물을 점유 또는 지배하는 자들; 및

(iii) 담보권자에게 담보목적물에 대한 권리를 갖고 있다고 실제로 알려진 다른 자들.

IX. – 7:210: Time and contents of notice

(1) The notice required by IX. – 7:208 (Notice of extra-judicial disposition)must be given in due time. A notice that reaches its addressees at least ten days before the disposition is regarded as given in due time.

(2) The notice must indicate:

(a) the place and time of the planned disposition;

(b) a reasonable description of the encumbered asset to be disposed of;

(c) any minimum price for the disposition of the encumbered asset and payment terms; and

(d) the right of the security provider, of the debtor and of other interested persons to avert disposition of the encumbered asset by payment of the outstanding amount of the obligation covered by the security.

(3) The notice must be in a language that can be expected to inform its addressees.

IX. – 7:211: Sale by public or private auction or by private sale

(1) Realisation of all or parts of the encumbered assets by sale may be by an officially supervised auction (public auction) or by an auction to which the public is invited (private auction).

(2) Realisation of all or parts of the encumbered assets by sale may be by private sale, if so agreed by the parties or if there is a published market price for the encumbered asset.

(3) The details of the arrangements to be made under the preceding paragraphs can be fixed by the secured creditor.

(4) If the transfer is subject to pre-existing prior rights and upon demand, the secured creditor must disclose to the purchaser the relevant details.

(5) If the secured creditor acquires the encumbered asset in a sale by public or private auction, the sale may be set aside by the security provider within a period of ten days after the auction.

Ⅸ. - 7:210: 통지의 시기 및 내용

(1) Ⅸ. - 7:208(비사법처분의 통지)에서 요구되는 통지는 적절한 시기 내에 전달되어야만 한다. 처분하기 최소 10일 전에 수신인에게 도달한 통지는 적절한 시기 내에 전달된 것으로 본다.

(2) 통지는 다음을 표시해야만 한다:

(a) 계획된 처분의 장소 및 시기;

(b) 처분될 담보목적물의 합리적인 기재;

(c) 담보목적물의 처분을 위한 최소 금액 및 지급 조건; 및

(d) 담보 범위 채무의 잔액을 지급함으로써 담보목적물의 처분을 정지시킬 수 있는 담보제공자, 채무자 및 다른 이해관계인들의 권리.

(3) 통지는 수신자에게 고지할 것으로 기대되는 언어로 이루어져야만 한다.

Ⅸ. - 7:211: 강제경매 또는 임의경매에 의한 매각 또는 사적 매각

(1) 매각에 의한 담보목적물의 전부 또는 일부의 실현은 공식적 감독하의 경매(강제경매) 또는 공중이 참여하는 경매(임의경매)에 의할 수 있다.

(2) 당사자 간에 합의되었거나 또는 담보목적물의 공개된 시장 가격이 존재한다면, 매각에 의한 담보목적물의 전부 또는 일부의 실현은 사적 매각에 의할 수 있다.

(3) 담보권자는 전 항에 의해 결정된 방식의 상세한 내용을 정할 수 있다.

(4) 이전이 선행하는 우선적 권리를 대상으로 하고 요구에 의한 것이라면, 담보권자는 관련 상세 내용을 구매자에게 공개하여야만 한다.

(5) 담보권자가 강제 또는 임의경매에 의한 매각을 통해 담보목적물을 취득한다면, 담보제공자는 경매 후 10일 이내에 매각을 무효화할 수 있다.

(6) Where the owner of the encumbered asset participates as buyer in a realisation of the encumbered asset according to this Article, the sale operates as an agreement to release encumbrances of the asset.

IX.–7:212: Commercially reasonable price

(1) The secured creditor must realise a commercially reasonable price for the encumbered asset.

(2) If there is a recognised market which is easily accessible for the secured creditor, a price is commercially reasonable if it corresponds to the market price at the time of the sale, having due regard to any special features of the encumbered asset.

(3) If the preceding paragraph does not apply, a price is commercially reasonable if the secured creditor took such steps as could be expected to be taken in the circumstances.

(4) If the sale is by private sale, the security provider may demand that the creditor communicates to the security provider the expected price or price range. If the security provider can show that it is likely that this price range is significantly below what might reasonably be achieved at a private or public auction, the security provider may demand that the secured creditor arrange for a private or a public auction. Subject to paragraph (5) of the preceding Article, a price achieved in this way is binding upon the parties.

IX.–7:213: Buyer's rights in the assets after realization by sale

(1) The buyer acquires rights in the sold assets free of the rights of:

(a) the security provider;

(b) the enforcing secured creditor;

(c) junior secured creditors, whether holders of security rights or retention of ownership devices; and

(6) 담보목적물의 소유자가 본 조에 따른 담보목적물의 실현에 매수인으로서 참가하는 경우, 매각은 자산에 설정된 담보권의 해제에 대한 합의로 작용한다.

Ⅸ.-7:212: 상업적으로 합리적인 가격

(1) 담보권자는 담보목적물을 상업적으로 합리적인 가격으로 실현하여야만 한다.
(2) 담보권자가 쉽게 접근할 수 있는 공인된 시장이 있다면, 담보목적물의 특별한 특성에 관한 상당한 참작을 하여, 매각 시점에 시장가격에 대응하는 가격은 상업적으로 합리적이다.
(3) 전항이 적용되지 않는다면, 담보권자가 그러한 상황에서 취할 것으로 기대되는 여하한 조치를 취하였다면 가격은 상업적으로 합리적이다.
(4) 매각이 사적 매각에 의해 이루어지면, 담보제공자는 담보권자가 기대하는 가격 또는 가격범위를 담보제공자에게 통지할 것을 요구할 수 있다. 담보제공자가 임의 또는 강제경매에서 합리적으로 달성될 수 있는 것보다 현저하게 낮은 가격범위가 될 것이라는 것을 보여 줄 수 있으면, 담보제공자는 담보권자에게 임의 또는 강제경매를 마련할 것을 요구할 수 있다. 전 조의 제(5)항에 따라 이러한 방식으로 달성된 가격은 당사자들을 구속한다.

Ⅸ.-7:213: 매각에 의한 실현 이후 자산에 대한 매수인의 권리

(1) 매수인은 매각된 자산에서 다음의 자의 권리가 없는 권리를 취득한다.

(a) 담보제공자;

(b) 이행청구 담보권자;

(c) 담보권의 보유자이든 또는 소유권유보방식의 보유자인, 후순위 담보권자; 및

(d) holders of other limited proprietary rights with lower priority than the enforcing secured creditor's rights.

(2) The following rights in the sold assets remain in existence after the transfer, unless the enforcing secured creditor acted with authority to dispose of the encumbered assets free of these rights or the buyer acquires in good faith according to IX.–6:102 (Loss of proprietary security due to good faith acquisition of ownership):

(a) rights of senior secured creditors, whether holders of security rights or retention of ownership devices; and

(b) other limited proprietary rights with higher priority.

(3) The buyer's position is not affected by any failure to comply with notice requirements under this Chapter or by any other violation of procedural provisions under this Chapter for the auction or private sale.

(4) If the secured creditor or the security provider participates in the realization by sale as buyer, the preceding paragraphs apply with appropriate adaptations with respect to the effects of the sale.

IX.–7:214: Realisation of security in right to payment or in negotiable instrument

(1) Where the encumbered asset is a right to payment or a negotiable instrument, the secured creditor may collect the outstanding performance from the third party debtor or may sell and assign or appropriate the right to payment or the negotiable instrument.

(2) If there are other security rights in the encumbered right to payment or the negotiable instrument which enjoy priority, the secured creditor is not entitled as against these senior secured creditors to collect the encumbered right to payment or to the negotiable instrument.

(3) The third party debtor, except a debtor under a negotiable instrument, may refuse to pay unless the secured creditor sends a notice indicating the amount duet, supported by adequate proof.

(d) 이행청구 담보권자의 권리보다 후순위의 기타 제한물권의 보유자.

(2) 매각된 자산에 대한 다음의 권리는 이전 이후에도 존속한다. 다만, 이행청구 담보권자가 이러한 권리가 없는 담보목적물을 처분할 권한을 갖지 않았거나 또는 매수인이 Ⅸ.－6:102(소유권의 선의취득으로 인한 물적담보의 소멸)에 따라 선의로 취득하지 않는 것을 조건으로 한다:

(a) 담보권의 보유자이든 소유권유보방식의 보유자인, 선순위 담보권자의 권리; 및

(b) 선순위의 기타 제한물권.

(3) 매수인의 지위는 본 장의 통지 요건의 미준수 또는 경매 또는 사적 매각을 위한 본 장의 절차 규정의 여하한 기타 위반에 의해 영향을 받지 않는다.

(4) 담보권자 또는 담보제공자가 매각에 의한 실현에 매수인으로서 참가하면, 매각의 효과에 관해 전 항을 준용한다.

Ⅸ.－7:214: 채권 또는 화폐증권 담보권의 실현

(1) 담보목적물이 채권 또는 화폐증권인 경우, 담보권자는 제3채무자로부터 미지급 잔액을 추심하거나 또는 채권 또는 화폐증권을 매각 및 양도 또는 충당할 수 있다.

(2) 담보된 채권 또는 화폐증권에 설정된 다른 담보권이 우선권을 가지면, 담보권자는 이러한 선순위 담보권자에 대하여 담보된 채권 또는 화폐증권을 추심할 권리가 없다.

(3) 화폐증권의 채무자를 제외한, 제3채무자는, 담보권자가 적절한 증거에 의해 뒷받침되는 정산액을 표시한 통지를 발송하지 않는 한, 지급을 거절할 수 있다.

(4) The secured creditor may also collect or otherwise enforce any personal or proprietary security right to which the security in the right to payment extends according to IX.–2:301 (Encumbrance of right to payment of money) paragraph (4).

IX.–7:215: Distribution of proceeds

(1) The proceeds of any extra-judicial enforcement of an encumbered asset according to the preceding provisions are to be distributed by the secured creditor in the following order.

(2) First, the secured creditor who has enforced may apply the proceeds for the satisfaction of the secured right including the expenses incurred for enforcement.

(3) Second, any secured creditor whose proprietary security has a lower priority than the enforcing secured creditor's right is entitled to receive any remaining proceeds after any deductions according to paragraph (2) up to the amount of the obligation covered by this secured creditor's security. If there are several junior secured creditors, the remaining proceeds are distributed in accordance with the order of priority between their rights. The preceding sentences apply with appropriate adaptations to holders of other limited proprietary rights with lower priority than the enforcing secured creditor's rights; instead of an obligation covered by the security, the value of these limited proprietary rights is decisive.

(4) Third, any remaining proceeds after any deductions according to paragraphs(2) and (3) must be repaid to the security provider.

(5) No secured creditor may receive more than any maximum amount that has been agreed or registered for that creditor's security right. This limit does not apply to reasonable expenses incurred for enforcement.

IX.–7:216: Appropriation of encumbered asset by secured creditor

The secured creditor may accept the encumbered assets in total or partial satisfaction of the secured right under the following conditions:

(4) 담보권자 또한 Ⅸ.－2:301(금전채권에 대한 담보권) 제(4)항에 따라 채권에 설정된 담보가 효력을 미치는 여하한 인적 또는 물적 담보권을 추심하거나 또는 달리 집행할 수 있다.

Ⅸ.－7:215: 대위물의 분배

(1) 전조에 따른 담보목적물의 비사법적 집행의 대위물은 담보권자에 의해 다음의 순서로 분배된다.
(2) 첫째, 집행한 담보권자는 집행을 위해 발생한 비용을 포함한 피담보채권의 만족을 위해 대위물을 충당할 수 있다.
(3) 둘째, 집행 담보권자의 권리보다 후순위 물적 담보를 갖는 여하한 담보권자는 제(2)항에 따른 공제 이후에 남은 대위물을 해당 담보권자의 담보 범위 채무액까지 받을 권리가 있다. 후순위 담보권자가 수인이라면, 남은 대위물은 담보권의 우선순위에 따라 분배된다. 전문前文은 집행 담보권자의 권리보다 후순위의 기타 제한물권의 보유자에 준용한다; 담보 범위 채무 대신에, 이러한 제한물권의 가치를 기준으로 결정한다.
(4) 셋째, 제(2)항 및 제(3)항에 따른 공제 이후에 남은 대위물은 담보제공자에게 상환되어야만 한다.
(5) 담보권자는 채권자의 담보권을 위해 합의되거나 또는 등록된 최고액 이상을 받지 못한다. 이러한 제한은 집행을 위해 발생한 합리적인 비용에는 적용되지 않는다.

Ⅸ.－7:216: 담보권자에 의한 담보목적물의 충당

담보권자는 다음의 조건하에 피담보채권의 전부 또는 일부 만족을 위해 담보목적물을 취득할 수 있다:

(a) the secured creditor must give advance notice of the intention to acquire all or parts of the encumbered assets in total or partial satisfaction of the secured right, specifying the relevant details;

(b) the proposal must be sent to the persons specified in IX.–7:209 (Addressees of the notice);

(c) the conditions of IX.–7:210 (Time and contents of notice) paragraphs(1), (2) (b) and (d) and (3) and IX.–7:212 (Commercially reasonable price) paragraph (1), applied with appropriate adaptations, must be fulfilled;

(d) the proposal must indicate the secured amount owed as of the end of business on the day before the proposal is sent and the amount of the right that is proposed to be satisfied by accepting the encumbered asset; and

(e) no addressee objects to this proposal in writing within ten days after the proposal has been received by every addressee.

Subsection 3: Judicial enforcement

IX.–7:217: Applicable rules

(1) Judicial enforcement is to be undertaken according to the procedural rules of the member state where enforcement by a court or other competent authority is sought by the secured creditor.

(2) The secured creditor may apply to the court or other competent authority to exercise any of the rights under the preceding Subsections. These rights may be exercised by the court or other competent authority regardless of whether they are under the preceding Subsections dependent upon or excluded by a party agreement or a consent or the absence of an objection of the security provider or other persons.

(a) 담보권자는 관련 상세 내용을 명시하여, 피담보채권의 전부 또는 일부 만족을 위해 담보목적물의 전부 또는 일부를 취득하려는 의도를 사전통지 해야만 한다;

(b) Ⅸ.－7:209(통지의 수신인)에 명시된 자들에게 제안서를 보내야만 한다;

(c) Ⅸ.－7:210(통지의 시기 및 내용) 제(1)항, 제(2)항 제(b)호 및 제(d)호 및 제(3)항 및 Ⅸ.－7:212(상업적으로 합리적인 가격) 제(1)항을 준용하여 해당 규정의 조건이 충족되어야만 한다.

(d) 제안서 발송 전날 영업종료 당시 담보액과 담보목적물을 취득함으로써 만족될 채권액이 제안서에 표시되어야만 한다; 그리고

(e) 모든 수신인이 제안을 수령한 날로부터 10일 이내에는 수신인은 서면으로 작성된 제안에 이의를 제기할 수 없다.

제3관 사법 집행

Ⅸ.－7:217: 적용되는 규정들

(1) 사법적 집행은 담보권자의 청구에 의해 법원 또는 다른 관할 기관의 집행이 이루어지는 회원국의 절차법에 따라야 한다.

(2) 담보권자는 법원 또는 다른 관할 기관에 전관의 여하한 권리를 행사할 것을 신청할 수 있다. 이러한 권리가 전관에 의하든지, 또는 당사자간 합의 또는 동의 혹은 담보제공자 또는 다른 자들에 의한 이의의 부재에 의해 배제되었든지 상관없이 해당 권리는 법원 또는 다른 관할 기관에 의해 행사될 수 있다.

Section 3:
Rules for retention of ownership devices

IX. -7:301: Consequences of default under retention of ownership devices

(1) The holder of a retention of ownership device exercises the rights under the retention of ownership device by termination of the contractual relationship under a contract of sale, hire-purchase, financial leasing or consignment according to the general rules of Book III, Chapter 3, Section 5.

(2) Any rights in the supplied asset that were transferred or created by the buyer, hire-purchaser, lessee or consignee will terminate, unless:

(a) the latter had been authorised to create or transfer such rights;

(b) the transferee is protected by IX. -2:108 (Good faith acquisition of security right) to IX. -2:111 (Security right in cash, negotiable instruments and documents) or IX. -6:102 (Loss of proprietary security due to good faith acquisition of ownership); or

(c) the rights of the transferee exceptionally enjoy priority over the rights of the holder of the retention of ownership device.

(3) On resale or re-leasing, the holder of the retention of ownership device is entitled to any surplus over the original price for the supplied assets which may be realised.

(4) A third party to whom the retention of ownership device has been transferred by agreement or by law is entitled to the rights under paragraphs(1) to (3).

IX. -7:302: Possession, immobilisation and preservation

IX. -7:201 (Creditor's right to possession of corporeal asset), IX. -7:202(Creditor's right to immobilise and to preserve encumbered asset) and IX. -7:203 (Intervention of court or other authority) apply in relation to retention of ownership devices with the adaptations set out in IX. -1:104(Retention of ownership devices: applicable rules) paragraph (2).

제3절
소유권유보방식을 위한 규정

Ⅸ. - 7:301: 소유권유보방식에서 채무불이행의 결과

(1) 소유권유보방식의 보유자는 제3권 제3장 제5절의 일반규정에 따른 매매계약, 할부계약, 금융리스계약 또는 위탁계약하의 계약관계의 종료에 의해 소유권유보방식하의 권리를 행사한다.

(2) 제공된 자산에서 매수인, 할부구매자, 금융리스이용자 또는 위탁자에 의해 이전되었거나 또는 창설되었던 여하한 권리는 다음의 경우가 아닌 한 소멸된다:

(a) 매수인, 할부구매자, 금융리스이용자 또는 위탁자가 여하한 권리를 발생 또는 이전시킬 권한을 가진 경우;

(b) 양수인이 Ⅸ. - 2:108(담보권의 선의취득)에서 Ⅸ. - 2:111(금전, 화폐증권 및 물품증권에 대한 담보권)까지 또는 Ⅸ. - 6:102(소유권의 선의취득으로 인한 물적 담보의 소멸)에 의해 보호되는 경우; 또는

(c) 양수인의 권리가 예외적으로 소유권유보방식 보유자의 권리보다 우선순위인 경우.

(3) 재매매 또는 재리스에서, 소유권유보방식 보유자는 실현될 수 있는 제공된 자산의 원래의 가격을 넘는 여하한 초과분에 대해 권리를 갖는다.

(4) 합의 또는 법률에 의하여 소유권유보방식을 이전받은 제3자는 제(1)항에서 제(3)항에 규정된 권리를 갖는다.

Ⅸ. - 7:302: 점유, 이전금지 및 보존

소유권유보방식과 관련하여서는 Ⅸ. - 1:104(소유권유보방식: 적용되는 규정들) 제(2)항에서 발생한 변경과 함께 Ⅸ. - 7:201(담보권자의 유체자산 점유권), Ⅸ. - 7:202(담보권자의 담보목적물 이전금지권 및 보존권) 및 Ⅸ. - 7:203(법원 또는 다른 기관의 개입)를 적용한다.

Book X

Trusts

Chapter 1: Fundamental provisions

Section 1: Scope and relation to other rules

X.–1:101: Trusts to which this Book applies

(1) This Book applies to trusts created under Chapter 2 (Constitution of trusts).

(2) With appropriate modifications this Book also applies to trusts:

(a) constituted by:

(i) a declaration to that effect set out in an enactment; or

(ii) a court order with prospective effect; or

(b) arising by operation of law set out in an enactment relating to a matter not determined by these rules.

(3) In this Book, "court" includes a public officer or body, if authorised to act under the applicable national law, but does not include an arbitral tribunal.

제10권

신탁

제1장

기본조항

제1절 적용범위 및 타 규정과의 관계

X.-1:101: 본 권의 적용대상이 되는 신탁

(1) 본 권은 제2장(신탁의 설정)에 따라 창설된 신탁에 대하여 적용한다.

(2) 다음의 신탁에 대하여도 본 권의 규정을 준용한다:

(a) i) 또는 ii)에 의하여 설정된 신탁:

(i) 법률에 의하여 효력이 인정되는 선언

(ii) 장래효가 있는 법원의 명령; 또는

(b) 본 규정으로 결정되지 않는 사항에 관하여는 법령의 규정에 따라 법률의 효과로 발생하는 신탁

(3) 본 권에서 "법원"이란, 해당 자국법에 따라 권한이 있다면 공무원 또는 공공기관을 포함하지만, 중재재판소를 포함하지 않는다.

X. – 1:102: Priority of the law of proprietary securities

In relation to trusts for security purposes, this Book is subject to the application of the rules in Book IX (Proprietary security in movable assets).

Section 2: Definition, special legal effects and parties

X. – 1:201: Definition of a trust

A trust is a legal relationship in which a trustee is obliged to administer or dispose of one or more assets (the trust fund) in accordance with the terms governing the relationship (trust terms) to benefit a beneficiary or advance public benefit purposes.

X. – 1:202: Special legal effects of a trust

(1) A trust takes effect in accordance with the rules in Chapter 10 (Relations to third parties) with the effect that the trust fund is to be regarded as a patrimony distinct from the personal patrimony of the trustee and any other patrimonies vested in or managed by the trustee.

(2) In particular (and except for some reason other than merely that the trust fund is vested in the trustee):

(a) the personal creditors of the trustee may not have recourse to the trust fund, whether by execution or by means of insolvency proceedings;

(b) the trust fund is not subject to rules allocating property rights on the basis of matrimonial or family relationships; and

(c) the trustee's successors are not entitled to benefit from the trust fund on the trustee's death.

Ⅹ.-1:102: 물적담보에 관한 법의 우선적용

담보를 목적으로 하는 신탁의 경우에는, 본 권은 제9권(동산의 물적 담보)의 규정들이 적용될 것을 조건으로 한다.

제2절 정의, 특별한 법률 효과 및 당사자

Ⅹ.-1:201: 신탁의 정의

신탁이란 수익자의 수익 또는 공익상 목적의 증진을 위한 관계를 설정하는 약정(신탁약정)에 따라, 하나 또는 그 이상의 자산(신탁기금)을 관리 또는 처분하는 의무를 수탁자가 부담하는 법률관계이다.

Ⅹ.-1:202: 신탁의 특별한 법률 효과

(1) 신탁기금이 수탁자의 개인상속재산과 구분되는 상속재산으로 그리고 수탁자에게 귀속되거나 수탁자가 관리하는 여하한 다른 상속재산으로 보는 효력과 더불어 제10장(제3자에 대한 관계)의 규정에 따라 신탁이 발생한다.

(2) 특히 (신탁기금이 단지 수탁자에게 귀속되었다는 사실 이외에 몇 가지 사유들을 제외하고):

(a) 수탁자의 개인 채권자는, 파산실행 또는 파산절차에 따라, 신탁기금에서 구상권을 행사할 수 없다;

(b) 신탁기금은 배우자 또는 가족관계를 기초로 재산권을 분할하는 규정에 적용되지 않는다; 그리고

(c) 수탁자 사망 시 수탁자의 승계인은 신탁자산으로부터 수익을 취득할 권리가 없다.

X. – 1:203: Parties to a trust

(1) The truster is a person who constitutes or intends to constitute a trust by juridical act.

(2) The trustee is the person in whom the trust fund becomes or remains vested when the trust is created or subsequently on or after appointment and who has the obligation set out in X. – 1:201 (Definition of a trust).

(3) A beneficiary is a person who, according to the trust terms, has either a right to benefit or an eligibility for benefit from the trust fund.

(4) A trust auxiliary is a person who, according to the trust terms, has a power to appoint or remove a trustee or to consent to a trustee's resignation.

(5) Except as otherwise provided for by this Book:

(a) a truster may also be a trustee or a beneficiary;

(b) a trustee may also be a beneficiary; and

(c) any of those parties to a trust may also be a trust auxiliary.

(6) In this Book a person's "successor" is the heir or representative who under the law of succession becomes entitled to that person's personal patrimony on that person's death. Where the context permits, a reference to a party (or former party) to a trust is a reference to that person's successor if that person has died.

X. – 1:204: Plurality of trustees

(1) Where there are several trustees, the trust is solidary.

(2) Where trust assets are vested in several trustees together, their co-ownership is joint.

X. – 1:205: Persons entitled to enforce performance of trustee' s obligations

(1) A beneficiary has a right to performance of the trustee's obligations so far as they relate to that beneficiary's right to benefit or eligibility for benefit.

Ⅹ.－1:203: 신탁의 당사자

(1) 위탁자는 법률행위를 통해 신탁을 설정하거나 또는 설정을 의도하는 자이다.

(2) 수탁자는 신탁 창설 시 또는 수탁자로 임명되거나 임명 이후 신탁자산을 양도받거나 양도받은 자로서 X.－1:201(신탁의 정의)의 규정에 따른 의무를 부담하는 자이다.

(3) 수익자란 신탁약정에 따라 신탁기금으로부터 수익을 얻을 권리 또는 자격이 있는 자이다.

(4) 신탁보조인은 신탁약정에 따라 수탁자를 임명 또는 해임하거나 수탁자의 사임을 동의할 권한을 갖는 자이다.

(5) 본 권에서 달리 규정하고 있는 경우를 제외하고:

(a) 위탁자는 수탁자 또는 수익자가 될 수 있다,

(b) 수탁자는 수익자가 될 수 있다; 그리고

(c) 신탁의 당사자 누구나 신탁보조인이 될 수 있다.

(6) 본 권에서 '승계인'은 상속법상 피상속인의 사망 시 피상속인의 개인 상속재산에 대한 권리를 갖는 상속인 또는 대리인이다. 문맥으로 판단하여, 신탁에서 당사자(또는 이전 당사자)에 대한 언급은 그 당사자가 사망한다면 해당 당사자의 승계인에 대한 언급이다.

Ⅹ.－1:204: 복수의 수탁자

(1) 수탁자가 복수인 경우, 신탁은 공동신탁이다.

(2) 복수의 수탁자에게 신탁자산이 귀속된 경우, 당해 소유는 공동소유이다.

Ⅹ.－1:205: 수탁자의 의무이행을 청구할 수 있는 권리가 있는 자

(1) 수탁자의 의무가 수익자의 수익권 또는 수익자격과 관련한 범위 내에서, 수익자는 그 의무의 이행에 대한 권리를 갖는다.

(2) The persons who may enforce performance of the trustee's obligations under a trust to advance public benefit purposes are:

(a) any public officer or body having that function; and

(b) any other person having sufficient interest in the performance of the obligations.

(3) A trustee may enforce performance of the obligations of a co-trustee.

X.-1:206: Right to benefit and eligibility for benefit

(1) A person has a right to benefit if the trust terms require the trustee in given circumstances to dispose of all or part of the trust fund so as to confer a benefit on that person.

(2) A person has an eligibility for benefit if the trust terms permit the trustee in given circumstances to dispose of all or part of the trust fund so as to confer a benefit on that person, but whether or not that person is to obtain a benefit depends on an exercise of discretion by the trustee or another.

(3) A beneficiary's eligibility for benefit becomes a right to benefit if the trustee gives the beneficiary notice of a decision to confer benefit on that beneficiary in accordance with the trust terms governing that eligibility.

(4) In this Book "benefit" does not include the exercise by a trustee of a right of recourse to the trust fund.

Section 3: Modifications of and additions to general rules

X.-1:301: Extended meaning of gratuitous

(1) In this Book "gratuitous" means done or provided without reward.

(2) 공익신탁과 관련하여 수탁자의 의무이행을 청구할 수 있는 자는 아래와 같다:

(a) 해당 역할을 수행하는 공무원 및 공공기관; 그리고

(b) 수탁자의 의무이행에 대하여 충분한 이해관계를 가진 다른 자.

(3) 수탁자는 공동수탁자에게 의무의 이행을 청구할 수 있다.

Ⅹ.-1:206: 수익권과 수익자격

(1) 신탁약정이 특정인에게 수익을 수여하기 위해 수탁자에게 주워진 상황에서 신탁기금의 전부 또는 일부를 처분할 것을 요구한다면, 그 특정인은 수익권을 가진다.

(2) 신탁약정이 특정인에게 수익을 수여하기 위해 수탁자에게 주워진 상황에서 신탁기금의 전부 또는 일부를 처분할 것을 요구하지만, 특정인이 수익을 수취할 수 있는지 여부가 수탁자 또는 이외의 자의 재량행사에 따라 결정된다면, 그 자는 수익자격을 가진다.

(3) 수익자격을 규정한 신탁약정에 따라 수탁자가 수익자에게 수익을 수여한다는 결정을 통지하면 수익자격은 수익권이 된다

(4) 본 권에서 '수익'은 신탁기금에 대한 수탁자의 구상권의 행사를 포함하지 않는다.

제3절
일반규정의 변경 및 추가

Ⅹ.-1:301: 무상(無償)의 확장된 의미

(1) 본 권에서 "무상"이란 대가 없이 행위가 이루어졌거나 제공된 것을 의미한다.

(2) A juridical act or a benefit is also regarded as gratuitous in this Book if, considering the value of the rights created by the juridical act or the benefit provided, the value of the reward is so trivial that fairness requires it to be disregarded.

X. – 1:302: Notice

(1) Where this Book requires notice to be given to a person, but it is not reasonably practical to do so, notice may be given instead to the court.
(2) Where there are several trustees, a requirement to give notice to the trustees is satisfied by giving notice to any one of them, but a notice relating to a change in trustees must be given to a trustee who will continue to be a trustee after the change takes effect.

X. – 1:303: Mandatory nature of rules

The rules of this Book are mandatory, except as otherwise provided.

Chapter 2: Constitution of trusts

Section 1: Basic rules on constitution by juridical act

X. – 2:101: Requirements for constitution

A trust is constituted in relation to a fund vested in the truster, without any further requirement, if:

(2) 법률행위 또는 제공된 수익에 의해 생성된 권리의 가치를 고려하여 그 대가의 가치가 매우 경미하여 공평성(fairness)이 무시되는 정도라면, 그 법률행위 또는 수익은 본 권에서는 무상으로 본다.

Ⅹ.-1:302: 통지

(1) 본 권의 규정상 어떠한 자에게 통지를 하도록 요구하고 있으나 이러한 통지가 합리적으로 현실적이지 않은 경우, 법원에게 대신하여 통지할 수 있다.
(2) 복수의 수탁자가 있는 경우, 이들에 대한 통지에 대한 요건은 복수의 수탁자 중 1인에게 통지함으로써 충족되지만, 수탁자의 변경과 관련한 통지는 그 변경의 효력이 발생한 이후 계속적으로 수탁자가 되는 자에게 이루어져야만 한다.

Ⅹ.-1:303: 규정의 강행성

본 권에서 달리 규정하고 있는 경우를 제외하고 본 권의 규정은 강행규정이다.

제2장
신탁의 설정

제1절
법률행위에 의한 신탁 설정의 기본규정

Ⅹ.-2:101: 설정요건

다음의 요건이 충족되면 별도의 추가적 요건 없이 위탁자의 기금에 신탁이 설정된다:

(a) the truster declares an intention to constitute a trust in relation to that fund;

(b) the declaration satisfies the requirements set out in X.–2:201 (Requirements for a declaration); and

(c) either X.–2:102 (Constitution by transfer) or X.–2:103 (Constitution without transfer) applies.

X.–2:102: Constitution by transfer

(1) If the other requirements for constitution are satisfied, a trust is constituted when in implementation of the declaration the fund is transferred to a person who agrees to be a trustee or is identified in the declaration as a person who is or is to be a trustee.

(2) The rules on contracts for donation apply analogously to an agreement between truster and intended trustee for the transfer of the fund in the truster's lifetime.

(3) Where the truster has made a binding unilateral undertaking to constitute a trust to a person who is intended to be a trustee of the fund, that person is a trustee of the right to performance of the obligation created by the undertaking, unless that right is rejected.

X.–2:103: Constitution without transfer

(1) If the other requirements for constitution are satisfied, a trust is constituted by the declaration alone, without a transfer, if:

(a) the declaration indicates that the truster is to be a sole trustee;

(b) the declaration is testamentary and does not provide for a trustee; or

(c) (i) the truster does all of the acts required of the truster to transfer the fund to the intended trustee,

(ii) the intended trustee does not or cannot accept the fund, and

(iii) the declaration does not provide otherwise.

(2) When a trust is constituted under paragraph (1), the truster becomes a trustee.

(a) 위탁자가 그 자산에 신탁을 설정하려는 의사를 선언한다면;

(b) 그 선언이 X. - 2:201(선언의 요건)의 요건을 충족한다면; 그리고

(c) X. - 2:102(양도에 의한 신탁 설정) 또는 X. - 2:103(양도없는 신탁 설정)가 적용된다면.

Ⅹ. - 2:102 양도에 의한 신탁 설정

(1) 신탁설정에 대한 다른 요건이 충족되면, 신탁선언의 실행에 있어서 수탁자가 될 것을 동의한 자 또는 신탁선언에서 수탁자 또는 수탁자가 될 것으로 특정된 자에게 기금이 이전된 때에 신탁이 설정된다.

(2) 증여계약에 관한 규정은 위탁자 생전에 기금의 양도에 관한 위탁자와 예정수탁자 간의 합의에 준용된다.

(3) 기금에 대한 수탁자가 될 것이 예정된 자에게 신탁을 설정한다는 구속력 있는 일방적 의사표시(binding unilateral undertaking)를 위탁자가 한 경우, 그 권리를 거절하지 않는 한 그 자는 당해 의사표시에 따라 발생한 의무의 이행에 대한 권리를 가지는 수탁자가 된다.

Ⅹ. - 2:103: 양도 없는 신탁의 설정

(1) 신탁설정을 위한 다른 요건이 충족된다면, 다음의 경우에는, 신탁자산의 양도 없이, 단지 선언만으로 신탁이 설정된다:

(a) 선언이 위탁자가 단독의 수탁자임을 표시한다면;

(b) 선언이 유언에 의해 행해지고 수탁자를 지정하지 않는다면; 또는

(c) (i) 위탁자가 예정수탁자에게 신탁기금을 양도하기 위하여 필요한 모든 행위를 이행하였고,

(ii) 예정수탁자가 신탁기금을 양도받지 않거나 받을 수 없으며, 그리고

(iii) 신탁선언에서 다른 정함이 없다면.

(2) 제(1)항에 따라 신탁이 설정된 경우, 위탁자가 수탁자가 된다.

Section 2: Declaration

X. – 2:201: Requirements for a declaration

(1) The requirements referred to in Section 1 (Basic rules on constitution by juridical act) for a declaration of an intention to constitute a trust are that:

(a) the declaration is made by the truster or a person who has authority to make it on the truster's behalf; and

(b) the declaration complies with any requirement as to form set out in X.–2:203 (Formal requirements for declaration).

(2) No notice or publication of the declaration to any party is required.

X. – 2:202: Mode of declaration

(1) A person declares an intention to constitute a trust when that person by statements or conduct indicates an intention that the person in whom the fund is or is to be vested is to be legally bound as a trustee.

(2) In determining whether one or more statements contained in a testamentary or other instrument determining rights over an asset amount to a declaration of an intention to constitute a trust in relation to that asset, an interpretation of those statements which gives effect to their entirety is to be preferred.

X. – 2:203: Formal requirements for declaration

(1) Where the transfer of a fund requires the making of an instrument by the transferor, the declaration of an intention to constitute a trust is of no effect unless contained in the instrument of transfer or made in the same or an equivalent form.

(2) A declaration that the truster is to be the sole trustee is of no effect unless made in the same form as a unilateral undertaking to donate.

제2절
선언

Ⅹ. – 2:201: 선언의 요건

(1) 신탁설정을 위한 의사의 선언과 관련한 제1절(법률행위에 의한 신탁설정의 기본규정)의 요건은 다음과 같다:

(a) 선언은 위탁자 또는 위탁자를 대신하여 선언할 권한을 가진 자에 의하여 이루어진다; 그리고

(b) 선언은 X. – 2:203(선언의 형식적 요건)에서 정한 형식에 관한 요건을 준수한다.

(2) 선언의 통지 또는 공고는 여하한 당사자에게도 요구되지 않는다.

Ⅹ. – 2:202: 선언방식

(1) 기금이 귀속되거나 귀속될 자가 수탁자로서 법률상 구속될 것이라는 의사를 자신의 진술 또는 행동으로 표시한 때 그 자는 신탁을 설정할 의사를 선언한 것이 된다.

(2) 유언장 또는 자산에 대한 권리를 표창하는 기타 문서에 표시된 의사표시가 해당 자산에 신탁을 설정할 의사를 선언한 것인가를 결정함에 있어서, 그 의사표시는 전체적으로 효과를 발생하는 것으로 우선적으로 해석되어야 한다.

Ⅹ. – 2:203: 선언의 형식적 요건

(1) 자산 양도를 위해 양도인의 문서작성이 요구되는 경우, 신탁설정의 의사선언이 양도를 위한 문서에 포함되지 않거나 이와 동일하거나 대등한 형식으로 이루어지지 않으면 효력이 없다.

(2) 위탁자가 단독의 수탁자가 될 것이라는 선언은 증여의 일방적 의사표시와 동일한 형식으로 이루어지지 않으면 효력이 없다.

(3) Where the trust is to be created on the death of the maker of the declaration, the declaration is of no effect unless made by testamentary instrument.

X. – 2:204: Revocation or variation of declaration

(1) The maker of a declaration may revoke or vary the declaration or a term of the declaration at any time before the trust is constituted.
(2) A revocation or variation is of no effect unless it satisfies the formality requirements, if any, which applied to the declaration.
(3) However, a declaration or term set out in an instrument may be revoked by substantially destroying or defacing that instrument, so far as it relates to that declaration or term, if the applicable national rules permit a statement intended to have legal effect contained in such an instrument to be revoked by that means.

X. – 2:205: Effects when declaration does not satisfy requirements

If the fund is transferred to the intended trustee in implementation of a declaration which does not satisfy the requirements of X. – 2:201 (Requirements for a declaration), the transferee takes the fund on the terms of a trust to re-transfer the fund to the truster.

Section 3: Refusal of trust and rejection of right to benefit

X. – 2:301: Right of trustee to refuse the trust

(1) If a person has become a trustee without agreeing to act when a trust is constituted, that person may refuse to act as a trustee by notice to:

(a) the truster; or

(3) 신탁이 선언자의 사망에 의하여 설정되는 경우 선언은 유언으로 이루어지지 않으면 효력이 없다.

Ⅹ.-2:204: 선언의 철회 또는 변경

(1) 선언자는 신탁이 설정되기 전에는 언제든지 선언 또는 선언의 내용을 철회 또는 변경할 수 있다.

(2) 선언을 철회 또는 변경하는 경우에는 선언에 적용되는 형식적 요건을 충족하지 않으면 그 철회나 변경은 효력이 없다.

(3) 그러나, 문서에 표시된 선언 또는 내용은, 파기 또는 훼손이 선언 또는 내용에 대하여 이루어진 경우에 한하여, 그 문서가 실질적으로 파기되거나 훼손됨으로써 철회 된다. 다만, 준거법이 이러한 문서에서 법적 효력을 의도한 진술이 이러한 방법으로 철회될 수 있음을 허용하는 것을 조건으로 한다.

Ⅹ.-2:205: 선언이 요건을 충족시키기 못하는 경우의 효력

X.-2:201:(선언의 요건)의 요건을 충족하지 못한 선언의 실행으로 기금이 예정수탁자에게 양도되면, 양수인은 위탁자에게 그 기금을 재양도 하는 신탁약정으로 그 기금을 취득한다.

제3절 신탁의 거절(refusal) 및 수익권의 거부(reject)

Ⅹ.-2:301: 신탁 거절에 관한 수탁자의 권리

(1) 신탁설정시 여하한 자가 자신의 동의 없이 수탁자가 되었다면, 그 자는 다음의 자에게 통지함으로써 수탁자로서 행위 하는 것을 거절 할 수 있다:

(a) 위탁자; 또는

(b) any co-trustee who has full legal capacity and agrees to act as a trustee.
(2) Refusal may take the form of either a rejection of all the rights which have vested or a disclaimer of the whole trust, but operates as both a rejection and a disclaimer.
(3) A refusal may not be revoked.
(4) Where a person reasonably incurs costs in order to refuse, that person has a right to be reimbursed by any co-trustees who accept the trust fund and agree to act or, if there are no such co-trustees, the truster.
(5) Where a sole trustee refuses or there is no co-trustee who accepts the trust fund and agrees to act, the truster becomes a trustee of the fund in accordance with X.－2:103 (Constitution without transfer) paragraph (1)(c), unless the declaration of the intention to constitute a trust provides otherwise.
(6) Subject to the previous paragraphs of this Article, the requirements for a refusal and its effects are determined by the application or analogous application of II.－4:303 (Right or benefit may be rejected).

X.－2:302: Rejection of right to benefit or eligibility for benefit

A beneficiary's right under II.－4:303 (Right or benefit may be rejected) to reject a right to benefit or an eligibility for benefit is exercised by giving notice to the trustees.

Section 4: Additional rules for particular instances

X.－2:401: Whether donation or trust

(1) Where a person transfers an asset to another gratuitously and it is uncertain whether or to what extent the transferor intends to donate the asset or to constitute a trust in respect of it for the benefit of the transferor, it is presumed that the transferor intends:

(b) 완전한 법적 능력을 가지며 수탁자로서 행위하는 것을 동의한 공동수탁자.

(2) 거절은 귀속된 모든 권리의 거부 또는 신탁 전체를 포기하는 형식으로 이루어져야 하나, 거부와 포기는 거절에 의할 수 있다.

(3) 거절은 취소 할 수 없다.

(4) 어떤 자에게 거절을 위한 비용이 합리적으로 발생한 경우, 그 자는 신탁기금을 양수하고 수탁자로서의 역할에 동의한 공동수탁자에게 당해 비용을 상환 받을 권리를 가지며, 공동수탁자가 없는 경우에는 위탁자에게 상환받을 수 있다.

(5) 단독의 수탁자가 거절하거나 신탁기금을 양수하고 수탁자로서의 역할에 동의한 공동수탁자가 없는 경우, 신탁을 설정하려는 의사의 선언에 다른 정함이 없는 한 X.-2:103(양도 없는 신탁설정) 제(1)항 제(c)호에 따라 위탁자가 기금에 대한 수탁자가 된다.

(6) 본 조의 전 항을 따를 것을 조건으로, 거절의 요건과 그 효과는 II.-4:303(권리 또는 이익은 거절될 수 있음)의 적용 또는 준용에 의하여 정해진다.

Ⅹ.-2:302: 수익권 또는 수익자격의 거부

수익권 또는 수익자격의 거부에 관하여 Ⅱ.-4:303(권리 또는 이익은 거절될 수 있음)에 규정된 수익자의 권리는 수탁자에게 통지로써 행사된다.

제4절
특정사안에 관한 추가적 규정

Ⅹ.-2:401: 증여 또는 신탁 여부

(1) 여하한 자가 타인에게 무상으로 재산을 양도함에 있어 양도인의 의사가 재산의 증여인지 또는 양도인의 이익을 위한 신탁의 설정인지 불명확한 경우, 양도인의 의사를 다음과 같이 추정한다:

(a) to donate to the transferee, if this would be consistent with the relationship between the parties and past or concurrent dealings of the transferor;

(b) in any other case, that the transferee be a trustee for the benefit of the transferor.

(2) A presumption in paragraph (1) may be rebutted (and the alternative intention in paragraph (1) established) by showing that at the time of transfer the transferor did not or, as the case may be, did intend to dispose of the asset for the exclusive benefit of the transferee.

(3) Paragraphs (1) and (2) apply correspondingly where the transfer is to several transferees (including where the transfer is to the transferor and another).

(4) Where it is shown or presumed that the transferor intends to dispose of the fund for the benefit of a transferee only in part, or for the benefit of one transferee, but not a co-transferee, the transferor is to be regarded as intending to constitute a trust for the benefit of the transferee to that extent.

X.-2:402: Priority of rules of succession law

Where the trust is to take effect on the truster's death, the trust is subject to the prior application of those rules of succession law which determine:

(a) how the deceased's estate is to be disposed of in satisfaction of the funeral costs and debts of the deceased; and

(b) (i) whether the truster was free to dispose of any part of the fund,

(ii) whether any person has a claim in respect of any part of the fund by reason of a family or other connection to the deceased, and

(iii) how such claims are to be satisfied

(a) 재산의 무상양도행위가 당사자들의 관계와 양도인의 과거 또는 경합 거래와 일관성을 가진다면, 양도인은 양수인에게 증여하기 위한 것;

(b) 그 외의 경우, 양수인이 양도인의 이익을 위하여 수탁자가 되는 것.

(2) 양도 당시 양도인이 양수인의 독점적 이익을 위하여 자산을 처분할 의사가 없거나, 경우에 따라서는, 이를 가지고 있음을 입증함으로써 제(1)항의 추정은 번복될 수 있다(그리고 제(1)항의 다른 의사로 확정된다).

(3) 제(1)항과 제(2)항은 양도가(양도가 양도인과 기타의 자에게 이루어진 것을 포함하여) 복수의 양수인에게 이루어진 경우, 해당 경우에 따라 적용한다.

(4) 오직 부분적으로 양수인의 이익을 위하거나, 공동양수인이 아닌 1인의 양수인의 이익을 위하여, 양도인이 기금의 처분을 의도하였음이 입증 또는 추정되는 경우, 양도인은 그 범위 내에서 양수인의 이익을 위하여 신탁설정의 의사를 가지는 것으로 본다.

Ⅹ. - 2:402: 상속법의 우선적용 원칙

신탁이 위탁자의 사망으로서 효력이 발생하는 경우, 다음의 내용을 결정하는 것은 상속법이 신탁에 우선 적용된다.

(a) 장례비용 및 사망자의 채무를 충당하기 위한 사망자 재산의 처분방법; 그리고

(b) (i) 위탁자가 기금의 여하한 일부를 자유롭게 처분할 수 있었는지 여부,

(ii) 여하한 자가 사망자와 가족관계 또는 기타 관계를 이유로 기금의 일부분에 대한 권리를 주장할 수 있는지 여부, 그리고

(iii) 이와 같은 주장이 충족되기 위한 방법

X.–2:403: Trust in respect of right to legacy pending transfer of legacy

Where a truster declares that a legatee is to be a trustee in relation to a legacy from the truster and that declaration satisfies the requirements set out in X.–2:201 (Requirements for a declaration), but the legacy has not yet been transferred, the legatee is a trustee of the right against the truster's successor which arises in respect of the legacy on the truster's death.

Chapter 3: Trust fund

Section 1: Requirements for the initial trust fund

X.–3:101: Trust fund

(1) Trust assets, whether or not of the same kind, form a single trust fund if they are vested in the same trustees and either:

(a) the trust terms relating to the assets indicate that they form a single fund or require them to be administered together; or

(b) separate trusts relating to the assets are merged in performance of the obligations under those trusts.

(2) Where trusts are constituted at the same time, on the same terms, and with the same trustees, the trust assets form a single trust fund unless the trust terms provide otherwise.

Ⅹ.－2:403: 양도될 상속재산 상의 권리에 관한 신탁

위탁자의 유산과 관련하여 위탁자가 유언상속인을 수탁자로서 선언하고, 그 선언이 Ⅹ.－2:201(선언의 요건)을 충족하였으나 상속재산이 아직 양도되지 않은 경우, 그 유언상속인은 위탁자 사망시 위탁자의 상속인에 대해 상속재산과 관련하여 발생하는 권리의 수탁자가 된다.

제3장 신탁기금

제1절 최초신탁기금의 요건

Ⅹ.－3:101: 신탁기금

(1) 신탁자산이 동일한 수탁자들에게 귀속되고 다음 하나의 경우라면 신탁자산은 종류와 관련 없이 단독 신탁기금으로 구성된다.

(a) 자산에 관한 신탁약정이 신탁자산은 단독기금으로 구성될 것으로 정하거나 함께 관리될 것을 요구하는 경우; 또는

(b) 자산에 관한 분리된 신탁들이 당해 신탁에 따른 의무의 이행에 의하여 합병된 경우.

(2) 다수의 신탁이 동시에 동일한 약정으로 그리고 동일한 수탁자들에게 설정된 경우, 신탁약정에서 다른 정함이 없는 한 당해 신탁자산들은 단독 신탁기금으로 구성된다.

(3) In this Book "part of the trust fund" means a share of the trust fund, a specific asset or share of an asset in the fund, or a specific amount to be provided out of the fund.

X. – 3:102: Permissible trust assets

Trust assets may consist of proprietary or other rights, so far as these are transferable.

X. – 3:103: Ascertainability and segregation of the trust fund

(1) A trust is only created in relation to a fund in so far as, at the time the trust is to come into effect,

(a) the fund is sufficiently defined in the trust terms or the assets forming the fund are otherwise ascertainable; and

(b) the fund is segregated from other assets.

(2) A declaration of intention to create a trust in relation to an unsegregated fund is to be regarded, so far as the other terms of the declaration permit, as a declaration of an intention to create a trust of the entire mixture containing the fund on the terms that:

(a) the trustee is obliged to segregate the intended trust fund; and

(b) until the fund is segregated, the rights and obligations envisaged by the terms of the declaration apply in relation to a corresponding part of the mixture.

Section 2: Changes to the trust fund

X. – 3:201: Additions to the trust fund

(1) After a trust is created, an asset which is capable of being a trust asset becomes part of the trust fund if it is acquired by a trustee:

(3) 본 권에서 "신탁기금의 일부"란 신탁기금의 지분, 기금상 특정자산이나 그 자산의 일부 또는 기금으로부터 제공되는 특정 금액을 의미한다.

Ⅹ.-3:102: 허용 가능한 신탁자산

신탁자산이 양도가능한 한도 내에서 신탁자산은 소유권 또는 기타 권리로 구성될 수 있다.

Ⅹ.-3:103: 신탁기금의 확정가능성 및 분할성

(1) 신탁의 효력 발생시, 기금과 관련하여 신탁은 다음의 한도 내에서만 창설된다.

(a) 기금이 신탁약정에 의하여 충분히 규정되거나 아니면 기금을 구성하는 자산이 확정가능하다; 그리고

(b) 기금이 다른 자산과 분리된다.

(2) 분리되지 않는 기금과 관련하여 신탁을 창설하려는 의사의 선언은, 선언과 관련한 다른 약정들이 허용하는 범위 내에서, 다음과 같은 약정으로 분리되지 않은 기금을 포함하는 전부 혼성 신탁(trust of the entire mixture)을 창설할 의사를 선언한 것으로 본다.

(a) 수탁자는 의도된 신탁기금을 분리할 의무가 있다; 그리고

(b) 기금이 분리될 때까지, 선언의 약정에 따라 예정된 권리와 의무는 혼성된 기금 중 해당부분에 적용된다.

제2절 신탁기금의 변경

Ⅹ.-3:201: 신탁기금에 대한 추가

(1) 신탁이 창설된 이후 신탁자산이 될 수 있는 자산은 수탁자가 다음에 의하여 취득하면 신탁기금의 일부가 된다.

(a) in performance of the obligations under the trust;

(b) as an addition to or by making use of the trust fund;

(c) by making use of information or an opportunity obtained in the capacity of trustee, if the use is not in accordance with the terms of the trust; or

(d) when or after the trustee disposed of that asset otherwise than in accordance with the terms of the trust.

(2) Where there are several trustees, an asset may become part of the trust fund in accordance with this Article without being acquired by all of them.

X.－3:202: Subtractions from the trust fund

(1) An asset ceases to be part of the trust fund when it ceases to be vested in a person who is under the obligation set out in X.－1:201 (Definition of a trust).

(2) Where there are several trustees, an asset remains part of the trust fund so long as it is vested in at least one of the trustees in that capacity.

X.－3:203: Mixing of the trust fund with other assets

(1) If trust assets are mixed with other assets vested in the trustee in such a way that the trust assets cease to be identifiable, a trust arises in respect of the mixture and VIII.－5:202 (Commingling) applies analogously, as if each patrimony had a different owner, so as to determine the share of the mixture which is to be administered and disposed of in accordance with the original trust.

(2) If the other assets are the personal patrimony of the trustee, any diminution in the mixture is to be allocated to the trustee's personal share.

X.－3:204: Loss or exhaustion of trust fund

(1) A trust ends when the trust fund has been completely disposed of in performance of the obligations under the trust or for any other reason there ceases to be a trust fund.

(a) 신탁에 따른 의무의 이행으로;

(b) 신탁기금에 추가 또는 신탁기금의 이용으로써;

(c) 수탁자의 지위에서 얻은 정보 또는 기회를 이용함으로써, 단 그 이용이 신탁약정을 따르지 않는다면; 또는

(d) 신탁 약정 이외의 방법으로 수탁자가 해당 자산을 처분한 때 또는 그 이후.

(2) 복수의 수탁자가 있는 경우에 수탁자 전원이 자산을 취득할 필요 없이 본 조에 따라 자산은 신탁기금의 일부가 된다.

Ⅹ. – 3:202: 신탁기금으로부터 분리

(1) Ⅹ. – 1:201(신탁의 정의)에 따른 의무를 부담하는 자에게 자산이 귀속되는 것이 중지된 때, 그 자산은 신탁기금의 일부가 되는 것이 중지된다.

(2) 복수의 수탁자가 있는 경우, 최소 1인의 수탁자에게 수탁자의 지위로서 자산이 귀속 되는 동안 당해 자산은 신탁기금의 일부가 된다.

Ⅹ. – 3:203: 다른 자산과 신탁기금의 혼재(mixing)

(1) 구분될 수 있는 방법이 없는 신탁자산이 수탁자에게 귀속된 다른 자산과 혼재되면, 본래 신탁에 따라 관리 및 처분되는 혼재부분을 결정하기 위하여 개별 상속재산이 소유자를 달리 하듯이 혼재에 관한 신탁이 발생하고 Ⅷ. – 5:202(혼합)의 규정이 준용된다.

(2) 다른 자산이 수탁자의 개인 상속재산이라면, 혼재 재산의 감소분은 수탁자의 개인 재산 분이 된다.

Ⅹ. – 3:204: 신탁기금의 손실과 소진

(1) 신탁에 대한 의무의 이행으로 신탁기금이 완전히 처분되거나 기타 사유로 인하여 더 이상 신탁기금이 고갈되는 경우에 신탁은 종료된다.

(2) Where the trustee is liable to reinstate the trust fund as a result of nonperformance of obligations under the trust, the trust revives if the trust fund is reinstated.

Chapter 4: Trust terms and invalidity

Section 1: Trust terms

X. – 4:101: Interpretation

Without prejudice to the other rules on the interpretation of unilateral juridical acts, if the meaning of a trust term cannot otherwise be established, interpretations to be preferred are those which:

(a) give effect to the entirety of the words and expressions used;

(b) prevent reasonable conduct of a trustee from amounting to a non-performance;

(c) prevent or best reduce any incompleteness in provision for disposal of the trust fund; and

(d) confer on the truster a right to benefit or enlarge such right, if the trust is constituted gratuitously in the truster's lifetime and the truster has or may have reserved such a right.

X. – 4:102: Incomplete disposal of the trust fund

(1) To the extent that the trust terms and the rules of this Book do not otherwise dispose of the trust fund in circumstances which have arisen, the trust fund is to be disposed of for the benefit of the truster.

(2) 신탁상 의무불이행의 결과로 수탁자가 신탁기금을 상환해야 할 책임이 있는 경우 신탁기금이 상환되면 (종료된) 신탁은 부활(revive)한다.

제4장 신탁약정 및 무효

제1절 신탁약정

Ⅹ.-4:101: 해석

신탁약정의 의미가 달리 이해되지 않는다면 일방적 법률행위의 해석에 관한 다른 규정에 대한 영향 없이 우선적으로 해석되는 것은 다음과 같다;

(a) 사용된 단어 및 표현 전체에 효력이 발생하도록 해석;

(b) 수탁자의 합리적인 업무수행이 의무의 불이행으로 되지 않도록 해석;

(c) 신탁기금의 처분에 관련한 조항에서 불완전 처분이 방지 또는 최소화되도록 해석; 그리고

(d) 위탁자 생전에 무상으로 신탁이 설정되고 위탁자가 수익권을 가지거나 가질 수 있다면, 위탁자에게 수익권을 수여하거나 이러한 권리가 확대되는 것으로 해석.

Ⅹ.-4:102: 신탁기금의 불완전 처분

(1) 신탁기금을 처분해야 하는 경우 신탁약정 및 본 권의 규정과 달리 처분하지 않는 범위 내에서, 신탁기금은 위탁자의 이익을 위하여 처분되어야 한다.

(2) However, if the incomplete disposal of the trust fund arises because effect cannot be given to a trust for advancement of a public benefit purpose or because performance of the obligations under such a trust does not exhaust the trust fund, the trust fund is to be disposed of for the advancement of the public benefit purpose which most closely resembles the original purpose.

X. – 4:103: Ascertainability of beneficiaries

(1) A trust term which purports to confer a right to benefit is valid only if the beneficiary is sufficiently identified by the truster or is otherwise ascertainable at the time the benefit is due.
(2) A trust term which permits a trustee to benefit those members of a class of persons which the trustee or a third person selects is valid only if, at the time the selection is permitted, it can be determined with reasonable certainty whether any given person is a member of that class.
(3) A person may be a beneficiary notwithstanding that that person comes into existence only after the trust is created.

X. – 4:104: Ascertainability of right to benefit or eligibility for benefit

(1) A right to benefit or eligibility for benefit is valid only in so far as the benefit is sufficiently defined in the trust terms or is otherwise ascertainable at the time the benefit is due or to be conferred.
(2) If the benefit to be conferred is not ascertainable only because a third party cannot or does not make a choice, the trustees may make that choice unless the trust terms provide otherwise.

(2) 그러나 공익상 목적의 증진을 위하여 신탁에 효과가 수여될 수 없기 때문에 또는 신탁에 따른 의무의 이행 결과 신탁기금의 전부가 고갈되지 못했기 때문에 신탁기금의 불완전 처분이 발생하였다면, 신탁기금은 본 목적과 가장 유사한 공익상 목적의 증진을 위하여 처분되어야 한다.

Ⅹ.-4:103: 수익자의 확정가능성

(1) 수익권의 수여에 관한 신탁약정은 위탁자에 의하여 수익자가 명확하게 확정되거나 수익이 예정될 당시 확정 가능한 경우에만 유효하다.
(2) 수탁자 또는 제3자가 선택한 단체의 구성원들에게 수익을 수여할 수 있도록 하는 신탁약정은, 그 선택 당시 해당 당사자가 그 단체의 구성원인지 여부가 합리적으로 확실하게 결정되어야만 유효하다.
(3) 신탁이 창설된 이후에 존재하는 자임에도 불구하고 그 자는 수익자가 될 수 있다.

Ⅹ.-4:104: 수익권 및 수익자격의 확정가능성

(1) 수익권 및 수익자격은 신탁약정에 의하여 충분히 규정되거나 아니면 수익이 예정되거나 수여된 당시 확정이 가능한 범위 내에서만 유효하다.
(2) 단지 제3자가 수익에 관한 선택을 하지 않거나 할 수 없기 때문에 수여된 수익을 확정하는 것이 가능하지 않다면, 신탁약정에 다른 정함이 없는 한 수탁자가 이를 선택할 수 있다.

X.–4:105: Trusts to pay creditors

A trust for the purpose of paying a debt, or for the benefit of a creditor as such, takes effect as a trust to benefit the debtor by a performance of the debtor's obligation discharging the debtor.

Section 2: Invalidity

X.–4:201: Avoidance by the truster

Without prejudice to other necessary adaptations, Book II Chapter 7(Grounds of invalidity) is modified as follows in its application to trusts constituted gratuitously in the truster's lifetime:

(a) the truster may avoid the trust or a trust term if the trust was constituted or the term included because of a mistake of fact or law, regardless of whether the requirements of II.–7:201 (Mistake) paragraph (1)(b) are satisfied;

(b) a truster who was dependent on, or was the more vulnerable party in a relationship of trust with, a beneficiary may avoid the trust or a trust term in so far as it provides for benefit to that beneficiary unless that beneficiary proves that the beneficiary did not exploit the truster's situation by taking an excessive benefit or grossly unfair advantage;

(c) the reasonable time for giving notice of avoidance (II.–7:210 (Time)) does not commence so long as:

(i) the truster exercises an exclusive right to benefit from the income; or

(ii) the trust fund consists of one or more rights to benefit which are not yet due; and

(d) where sub-paragraph (c)(i) applies, acceptance of benefit is not to be regarded as an implied confirmation of the trust.

Ⅹ.-4:105: 채권자에게 지급하기 위한 신탁

채무의 변제를 목적으로 하거나 채권자의 이익을 위한 신탁은 채무자가 부담하는 의무를 변제함으로써 채무자 이익을 위한 신탁으로서 효력이 발생한다.

제2절 무효

Ⅹ.-4:201: 위탁자에 의한 취소

다른 필수적인 적용에 대한 영향 없이 위탁자의 생전에 설정된 무상 신탁은 제2권 제7장(무효의 원인)이 다음과 같이 수정되어 적용된다:

(a) Ⅱ.-7:201(착오) 제(1)항 제(b)호의 요건 충족 여부와 관계없이 사실 또는 법률의 착오로 인하여 신탁이 설정되거나 신탁약정이 삽입된 때에는 위탁자는 신탁 또는 신탁약정을 취소할 수 있다;

(b) 수익자에게 의존적이었나, 수익자와의 신뢰관계에서 보다 취약했던 당사자인 위탁자는 수익이 수익자에게 제공되는 한 신탁 또는 신탁약정을 취소할 수 있다. 다만, 수익자가 과도한 수익 또는 현저히 불공정한 유리함을 취하는데 상대방의 상황을 이용하지 않음을 증명한 때에는 그러하지 아니하다.

(c) 취소통지의 합리적 기간(Ⅱ-7:201(기간))은 다음의 경우에 기산하지 않는다.

(i) 위탁자가 수입으로부터 발생하는 수익에 대한 독점적 권리를 행사하는 경우; 또는

(ii) 신탁기금이 아직 실현되지 않은 수익에 대한 하나 또는 그 이상의 권리로 이루어진 경우; 그리고

(d) 제(c)항 제(i)호가 적용되는 경우, 수익의 수령을 신탁의 묵시적 추인으로 보지 않는다.

X.－4:202: Protection of trustees and third parties after avoidance

(1) The trustee's title to the trust fund is unaffected by avoidance.

(2) Unless the trustee knew or could reasonably be expected to know that the trust or trust term might be avoided:

(a) a trustee is not liable in respect of any administration or disposition of the trust fund which was in accordance with the terms of the trust before the trust was avoided;

(b) a trustee may invoke against the person entitled to benefit as a result of avoidance defences which the trustee could have invoked against the beneficiary who had a right to that benefit before avoidance; and

(c) a trustee retains any right of recourse to the trust fund which arose before avoidance.

(3) Avoidance of the trust does not affect the rights of a third party who before avoidance acquired a beneficiary's right to benefit, or a security right or other limited right in that right to benefit, if:

(a) the third party neither knew nor had reason to know that the trust or trust term could be avoided; and

(b) the disposition is not gratuitous.

X.－4:203: Unenforceable trust purposes

(1) A trust which is for a purpose other than to benefit beneficiaries or to advance public benefit purposes takes effect as a trust for the truster.

(2) The trustee has a revocable authority to dispose of the trust fund in accordance with the original trust for the advancement of the unenforceable purpose in so far as:

(a) advancement of that purpose does not infringe a fundamental principle or mandatory rule and is not contrary to the public interest;

(b) it can be determined with reasonable certainty whether any given disposal of the trust fund is or is not for its advancement; and

Ⅹ.-4:202: 취소 이후 수탁자 및 제3자의 보호

(1) 신탁기금에 대한 수탁자의 권원은 취소에 영향을 받지 않는다.

(2) 수탁자가 신탁 또는 신탁약정이 취소될 수 있음을 알았거나 이러한 사실을 알고 있었던 것으로 합리적으로 기대할 수 있었던 경우를 제외하고:

(a) 수탁자는 신탁이 취소되기 이전에 이루어진 신탁약정 따른 신탁기금의 관리 또는 처분 대하여 책임이 없다;

(b) 수탁자가 취소 이전에 수익자에 대하여 원용할 수 있었던 항변은 취소로 인하여 수익자가 된 자에 대하여도 원용할 수 있다; 그리고

(c) 수탁자는 취소 이전에 발생했던 신탁기금에 대한 구상권(right of recourse)을 보유한다.

(3) 취소 이전에 수익자의 수익권을 취득한 제3자의 권리, 또는 수익권에 설정된 담보권이나 기타 제한적 권리는 신탁의 취소에 아무런 영향을 받지 않는다, 만약:

(a) 신탁 또는 신탁약정이 취소될 수 있었음을 제3자가 알지 못하였거나 알았을 이유가 없다면; 그리고

(b) 처분이 무상이 아니라면.

Ⅹ.-4:203: 실행 불가능한 신탁목적

(1) 수탁자의 이익 또는 공익상 목적의 증진 목적 이외의 신탁은 위탁자를 위한 신탁으로써 효력이 발생한다.

(2) 다음의 경우에 한하여, 수탁자는 실현 불가능한 목적을 개선하기 위하여 본래의 신탁에 따른 신탁기금의 처분을 철회할 권한을 가진다.

(a) 목적의 개선이 근본적 원칙 또는 강행규정에 위반되지 않고 공공의 이익에 반하지 않는 경우;

(b) 이미 실행된 신탁기금의 처분이 목적의 개선을 위한 것인지 여부가 합리적인 확실성으로 결정될 수 있는 경우; 그리고

(c) the disposal is not manifestly disproportionate to any likely benefit from that disposal.

Chapter 5: Trustee decision-making and powers

Section 1: Trustee decision-making

X.–5:101: Trustee discretion

(1) Subject to the obligations of a trustee under this Book and exceptions provided for by other rules, the trustees are free to determine whether, when and how the exercise of their powers and discretions is best suited to performing their obligations under the trust.

(2) Except in so far as the trust terms or other rules provide otherwise, the trustees are not bound by, and are not to regard themselves as bound by, any directions or wishes of any of the parties to the trust or other persons.

(3) The trustees are not obliged to disclose the reasons for the exercise of their discretion unless the trust is for the advancement of a public benefit purpose or the trust terms provide otherwise.

X.–5:102: Decision-making by several trustees

If there are several trustees, their powers and discretions are exercised by simple majority decision unless the trust terms or other rules of this Book provide otherwise.

(c) 처분으로 발생할 수 있는 이익과 처분이 명백한 불균형을 초래하지 않는 경우.

제5장

수탁자의 의사결정 및 권한

제1절 수탁자의 의사결정

Ⅹ. - 5:101: 수탁자의 재량

(1) 본 권에서 수탁자의 의무 및 다른 규정에서 정한 예외를 따를 것으로 조건으로 수탁자는 신탁에서의 의무이행에 가장 적합한 권한 및 재량의 행사 여부, 시간, 방법을 자유롭게 정할 수 있다.

(2) 신탁약정 또는 기타 규정에 달리 정한 경우를 제외하고 수탁자는 신탁상 여하한 당사자 또는 그 외의 자의 지시 또는 기원(wish)에 구속되지 않으며, 수탁자 자신들은 구속되지 않는 것으로 본다.

(3) 신탁이 공익상 목적의 증진을 위한 것이거나 신탁약정에 다른 정함이 없는 한 수탁자는 자신의 재량권 행사에 대한 이유를 공개할 의무가 없다.

Ⅹ. - 5:102: 복수의 수탁자에 의한 의사결정

수탁자가 복수라면 신탁약정과 본 권의 규정에 다른 정함이 없는 한 자신들의 권한 및 재량은 단순 다수결에 의하여 행사된다.

X. – 5:103: Conflict of interest in exercise of power or discretion

Unless the trust terms provide otherwise, a trustee may not participate in a decision to exercise or not to exercise a power or discretion if the effect of the decision is to confer, confirm, or enlarge a right to benefit or eligibility for benefit in favour of the trustee.

Section 2: Powers of a trustee

Sub-section 1:General rules

X. – 5:201: Powers in general

(1) Except where restricted by the trust terms or other rules of this Book, a trustee may do any act in performance of the obligations under the trust which:

(a) an owner of the fund might lawfully do; or

(b) a person might be authorised to do on behalf of another.

(2) Subject to restrictions or modifications in the trust terms, the other Articles of this Section provide for the powers of a trustee in particular cases.

X. – 5:202: Restriction in case of minimum number of trustees

(1) Where there are fewer trustees than a minimum required by the trust terms or these rules, the trustees may only exercise:

(a) a power to appoint trustees;

(b) the right to apply to court for assistance;

(c) a right under X. – 6:201 (Right of reimbursement and indemnification out of the trust fund); and

Ⅹ.-5:103: 권한 또는 재량의 행사에 있어 이해충돌

신탁약정에 다른 정함이 없는 한 권한 및 재량 행사 또는 불행사의 결정이 수탁자를 위한 수익권 또는 수익자격을 수여 확정 또는 확대하는 효력을 가진다면 수탁자는 그러한 결정에 참여할 수 없다.

제2절 수탁자의 권한

제1관 일반규정

Ⅹ.-5:201: 일반적 권한

(1) 신탁약정 또는 본 권의 다른 규정에 의하여 제한된 경우를 제외하고, 수탁자는 신탁상 의무를 이행하는 데 있어 다음과 같은 여하한 행위를 할 수 있다:

(a) 기금의 소유자가 합법적으로 하였을 행위; 또는

(b) 어떠한 자가 다른 자를 대신하여 행위 하도록 허용된 행위.

(2) 신탁약정의 제한 및 변경에 따를 조건으로, 본 절의 다른 조문들은 특별한 경우 수탁자의 권한에 대한 내용을 제공한다.

Ⅹ.-5:202: 수탁자의 최소 인원 수에 대한 제한

(1) 신탁약정 또는 본 규정이 요구하는 최소 인원 수보다 적은 수탁자가 있는 경우, 수탁자들은 다음의 사항만을 행사할 수 있다.

(a) 수탁자들의 임명권;

(b) 법원에 조력 요청권;

(c) X.-6:201(신탁기금으로부터 상환 및 면책을 받을 권리) 하에서의 권리; 그리고

(d) any other right or power of a trustee to the extent that its exercise is:

(i) expressly provided for in the circumstances by the trust terms;

(ii) necessary for the preservation of the trust fund; or

(iii) necessary for the satisfaction of trust debts whose performance is due or impending.

(2) If the trust is constituted by a transfer to at least two trustees the minimum number of trustees is two, unless the trust terms provide otherwise.

Sub-section 2:Particular powers of a trustee

X. – 5:203: Power to authorise agent

(1) The trustees may authorise an agent to act on behalf of the trustees and, subject to the restrictions set out in the following Articles of this Section, may entrust to another performance of obligations under the trust.

(2) Several trustees may authorize one of them to act on their behalf.

(3) However, personal performance by a trustee is required for decisions as to whether or how to exercise:

(a) a discretion to confer benefit on a beneficiary or to choose a public benefit purpose to be advanced or its manner of advancement;

(b) a power to change the trustees; or

(c) a power to delegate performance of obligations under the trust.

(4) A person to whom performance of an obligation is entrusted has the same obligations as a trustee, so far as they relate to that performance.

(5) A trustee is obliged not to conclude, without good reason, a contract of mandate which is not in writing or which includes the following terms:

(a) a term conferring an irrevocable mandate;

(d) 다음의 범위 내에서 수탁자의 여하한 기타 권리 또는 권한:

(i) 신탁약정에 따라 특정 상황 하에서 명시적으로 허용된 경우;

(ii) 신탁기금의 보전을 위하여 필수적인 경우; 또는

(iii) 이행기가 도래하거나 임박한 신탁채무의 충당을 위하여 필수적인 경우.

(2) 최소 2인의 수탁자에게 양도로 신탁이 설정되면 신탁약정에 다른 정함이 없는 한 수탁자의 최소 인원 수는 2인이다.

제2관 수탁자의 특정권한

Ⅹ.-5:203: 대리인 선임 권한

(1) 수탁자는 대리인에게 수탁자를 대신할 권한을 수여할 수 있으며, 본 절의 조항에서 정한 제한에 따를 조건으로 신탁에 따른 의무의 이행을 타인에게 위임할 수 있다.

(2) 복수의 수탁자들은 그들 중 1인에게 그들을 대신하여 행위 할 수 있는 권한을 수여할 수 있다.

(3) 그러나 수탁자의 일신전속적 이행은 다음의 행사 여부 또는 방법에 대한 결정이 요구된다.

(a) 수익자에게 수익을 향유시키기 위한 재량 또는 증진시킬 공익상 목적이나 그 방법을 선택하기 위한 재량;

(b) 수탁자 변경에 관한 권한; 또는

(c) 신탁 하에서 의무이행을 위임하기 위한 권한

(4) 의무이행을 위임 받는 자는 수탁자의 의무이행과 관련한 범위 내에서 수탁자와 동일한 의무를 부담한다.

(5) 정당한 이유 없이, 수탁자는 서면에 의하지 않거나 또는 다음의 내용이 포함된 위임계약을 체결하지 않을 의무가 있다.

(a) 철회 불가능한 위임을 수여하는 약정;

(b) terms excluding the obligations of an agent set out in Book IV. D., Chapter 3, Section 1 (Main obligations of agent) or modifying them to the detriment of the principal;

(c) a term permitting the agent to subcontract;

(d) terms permitting a conflict of interest on the part of the agent;

(e) a term excluding or restricting the agent's liability to the principal for non-performance.

(6) The trustees are obliged to keep the performance of the agent under review and, if required in the circumstances, give a direction to the agent or terminate the mandate relationship.

X. – 5:204: Power to transfer title to person undertaking to be a trustee

(1) The trustees may transfer trust assets to a person who undertakes to be a trustee in relation to the assets and to dispose of them as the original trustees direct and in default of any such direction to transfer them back to the original trustees on demand.

(2) The recipient must be:

(a) a person who gives such undertakings in the course of business;

(b) a legal person controlled by the trustees; or

(c) a legal person designated in an enactment as eligible to carry out such a trust obligation or satisfying requirements set out therein for this purpose

(3) X. – 5:203 (Power to authorise agent) paragraphs (5) and (6) apply correspondingly.

X. – 5:205: Power to transfer physical control to a storer

(1) The trustees may place trust assets and documents relating to those assets in the physical control of a person who undertakes to keep the trust assets safe and to deliver them back to the trustees on demand.

(2) X. – 5:204 (Power to transfer title to person undertaking to be a trustee) paragraphs (2) and (3) apply correspondingly.

(b) 제4권. D., 제3장 제1절(대리인의 주요의무)에서 정한 대리인의 의무를 배제하거나 본인에게 불리하도록 의무를 변경하는 약정들;

(c) 대리인에게 복대리를 허용하는 약정;

(d) 대리인의 입장에서 이해충돌을 허용하는 약정들;

(e) 본인에 대한 대리인의 의무불이행의 책임을 배제하거나 제한하는 약정.

(6) 수탁자는 자신의 감독 하에서 대리인의 이행을 지속시킬 의무를 가지며 사정상 필요하다면 대리인에 대하여 지시를 하거나 위임관계를 해제할 의무를 가진다.

Ⅹ.-5:204: 수탁자가 될 것을 약속한 자에게 소유권을 양도할 권한

(1) 자산과 관련하여 수탁자가 될 것과 수탁자의 지시대로 자산을 처분할 것을 약속한 자에게 수탁자는 신탁자산을 양도하여야 하고 만약 이러한 여하한 지시를 위반한 경우 요구시 자산은 본래의 수탁자에게 다시 반환된다.

(2) 양수인은 반드시 다음의 조건에 해당하는 자이어야 한다:

(a) 사업 수행에 있어 이러한 약속을 한 자;

(b) 수탁자가 지배하는 법인; 또는

(c) 신탁의무 수행을 위한 자격을 규정한 법률에 의하여 지정되거나 이러한 목적을 위하여 당해 법률에서 정한 요건을 충족한 법인

(3) X.-5:203(대리인 선임 권한) 제(5)항 및 제(6)항은 해당 경우에 따라 적용한다.

Ⅹ.-5:205: 보관인에게 물리적 지배를 양도할 권한

(1) 수탁자는 신탁자산 및 문서를 신탁자산을 안전하게 보관하고 요구시 수탁자에게 반환할 것을 약속한 자의 물리적 지배에 두어야 한다.

(2) X.-5:204(수탁자가 될 것을 약속한 자에게 소유권을 양도할 권한) 제(2)항 및 제(3)항은 해당 경우에 따라 적용한다.

X.–5:206: Power to delegate

A trustee may entrust to another the performance of any of the trustee's obligations under the trust and the exercise of any of the trustee's powers, including the exercise of a discretion, authority to dispose of trust assets and the power to delegate, but remains responsible for performance in accordance with III.–2:106 (Performance entrusted to another).

X.–5:207: Power to select investments

In so far as the trustees are obliged to invest the trust fund, the trustees may invest in any form of investment and determine the particular manner of investment which is best suited to fulfil that obligation.

X.–5:208: Power to submit trust accounts for audit

Where appropriate, a trustee may submit the trust accounts for an audit by an independent and competent auditor.

Ⅹ. – 5:206: 위임권한

수탁자는 재량의 행사, 신탁자산의 처분권한 및 위임권한을 포함한 신탁상 수탁자의 의무 및 수탁자의 권한행사를 타인에게 위임할 수 있지만, Ⅲ. – 2:106(이행의 위임)에 따라 그 이행에 대한 책임은 유지된다.

Ⅹ. – 5:207: 투자선택에 관한 권한

수탁자가 신탁기금을 투자할 의무가 있는 경우 수탁자는 여하한 투자의 형태로 투자할 수 있고 의무이행에 가장 적합한 투자의 방법을 정할 수 있다.

Ⅹ. – 5:208: 회계감사를 위한 신탁계정의 제출권한

적절한 경우 수탁자는 독립적이고 적합한 회계사에게 회계감사를 위하여 신탁계정을 제출할 수 있다.

Chapter 6:

Obligations and rights of trustees and trust auxiliaries

Section 1: Obligations of a trustee

Sub-section 1:General rules

X. - 6:101: General obligation of a trustee

(1) A trustee is obliged to administer the trust fund and exercise any power to dispose of the fund as a prudent manager of another's affairs for the benefit of the beneficiaries or the advancement of the public benefit purposes, in accordance with the law and the trust terms.

(2) In particular, a trustee is obliged to act with the required care and skill, fairly and in good faith.

(3) Except in so far as the trust terms provide otherwise:

(a) these obligations include the particular obligations set out in X. - 6:102 (Required care and skill) and the following sub-section; and

(b) an administration or disposal of the trust fund is of benefit to a beneficiary only if it is for that person's economic benefit.

X. - 6:102: Required care and skill

(1) A trustee is required to act with the care and skill which can be expected of a reasonably competent and careful person managing another's affairs, having regard to whether the trustee has a right to remuneration.

(2) If the trustee is acting in the course of a profession, the trustee must act with the care and skill that is expected of a member of that profession.

제6장

수탁자 및 신탁보조인의 의무와 권리

제1절 수탁자의 의무

제1관 일반규정

Ⅹ.－6:101: 수탁자의 일반적 의무

(1) 수탁자는 법률 및 신탁약정에 따라 수익자의 이익 또는 공익상 목적의 증진을 위하여 타인의 업무에 대한 신중한 관리인으로서 신탁기금을 관리하고 신탁의 처분권한을 행사할 의무가 있다.

(2) 특히 수탁자는 필요한 주의와 기술을 갖추고 공정하고 성실하게 행위할 의무가 있다.

(3) 신탁약정에 다른 정함이 있는 경우를 제외하고,

(a) 본 의무는 Ⅹ.－6:102(필요한 주의 및 기술) 및 다음의 관에서 정한 특정한 의무를 포함한다; 그리고

(b) 수익자의 경제적 이익을 위한 경우에만 신탁자산의 관리 및 처분은 수익자의 이익이 된다.

Ⅹ.－6:102: 필요한 주의 및 기술

(1) 수탁자가 보수를 받을 권리를 가지는지 여부를 고려하여 수탁자는 합리적으로 숙련되고 주의 깊이 타인의 업무를 다루는 자에게 예상될 수 있는 주의 및 기술을 가지고 행동할 것이 요구된다.

(2) 수탁자가 전문적인 업무를 행한다면 수탁자는 반드시 그 직종의 구성원으로서 예상되는 주의 및 기술을 가지고 행동하여야 한다.

Sub-section 2:Particular obligations of a trustee

X. – 6:103: Obligations to segregate, safeguard and insure

(1) A trustee is obliged to keep the trust fund segregated from other patrimony and to keep the trust assets safe.

(2) In particular, a trustee may not invest in assets which are especially at risk of misappropriation unless particular care is taken for their safe-keeping. Where the asset is a document embodying a right to a performance which is owed to whoever is the holder of the document, such care is taken if the document is placed in a storer's safekeeping in accordance with X. – 5:205 (Power to transfer physical control to a storer).

(3) So far as it is possible and appropriate to do so, the trustee is obliged to insure the trust assets against loss.

X. – 6:104: Obligation to inform and report

(1) A trustee is obliged to inform a beneficiary who has a right to benefit of the existence of the trust and that beneficiary's right.

(2) A trustee is obliged to make reasonable efforts to inform a beneficiary who has an eligibility for benefit of the existence of the trust and that beneficiary's eligibility.

(3) In determining what efforts are reasonable for the purposes of paragraph (2), regard is to be had to:

(a) whether the expense required is proportionate to the value of the benefit which might be conferred on that beneficiary;

(b) whether the beneficiary is a member of a class whose members the trustee is required to benefit; and

(c) the practicalities of identifying and communicating with the beneficiary.

제2관 수탁자의 특정의무

Ⅹ.－6:103: 분리, 보호 및 보험가입의 의무

(1) 수탁자는 신탁기금을 다른 상속재산으로부터 분리시키고 신탁자산을 안전하게 보존할 의무가 있다.

(2) 특히 자산의 보존에 관한 특별한 주의가 필요한 경우를 제외하고 수탁자는 특별히 오용의 위험이 있는 자산에 투자할 수 없다. 자산이 문서의 소지자에게 이행되어야 할 권리를 표창하는 문서인 경우, Ⅹ.－5:205(보관인에게 물리적 관리를 이전하는 권한)에 따라 문서가 보관인의 보관 하에 있다면 이러한 주의가 요구된다.

(3) 보험가입이 가능하고 보험에 가입하는 것이 적절한 경우에 한하여 수탁자는 손실에 대비하여 신탁자산에 대한 보험가입의 의무가 있다.

Ⅹ.－6:104: 정보제공 및 보고의무

(1) 수탁자는 수익권을 가지는 수익자에게 신탁의 존재 및 수익자의 권리에 대한 정보를 제공할 의무가 있다.

(2) 수탁자는 수익자격이 있는 수익자에게 신탁의 존재 및 수익자의 권리에 대한 정보를 제공하기 위하여 합리적인 노력을 할 의무가 있다.

(3) 제(2)항의 목적을 위한 합리적인 노력이 무엇인지에 대한 결정은 다음의 사항이 고려되어야 한다:

(a) 필요한 지출(필요경비)이 수익자에게 수여될 수 있는 수익의 가치와 비례적인지 여부;

(b) 수익자가 수탁자에 의해 수익을 부여 받는 단체의 구성원인지 여부; 그리고

(c) 수익자를 확인하고 및 이들과 소통하는 것에 대한 현실성(practicalities).

(4) So far as appropriate, a trustee is obliged to make available information about the state and investment of the trust fund, trust debts, and disposals of trust assets and their proceeds.

X. – 6:105: Obligation to keep trust accounts

A trustee is obliged to keep accounts in respect of the trust funds (trust accounts).

X. – 6:106: Obligation to permit inspection and copying of trust documents

(1) A trustee must permit a beneficiary or other person entitled to enforce performance of the obligations under the trust to inspect the trust documents and to make copies of them at that person's own expense.

(2) Paragraph (1) does not apply to:

(a) the opinions of a legal adviser relating to actual or contemplated legal proceedings by the trustees in that capacity against the person seeking inspection; and evidence gathered for such proceedings;

(b) communications between the trustees and other beneficiaries and any other communications whose disclosure would result in a breach of confidence owed by the trustees in that capacity to another.

(3) The trustees may refuse inspection and copying of trust documents so far as these relate to information which is confidential to the trustees in that capacity if the beneficiary does not provide adequate assurance that the confidentiality will be maintained.

(4) Unless the trust is for the advancement of public benefit purposes, the trustees may also refuse inspection and copying of documents so far as the documents disclose the reasons for the trustees' decision to exercise or not to exercise a discretion, the deliberations of the trustees which preceded that decision, and material relevant to the deliberations.

(4) 적절한 경우에 한하여 수탁자는 신탁기금의 상태 및 투자, 신탁채무, 그리고 신탁자산 및 이들 대위물의 처분에 관한 정보를 이용 가능하게 할 의무가 있다.

Ⅹ.-6:105: 신탁계정에 기재할 의무

수탁자는 신탁기금과 관련하여 장부에 기재할 할 의무가 있다(신탁계정).

Ⅹ.-6:106: 신탁문서의 검사 및 복사를 허용할 의무

(1) 수탁자는 수익자 또는 신탁 하에서 의무의 이행을 청구할 권리가 있는 자에게 자신의 비용으로 신탁문서를 검사하고 복사하는 것을 허용하여야 한다.

(2) 제(1)항은 다음의 경우에 적용되지 않는다:

(a) 검사를 요구하는 자에 대하여, 수탁자가 그 지위로 수행하는 실제 또는 예정된 소송절차와 관련한 법률자문가의 의견; 그리고 이러한 소송절차를 위하여 수집된 증거;

(b) 수탁자와 다른 수익자 간의 대화, 그리고 공개 시 다른 자에 대하여 수탁자의 지위로 비밀유지의무의 위반이 초래되는 기타의 대화.

(3) 기밀성이 유지될 것에 대하여 수익자가 적절한 보증을 제공하지 않는다면 수탁자의 지위에서 신탁문서가 비밀정보인 경우에 한하여 수탁자는 당해 신탁문서의 검사 및 복사를 거절할 수 있다.

(4) 신탁이 공익상 목적의 증진을 위한 경우를 제외하고 문서가 수탁자의 재량 행사 여부를 결정한 이유, 이러한 재량을 행사한 수탁자의 의도, 그리고 이러한 의도와 관련한 자료 등을 공개시키는 범위에서 수탁자는 당해 문서의 검사 및 복사를 거절할 수 있다.

(5) The trust terms may enlarge the rights of inspection and copying which are provided for by this Article.

(6) In this Book "trust documents" are:

(a) any documents containing the truster's declaration of intentions relating to the trust (whether or not intended to be binding) and any juridical act or court order varying the trust terms;

(b) minutes of meetings of the trustees;

(c) records made and notices and other communications in writing received by a trustee in that capacity, including the opinions of a legal adviser engaged by a trustee at the trust fund's expense;

(d) any documents containing juridical acts concluded or made by the trustees;

(e) receipts for disposal of trust assets; and

(f) the trust accounts.

X. – 6:107: Obligation to invest

(1) A trustee is obliged to invest the trust fund, so far as available for investment, and in particular:

(a) to dispose of assets which ordinarily neither produce income nor increase in value and to invest the proceeds;

(b) to take professional advice on investment of the fund, if the trustees lack the expertise required for the efficient and prudent investment of funds of the size and nature of the trust fund;

(c) to make a spread of investments in which overall:

(i) the risks of failure or loss of particular investments are diversified; and

(ii) the expected gain significantly outweighs the potential failure or loss; unless the trust fund is so small that a spread of investments is inappropriate; and

(d) to review at appropriate intervals the suitableness of retaining or changing the investments.

(5) 신탁약정은 본 조에 규정된 검사 및 복사에 대한 권리를 확대시킬 수 있다.

(6) 본 권에서 신탁문서란:

(a) (구속을 하려는 의사 여부에 관계없이) 신탁에 관한 위탁자의 의사 선언 및 신탁약정을 변경하는 여하한 법률행위나 법원명령이 기재된 문서;

(b) 수탁자의 회의록;

(c) 신탁기금의 비용으로 수탁자가 관여된 법률자문가의 의견을 포함하여, 수탁자의 지위로 수령한 문서화된 기록, 통지, 및 기타 대화;

(d) 수탁자가 체결하거나 행한 법률행위가 기재된 여하한 문서;

(e) 신탁자산의 처분에 관한 영수증; 그리고

(f) 신탁계정

Ⅹ.－6:107: 투자의무

(1) 투자가 가능한 범위 내에서 수탁자는 신탁기금을 투자할 의무가 있으며 구체적으로:

(a) 일반적으로 수입이 발생하지 않거나 가치가 상승하지 않는 자산을 처분하고 그 대위물을 투자할 의무;

(b) 수탁자가 신탁기금의 규모와 성격에 따른 효율적이고 신중한 기금의 투자를 위하여 요구되는 전문지식이 부족하면, 기금의 투자에 대하여 전문가에게 조언을 받을 의무;

(c) 다음의 사항과 같이 전반적으로 투자를 분산시킬 의무:

(i) 특정 투자의 실패 또는 손실위험이 다양화 되도록; 그리고

(ii) 예상이익이 잠재적 실패 또는 손실보다 현저히 많도록;

단, 신탁기금의 너무 적어 투자를 분산시키는 것이 부적절한 경우에는 제외한다; 그리고

(d) 적절한 시간적 간격으로 투자의 유지 또는 변경의 적합성에 대한 검토 의무

(2) A trustee is not obliged to invest assets:

(a) which are imminently required for transfer to or use by a beneficiary or for satisfaction of a trust debt; or

(b) whose investment would otherwise impede the trustees in carrying out their other obligations under this Book.

(3) The obligation to invest does not authorise a trustee to dispose of trust assets which according to the trust terms are to be retained by the trustees or transferred in kind to a beneficiary.

X. – 6:108: Obligation not to acquire trust assets or trust creditors' rights

(1) A trustee is obliged not to purchase a trust asset or the right of a trust creditor against the trustees, whether personally or by means of an agent.

(2) A contract for the sale of a trust asset which is concluded as a result of non-performance of this obligation may be avoided by any other party to the trust or any person entitled to enforce performance of the obligations under the trust.

(3) The right to avoid is in addition to any remedy for non-performance.

(4) This Article applies with appropriate modifications to other contracts for the acquisition or use of a trust asset or a right corresponding to a trust debt.

X. – 6:109: Obligation not to obtain unauthorized enrichment or advantage

(1) A trustee is obliged not to make use of the trust fund, or information or an opportunity obtained in the capacity of trustee, to obtain an enrichment unless that use is authorised by the trust terms.

(2) A trustee may not set off a right to performance from a beneficiary, which is owed to the trustee in a personal capacity, against that beneficiary's right to benefit.

(2) 수탁자는 다음의 경우 자산을 투자할 의무가 없다:

(a) 수익자에게 이전 또는 수익자의 이용이나 신탁채무를 충당하기 위해 즉시 요구되는 경우; 또는

(b) 자산의 투자가 본 권에서 정한 수탁자의 다른 의무이행을 방해할 수 있는 경우.

(3) 투자의무는 신탁약정에 따라 수탁자가 신탁자산을 보유하여야 하거나 수익자에게 현물로서 양도하여야 하는 신탁자산을 처분할 권한을 수탁자에게 부여하지 않는다.

Ⅹ.－6:108: 신탁자산 또는 신탁채권자의 권리를 취득하지 않을 의무

(1) 개인적으로 또는 대리인을 통하는 방법 여부와 상관없이 수탁자는 신탁자산을 구매하거나 수탁자에 대한 신탁채권자의 권리를 취득하지 않을 의무가 있다.

(2) 본 의무를 불이행한 결과로 체결된 신탁자산의 매매계약은 신탁상 다른 당사자 또는 신탁 하에서 의무이행을 청구할 권리가 있는 자에 의하여 취소될 수 있다.

(3) 취소권은 추가적으로 불이행의 여하한 구제수단이 된다.

(4) 본 조는 신탁자산 또는 신탁채무에 상응하는 권리의 취득 및 이용을 위한 다른 계약에 준용한다.

Ⅹ.－6:109: 승인되지 않은 이득 또는 혜택을 취득하지 않을 의무

(1) 수탁자는 이득을 얻기 위하여 신탁기금을 또는 수탁자의 지위에서 얻은 정보나 기회를 이용하지 말아야 할 의무가 있다. 다만, 신탁약정상 그러한 이용이 허용되는 경우에는 그러하지 않는다.

(2) 수탁자는 수탁자 개인 자격으로 수익자로부터 발생한 수탁자의 채권과 수익자의 수익권을 상계할 수 없다.

X. – 6:110: Obligations regarding co-trustees

A trustee is obliged to:

(a) cooperate with co-trustees in performing the obligations under the trust; and

(b) take appropriate action if a trustee knows or has reason to suspect that:

(i) a co-trustee has failed to perform any obligation under, or arising out of, the trust, or such non-performance is impending; and

(ii) the non-performance is likely to result or have resulted in loss to the trust fund.

Section 2: Rights of a trustee

X. – 6:201: Right to reimbursement and indemnification out of the trust fund

A trustee has a right to reimbursement or indemnification out of the trust fund in respect of expenditure and trust debts which the trustee incurs in performance of the obligations under the trust.

X. – 6:202: Right to remuneration out of the trust fund

(1) A trustee has a right to such remuneration out of the trust fund as is provided for by the trust terms.

(2) Unless this is inconsistent with the trust terms, a trustee who acts as a trustee in the course of a profession has a right to reasonable remuneration out of the trust fund for work done in performance of the obligations under the trust.

(3) Paragraph (2) does not apply if:

(a) the trustee, in the capacity of beneficiary, is entitled to significant benefit from the trust fund; or

Ⅹ.-6:110: 공동수탁자에 관한 의무

수탁자는 다음의 의무가 있다:

(a) 신탁 하에서 의무이행에 대한 공동수탁자 간의 협력의무; 그리고

(b) 수탁자가 다음의 사항을 알았거나 의심할만한 이유가 있는 경우 적절한 조치를 취할 의무:

(i) 공동수탁자가 신탁 또는 이로 인해 발생하는 의무를 불이행하거나 이러한 불이행이 임박한 경우; 그리고

(ii) 불이행이 신탁기금의 손실을 초래할 여지가 있거나 초래한 경우.

제2절 수탁자의 권리

Ⅹ.-6:201: 신탁기금으로부터 상환 및 면책을 받을 권리

신탁 하에서 수탁자의 의무이행으로 인하여 발생하는 지출 및 신탁채무에 대하여 수탁자는 신탁기금으로부터 상환 또는 면책을 받을 권리를 가진다.

Ⅹ.-6:202: 신탁기금으로부터 보수를 받을 권리

(1) 신탁약정에 의하여 정해진 바에 따라 수탁자는 신탁기금으로부터 보수를 받을 권리를 가진다.

(2) 신탁약정에 반하지 않는 한 전문적인 수탁업무를 한 수탁자는 신탁의무의 이행이 완료된 업무에 대하여 신탁기금으로부터 합리적인 보수를 받을 권리를 가진다.

(3) 제(2)항은 다음의 경우에 적용되지 않는다.

(a) 수탁자가 수익자의 자격으로 신탁기금으로부터 상당한 수익을 수취할 자격이 있다면; 또는

(b) the trust was created as a result of a contract between the trustee and the truster; or

(c) the trust is for the advancement of public benefit purposes.

X. – 6:203: Rights in respect of unauthorised acquisitions

(1) This Article applies where:

(a) a trustee acquires an asset or other enrichment as a result of a nonperformance of an obligation under the trust; and

(b) the asset becomes part of the trust fund or the enrichment is added to the trust fund in performance of an obligation to disgorge.

(2) The trustee has a right to reimbursement or indemnification for any expenditure or obligation which it was necessary to incur to make the acquisition. If the trustee previously satisfied in full or in part a liability under X. – 7:201 (Liability of trustee to reinstate the trust fund), the trustee has a right to reimbursement from the trust fund to the extent that after the acquisition the trust fund is more than reinstated.

(3) The trustee also has a right to reasonable remuneration if:

(a) the acquisition was made in good faith to increase the trust fund; and

(b) the trustee would be entitled to remuneration under X. – 6:202 (Right to remuneration out of the trust fund) paragraph (2)(b) if the acquisition had been in performance of an obligation under the trust.

(4) If the acquisition resulted from a non-performance of the obligation under X. – 6:109 (Obligation not to obtain unauthorised enrichment or advantage) to which a beneficiary validly consented, the trustee may waive the rights under paragraphs (2) and (3) and take over the consenting beneficiary's right to benefit from the acquisition.

(5) A trustee is not entitled under this Article to more than the value of the acquisition.

(b) 수탁자와 위탁자 간의 계약의 결과로 신탁이 성립하였다면; 또는

(c) 신탁이 공익상 목적의 증진을 위한다면

Ⅹ.－6:203: 승인되지 않은 취득과 관련한 권리

(1) 본 조는 다음의 경우에 적용된다.

(a) 신탁의무 불이행의 결과로 수탁자가 자산 또는 기타 이득을 취득하는 경우; 그리고

(b) 반환의무이행으로 자산이 신탁기금의 일부가 되거나 이득이 신탁기금에 추가되는 경우.

(2) 수탁자는 취득을 위해 필수적으로 발생하는 지출 및 의무에 대하여 상환 또는 면책 받을 권리를 가진다. 사전에 수탁자가 X.－7:201(신탁기금 상환을 위한 수탁자의 책임) 하에서 책임의 전부 또는 일부를 이행하였다면 취득 후 신탁기금의 초과 상환분 한도에서 수탁자는 신탁기금으로부터 보존 받을 권리를 가진다.

(3) 다음의 경우에 수탁자는 또한 합리적인 보수를 받을 권리를 가진다:

(a) 취득이 신탁기금 증가를 위하여 성실하게 이루어 졌다면; 그리고

(b) 신탁상 의무이행으로 취득이 발생하여 수탁자가 X.－6:202(신탁기금으로부터 보수를 받을 권리) 제(2)항 제(b)호 하에서 보수를 받을 권리가 있었다면.

(4) X.－6:202(승인되지 않은 이득 또는 혜택을 취득하지 않을 의무) 하에서 수익자가 유효하게 동의한 의무 불이행의 결과로 취득이 발생하였다면 수탁자는 제(2)항 및 제(3)항의 권리의 행사를 포기하고 이를 동의한 수익자가 취득한 수익권을 인수할 수 있다.

(5) 본 조 하에서 수탁자는 취득한 가치의 이상에 대하여는 권리가 없다.

X. – 6:204: Corresponding rights against beneficiaries

(1) Where the right of a trustee under X. – 6:201 (Right to reimbursement and indemnification out of the trust fund) exceeds the trust fund, the trustee may recover the excess from the beneficiaries.

(2) The liability of a beneficiary under paragraph (1) is:

(a) limited to the enrichment which that beneficiary has obtained in accordance with the trust terms; and

(b) subject to the defence of disenrichment, VII. – 6:101 (Disenrichment) applying with appropriate adaptations.

(3) The right to recover under paragraph (1) ends six months after the right to reimbursement or indemnification has arisen.

X. – 6:205: Right to insure against personal liability at trust fund's expense

(1) A trustee has a right to reimbursement or indemnification out of the trust fund in respect of expenditure or a debt which the trustee reasonably incurs to obtain insurance against liability under X. – 7:201 (Liability of trustee to reinstate the trust fund).

(2) Paragraph (1) does not apply in so far as:

(a) the trustee has a right to remuneration for performing the obligations under the trust; or

(b) the insurance is against liability arising out of a non-performance which is intentional or grossly negligent.

Ⅹ.－6:204: 수익자에 대한 대응권리

(1) Ⅹ.－6:201(신탁기금으로부터 상환 및 면책을 받을 권리) 하에서의 수탁자의 권리가 신탁기금을 초과하는 경우 수탁자는 수익자로부터 초과분을 보전 받을 수 있다.

(2) 제(1)항에서의 수익자의 책임은:

(a) 수익자가 신탁약정에 따라 수취하는 이득으로 제한된다; 그리고

(b) Ⅶ.－6:101(수익의 상실)이 준용되는 처분의 항변 대상이 된다,

(3) 제(1)항에서 보전 받을 권리는 상환 및 면책을 받을 권리가 발생한 후 6개월 이후에 종료된다.

Ⅹ.－6:205: 신탁기금의 지출과 관련하여 개인책임에 대한 보험상 권리

(1) Ⅹ.－7:201(신탁기금 회복을 위한 수탁자의 책임)의 책임과 관련하여 수탁자가 보험에 가입하기 위하여 합리적으로 초래한 지출 및 채무에 대하여 수탁자는 신탁기금으로부터 상환 및 면책을 받을 권리를 가진다.

(2) 제(1)항은 다음에 한하여 적용되지 않는다:

(a) 수탁자가 신탁상 의무이행에 대한 보수를 받을 권리를 가지는 경우; 또는

(b) 보험이 고의 또는 중과실로 인한 불이행으로부터 발생하는 책임에 대한 것일 경우.

Section 3: Obligations of a trust auxiliary

X.–6:301: Obligations of a trust auxiliary

(1) A trust auxiliary is obliged to disclose the identity of the trustees if this information is known to the trust auxiliary and is not otherwise apparent.

(2) In deciding whether to exercise a power a trust auxiliary is obliged:

(a) to act in good faith; and

(b) not to obtain an enrichment which is not authorised by the trust terms.

Chapter 7: Remedies for non-performance

Section 1: Specific performance, judicial review and ancillary remedies

X.–7:101: Specific performance

(1) The enforcement of specific performance of an obligation under the trust includes the prevention of a trustee from disposing of or otherwise dealing with a trust asset otherwise than in accordance with the terms of the trust.

(2) Specific performance cannot be enforced if performance requires a trustee to exercise a discretion.

제3절
신탁보조인의 의무

Ⅹ.-6:301: 신탁보조인의 의무

(1) 수탁자의 인적 사항에 대한 정보를 신탁보조인이 알고 있으며 달리 명백해 지지 않는다면, 신탁보조인은 이를 공개할 의무가 있다.

(2) 권한의 행사여부를 결정함에 있어서 신탁보조인은 다음의 의무가 있다:

(a) 성실하게 행위할 의무; 그리고

(b) 신탁약정상 승인되지 않은 이득을 취득하지 않을 의무

제7장
불이행에 대한 구제수단

제1절
특정이행, 사법심사 및 부수적 구제수단

Ⅹ.-7:101: 특정이행

(1) 신탁 하에서 의무에 대한 특정이행의 청구는 신탁약정에 따르는 것 외에 수탁자가 신탁자산의 처분 또는 기타 처리하는 것을 유지留止하는 것을 포함한다.

(2) 특정이행이 수탁자의 재량행위를 요구하는 것이라면 그 이행을 청구할 수 없다.

X. – 7:102: Judicial review

(1) On the application of a party to the trust or a person entitled to enforce performance of an obligation under the trust, a court may review a decision of the trustees or a trust auxiliary whether or how to exercise a power or discretion conferred on them by the trust terms or this Book.

(2) A former trustee who has been removed by the trustees or a trust auxiliary without the trustee's consent has a corresponding right to judicial review of that decision.

(3) A court may avoid a decision of the trustees or a trust auxiliary which is irrational or grossly unreasonable, motivated by irrelevant or improper considerations, or otherwise an abuse of power or outside the powers of the trustees or the trust auxiliary.

X. – 7:103: Further remedies

Other rules may provide for:

(a) accounts and inquiries concerning the trust fund and its administration and disposal, as directed by court order;

(b) payment or transfer into court of money or other assets in the trust fund;

(c) the appointment by court order of a receiver to administer a trust fund;

(d) the exercise of rights and powers of a trustee by a public officer or body, in particular in relation to trusts to advance public benefit purposes;

(e) suspension of the rights and powers of the trustees to administer and dispose of the fund;

in cases of actual or suspected non-performance of the obligations under the trust.

Ⅹ.-7:102: 사법심사

(1) 신탁상 당사자 또는 신탁 하에서 의무의 이행을 청구할 수 있는 자의 신청에 따라 법원은 신탁약정 또는 본 권에서 수탁자 또는 신탁보조인에게 수여한 권한 또는 재량의 행사 여부나 방법에 대한 결정을 심사할 수 있다.

(2) 수탁자 본인의 동의 없이 수탁자들 또는 신탁보조인에 의하여 해임된 이전 수탁자는 그 결정의 사법심사에 대하여 상응하는 권리를 가진다.

(3) 법원은 수탁자들 또는 신탁보조인이 내린 비이성적이거나 현저하게 비합리적인 결정, 관련성이 없거나 부적절한 고려에 의한 결정, 또는 그 외에 수탁자나 신탁보조인의 권한의 남용이나 권한범위 외에서 이루어진 결정을 취소할 수 있다.

Ⅹ.-7:103: 추가적 구제수단

신탁 하에서 의무의 불이행이 실제로 발생하거나 발생이 의심되는 경우 다른 규정들은 다음을 제공할 수 있다.

(a) 법원명령에 따른 신탁기금 및 신탁기금의 관리와 처분에 관한 설명 및 조사;

(b) 신탁기금상 금전 또는 기타 자산을 법원에 지급 또는 이전;

(c) 법원명령에 따라 신탁기금을 관리하기 위한 관리인 임명;

(d) 특히 공익상 목적의 증진을 위한 신탁과 관련하여, 공무원 또는 공공단체가 수탁자의 권리와 권한의 행사;

(e) 신탁기금의 관리 및 처분을 위한 수탁자의 권리 및 권한의 정지

Section 2:
Reparation and disgorgement of unauthorised enrichment

X. – 7:201: Liability of trustee to reinstate the trust fund

(1) A trustee is liable to reinstate the trust fund in respect of loss caused to the trust fund by non-performance of any obligation under, or arising out of, the trust, if the non-performance:

(a) is not excused; and

(b) results from the trustee's failure to exercise the required care and skill.

(2) However, a person is liable under paragraph (1) only if that person knew, or it was manifest, that that person was a trustee.

(3) A trustee is not liable merely because a co-trustee, an agent or other person entrusted with performance, or an authorised recipient of trust assets has caused loss to the trust fund.

(4) Paragraph (3) does not prejudice any liability of the trustee arising:

(a) under paragraph (1) out of the trustee's own non-performance of an obligation under the trust, in particular:

(i) an obligation to act with the required care and skill when choosing to appoint or engage that person and agreeing the terms of the engagement; or

(ii) the obligation to keep the performance of that person under review and, if required in the circumstances, to take measures to protect the trust fund; or

(b) out of delegation of performance (X. – 5:206 (Power to delegate));

(c) under VI. – 3:201 (Accountability for damage caused by employees and representatives); or

(d) because the trustee induced, assisted or collaborated in that person's non-performance.

제2절
승인되지 않은 이득의 배상 및 반환

Ⅹ.-7:201: 신탁기금 상환을 위한 수탁자의 책임

(1) 신탁 또는 이로 인해 발생하는 의무의 불이행으로 인하여 신탁기금에 발생한 손실에 대하여 다음의 경우 수탁자는 신탁기금의 상환을 위한 책임이 있다.

(a) 의무의 불이행이 면제되지 않는다면; 그리고

(b) 의무의 불이행이 수탁자가 필요한 주의와 기술을 행하지 않음으로써 발생하였다면.

(2) 그러나 어떠한 자가 자신이 수탁자임을 알았거나 그것이 명백한 경우에만 제(1)항의 책임이 있다.

(3) 공동수탁인, 대리인이나 기타 이행을 위임 받은 자, 또는 신탁자산의 권한 있는 수령인이 신탁기금에 손실을 발생시켰다는 이유만으로 수탁자에게 책임이 발생하지 않는다.

(4) 제(3)항은 다음에 의하여 발생하는 수탁인의 여하한 책임에 대하여는 영향을 주지 않는다:

(a) 신탁 하에서 수탁자 스스로의 의무불이행으로 인하여 발생하는 제(1)항의 책임, 특히;

(i) 임명 또는 고용할 자를 선정하고 그 자와 업무약정을 체결 시 필요한 주의와 기술을 가지고 이를 행할 의무; 또는

(ii) 그 자의 의무이행을 계속해서 감독할 의무 그리고, 사정상 필요하다면, 신탁기금을 보호하기 위한 조치를 취할 의무; 또는

(b) 이행(X.-5:206(위임권한))의 위임으로부터 발생하는 책임;

(c) Ⅵ.-3:201(종업원 및 대표자에 의해 발생한 손해에 대한 책임) 상의 책임; 또는

(d) 수탁자가 그 자의 불이행을 유도, 조력 또는 협력하였기 때문에 발생한 책임.

(5) III. – 3:702 (General measure of damages) applies with appropriate adaptations to determine the measure of reinstatement.

(6) The following rights of a trustee are suspended until the trustee has completely reinstated the trust fund:

(a) any right of recourse to the trust fund; and

(b) any right to benefit which the trustee has in the capacity of beneficiary.

(7) This Article is subject to the trust terms.

X. – 7:202: Liability of trustee to compensate a beneficiary

(1) A trustee who is liable under X. – 7:201 (Liability of trustee to reinstate the trust fund) is also obliged to compensate a beneficiary who, despite reinstatement of the trust fund, does not obtain a benefit to which that beneficiary was entitled or, if there had been no failure of performance, would have been entitled under the trust terms.

(2) The beneficiary has the same right to compensation as arises from nonperformance of a contractual obligation.

(3) This Article is subject to the trust terms.

X. – 7:203: Disgorgement of unauthorised enrichment

Where a trustee obtains an enrichment as a result of non-performance of the obligation under X. – 6:109 (Obligation not to obtain unauthorized enrichment or advantage) and that enrichment does not become part of the trust fund under X. – 3:201 (Additions to the trust fund), the trustee is obliged to add the enrichment to the trust fund or, if that is not possible, to add its monetary value.

(5) Ⅲ. – 3:702(손해배상액의 일반적 산정 기준)은 상환의 산정금액을 정하는 경우 준용된다.
(6) 수탁자의 다음 권리는 수탁자가 신탁기금을 완전히 상환할 때까지 정지된다.

(a) 신탁기금에 대한 여하한 구상권; 그리고

(b) 수탁자가 수익자의 지위에서 가지는 여하한 수익권.

(7) 본 조는 신탁약정을 따를 것을 조건으로 한다.

Ⅹ. – 7:202: 수탁자의 수익자에 대한 배상책임

(1) X. – 7:201(신탁기금 상환을 위한 수탁자의 책임) 하에서 책임 있는 수탁자는 신탁기금의 상환에도 불구하고 수익권이 있었던 수익자 또는 불이행이 없었더라면 신탁약정에 따라 수익을 얻을 수 있었을 수익자에게 배상할 의무도 부담한다.
(2) 수익자는 계약상 의무의 불이행으로부터 발생하는 손해배상권과 동일한 권리를 가진다.
(3) 본 조는 신탁약정을 따를 것을 조건으로 한다.

Ⅹ. – 7:203: 승인되지 않은 이득의 반환

수탁자가 X. – 6:109(승인되지 않은 이득 또는 혜택을 취득하지 않을 의무)에 규정된 의무를 불이행한 결과로 이득을 수취하였고 그 이득이 X. – 3:201(신탁기금에 대한 추가)에 따라 신탁기금의 일부가 되지 않은 경우 수탁자는 당해 이득을 신탁기금에 추가하거나, 그것이 가능하지 않다면 이득의 금전상 가치를 신탁기금에 추가할 의무가 있다.

Section 3: Defences

X. – 7:301: Consent of beneficiary to non-performance

(1) A trustee has a defence to liability to the extent that reinstatement, compensation or disgorgement would benefit a beneficiary who validly consented to the non-performance.

(2) A beneficiary consents to a non-performance when that beneficiary agrees to conduct of the trustee which amounts to a non-performance and either:

(a) the beneficiary knew that such conduct would amount to a nonperformance; or

(b) it was manifest that such conduct would amount to a non-performance.

(3) Paragraph (1) applies whether or not the non-performance enriched or disadvantaged the beneficiary who consented.

(4) Where a beneficiary participates in the non-performance in the capacity of trustee, paragraph (1) applies in relation to any co-trustees who are liable. A right of recourse between the solidary debtors as regards any residual liability to reinstate the trust fund or compensate a beneficiary is unaffected.

(5) A consent is not valid if it results from a mistake which was caused by false information given by the trustee or the trustee's non-performance of an obligation to inform.

X. – 7:302: Prescription

The general period of prescription for a right to performance of an obligation under a trust does not begin to run against a beneficiary until benefit to that beneficiary is due.

X. – 7:303 Protection of the trustee

(1) A trustee is discharged by performing to a person who, after reasonable inquiry, appears to be entitled to the benefit conferred.

제3절
항변

Ⅹ.-7:301: 불이행에 대한 수익자의 동의

(1) 불이행에 유효하게 동의한 수익자가 상환, 배상, 또는 반환으로 수익을 얻은 범위에서 수탁자는 책임에 대해 항변 할 수 있다.

(2) 수익자가 불이행에 해당하는 수탁자의 행위를 승인할 때 다음 중 하나에 해당하는 경우 수익자는 불이행에 동의한 것이다

(a) 수탁자의 행위가 불이행에 해당함을 수익자가 알았던 경우; 또는

(b) 수탁자의 행위가 불이행에 해당함이 명백하였던 경우.

(3) 제(1)항은 불이행에 동의한 수익자에게 그러한 불이행으로 인하여 이득이 발생하였는지 또는 불이익이 초래되었는지 여부에 관계없이 적용된다.

(4) 수익자가 수탁자의 지위로서 불이행에 참여한 경우 제(1)항은 책임 있는 공동수탁자에 관하여 적용된다. 신탁기금을 상환 또는 수익자에게 배상하기 위한 여하한 기타 책임에 관한 연대채무자 간의 구상권은 영향을 받지 않는다.

(5) 수탁자의 잘못된 정보 또는 수탁자의 정보제공의무의 불이행을 원인으로 발생한 착오로 동의가 이루어지면, 그 동의는 유효하지 않다.

Ⅹ.-7:302: 시효

신탁 하에서 의무이행에 대한 권리의 일반적인 시효기간은 수익자에게 수익이 부여 될 때까지는 수익자에 대하여 진행되지 않는다.

Ⅹ.-7:303: 수탁자의 보호

(1) 수탁자는 합리적인 조사 이후 수익자격이 수여된 것으로 보이는 자에게 의무를 이행함으로써 면책된다.

(2) The right of the beneficiary who was entitled to the benefit against the recipient of the benefit arising under Book VII (Unjustified enrichment) is unaffected.

Section 4: Solidary liability and forfeiture

X.–7:401: Solidary liability

(1) Where several trustees are liable in respect of the same non-performance, their liability is solidary.
(2) As between the solidary debtors themselves, the shares of liability are in proportion to each debtor's relative responsibility for the non-performance, having regard to each debtor's skills and experience as a trustee.
(3) A debtor's relative responsibility for a non-performance to which that debtor consented is not reduced merely because that debtor took no active part in bringing it about.

X.–7:402: Forfeiture of collaborating beneficiary's right to benefit

(1) Where a beneficiary collaborated in a trustee's non-performance, a court may order on the application of that trustee or another beneficiary that the right to benefit of the beneficiary who collaborated be forfeited.
(2) The right to benefit of a beneficiary who validly consented to the nonperformance, but did not collaborate in it, may be forfeited only to the extent that the beneficiary has been enriched by the non-performance.
(3) To the extent that a beneficiary's right to benefit is forfeited under this Article, benefit which is otherwise due to that beneficiary is to be applied so as to satisfy the trustee's liability until either the liability is extinguished or the right to benefit is exhausted.

(2) 제7권(부당이익)과 관련한 이익의 취득자에 대하여 수익자격을 갖는 수익자의 권리는 영향을 받지 않는다.

제4절
연대책임 및 박탈

Ⅹ.-7:401: 연대책임

(1) 동일한 불이행에 대하여 복수의 수탁자가 책임이 있는 경우 그들은 연대책임을 부담한다.

(2) 연대채무자 사이에서와 같이 책임의 분배는 수탁자로서 각 채무자의 기술 및 경험을 고려하여, 채무자의 불이행에 대한 상대적 책임 비율에 따라 이루어진다.

(3) 채무자가 동의한 불이행에 대한 채무자의 상대적 책임은 채무자가 불이행 발생에 적극적으로 참여하지 않았다는 것만으로 경감되지 않는다.

Ⅹ.-7:402: 협력한 수익자의 수익권 박탈

(1) 수익자가 수탁자의 불이행에 협력한 경우 수탁자 또는 다른 수익자의 신청에 따라 법원은 협력한 수익자의 수익권을 박탈하는 명령을 내릴 수 있다.

(2) 불이행에 유효하게 동의하였지만 불이행에 협력이 없었던 수익자의 수익권은 오직 그 불이행으로 인하여 얻은 이득의 범위에서 한하여 박탈될 수 있다.

(3) 본 조 하에서 수익자의 수익권이 박탈당한 경우에 한하여 본래 수익자에게 예정되었던 수익은 수탁자의 책임이 소멸되거나 수익권이 소진 될 때까지 수탁자의 책임을 충당하기 위하여 사용된다.

Chapter 8:

Change of trustees or trust auxiliary

Section 1: General rules on change of trustees

X.－8:101: Powers to change trustees in general

(1) After the creation of a trust, a person may be appointed a trustee and a trustee may resign or be removed:

(a) in accordance with a power:

(i) under the trust terms or

(ii) conferred on the trustees by this Section; or

(b) by court order under this Section.

(2) The exercise of a power within paragraph (1)(a) is of no effect unless it is in writing. The same applies to a binding direction to trustees regarding the exercise of such a power.

(3) An exercise of a power under the trust terms by a person who is not also a continuing trustee does not take effect until notice is given to the continuing trustees.

(4) The resignation or removal of a sole trustee is effective only if a substitute trustee is appointed at the same time.

X.－8:102: Powers to change trustees conferred on trustees

(1) The powers conferred by this Section on trustees may only be exercised:

(a) by unanimous decision; and

(b) if in the circumstances a trust auxiliary does not have a corresponding power or the trust auxiliary cannot or does not exercise such a power within a reasonable period after a request to do so by the trustees.

제8장

수탁자 또는 신탁보조인의 변경

제1절 수탁자의 변경에 대한 일반적 규정

Ⅹ.-8:101: 일반적인 수탁자 변경 권한

(1) 신탁의 창설 후 수탁자가 임명되어야 하며 수탁자는 다음에 따라 사임 또는 해임될 수 있다.

(a) 다음의 권한에 따라:

(i) 신탁약정 상의 권한 또는

(ii) 본 절에 의하여 수탁자에게 수여된 권한; 또는

(b) 본 절에 의한 법원명령.

(2) 제(1)항 제(a)호에 따른 권한의 행사는 서면으로 이루어지지 않으면 효력이 없다. 이것은 권한의 행사와 관련하여 수탁자에 대한 구속력 있는 지시에도 동일하게 적용된다.

(3) 계속 수탁자가 아닌 자에 의하여 이루어진 신탁약정 하에서의 권한의 행사는 계속 수탁자에 대한 통지 전까지 효력이 발생하지 않는다.

(4) 단독 수탁자의 사임 및 해임은 대체 수탁자가 동시에 임명되는 경우에만 효력이 있다.

Ⅹ.-8:102: 수탁자에게 수여된 수탁자의 변경 권한

(1) 본 절에 의하여 수탁자에게 수여된 권한은 오직 다음의 경우에만 행사할 수 있다.

(a) 만장일치에 의하여; 그리고

(b) 수탁자가 권한의 행사를 요구한 이후 신탁보조인이 상응하는 권한을 가지지 않는 사정이거나 또는 신탁보조인이 합리적인 기간 내에 그러한 권한을 행사하지 않거나 할 수 없는 사정이라면.

(2) Subject to paragraph (1), the trustees are obliged to exercise their powers under this Section in accordance with any joint direction by the beneficiaries if the beneficiaries have a joint right to terminate the trust in respect of the whole fund.
(3) The trust terms may modify or exclude the powers conferred by this Section on trustees.

Section 2: Appointment of trustees

X.–8:201: General restrictions on appointments

(1) An appointment of a person as trustee is of no effect if:

(a) it is manifest that the co-trustees would have power to remove that person, if appointed, on grounds of that person's inability, refusal to act, or unsuitability;

(b) the person appointed does not agree to act as trustee; or

(c) the appointment exceeds a maximum number of trustees provided for by the trust terms.

(2) A provision in the trust terms that there is to be only one trustee takes effect as a maximum of two.

X.–8:202: Appointment by trust auxiliary or trustees

(1) The trustees may appoint one or more additional trustees.
(2) The continuing trustees may appoint a substitute trustee for a person who has ceased to be a trustee.
(3) Unless the trust terms provide otherwise, a self-appointment by a trust auxiliary is of no effect.

(2) 제(1)항을 따를 것을 조건으로 수익자들이 전체 기금과 관련하여 신탁을 종료시킬 권리를 공동으로 갖는다면, 수탁자는 수익자들의 여하한 공동지시에 따라 본 절 하에서 그들의 권한을 행사할 의무가 있다.

(3) 신탁약정은 본 절에 의하여 수탁자에게 수여된 권한을 변경 또는 배제할 수 있다.

제2절 수탁자의 임명

Ⅹ.-8:201: 임명의 일반적 제한

(1) 수탁자로의 임명은 다음의 경우 효력이 없다:

(a) 수탁자로 임명되었다면 그 자의 무능, 행위거절 또는 부적임을 근거로 공동수탁인이 그 자의 해임에 대한 권한을 가짐이 명백하다면;

(b) 임명된 자가 수탁자로서 행위 할 것에 동의하지 않는다면; 또는

(c) 신탁약정에 의하여 정해진 수탁자의 최대 인원수를 초과하는 임명이라면.

(2) 오직 1인 수탁자만을 인정하는 신탁약정 상의 규정은 최대 2인으로서 효력이 발생한다.

Ⅹ.-8:202: 신탁보조인 또는 수탁자에 의한 임명

(1) 수탁자는 1인 또는 그 이상의 추가적인 수탁자를 임명할 수 있다.

(2) 계속 수탁자는 수탁자가 될 수 없는 자를 위하여 대체 수탁자를 임명할 수 있다.

(3) 신탁약정에서 다른 정함이 없는 한 신탁보조인에 의한 자기임명(self-appointment)은 효력이 없다.

X.–8:203: Appointment by court order

On the application of any party to the trust or any person entitled to enforce performance of an obligation under the trust, a court may appoint:

(a) a substitute trustee for a person who has ceased to be a trustee, or

(b) one or more additional trustees, if in the circumstances:

(i) no one else is able and willing to exercise a power to appoint; and

(ii) the appointment is likely to promote the efficient and prudent administration and disposal of the trust fund in accordance with the trust terms.

Section 3: Resignation of trustees

X.–8:301: Resignation with consent of trust auxiliary or co-trustees

(1) A trust auxiliary who may appoint a substitute trustee in the event of the trustee's resignation may consent to a resignation.

(2) A trust auxiliary may consent to a resignation without the consent of the continuing trustees only if a substitute trustee is appointed at the same time.

(3) The continuing trustees may consent to a resignation.

(4) A trustee may only resign with the consent of a trust auxiliary or cotrustees if after resignation there will be at least two continuing trustees or a special trustee.

(5) Special trustees, for the purposes of this Book, are:

(a) any public officer or body having the function of acting as a trustee; and

(b) any legal persons designated as such in an enactment or satisfying requirements set out in an enactment for this purpose.

Ⅹ.－8:203: 법원명령에 의한 선임

신탁상 당사자 또는 신탁 하에서 의무이행을 청구할 수 있는 권한을 갖는 여하한 자의 신청에 따라 법원은 다음의 자를 임명 할 수 있다:

(a) 수탁자가 될 수 없는 자를 위한 대체 수탁자, 또는

(b) 다음의 상황이라면 1인 또는 그 이상의 추가적인 수탁자:

(i) 아무도 임명에 대한 권한을 행사할 수 없고 권한을 행사하고자 하지 않는 경우; 그리고

(ii) 임명이 신탁약정에 따라 신탁기금의 효율적이고 신중한 관리 및 처분을 증진시킬 수 있을 것 같은 경우.

제3절
수탁자의 사임

Ⅹ.－8:301: 신탁보조인 또는 공동수탁자의 동의에 의한 사임

(1) 수탁자가 사임한 경우 대체 수탁자를 임명할 수 있는 수탁보조인은 사임에 동의할 수 있다.

(2) 대체 수탁자가 동시에 임명된 경우에 한하여 수탁보조인은 계속 수탁자의 동의 없이 사임에 동의할 수 있다.

(3) 계속 수탁자는 사임에 동의할 수 있다.

(4) 수탁자의 사임 후 최소 2인의 수탁자 또는 1인의 특별수탁자가 존재하면, 수탁자는 신탁보조인 또는 공동수탁자의 동의에 의하여 사임만 할 수 있다.

(5) 본 권의 목적상 특별수탁자는 다음과 같다:

(a) 수탁자로서 역할을 할 수 있는 여하한 공무원 또는 공공단체; 그리고

(b) 법령에서 지정되거나 본 권의 목적을 위해 법령에서 요구하는 요건을 충족하는 여하한 법인.

X. – 8:302: Resignation with approval of court

A court may approve the resignation of a trustee who cannot otherwise resign if it is fair to release the trustee from obligations under the trust, having regard in particular to whether after resignation an efficient and prudent administration and disposal of the trust fund in accordance with the trust terms can be secured.

Section 4: Removal of trustees

X. – 8:401: Removal by trust auxiliary or co-trustees

(1) Where a court might remove a trustee on grounds of inability, refusal to act, or unsuitability, the continuing trustees may remove that trustee.

(2) The removal of a trustee by a trust auxiliary or the trustees does not take effect until notice of the removal is given to the trustee who is to be removed.

X. – 8:402: Removal by court order

(1) On the application of any party to the trust, a court may remove a trustee without that trustee's consent and regardless of the trust terms if it is inappropriate for the trustee to remain a trustee, in particular on grounds of the trustee's:

(a) inability;

(b) actual or anticipated material non-performance of any obligation under, or arising out of, the trust;

(c) unsuitability;

(d) permanent or recurrent fundamental disagreement with co-trustees on a matter requiring a unanimous decision of the trustees; or

Ⅹ.－8:302: 법원의 승인에 의한 사임

구체적으로 수탁자의 사임 후 신탁약정에 따라 신탁기금의 효율적이고 신중한 관리 및 처분이 확보될 수 있는지 여부를 고려하여, 신탁상 의무가 종료되어야 하는 것이 타당함에도 불구하고 사임할 수 없는 수탁자가 있는 경우 법원은 그의 사임을 승인할 수 있다.

제4절 수탁자의 해임

Ⅹ.－8:401: 신탁보조인 또는 공동수탁자에 의한 해임

(1) 법원이 수탁자의 무능, 이행거절 또는 부적임을 이유로 수탁자를 해임할 수 있는 경우 계속 수탁자는 해당 수탁자를 해임할 수 있다.

(2) 수탁보조인 또는 수탁자들에 의한 수탁자의 해임은 해임될 수탁자에게 해임통지가 이루어 질 때까지 효력이 발생하지 않는다.

Ⅹ.－8:402: 법원명령에 의한 해임

(1) 수탁자로서의 지위를 유지하는 것이 부적절하다면 여하한 신탁상 당사자의 신청에 따라 법원은 수탁자들의 동의 없이 그리고 신탁약정에도 불구하고 수탁자를 해임할 수 있다. 특히 다음은 수탁자의 해임사유이다:

(a) 무능력;

(b) 신탁 하에서 또는 신탁으로부터 발생하는 실제 또는 예견되는 중대한 의무불이행;

(c) 부적임;

(d) 수탁자의 만장일치가 요구되는 사안에 대하여 공동수탁자와의 영구적이거나 반복적인 중대한 반대; 또는

(e) other interests which substantially conflict with performance of the obligations under, or arising out of, the trust.

Section 5: Effect of change of trustees

X. – 8:501: Effect on trustees' obligations and rights

(1) A person who is appointed a trustee becomes bound by the trust and acquires the corresponding rights and powers. Subject to the following paragraphs of this Article, a trustee who resigns or is removed is released from the trust and loses those rights and powers.

(2) The obligation to cooperate with co-trustees does not end until the expiry of a reasonable period after resignation or removal.

(3) A former trustee's right of recourse to the trust fund takes effect as a right against the continuing trustees. A right to reimbursement, indemnification or remuneration by a beneficiary is unaffected.

(4) A former trustee remains bound by:

(a) the obligation in X. – 6:109 (Obligation not to obtain unauthorised enrichment or advantage);

(b) trust debts; and

(c) obligations arising from non-performance.

X. – 8:502: Vesting and divesting of trust assets

(1) Title to a trust asset vests in a person on appointment as a trustee, without a court order to that effect, if that title is:

(a) capable of transfer by agreement between a transferor and a transferee without the necessity for any further act of transfer or formality; or

(e) 신탁 하에서 또는 신탁으로부터 발생하는 의무와 상당하게 충돌하는 수탁자의 기타 이익.

제5절 수탁자 변경의 효과

Ⅹ.-8:501: 수탁자의 의무와 권리에 대한 효과

(1) 수탁자로 선임된 자는 신탁에 구속되며 상응하는 권리와 권한을 취득한다. 본 조 이하를 따를 것을 조건으로 사임 또는 해임된 수탁자는 신탁관계가 종료되며 관련 권리와 권한을 상실한다.

(2) 공동수탁자와 협력할 의무는 사임 또는 해임 후 합리적인 기간 만료 시까지 종료되지 않는다.

(3) 신탁기금에 대한 이전 수탁자의 구상권은 계속 수탁자에 대한 권리로서 효력을 갖는다. 수익자에 의한 배상, 면책 또는 보수에 대한 권리는 영향을 받지 않는다.

(4) 이전 수탁자는 다음 사항에 대해서는 계속 구속된다:

(a) Ⅹ.-6:109(승인되지 않은 이득 또는 혜택을 취득하지 않을 의무) 상 의무;

(b) 신탁채무; 그리고

(c) 불이행으로부터 발생한 의무.

Ⅹ.-8:502: 신탁자산의 귀속 및 박탈

(1) 소유권이 다음과 같다면 신탁자산의 소유권은 법원명령 없이 수탁자로 선임된 자에게 귀속된다:

(a) 추가적인 양도 또는 형식적 행위에 대한 요구 없이 양도인과 양수인 간의 합의를 통하여 양도된다면; 또는

(b) regarded under the applicable national law as vested in the trustees as a body.

(2) The vesting of an asset in a person who is appointed a trustee does not divest any continuing trustees.

(3) A person who resigns or is removed as a trustee is divested correspondingly.

X. – 8:503: Transmission of trust documents

A continuing or substitute trustee is entitled to the delivery up of trust documents in the possession of a former trustee. The person in possession has the right to make and retain copies at that person's own expense.

X. – 8:504: Effect of death or dissolution of trustee

(1) Where one of several trustees dies or a corporate trustee is dissolved, the trust fund remains vested in the continuing trustees. This applies to the exclusion of any person succeeding to a deceased or dissolved trustee's other patrimony.

(2) Where a sole trustee dies, the deceased trustee's successors become trustees and accordingly:

(a) the trustee's successors become subject to the trust and acquire the corresponding rights and powers;

(b) the trustee's successors become liable for trust debts incurred by the deceased trustee to the extent of the deceased trustee's estate; and

(c) the trust fund vests in the trustee's successors,

but the trustee's successors may only exercise the powers set out in X. – 5:202 (Restriction in case of minimum number of trustees) paragraph (1), regardless of the number of successors.

(3) A trustee's testamentary disposition of the trust fund is of no effect, but the trust terms may confer a testamentary power to appoint a trustee.

(4) Obligations arising from non-performance devolve on the deceased trustee's successor.

(b) 해당 자국법 상 소유권 전체로 수탁자에게 귀속되는 것으로 본다면.

(2) 수탁자로 선임된 자에게 자산이 귀속되더라도 다른 계속 수탁자들의 지위를 박탈하지 않는다.

(3) 수탁자의 지위에서 사임 또는 해임된 자는 이에 상응하여 지위가 박탈된다.

Ⅹ.－8:503: 신탁문서의 이전

계속 또는 대체 수탁자는 이전 수탁자가 소지한 신탁문서를 인도 받을 수 있다. 문서를 소지한 자는 자신의 부담으로서 문서의 사본을 작성하고 보유할 권리를 가진다.

Ⅹ.－8:504: 수탁자의 사망 또는 해산의 효과

(1) 복수의 수탁자 중 1인이 사망하거나 법인수탁자가 해산한 경우 신탁기금은 계속 수탁자에게 귀속된 채로 유지된다. 이 규정은 사망한 수탁자 또는 해산한 법인수탁자의 기타 재산을 상속한 자를 배제하는데 적용된다.

(2) 단독 수탁자가 사망한 경우 사망한 수탁자의 승계인이 수탁자가 되며 이에 따라서:

(a) 수탁자의 승계인은 신탁에 종속되며 이에 상응하는 권리와 권한을 취득한다;

(b) 수탁자의 승계인은 사망한 수탁자에 의하여 발생한 신탁채무에 대하여 사망한 수탁자의 재산의 범위 내에서 책임을 진다; 그리고

(c) 신탁기금은 수탁자의 승계인에게 귀속된다,

그러나 수탁자의 승계인은 승계인의 수와 상관없이 X.－5:202(수탁자의 최소 인원 수에 대한 제한) 제(1)항에서 정해진 권한만을 행사할 수 있다.

(3) 수탁자의 유언에 의한 신탁기금에 대한 처분은 효력이 없으나, 신탁약정은 수탁자의 유언으로 수탁자를 임명할 권한을 수여할 수 있다.

(4) 불이행으로 인하여 발생하는 의무는 사망한 수탁자의 승계인에게 이전된다.

Section 6:
Death or dissolution of trust auxiliary

X.－8:601: Effect of death or dissolution of trust auxiliary

A power of a trust auxiliary ends when the trust auxiliary dies or is dissolved, but the trust terms may permit a testamentary exercise of the power.

Chapter 9:
Termination and variation of trusts and transfer of rights to benefit

Section 1:
Termination

Sub-section 1:General rules on termination

X.－9:101: Modes of termination

A trust in respect of a fund or part of a fund may be terminated:

(a) by a truster or beneficiaries in accordance with a right provided for by the trust terms;

(b) by a truster in accordance with X.－9:103 (Right of truster to terminate a gratuitous trust);

(c) by a beneficiary in accordance with X.－9:104 (Right of beneficiaries to terminate);

제6절 신탁보조인의 사망 또는 해산

X.－8:601: 신탁보조인의 사망 또는 해산의 효과

신탁보조인의 권한은 신탁보조인이 사망하거나 해산한 때 종료되지만 신탁약정은 유언을 통한 권한의 행사를 허용할 수 있다.

제9장 신탁의 종료 및 변경 그리고 수익권의 양도

제1절 종료

제1관 종료에 관한 일반적 규정

X.－9:101: 종료의 방식

기금 또는 기금의 일부에 대하여 신탁은 다음에 의하여 종료 될 수 있다:

(a) 신탁약정에서 규정된 권리에 따라 위탁자 또는 수익자에 의하여;

(b) X.－9:103(무상신탁의 종료를 위한 위탁자의 권리)에 따른 위탁자에 의하여;

(c) X.－9:104(수익자의 종료권)에 따른 수익자에 의하여;

(d) by a trustee under X. – 9:108 (Termination by trustee);

(e) by merger of rights and obligations under X. – 9:109 (Merger of right and obligation).

X. – 9:102: Effect of termination on trustee's liabilities

(1) To the extent that the trust is terminated the trustee is discharged.

(2) Unless the parties concerned agree otherwise, termination of the trust does not release a trustee from liability:

(a) to a beneficiary arising out of the trustee's non-performance of any obligation under, or arising out of, the trust; or

(b) to a trust creditor.

Sub-section 2:Termination by truster or beneficiaries

X. – 9:103: Right of truster to terminate a gratuitous trust

(1) Except as provided for by paragraphs (2) and (3), a truster has no implied right to terminate a trust or a trust term merely because the trust was constituted gratuitously, irrespective of whether:

(a) the trust was constituted without a transfer by the truster;

(b) the truster reserved a right to benefit during the truster's lifetime.

(2) A truster may terminate a gratuitously constituted trust, or a term of such a trust, which is for the benefit of a person who does not yet exist.

(3) A truster may terminate a gratuitously constituted trust for the benefit of another to the same extent that the truster might have revoked a donation to that beneficiary if the benefit had been conferred by way of donation.

(d) X. -9:108(수탁자에 의한 종료)에 따른 수탁자에 의하여;

(e) X. -9:109(권리 및 의무의 혼동) 상 권리 및 의무의 혼동에 의하여.

X. -9:102: 수탁자의 책임에 관한 종료의 효과

(1) 종료되는 신탁의 범위 내에서 수탁자는 면책된다.

(2) 관련 당사자가 다른 것을 합의하지 않는다면 신탁의 종료는 수탁자의 다음의 책임을 소멸시키지 않는다.

(a) 신탁 또는 이로부터 발생하는 의무를 수탁자가 불이행함으로써 발생한 수익자에 대한 책임; 또는

(b) 신탁채권자에 대한 책임

제2관 위탁자 또는 수익자에 의한 종료

X. -9:103 무상신탁을 종료하기 위한 위탁자의 권리

(1) 제(2)항 및 제(3)항에 의하여 규정된 바를 제외하고, 다음의 여부와 관계없이 단지 신탁이 무상으로 설정되었다는 이유만으로 위탁자는 신탁 또는 신탁약정을 종료할 묵시적 권리를 가지지 않는다:

(a) 위탁자에 의한 양도 없이 신탁이 설정되었는지 여부;

(b) 위탁자가 위탁자 생전에 수익권을 가졌는지 여부.

(2) 위탁자는 아직 현존하지 않은 자의 수익을 위하여 무상으로 설정된 신탁, 또는 그러한 신탁의 약정을 종료할 수 있다.

(3) 수익이 증여의 방식으로 수여되었더라면 위탁자가 수익자에 대한 증여를 철회하였을 동일한 범위에서 위탁자는 다른 자의 수익을 위하여 무상으로 설정된 신탁을 종료할 수 있다.

X. – 9:104: Right of beneficiaries to terminate

(1) A beneficiary of full legal capacity may terminate the trust in respect of a fund or part of the fund which is for that beneficiary's exclusive benefit.

(2) If each is of full legal capacity, several beneficiaries have a corresponding joint right to terminate the trust in respect of a fund or part of the fund which is for the exclusive benefit of those beneficiaries.

(3) A trust may not be terminated in respect of part of the fund if this would adversely affect the trust in respect of the rest of the fund for the benefit of other beneficiaries or for the advancement of public benefit purposes.

X. – 9:105: Meaning of "exclusive benefit"

(1) A fund or part of a fund is to be regarded as for a beneficiary's exclusive benefit if all of that capital and all of the future income from that capital can only be disposed of in accordance with the trust terms for the benefit of that beneficiary or that beneficiary's estate.

(2) For the purposes of paragraph (1) the possibility that the beneficiary might give a consent, or might fail to exercise a right adverse to that beneficiary's own benefit, is to be disregarded.

X. – 9:106: Notice of termination and its effects

(1) A truster or beneficiary exercises a right to terminate by giving notice in writing to the trustees.

(2) A trust or part of a trust which is terminated by the truster takes effect from that time as a trust for the benefit of the truster.

(3) Where a beneficiary, exercising a right to terminate, instructs the trustee to transfer to someone other than the beneficiary, notice of termination vests in that person the right to benefit from the fund or part of the fund which is to be transferred.

Ⅹ.－9:104: 수익자의 종료권

(1) 완전한 법적 능력을 가진 수익자는 수익자의 독점적 이익을 위한 기금 또는 기금의 일부와 관련한 신탁을 종료 할 수 있다.

(2) 복수의 수익자 각자가 완전한 법적 능력을 가진다면 복수의 수익자는 본인들의 독점적 이익을 위한 기금 또는 기금의 일부와 관련한 신탁을 종료할 수 있는 상응하는 공동의 권리를 가진다.

(3) 기금의 일부가 종료됨에 따라 기타 수익자의 수익 또는 공익상 목적의 증진을 위한 나머지 기금에 신탁상 불리한 영향을 미친다면 기금 일부에 대하여 신탁은 종료 될 수 없다.

Ⅹ.－9:105: "독점적 이익"의 의미

(1) 신탁자금의 원금 전부와 원금으로 발생하는 장래 수익 전부가 오직 수익자의 수익 또는 수익자의 유산을 위한 신탁약정에 따라서만 처분될 수 있다면 기금 또는 기금의 일부는 수익자의 독점적 이익을 위한 것으로 볼 수 있다.

(2) 제(1)항의 목적을 위하여 수익자 본인의 이익에 동의할 수 있거나 본인의 이익과 상반된 권리행사를 하지 않을 가능성은 고려되지 않는다.

Ⅹ.－9:106: 종료의 통지 및 그 효과

(1) 위탁자 또는 수익자는 수탁자에게 서면으로 통지함으로써 종료권을 행사한다.

(2) 위탁자에 의하여 종료된 신탁 또는 신탁의 일부는 종료 시점부터 위탁자의 이익을 위한 신탁으로 효력이 발생한다.

(3) 종료권을 행사하는 수익자가 자신 이외의 자에게 기금 또는 기금의 일부를 양도할 것을 수탁자에게 지시하는 경우, 이전되는 기금 또는 기금의 일부에 대한 수익권은 해제의 통지로써 그 자에게 귀속된다.

(4) Unless the transfer is impossible or unlawful, the trustee is obliged to transfer the fund or part of the fund in accordance with the notice of termination and without delay. The obligation to transfer supersedes the obligation to administer and dispose of the fund or part in accordance with the trust terms.

(5) If a transfer is impossible because it would require the grant of an undivided share in an asset for which undivided shares are not allowed, the trustee is obliged:

(a) to divide the asset and transfer the divided share, so far as this is possible and reasonable; and otherwise

(b) to sell the asset, if this is possible, and transfer the corresponding share of the proceeds.

(6) The trust is terminated when and to the extent that the required transfer is made.

X. – 9:107: Trustee's right to withhold

(1) A trustee may withhold such part of the fund which is to be transferred as is needed to satisfy:

(a) trust debts;

(b) the trustee's accrued rights of recourse to the fund; and

(c) the costs of transfer and of any required division or sale of an asset, so far as those debts, rights and costs are allocated to the part of the fund which is to be transferred.

(2) The right to withhold ends if the person exercising the right to terminate pays compensation for the debts, rights and costs allocated to the part of the fund which is to be transferred.

(4) 양도가 불가능하거나 불법적인 것이 아니라면 수탁자는 지체 없는 종료의 통지에 따라 기금 또는 기금의 일부를 양도할 의무가 있다. 양도할 의무는 신탁약정에 따라 기금 또는 그 일부의 관리 및 처분할 의무를 대신한다.

(5) 불가분 자산에서 불가분 지분의 교부를 요구함에 따라 양도가 불가능하게 되면, 수탁자는 다음의 의무가 있다:

(a) 가능하고 합리적인 한도에서, 자산을 분할하고 분할분을 양도할 의무; 그리고 그렇지 않다면

(b) 가능하다면, 자산을 매각하고 그 대위물에 상응하는 지분을 양도할 의무.

(6) 요구되는 양도가 이루어진 때 그리고 그 한도에서 신탁은 종료 된다.

Ⅹ.-9:107: 수탁자의 보류권

(1) 다음의 사항을 충족하기 위하여 필요한 경우 수탁자는 기금의 일부가 이전되는 것을 보류시킬 수 있다

(a) 신탁채무;

(b) 기금에 대한 수탁자의 장래 구상권; 그리고

(c) 신탁채무, 권리, 및 비용이 이전될 기금의 일부로 할당되는 범위에서, 자산의 이전비용 및 여하한 필요적 분할비용 또는 매각 비용.

(2) 신탁을 종료할 권리를 행사하는 자가 이전될 기금의 일부로 할당되는 신탁채무, 권리 및 비용에 대해 보상한다면 보류권은 종료된다.

Sub-section 3:Other modes of termination

X.－9:108: Termination by trustee

(1) Where a beneficiary has a right to terminate a trust under X.－9:104(Right of beneficiaries to terminate) paragraph (1), a trustee may give a notice to that beneficiary requiring that beneficiary to exercise that right within a period of reasonable length fixed by the notice. If the beneficiary fails to do so within that period, the trustee may terminate the trust by a transfer to that beneficiary. The beneficiary is obliged to accept the transfer.

(2) A trustee may also terminate the trust by payment of money or transfer of other assets of the trust fund into court where other rules so provide.

X.－9:109: Merger of right and obligation

(1) A trust ends when the sole trustee is also the sole beneficiary and the trust fund is for that beneficiary's exclusive benefit.

(2) Where there are several trustees, paragraph (1) applies correspondingly only if they have a joint right to benefit.

(3) If a trust subsists in relation to the beneficiary's right to benefit or the right to benefit is encumbered with a security right or other limited right, the trustee remains bound by that trust or encumbrance.

Section 2: Variation

X.－9:201: Variation by truster or beneficiary

(1) The trust terms may be varied by a truster or beneficiary in accordance with:

제3관 종료의 기타 방식

Ⅹ.-9:108: 수탁자에 의한 종료

(1) Ⅹ.-9:104(종료를 위한 수익자의 권리) 제1항 하에 따라 수익자가 신탁을 종료할 권리를 가지는 경우 수탁자는 수익자에게 통지에서 정한 합리적인 기간 내에 수익자가 그 권리를 행사할 것을 요구하는 통지를 하여야 한다. 수익자가 그 기간 내에 권리행사를 하지 않는다면, 수탁자는 수익자에게 자산을 양도함으로써 신탁을 종료할 수 있다. 수익자는 그 양도를 승낙하여야 할 의무가 있다.

(2) 다른 규정에서 정해진 경우 수탁자는 금전을 지급하거나 신탁기금 중 기타 자산을 법원으로 양도함으로써 신탁을 종료할 수 있다.

Ⅹ.-9:109: 권리 및 의무의 혼동

(1) 신탁은 단독의 수탁자가 유일한 수익자이고 신탁기금이 그 수익자의 독점적 이익을 위한 것일 때 종료된다.

(2) 복수의 수탁자가 있는 경우 이들이 공동으로 수익권을 가지는 경우에 한하여 제(1)항이 상응하여 적용된다.

(3) 신탁이 수익자의 수익권과 관련하여 존속하거나 수익권이 담보권 또는 기타 제한된 권리에 영향을 받는다면 수탁자는 이러한 신탁 또는 영향에 구속된다.

제2절 변경

Ⅹ.-9:201: 위탁자 또는 수익자에 의한 변경

(1) 다음에 따라 신탁약정은 위탁자 또는 수익자에 의하여 변경될 수 있다:

(a) a right provided for by the trust terms;

(b) the right provided for by paragraph (2).

(2) A truster or beneficiary who has a right to terminate a trust has a corresponding right to vary the trust terms so far as they relate to the fund or part of the fund in respect of which the trust might be terminated.

(3) The exercise by several beneficiaries of a joint right to vary the trust terms requires their agreement to that effect.

(4) A variation which is to take effect from the death of the person exercising the right to vary is of no effect unless it is made by testamentary instrument.

(5) A variation does not take effect until notice in writing is given to the trustees.

X.–9:202: Variation by court order of administrative trust terms

(1) On the application of any party to the trust or any person entitled to enforce performance of obligations under the trust, a court may vary a trust term relating to the administration of the trust fund if the variation is likely to promote a more efficient and prudent administration of the fund.

(2) A variation under paragraph (1) may not significantly affect the operation of the trust terms governing its disposal unless the court also has power to vary those terms under one of the following Articles.

X.–9:203: Variation by court order of trusts for beneficiaries

(1) On the application of any party to the trust or any person who would benefit if the term to be varied were removed, a court may vary a trust term which confers a right to benefit or eligibility for benefit on a person who:

(a) does not yet exist; or

(b) does not presently conform to a description, such as membership of a class,

on which the right depends.

(a) 신탁약정에서 정한 권리;

(b) (2)항에서 정한 권리.

(2) 신탁을 종료할 권리를 가지는 위탁자 또는 수익자는 종료될 수 있었던 신탁에 관한 기금 전체 또는 기금의 일부에 관련된 범위 내에서 신탁약정을 변경할 상응하는 권리를 가진다.

(3) 신탁약정의 변경을 위한 공동의 권리를 가진 복수의 수익자에 의한 권리행사는 그 효력에 대한 그들의 동의가 필요하다.

(4) 변경권을 행사하는 자의 사망으로부터 효력이 발생하는 변경은 유언에 의해 행사되지 않는다면 효력이 없다.

(5) 변경은 수탁자에게 서면으로 통지가 이루어질 때까지 효력이 발생하지 않는다.

Ⅹ.－9:202: 법원명령에 의한 관리에 관한 신탁약정의 변경

(1) 신탁상 당사자 또는 신탁 하에서 의무의 이행을 청구할 수 있는 자의 신청에 따라 변경을 통하여 보다 효율적이고 신중한 기금의 관리를 증진시킬 수 있는 가능성이 있다면, 법원은 신탁기금의 관리에 관한 신탁약정을 변경할 수 있다.

(2) 법원이 다음의 각 조 중 하나에 따른 처분에 관한 신탁약정을 변경할 권한을 가지지 않는다면, 제(1)항 하에서의 변경은 처분에 관한 신탁약정의 운용에 중대한 영향을 미칠 수 없다.

Ⅹ.－9:203: 법원명령에 의한 수익자를 위한 신탁의 변경

(1) 신탁상 당사자 또는 약정의 변경이 없었다면 수익을 얻을 수 있었던 자의 신청에 따라 법원은 다음의 자에게 수익권 또는 수익자격을 수여하도록 신탁약정을 변경할 수 있다.

(a) 아직 존재하지 않는 자; 또는

(b) 단체의 구성원에 대한 설명과 같이 권리가 설명에 따라 결정되는데 그 설명에 따라 현재 확정되지 않는 자.

(2) The same applies where the trust term confers a right to benefit or eligibility for benefit at a remote time in the future or which is conditional on the occurrence of an improbable event.

X. – 9:204: Variation by court order of trusts for public benefit purposes

(1) On the application of any party to the trust or any person entitled to enforce performance of obligations under the trust, a court may vary a trust term which provides for the advancement of a public benefit purpose if, as a result of a change of circumstances, the advancement of the particular purpose provided for by the trust term cannot be regarded as a suitable and effective use of resources.
(2) A variation under paragraph (2) must be in favour of such general or particular public benefit purposes as the truster would probably have chosen if the truster had constituted the trust after the change in circumstances.

Section 3: Transfer of right to benefit

X. – 9:301: Transfer by juridical act of right to benefit

(1) Subject to the other paragraphs of this Article, the transfer by juridical act of a right to benefit is governed by Book III Chapter 5 Section 1 (Assignment of rights).
(2) A gratuitous transfer is of no effect unless it is made in writing.
(3) A transfer which is to take effect on the death of the transferor takes effect only in accordance with the applicable law of succession.

(2) 신탁약정이 먼 장래에 수익권 또는 수익자격을 수여하거나 비현실적인 사건의 발생을 조건으로 하는 경우 전 조가 동일하게 적용된다.

Ⅹ.-9:204: 공익목적을 위한 신탁의 법원명령에 의한 변경

(1) 신탁상 여하한 당사자 또는 신탁 하에서 의무의 이행을 청구할 수 있는 여하한 자의 신청에 따라 사정변경의 결과로 신탁약정에 의하여 정해진 개별적 목적의 증진이 자원을 적절하고 효율적인 이용으로 볼 수 없다면, 법원은 공익목적의 증진을 위하여 정해진 신탁약정을 변경할 수 있다.
(2) 제(2)항에 따른 변경은 사정이 변경된 이후 위탁자가 신탁을 설정하였다면 그 위탁자가 선택하였을 일반적 또는 개별적 공익상 목적을 위하여야 한다.

제3절 수익권의 이전

Ⅹ.-9:301: 법률행위에 의한 수익권의 이전

(1) 본 조의 다른 항을 따를 조건으로 법률행위에 의한 수익권 이전은 제3권 제5장 제1절(채권의 양도)이 적용된다.
(2) 무상인도는 서면으로 이루어지지 않는 한 효력이 없다.
(3) 양도인의 사망으로 효과가 발생하는 이전은 오직 상속법에 따르는 경우에 효력이 발생한다.

Chapter 10:

Relations to third parties

Section 1: General provisions on creditors

X.-10:101: Basic rule on creditors

(1) A person to whom a trustee owes a trust debt (a trust creditor) may satisfy that person's right out of the trust fund (in accordance with X.-10:202 (Rights of trust creditors in relation to the trust fund)), but other creditors may not except in so far as these rules provide otherwise.

(2) Paragraph (1) does not affect any right of a creditor of a party to a trust to invoke a right of that party relating to the trust fund.

X.-10:102: Definition of trust debt

(1) An obligation is a trust debt if it is incurred by the trustee:

(a) as the owner for the time being of a trust asset;

(b) for the purposes of, and in accordance with the terms of, the trust;

(c) in the capacity of trustee and by a contract or other juridical act which is not gratuitous, unless the creditor knew or could reasonably be expected to know that the obligation was not incurred in accordance with the terms of the trust;

(d) as a result of an act or omission in the administration or disposition of the trust fund or the performance of a trust debt; or

(e) otherwise materially in connection with the trust patrimony.

(2) The obligations of trustees to reimburse, indemnify or remunerate a former trustee or an intended trustee who has exercised a right of refusal are also trust debts.

제10장

제3자에 대한 관계

제1절 채권자에 관한 일반적 규정

Ⅹ.-10:101: 채권자에 관한 기본 규정

(1) 수탁자가 신탁채무를 부담하는 어떠한 자(신탁 채권자)는 신탁기금으로부터(Ⅹ.-10:202(신탁기금에 관련한 신탁 채권자의 권리)에 따라) 본인의 권리를 충족할 수 있으나, 다른 채권자들은 이 규정에서 다르게 정하지 않는 한 그렇게 할 수 없다.

(2) 신탁기금과 관련한 당사자의 권리를 원용하기 위한 신탁에 대하여 (1)항은 당사자의 채권자가 가지는 여하한 권리에 영향을 미치지 않는다.

Ⅹ.-10:102: 신탁채무의 정의

(1) 다음에 따라 수탁자가 의무를 부담한다면 이 의무는 신탁채무이다:

(a) 한시적인 신탁자산의 소유자로서;

(b) 신탁목적 및 신탁약정에 따라;

(c) 신탁약정에 따라 의무가 발생하지 않는다는 것을 채권자가 알지 못하였거나 이를 알고 있었던 것으로 합리적으로 기대 되지 않는다면, 수탁자의 지위 및 무상이 아닌 계약 또는 기타 법률행위에 따라:

(d) 신탁기금의 관리 또는 처분이나 신탁채무의 이행에 있어 작위 또는 부작위의 결과로써; 또는

(e) 그렇지 않으면 신탁상속재산과 관련하여 중대하게.

(2) 이전 수탁자 또는 거절권을 행사한 예정수탁자에게 상환, 면책 또는 보수를 위한 수탁자의 의무 역시 신탁채무가 된다.

(3) Other obligations of a trustee are not trust debts.

Section 2: Trust creditors

X.-10:201: Rights of trust creditors against the trustee

(1) A trustee is personally liable to satisfy trust debts.

(2) Unless the trustee and the trust creditor agree otherwise:

(a) liability is not limited to the value of the trust fund at the time the trust creditor's right to performance is enforced; and

(b) subject to the rules on change of trustees, liability does not end if the trust fund ceases to be vested in the trustee.

(3) A party to a contract is not to be treated as agreeing to exclude or limit liability merely because the other party discloses that that other party is concluding the contract in the capacity of trustee.

X.-10:202: Rights of trust creditors in relation to the trust fund

A trust creditor may satisfy a right out of the trust fund:

(a) to enforce performance of a trustee's personal liability under X.-10:201 (Rights of trust creditors against the trustee); or

(b) in the exercise of a security right in trust assets.

X.-10:203: Protection of the truster and beneficiaries

A truster or beneficiary is not in that capacity liable to a trust creditor

(3) 수탁자의 기타 의무는 신탁채무가 되지 않는다.

제2절
신탁채권자

Ⅹ. - 10:201: 수탁자에 대한 신탁채권자의 권리

(1) 수탁자는 신탁채무를 충당하기 위한 개인적인 책임을 가진다.

(2) 수탁자와 신탁채권자가 달리 동의하지 않는다면:

(a) 책임은 신탁채권자의 이행청구권(right to performance)이 실행된 당시 신탁기금의 가치로 제한되지 않는다; 그리고

(b) 수탁자의 변경에 대한 규정을 따를 조건으로 수탁자에게 신탁기금이 귀속되는 것이 중단되면 책임은 종료되지 않는다.

(3) 단지 상대방이 자신이 수탁자의 지위에서 체약을 체결한다는 사실을 공개하였다는 이유만으로 계약당사자는 책임배제 또는 유한책임에 동의한 것으로 취급되지 않는다.

Ⅹ. - 10:202: 신탁기금에 관한 신탁채권자의 권리

신탁채권자는 다음을 통하여 신탁기금으로부터 권리를 충족할 수 있다:

(a) X. - 10:201(수탁자에 대한 신탁채권자의 권리)에 따라 수탁자의 개인적 책임의 이행을 실행함으로써; 또는

(b) 신탁자산에 대한 담보권의 행사로.

Ⅹ. - 10:203: 위탁자 및 수익자의 보호

위탁자 또는 수익자는 해당 지위에서 신탁채권자에 대하여 책임이 없다.

Section 3:
Trust debtors

X. – 10:301: Right to enforce performance of trust debtor's obligation

(1) Where a trustee has a right to performance and that right is a trust asset, the right to enforce performance of the obligation of the debtor (the trust debtor) accrues to the trustee.

(2) Paragraph (1) does not affect:

(a) a beneficiary's right to performance by the trustee of obligations under the trust in respect of the right against the trust debtor; or

(b) procedural rules which allow a beneficiary to be a party to legal proceedings against the trust debtor to which the trustee is also a party.

X. – 10:302: Set-off

A trustee's right against a trust debtor may only be set off against:

(a) a right corresponding to a trust debt; or

(b) a beneficiary's right to benefit out of the trust fund.

X. – 10:303: Discharge of trust debtor

The discharge of a trust debtor by a trustee is of no effect if:

(a) the discharge is not in performance of the trustee's obligations under the trust; and

(b) (i) the discharge is gratuitous; or

(ii) the debtor knows or has reason to know that the discharge is not in performance of the trustee's obligations under the trust.

제3절
신탁채무자

X.-10:301: 신탁채무자의 의무에 대한 이행청구권

(1) 수탁자가 이행에 대한 권리를 가지고 그 권리가 신탁자산인 경우 채무자(신탁채무자)의 의무에 대한 이행청구권이 수탁자에게 발생한다.

(2) 제(1)항은 다음에 영향을 미치지 않는다.

(a) 신탁채무에 대한 권리와 관련하여 수탁자에 대한 수익자의 신탁상 의무의 이행청구권; 또는

(b) 수탁자 또한 당사자가 되는 신탁채무자에 대한 법적 절차에서 수익자를 당사자로서 허용하는 절차규정

X.-10:302: 상계

신탁채무자에 대한 수탁자의 권리는 오직 다음에 대하여만 상계될 수 있다.

(a) 신탁채무에 상응하는 권리; 또는

(b) 신탁기금으로부터의 수익자의 수익권

X.-10:303: 신탁채무자의 면책

수탁자에 의한 신탁채무자의 면책은 다음의 경우에 효력이 없다:

(a) 면책이 신탁 하에서 수탁자의 의무이행 내에 있지 않다면; 그리고

(b) (i) 면책이 무상이라면; 또는

(ii) 면책이 신탁 하에서 수탁자의 의무이행 내에 있지 않음을 채무자가 알았거나 알고 있었던 것으로 합리적으로 기대할 수 있다면.

Section 4: Acquirers of trust assets and rights encumbering trust assets

X.–10:401: Liability of donees and bad faith acquirers

(1) Where a trustee transfers a trust asset to another and the transfer is not in accordance with the terms of the trust, the transferee takes the asset subject to the trust if:

(a) the transfer is gratuitous; or

(b) the transferee knows or could reasonably be expected to know that the transfer is by a trustee and is not in accordance with the terms of the trust.

(2) A transferee on whom a trust is imposed under paragraph (1) has a corresponding right to a return of any benefit conferred in exchange.

(3) The trust imposed under paragraph (1) is extinguished if:

(a) benefit which was provided by the transferee in exchange is disposed of in performance of an obligation under the trust; or

(b) the trustee or a third party satisfies an obligation to reinstate the trust fund.

(4) A transferee can reasonably be expected to know a matter if:

(a) it would have been apparent from a reasonably careful investigation; and

(b) having regard to the nature and value of the asset, the nature and costs of such investigation, and commercial practice, it is fair and reasonable to expect a transferee in the circumstances to make that investigation.

(5) This Article applies correspondingly where a trustee creates a security right or other limited right in a trust asset in favour of another.

제4절
신탁자산 및 신탁자산을 담보하는 권리의 취득자

Ⅹ.-10:401: 수증자의 책임 및 악의취득자

(1) 수탁자가 신탁자산을 다른 자에게 양도하고 양도가 신탁약정에 따른 것이 아닌 경우, 다음의 경우에 양수인은 신탁에 종속되는 자산을 취득한다:

(a) 양도가 무상이라면; 또는

(b) 양도가 수탁자에 의한 것이고 신탁약정에 따르지 않았음을 양수인이 알았거나 알고 있었던 것으로 합리적으로 기대할 수 있다면.

(2) 제(1)항에 따라 신탁에 종속되는 양수인은 교환적으로 수여된 여하한 수익의 반환에 대한 상응하는 권리를 가진다.

(3) 제(1)항에 따라 종속되는 신탁은 다음의 경우에 소멸한다:

(a) 양수인에게 제공된 수익이 교환적으로 신탁 하에서의 의무이행으로 처분된다면; 또는

(b) 수탁자 또는 제3자가 신탁기금의 회복을 위한 의무를 충족한다면.

(4) 다음의 경우에 양수인은 사안을 알고 있었던 것으로 합리적으로 기대할 수 있다:

(a) 합리적으로 주의 깊은 조사를 통하여 명백하게 알 수 있었다면; 그리고

(b) 자산의 특징 및 가치, 조사의 특징 및 비용 그리고 상사관행과 관련하여, 그러한 사정 하에서 이러한 조사를 하는 것이 양수인에게 기대하는 것이 정당하고 합리적이라면.

(5) 수탁자가 다른 자를 위하여 신탁자산에 담보권 또는 기타 제한된 권리를 설정하는 경우 본 조는 해당 경우에 따라 적용된다.

Section 5:
Other rules on liability and protection of third parties

X. –10:501: Liability for inducing or assisting misapplication of the trust fund

(1) Non–contractual liability arising out of damage caused to another by virtue of VI. –2:211 (Loss upon inducement of non-performance of obligation) is modified as provided for by paragraph (2).

(2) A person who intentionally induces a trustee's non-performance of an obligation under the trust, or intentionally assists such non-performance, is solidarily liable with that trustee, if the trustee is liable to reinstate the trust fund.

X. –10:502: Protection of third parties dealing with trustees

(1) A contract which a trustee concludes as a result of a non-performance of an obligation under the trust with a person who is not a party to a trust is not void or avoidable for that reason.

(2) In favour of a person who is not a party to the trust and as against a trustee, a person who has no knowledge of the true facts may rely on the apparent effect of a trust document and the truth of a statement contained in it.

제5절
제3자의 책임과 보호에 관한 기타 규정

Ⅹ.-10:501: 신탁기금 횡령의 유인 또는 조력에 대한 책임

(1) Ⅵ.-2:211(의무의 불이행을 유도하여 발생한 손실)에 따라 다른 자에게 발생한 손해에 대한 비계약적 책임은 제(2)항의 규정과 같이 변경된다.

(2) 고의로 신탁 하에서의 수탁자의 의무불이행을 유발하거나 고의적으로 그와 같은 불이행에 조력한 자는 만약 수탁자가 신탁자금의 원상회복에 대해 책임을 진다면 그 수탁자와 연대책임을 진다.

Ⅹ.-10:502: 수탁자와 거래한 제3자의 보호

(1) 신탁 하에서의 의무불이행의 결과로서 신탁상 당사자가 아닌 자와 수탁자가 체결한 계약은 그러한 이유로 인하여 무효가 되거나 취소되지 않는다.

(2) 신탁상 당사자가 아닌 자를 위하여 그리고 수탁자에 반하여, 진실한 사실을 알지 못한 자는 신탁문서의 외관상 효과 및 신탁문서에 기재된 진술의 진실성을 원용할 수 있다.

부록

DCFR 제5권~제10권
민법-DCFR 대조표

부록

DCFR 제5권~제10권 민법-DCFR 대조표

한국 민법	DCFR
제3장 사무관리	Book Ⅴ Benevolent intervention in another's affairs
제734조 (사무관리의 내용)	Ⅴ. –1:101: Intervention to benefit another Ⅴ. –2:101: Duties during intervention Ⅴ. –2:102: Reparation for damage caused by breach of duty
제735조 (긴급사무관리)	
제736조 (관리자의 통지의무)	
제737조 (관리자의 관리계속의무)	Ⅴ. –2:101: Duties during intervention
제738조 (준용규정)	Ⅴ. –2:103: Obligations after intervention
제739조 (관리자의 비용상환청구권)	Ⅴ. –3:101: Right to indemnification or reimbursement
제740조 (관리자의 무과실손해보상청구권)	Ⅴ. –3:103: Right to reparation

제5장 불법행위	Book Ⅵ Non－contractual liability arising out of damage caused to another
제750조(불법행위의 내용)	Ⅵ.－1:101: Basic rule
제751조(재산 이외의 손해의 배상)	Ⅵ.－2:101: Meaning of legally relevant damage
제752조(생명침해로 인한 위자료)	Ⅵ.－2:201: Personal injury and consequential loss
제753조(미성년자의 책임능력)	Ⅵ.－3:103: Persons under eighteen
제754조(심신상실자의 책임능력)	
제755조(감독자의 책임)	Ⅵ.－3:104: Accountability for damage caused by children or supervised persons
제756조(사용자의 배상책임)	Ⅵ.－3:201: Accountability for damage caused by employees and representatives
제757조(도급인의 책임)	
제758조(공작물 등의 점유자, 소유자의 책임)	Ⅵ.－3:202: Accountability for damage caused by the unsafe state of an immovable
제759조(동물의 점유자의 책임)	Ⅵ.－3:203: Accountability for damage caused by animals
제760조(공동불법행위자의 책임)	Ⅵ.－6:105: Solidary liability
제761조(정당방위, 긴급피난)	Ⅵ.－5:202: Self－defence, benevolent intervention and necessity
제762조(손해배상청구권에 있어서의 태아의 지위)	
제763조(준용규정)	
제764조(명예훼손의 경우의 특칙)	
제765조(배상액의 경감청구)	Ⅵ.－6:202: Reduction of liability
제766조(손해배상청구권의 소멸시효)	

제4장 부당이득	Book Ⅶ Unjustified enrichment
제741조 (부당이득의 내용)	Ⅶ. – 1:101: Basic rule
제742조 (비채변제)	
제743조 (기한전의 변제)	
제744조 (도의관념에 적합한 비채변제)	
제745조 (타인의 채무의 변제)	
제746조 (불법원인급여)	Ⅶ. – 6:103: Illegality
제747조 (원물반환불능한 경우와 가액반환, 전득자의 책임)	Ⅶ. – 5:101: Transferable enrichment Ⅶ. – 5:102: Non – transferable enrichment Ⅶ. – 5:103: Monetary value of an enrichment; saving
제748조 (수익자의 반환범위)	Ⅶ. – 5:102: Non – transferable enrichment Ⅶ. – 5:104: Fruits and use of an enrichment
제749조 (수익자의 악의인정)	

한국민법	Book Ⅷ Acquisition and loss of ownership of goods
제185조 (물권의 종류)	
제186조 (부동산물권변동의 효력)	Ⅷ. – 1:102: 물품의 등록 Ⅷ. – 2:103: 소유권 이전 시기에 대한 합의
제187조 (등기를 요하지 아니하는 부동산물권취득)	
제188조 (동산물권양도의 효력, 간이인도)	Ⅷ. – 2:105: 상당인도
제189조 (점유개정)	

제190조 (목적물반환청구권의 양도)	Ⅷ. – 2:105: 상당인도
제191조 (혼동으로 인한 물권의 소멸)	
제192조 (점유권의 취득과 소멸)	Ⅷ. – 1:205: 점유
제193조 (상속으로 인한 점유권의 이전)	
제194조 (간접점유)	Ⅷ. – 1:205: 점유 Ⅷ. – 1:207: 제한 – 권리 – 점유자에 의한 점유
제195조 (점유보조자)	Ⅷ. – 1:205: 점유 Ⅷ. – 1:208: 대리점유자를 통한 점유
제196조 (점유권의 양도)	
제197조 (점유의 태양)	
제198조 (점유계속의 추정)	Ⅷ. – 4:103: 계속적인 점유
제199조 (점유의 승계의 주장과 그 효과)	Ⅷ. – 4:206: 전임자의 기간에 대한 고려
제200조 (권리의 적법의 추정)	
제201조 (점유자와 과실)	Ⅷ. – 7:103:점유 중 물품으로부터 발생한 과실, 이용 및 기타 이익
제202조 (점유자의 회복자에 대한 책임)	Ⅷ. – 7:102: 점유 중의 물품의 손실 또는 파손
제203조 (점유자의 상환청구권)	Ⅷ. – 7:104: 점유 중 물품에 대한 지출 또는 추가된 부품
제204조 (점유의 회수)	Ⅷ. – 6:203: 단순한 점유의 보호로서 회복할 권리
제205조 (점유의 보유)	Ⅷ. – 6:204: 단순한 점유의 보호 Ⅷ. – 6:401: 비계약적 책임
제206조 (점유의 보전)	
제207조 (간접점유의 보호)	Ⅷ. – 6:203: 단순한 점유의 보호로서 회복할 권리

제208조 (점유의 소와 본권의 소와의 관계)	
제209조 (자력구제)	Ⅷ. -6:202: 점유자의 자력구제
제210조 (준점유)	
제211조 (소유권의 내용)	Ⅷ. -1:202: 소유권
제212조 (토지소유권의 범위)	
제213조 (소유물반환청구권)	Ⅷ. -6:101: 소유권의 보호
제214조 (소유물방해제거, 방해예방청구권)	Ⅷ. -6:101: 소유권의 보호
제215조 (건물의 구분소유)	
제216조 (인지사용청구권)	
제217조 (매연 등에 의한 인지에 대한 방해금지)	
제218조 (수도 등 시설권)	
제219조 (주위토지통행권)	
제220조 (분할, 일부양도와 주위통행권)	
제221조 (자연유수의 승수의무와 권리)	
제222조 (소통공사권)	
제223조 (저수, 배수, 인수를 위한 공작물에 대한 공사청구권)	
제224조 (관습에 의한 비용부담)	
제225조 (처마물에 대한 시설의무)	
제226조 (여수소통권)	
제227조 (유수용공작물의 사용권)	

제228조 (여수급여청구권)	
제229조 (수류의 변경)	
제230조 (언의 설치, 이용권)	
제231조 (공유하천용수권)	
제232조 (하류 연안의 용수권보호)	
제233조 (용수권의 승계)	
제234조 (용수권에 관한 다른 관습)	
제235조 (공용수의 용수권)	
제235조 (공용수의 용수권)	
제236조 (용수장해의 공사와 손해배상, 원상회복)	
제237조 (경계표, 담의 설치권)	
제238조 (담의 특수시설권)	
제239조 (경계표 등의 공유추정)	
제240조 (수지, 목근의 제거권)	
제241조 (토지의 심굴금지)	
제242조 (경계선부근의 건축)	
제243조 (차면시설의무)	
제244조 (지하시설 등에 대한 제한)	
제245조 (점유로 인한 부동산소유권의 취득기간)	
제246조 (점유로 인한 동산소유권의 취득기간)	Ⅷ. -4:101: 기본 규정 Ⅷ. -4:301: 소유권의 취득
제247조 (소유권취득의 소급효, 중단사유)	

제248조 (소유권 이외의 재산권의 취득시효)	
제249조 (선의취득)	Ⅷ. -3:101: 소유권 이전에 대한 권리 또는 권한 없는 자를 통한 선의취득
제250조 (도품, 유실물에 대한 특례)	
제251조 (도품, 유실물에 대한 특례)	
제252조 (무주물의 귀속)	
제253조 (유실물의 소유권취득)	
제254조 (매장물의 소유권취득)	
제255조 (문화재의 국유)	Ⅷ. -4:102: 문화재
제256조 (부동산에의 부합)	Ⅷ. -5:203: 결합
제257조 (동산간의 부합)	Ⅷ. -5:203: 결합
제258조 (혼화)	Ⅷ. -5:202: 혼합
제259조 (가공)	Ⅷ. -5:201: 생산
제260조 (첨부의 효과)	Ⅷ. -5:201: 생산
제261조 (첨부로 인한 구상권)	Ⅷ. -5:201: 생산
제262조 (물건의 공유)	Ⅷ. -1:203: 공유
제263조 (공유지분의 처분과 공유물의 사용, 수익)	
제264조 (공유물의 처분, 변경)	
제265조 (공유물의 관리, 보존)	
제266조 (공유물의 부담)	
제267조 (지분포기 등의 경우의 귀속)	
제268조 (공유물의 분할청구)	
제269조 (분할의 방법)	

제270조 (분할로 인한 담보책임)	
제271조 (물건의 합유)	
제272조 (합유물의 처분, 변경과 보존)	
제273조 (합유지분의 처분과 합유물의 분할금지)	
제274조 (합유의 종료)	
제275조 (물건의 총유)	
제276조 (총유물의 관리, 처분과 사용, 수익)	
제277조 (총유물에 관한 권리의무의 득상)	
제278조 (준공동소유)	

한국 민법	Book Ⅸ Proprietary security in movable assets
제329조 (동산질권의 내용)	Ⅸ.-1:102: 동산에 대한 담보권
제330조 (설정계약의 요물성)	Ⅸ.-2:102: 담보권의 설정을 위한 요건 일반
제331조 (질권의 목적물)	Ⅸ.-2:102: 담보권의 설정을 위한 요건 일반
제332조 (설정자에 의한 대리점유의 금지)	Ⅸ.-2:103: 점유적 및 비점유적 담보권
제333조 (동산질권의 순위)	Ⅸ.-4:101: 우선순위 : 일반 규정
제334조 (피담보채권의 범위)	Ⅸ.-2:401: 피담보채권
제335조 (유치적 효력)	
제336조 (전질권)	
제337조 (전질의 대항요건)	

제338조 (경매, 간이변제충당)	Ⅸ.-7:103: 비사법 및 사법 집행
제339조 (유질계약의 금지)	Ⅹ.-7:105: 담보목적물 충당에 관한 불이행전 합의
제340조 (질물이외의 재산으로부터 의 변제)	
제341조 (물상보증인의 구상권)	Ⅸ.-6:106: 제3담보제공자의 구상
제342조 (물상대위)	Ⅸ.-2:306: 원래 담보목적물의 대위물 Ⅸ.-7:207: 실현에 관한 일반규정
제343조 (준용규정)	
제344조 (타법률에 의한 질권)	
제345조 (권리질권의 목적)	Ⅸ.-2:102:담보권의 설정을 위한 요건 일반
제346조 (권리질권의 설정방법)	Ⅸ.-2:102:담보권의 설정을 위한 요건 일반
제347조 (설정계약의 요물성)	Ⅸ.-2:102:담보권의 설정을 위한 요건 일반
제348조 (저당채권에 대한 질권과 부기등기)	
제349조 (지명채권에 대한 질권의 대항요건)	Ⅸ.-2:301: 금전채권에 대한 담보 Ⅸ.-3:103: 담보권이 대항력을 갖추기 위한 방법
제350조 (지시채권에 대한 질권의 설정방법)	Ⅸ.-2:301: 금전채권에 대한 담보
제351조 (무기명채권에 대한 질권의 설정방법)	Ⅸ.-2:301: 금전채권에 대한 담보
제352조 (질권설정자의 권리처분제한)	Ⅸ.-5:205: 승인되지 않은 이용 또는 처분
제353조 (질권의 목적이 된 채권의 실행방법)	Ⅸ.-7:204: 채권에 대한 담보
제354조 (동전)	
제355조 (준용규정)	

동산 · 채권 등의 담보에 관한 법률	
제1조 (목적)	
제2조 (정의)	Ⅸ. -1:201: 정의
제3조 (동산담보권의 목적물)	Ⅸ. -2:101: 담보권의 설정방법 Ⅸ. -2:102:담보권의 설정을 위한 요건 일반 Ⅸ. -2:104: 양도성, 실재성 및 특정성에 관한 특정 문제들
제4조 (담보권설정자의 상호등기 말소와 동산담보권의 효력)	
제5조 (근담보권)	Ⅸ. -2:401: 피담보채권
제6조 (동산담보권을 설정하려는 자의 명시의무)	Ⅸ. -2:105: 담보권 부여 요건
제7조 (담보등기의 효력)	Ⅸ. -2:105: 담보권 부여 요건 Ⅸ. -3:103: 담보권이 대항력을 갖추기 위한 방법 Ⅸ. -4:101: 우선순위 : 일반 규정
제8조 (동산담보권의 내용)	Ⅸ. -1:102: 동산에 대한 담보권
제9조 (동산담보권의 불가분성)	
제10조 (동산담보권 효력의 범위)	Ⅸ. -2:305: 부속물에 대한 담보권
제11조 (과실에 대한 효력)	Ⅸ. -2:306: 원래 담보목적물의 대위물
제12조 (피담보채권의 범위)	Ⅸ. -2:401: 피담보채권
제13조 (동산담보권의 양도)	Ⅸ. -3:328:담보권의 이전 : 일반규정
제14조 (물상대위)	Ⅸ. -2:306: 원래 담보목적물의 대위물
제15조 (담보목적물이 아닌 재산으로부터의 변제)	
제16조 (물상보증인의 구상권)	Ⅸ. -6:106: 제3담보제공자의 구상

제17조 (담보목적물에 대한 현황조사 및 담보목적물의 보충)	Ⅸ. -5:201: 담보목적물의 주의 및 보험 Ⅸ. -5:205: 승인되지 않은 이용 또는 처분 Ⅸ. -5:401: 피담보채권에 관한 담보권자의 정보제공의무
제18조 (제3취득자의 비용상환청구권)	
제19조 (담보목적물 반환청구권)	
제20조 (담보목적물의 방해제거청구권 및 방해예방청구권)	
제21조 (동산담보권의 실행방법)	Ⅸ. -7:207: 실현에 관한 일반규정 Ⅸ. -7:216: 담보권자에 의한 담보목적물의 충당
제22조 (담보권 실행을 위한 경매절차)	Ⅸ. -7:211: 강제경매 또는 임의경매에 의한 매각 또는 사적 매각
제23조 (담보목적물의 직접 변제충당 등의 절차)	Ⅸ. -7:208: 비사법처분의 통지 Ⅸ. -7:209: 통지의 수신인 Ⅸ. -7:210: 통지의 시기 및 내용
제24조 (담보목적물 취득자 등의 지위)	Ⅸ. -7:213: 매각에 의한 실현 이후 자산에 대한 매수인의 권리
제25조 (담보목적물의 점유)	Ⅸ. -5:201: 담보목적물의 주의 및 보험 Ⅸ. -5:208: 법정과실의 충당
제26조 (후순위권리자의 권리행사)	Ⅸ. -7:215: 대위물의 분배
제27조 (매각대금 등의 공탁)	
제28조 (변제와 실행 중단)	Ⅸ. -7:106: 담보제공자의 상환권
제29조 (공동담보와 배당, 후순위자의 대위)	Ⅸ. -7:108: 다수 담보제공자의 연대채무
제30조 (이해관계인의 처분신청 등)	Ⅸ. -7:104: 법원의 조력 및 손해배상 청구권

제31조 (동산담보권 실행에 관한 약정)	Ⅸ.-7:102: 강행규정 Ⅹ.-7:105: 담보목적물 충당에 관한 불이행전 합의
제32조 (담보목적물의 선의취득)	Ⅸ.-5:303: 담보목적물의 이전 Ⅸ.-6:102: 소유권의 선의취득으로 인한 물적담보의 소멸
제33조 (준용규정)	
제34조 (채권담보권의 목적)	Ⅸ.-2:104: 양도성, 실재성 및 특정성에 관한 특정문제들 Ⅸ.-2:301: 금전채권에 대한 담보
제35조 (담보등기의 효력)	Ⅸ.-3:102: 대항력 취득 방법 Ⅸ.-3:103: 담보권이 대항력을 갖추기 위한 방법
제36조 (채권담보권의 실행)	Ⅸ.-7:204: 채권에 대한 담보 Ⅸ.-7:205: 화폐증권 Ⅸ.-7:206: 권원에 관한 물품증권 Ⅸ.-7:214: 채권 또는 화폐증권 담보권의 실현
제37조 (준용규정)	
제38조 (등기할 수 있는 권리)	Ⅸ.-3:301:물적담보의 유럽등록부 ; 등기 또는 부기의 기타 제도
제39조 (관할 등기소)	Ⅸ.-3:301:물적담보의 유럽등록부 ; 등기 또는 부기의 기타 제도
제40조 (등기사무의 처리)	Ⅸ.-3:301:물적담보의 유럽등록부 ; 등기 또는 부기의 기타 제도
제41조 (등기신청인)	Ⅸ.-3:305: 담보권자에 의한 기입과 사전등록
제42조 (등기신청의 방법)	Ⅸ.-3:302: 등록부의 구조와 운용 Ⅸ.-3:305: 담보권자에 의한 기입과 사전등록

제43조 (등기신청에 필요한 서면 또는 전자문서 및 신청서의 기재사항 및 방식)	Ⅸ. -3:306: 등록부에 기입될 최소 사항
제44조 (신청수수료)	
제45조 (등기신청의 접수)	
제46조 (신청의 각하)	Ⅸ. -3:311: 기입변경
제47조 (등기부의 작성 및 기록사항)	Ⅸ. -3:308: 등록부에 게재되는 정보
제48조 (등기필정보의 통지)	Ⅸ. -3:313: 채권자와 담보제공자에 대한 기입 자동 증명서
제49조 (담보권의 존속기간 및 연장등기)	Ⅸ. -3:325: 존속기간 Ⅸ. -3:326: 갱신
제50조 (말소등기)	Ⅸ. -3:327: 말소
제51조 (등기의 경정 등)	Ⅸ. -3:311: 기입변경
제52조 (담보등기부의 열람 및 증명서의 발급)	Ⅸ. -3:317: 검색을 목적으로 한 담보등록부의 열람 Ⅸ. -3:318: 담보등록부의 검색
제53조 (이의신청 등)	Ⅸ. -3:315: 담보제공자의 기입말소 또는 변경권 Ⅸ. -3:316: 이의 제기된 기입에 대한 등록소의 심사
제54조 (이의신청 사유의 제한)	
제55조 (등기관의 조치)	Ⅸ. -3:316: 이의 제기된 기입에 대한 등록소의 심사
제56조 (이의에 대한 결정과 항고)	Ⅸ. -3:316: 이의 제기된 기입에 대한 등록소의 심사
제57조 (준용규정)	

한국 신탁법	Book X Trust
제1장 총칙	
제1조 (목적)	

제2조 (신탁의 정의)	Ⅹ.－1:201: Definition of a trust Ⅹ.－1:203: Parties to a trust
제3조 (신탁의 설정)	Ⅹ.－2:101: Requirements for constitution Ⅹ.－2:102: Constitution by transfer Ⅹ.－2:103: Constitution without transfer
제4조 (신탁의 공시와 대항)	
제5조 (목적의 제한)	Ⅹ.－4:203: Unenforceable trust purposes
제6조 (소송을 목적으로 하는 신탁의 금지)	
제7조 (탈법을 목적으로 하는 신탁의 금지)	
제8조 (사해신탁)	
제2장 신탁관계인	
제9조 (위탁자의 권리)	
제10조 (위탁자 지위의 이전)	
제11조 (수탁능력)	
제12조 (수탁자의 임무종료)	Ⅹ.－8:101: Powers to change trustees in general
제13조 (신탁행위로 정한 수탁자의 임무종료)	
제14조 (수탁자의 사임에 의한 임무종료)	Ⅹ.－8:301: Resignation with consent of trust auxiliary or co－trustees Ⅹ.－8:302: Resignation with approval of court
제15조 (임무가 종료된 수탁자의 지위)	
제16조 (수탁자의 해임에 의한 임무종료)	Ⅹ.－8:401: Removal by trust auxiliary or co－trustees

	Ⅹ. -8:402: Removal by court order
제17조 (신탁재산관리인 선임 등의 처분)	Ⅹ. -8:203: Appointment by court order
제18조 (필수적 신탁재산관리인의 선임)	
제19조 (신탁재산관리인의 임무종료)	
제20조 (신탁재산관리인의 공고, 등기 또는 등록)	
제21조 (신수탁자의 선임)	Ⅹ. -8:202: Appointment by trust auxiliary or trustees Ⅹ. -8:203: Appointment by court order
제3장 신탁재산	
제22조 (강제집행 등의 금지)	
제23조 (수탁자의사망 등과 신탁재산)	
제24조 (수탁자의파산 등과 신탁재산)	
제25조 (상계금지)	Ⅹ. -10:302: Set-off
제26조 (신탁재산에 대한 혼동의 특칙)	Ⅹ. -3:103: Ascertainability and segregation of the trust fund Ⅹ. -3:203: Mixing of the trust fund with other assets
제27조 (신탁재산의 범위)	
제28조 (신탁재산의 첨부)	
제29조 (신탁재산의 귀속추정)	Ⅹ. -3:103: Ascertainability and segregation of the trust fund Ⅹ. -3:203: Mixing of the trust fund with other

	assets
제30조 (점유하자의 승계)	
제4장 수탁자의 권리·의무	
제31조 (수탁자의 권한)	Ⅹ.－5:201: Powers in general
제32조 (수탁자의 선관의무)	Ⅹ.－6:101: General obligation of a trustee
제33조 (충실의무)	Ⅹ.－6:101: General obligation of a trustee
제34조 (이익에 반하는 행위의 금지)	Ⅹ.－6:108: Obligation not to acquire trust assets or trust creditors' rights
제35조 (공평의무)	Ⅹ.－6:110: Obligations regarding co－trustees
제36조 (수탁자의 이익향수금지)	Ⅹ.－6:109: Obligation not to obtain unauthorized enrichment or advantage
제37조 (수탁자의 분별관리의무)	Ⅹ.－6:103: Obligations to segregate, safeguard and insure
제38조 (유한책임)	
제39조 (장부 등 서류의 작성·보존 및 비치의무)	Ⅹ.－6:105: Obligation to keep trust accounts
제40조 (서류의 열람 등)	Ⅹ.－6:106: Obligation to permit inspection and copying of trust documents
제41조 (금전의 관리방법)	
제42조 (신탁사무의 위임)	Ⅹ.－5:206: Power to delegate
제43조 (수탁자의 원상회복의무 등)	Ⅹ.－7:201: Liability of trustee to reinstate the trust fund Ⅹ.－7:202: Liability of trustee to compensate a beneficiary Ⅹ.－7:203: Disgorgement of unauthorised enrichment

제44조 (분별관리 의무위반에 관한 특례)	
제45조 (수탁법인의 이사의 책임)	
제46조 (비용상환청구권)	Ⅹ. -6:201: Right to reimbursement and indemnification out of the trust fund Ⅹ. -6:203: Rights in respect of unauthorised acquisitions Ⅹ. -6:204: Corresponding rights against beneficiaries
제47조 (보수청구권)	Ⅹ. -6:202: Right to remuneration out of the trust fund Ⅹ. -6:203: Rights in respect of unauthorised acquisitions
제48조 (비용상환청구권의 우선변제권 등)	
제49조 (권리행사요건)	
제50조 (공동수탁자)	Ⅹ. -1:204: Plurality of trustees Ⅹ. -5:203: Power to authorise agent Ⅹ. -3:202: Subtractions from the trust fund
제51조 (공동수탁자의 연대책임)	Ⅹ. -7:401: Solidary liability
제52조 (신수탁자 등의 원상회복청구권 등)	
제53조 (신수탁자의 의무의 승계)	Ⅹ. -8:501: Effect on trustees' obligations and rights
제54조 (전수탁자의 우선변제권 등)	
제55조 (사무의 인계)	
제5장 수익자의 권리 · 의무	
제1절 수익권의 취득과 포기	

제56조 (수익권의 취득)	Ⅹ. – 1:203: Parties to a trust Ⅹ. – 1:206: Right to benefit and eligibility for benefit
제57조 (수익권의 포기)	Ⅹ. – 2:302: Rejection of right to benefit or eligibility for benefit
제58조 (수익자지정권 등)	Ⅹ. – 1:206: Right to benefit and eligibility for benefit
제59조 (유언대용신탁)	
제60조 (수익자연속신탁)	
제2절 수익권의 행사	
제61조 (수익권의 제한금지)	
제62조 (수익채권과 신탁채권의 관계)	
제63조 (수익채권의 소멸시효)	
제3절 수익권의 양도	
제64조 (수익권의 양도성)	Ⅹ. – 9:301: Transfer by juridical act of right to benefit
제65조 (수익권양도의 대항요건과 수탁자의 항변)	
제66조 (수익권에 대한 질권)	
제4절 신탁관리인	
제67조 (신탁관리인의 선임)	
제68조 (신탁관리인의 권한)	
제69조 (신탁관리인의 임무종료)	
제70조 (신탁관리인의 사임 또는 해임에 의한 임무종료)	
제5절 수익자가 여럿인 경우 의사결정	

제71조 (수익자가 여럿인 경우 의사결정 방법)
제72조 (수익자집회의 소집)
제73조 (수익자집회의 의결권 등)
제74조 (수익자집회의 결의)
제6절 수익자의 취소권 및 유지청구권
제75조 (신탁위반법률행위의 취소)
제76조 (취소권의 제척기간)
제77조 (수탁자에 대한 유지청구권)
제7절 수익증권
제78조 (수익증권의 발행)
제79조 (수익자명부)
제80조 (수익증권의 불소지)
제81조 (수익증권발행신탁수익권의 양도)
제82조 (수익증권의 권리추정력 및 선의취득)
제83조 (수익증권발행신탁수익권에 대한 질권)
제84조 (기준일)
제85조 (수익증권발행시 권리행사 등)
제86조 (수익증권의 상실)
제6장 신탁사채
제87조 (신탁사채)

제7장 신탁의 변경	
제88조 (신탁당사자의 합의 등에 의한 신탁변경)	Ⅹ.-9:201: Variation by truster or beneficiary Ⅹ.-9:202: Variation by court order of administrative trust terms Ⅹ.-9:203: Variation by court order of trusts for beneficiaries
제89조 (반대수익자의 수익권매수청구권)	
제90조 (신탁의 합병)	
제91조 (신탁의 합병계획서)	
제92조 (합병계획서의 공고 및 채권자보호)	
제93조 (합병의 효과)	
제94조 (신탁의 분할 및 분할합병)	
제95조 (신탁의 분할계획서 및 분할합병계획서)	
제96조 (분할계획서 등의 공고 및 채권자보호)	
제97조 (분할의 효과)	
제8장 신탁의 종료	
제98조 (신탁의 종료사유)	Ⅹ.-9:101: Modes of termination
제99조 (합의에 의한 신탁의 종료)	Ⅹ.-9:103: Right of truster to terminate a gratuitous trust Ⅹ.-9:104: Right of beneficiaries to terminate
제100조 (법원의 명령에 의한 신탁의 종료)	

제101조 (신탁종료 후의 신탁재산의 귀속)
제102조 (준용규정)
제103조 (신탁종료에 의한 계산)
제104조 (신탁의 청산)
제9장 신탁의 감독
제105조 (법원의 감독)
제10장 공익신탁
제106조 (공익신탁)
제107조 (공익신탁의 허가)
제108조 (감독)
제109조 (공익신탁의 변경)
제110조 (수탁자의 사임)
제111조 (검사 · 보고)
제112조 (주무관청의 권한)
제113조 (공익신탁의 계속)
제11장 유한책임신탁
제1절 유한책임신탁의 설정
제114조 (유한책임신탁의 설정)
제115조 (유한책임신탁의 명칭)
제116조 (명시 · 교부의무)
제117조 (회계서류작성 의무)
제118조 (수탁자의 제3자에 대한 책임)
제119조 (고유재산에 대한 강제집행

등의 금지)
제120조 (수익자에 대한 급부의 제한)
제121조 (초과급부에 대한 전보책임)
제122조 (합병의 효과에 대한 특칙)
제123조 (분할의 효과에 대한 특칙)
제2절 유한책임신탁의 등기
제124조 (관할등기소)
제125조 (등기의 신청)
제126조 (유한책임신탁등기)
제127조 (유한책임신탁의 변경등기)
제128조 (유한책임신탁의 종료등기)
제129조 (유한책임신탁의 합병등기 또는 분할등기)
제130조 (부실의 등기)
제131조 (등기절차 및 사무)
제3절 유한책임신탁의 청산
제132조 (유한책임신탁의 청산)
제133조 (청산수탁자)
제134조 (채권자의보호)
제135조 (채권신고기간 내의 변제)
제136조 (청산절차에서 채무의 변제)
제137조 (제외된 채권자에 대한 변제)

제138조 (청산중의 파산신청)
제139조 (청산종결의 등기)
제12장 벌칙
제140조 (신탁사채권자집회의 대표자 등의 특별배임죄)
제141조 (특별배임죄의 미수)
제142조 (부실문서행사죄)
제143조 (권리행사방해 등에 관한 증뢰 · 수뢰죄)
제144조 (징역과 벌금의 병과)
제145조 (몰수 · 추징)
제146조 (과태료)
제147조 (외부의 감사인 등의 의무위반행위)

편저자 Christian von Bar, Eric Clive and Hans Schulte-Nölke
and Hugh Beale, Johnny Herre, Jérôme Huet, Matthias Storme,
Stephen Swann, Paul Varul, Anna Veneziano and Fryderyk Zoll

역 자 가정준
現 한국외국어대학교 법학전문대학원 부교수
미국 뉴욕주 변호사
한국외국어대학교 법과대학 및 동 대학원 법학과 졸업
미국 Indiana University School of Law 석사학위 취득 (LL.M.)
미국 University of Wisconsin School of Law 박사학위 취득 (S.J.D)
前 한국외국어대학교 법과대학 부학장 및 학과장
現 국제거래법학회, 한국민사법학회,
한국비교사법학회, 및 한국재산법학회 이사

기 획 배용원
서울대학교 사법학과 졸업
미국 Harvard Law School 연수(Visiting Scholar)
법무부 법무심의관

편 자 이웅철 검사
서울대학교 사법학과 졸업
서울대학교 대학원 법학과 석사과정 수료
University of Washington Law School 수료(LL.M)
법무부 법무심의관실 검사

김훈주 전문위원
중앙대학교 법과대학 졸업
중앙대학교 대학원 박사과정 수료
법무부 법무자문위원회 전문위원

우승학 법무관
서울대학교 법학과 졸업
서울대학교 대학원 석사과정 수료
법무부 법무심의관실 공익법무관

김동직 법무관
고려대학교 법학과 졸업
법무부 법무심의관실 공익법무관

유미리 사무관
경희대학교 한의학과 졸업
고려대학교 법학전문대학원 졸업
前 법무부 법무심의관실 연구위원
現 법무부 국제법무과 사무관

2015년 4월 13일 초판 1쇄 발행

발행 **법무부**
황교안 법무부장관
주소 : 경기도 과천시 관문로 47 정부과천청사 1동
전화 : 02-2110-3164
팩스 : 02-503-7037
홈페이지 : http://www.moj.go.kr

기획 **배용원** 법무부 법무심의관

출판·판매 **민속원**
출판등록 : 제18-1호
주소 : 서울 마포구 대흥동 337-25
전화 : 02) 804-3320, 805-3320, 806-3320(代)
팩스 : 02) 802-3346
홈페이지 : www.minsokwon.com

ISBN 978-89-285-0731-3 94360
978-89-285-0385-8(세트)